本丛书为云南大学
"双一流"建设民族学一流学科建设项目成果

编委会

主　任：林文勋

副主任：何　明　　关　凯　　赵春盛　　李志农　　李晓斌

委　员（按姓氏笔画为序）：

马居里　马翀炜　马雪峰　马腾岳　王文光

王越平　牛　阁　龙晓燕　朱　敏　朱凌飞

庄孔韶　李永祥　李伟华　李丽双　何　俊

张　亮　张　赟　张海超　张锦鹏　陈庆德

陈学礼　周建新　郑　宇　赵海娟　高志英

谢夏珩

教育部人文社会科学重点研究基地
云南大学西南边疆少数民族研究中心文库

中国民族学家和人类学家口述史丛书

我们这一代

滇云人类学者访谈集萃

尹绍亭　主编

学苑出版社

图书在版编目（CIP）数据

我们这一代：滇云人类学者访谈集萃 / 尹绍亭主编.
-- 北京：学苑出版社，2020.6
　ISBN 978-7-5077-5955-6

Ⅰ．①我… Ⅱ．①尹… Ⅲ．①人类学－研究－中国②民族学－研究－中国 Ⅳ．① Q98 ② C955.2

中国版本图书馆 CIP 数据核字 (2020) 第 105456 号

责任编辑：战葆红
出版发行：学苑出版社
社　　址：北京市丰台区南方庄 2 号院 1 号楼
邮政编码：100079
网　　址：www.book001.com
电子信箱：xueyuanpress@163.com
联系电话：010-67601101（销售部）　67603091（总编室）
印 刷 厂：河北赛文印刷厂
开本尺寸：710×1000　1/16
印　　张：33
字　　数：528 千字
版　　次：2020 年 7 月第 1 版
印　　次：2020 年 7 月第 1 次印刷
定　　价：99.00 元

目 录

序 /1

边缘学术与前沿思想
　　——赵捷研究员访谈录 /1

从景颇研究到西南界域人类学
　　——何翠萍教授访谈录 /20

东亚视野中的大理社会文化
　　——横山广子教授访谈录 /45

吃千家饭，爬万重山
　　——梁旭研究馆员采访录 /69

矢志如一，百折不回
　　——杨庭硕教授访谈录 /94

但开风气不为师
　　——林超民教授访谈录 /112

以物知史，以物证史
　　——江晓林馆长访谈录 /136

终是不忘读书心
　　——顾士敏教授访谈录 /149

亚洲、太平洋的海洋和森林：生态人类学的足迹与前景
　　——秋道智弥教授访谈录 /164

两岸猿声啼不住，轻舟已过万重山
　　——尹绍亭教授访谈录 /190

积沙成塔，跬步前行
　　——方铁教授访谈录 /208

扬长不避短：我的医学人类学实践
　　——张开宁教授访谈录 /227

田野有哲人
　　——李国文教授访谈录 /249

乐史：云南之路
　　——唐立教授访谈录 /270

博学之、审问之、慎思之、明辨之、笃行之
　　——施传刚教授访谈录 /290

云南吾师
　　——邓启耀教授访谈录 /314

一位纳西族人类学者的学术心史
　　——杨福泉研究员访谈录 /345

调查之路，参与行动之路
　　——郭净研究员访谈录 /370

驽马不舍骐骥功
　　——郭家骥研究员访谈录 /388

梯田、丝路及影视人类学研究的开拓者
　　——王清华研究员访谈录 /407

"犹欣旷烛青光好，最怕闻鸡是枉然"
　　——段玉明教授访谈录 /431

博闻强学，启智创新
　　——何明教授访谈录 /449

胆大包天，硕果累累
　　——瞿明安教授访谈录 /474

水文明探索中的苦旅者
　　——郑晓云研究员访谈录 /494

序

尹绍亭

本书名为《我们这一代——滇云人类学者访谈集萃》。取此书名，有必要做一番说明。

先说此书的缘起。2005年春季，云南出版社编审尹杰提议，希望我主持编辑一套《中国人类学民族学文库》，以贡献于2007年在昆明召开的世界人类学、民族学大会。此计划很快被云南出版集团和云南人民出版社批准立项并实施，于是由尹杰策划，由我和夏代忠先生主编的《中国人类学民族学文库》著作陆续问世。12年间，先后出版了专著24种29册，赞誉满满，获奖丰硕，达到了预期目的。编辑出版了如此厚重的一套大书，作为收官之作，策划一部学者访谈录，一来可为文库再添光彩，二来文库作者绝大多数是云南大学的教师或云南大学出身的学者，"访谈"可为母校存留一些资料，而对于时下从事"双一流"建设的年轻教师学者而言，亦不失为难得的参考借鉴。这个主意得到同人的支持，于是就有了这本书的写作。

其次说何为"我们这一代"。《中国人类学民族学文库》作者可分为四代学人。第一代学人是"90后"，为方国瑜、江应樑、田汝康3位先生，他们去世已经多年，文库用的是他们的遗作。3位先生均为学界敬仰的学术大家，其生平业绩早已广为人知，不必赘述也不可能再进行"访谈"了。第二代学人为"80 后"，有汪宁生、杜玉亭、严汝娴、张增祺、周光大 5 位先生。文库出版期间，汪宁生、张增祺两位先生先后驾鹤西去，健在的几位先生因年事已高，不便叨扰，所以第二代学人的访谈也只好作罢。第三代学人有杨福泉、郭净、王清华、郭家骥、郑晓云、瞿明安和笔者。第四代学人有崔明昆、秦莹、龚锐三人（合著者不在其内）。"我们这一代"，指的是第三代。如果不局限于文库作者，第三代乃是一个大群体，文库作者只是其中少数，并不能代表全部。然而如果要扩大范围，那是无法操作的，所以只好限定在"滇云人类学访谈集萃"范围。计划决定后曾多方组稿，增加了梁旭、杨庭硕、林超民、江晓林、方铁、顾士敏、李国文、邓启耀、段玉明、张开宁、赵捷、何明等人的访谈。其中杨庭硕、邓启耀、段玉明是外地学者，他们曾经在云南求学或工作过，云南可以说是他们的学术"故乡"。此外有几位是历史学、宗教学学者，他们的访谈虽然不完全属于人类学范畴，然而由于他们与人类学、民族学学界关系密切，或长期合作研究，或为人类学、民族学出版事业做过很大贡献，所以他们能加盟是理所当然。上述学者的年龄，最长者梁旭先生 79 岁，从年龄和资历看，他也可以算是第二代，但此先生心态极为年轻，思想活跃，且喜欢和年轻人混在一起，所以将其拉到我们这一代。不足 60 岁的有 4 人：郑晓云、何明、瞿明安、段玉明。4 人虽然较为年轻，然而学术成果显著，且出道时间较早，所以"破格"进入"长者"的行列。这里要特别感谢横山广子、何翠萍和赵捷，她们十分出色的访谈不让须眉，堪称典范，撑起了半边天，所以特意将 3 位的访谈安排在最前面。又，本着"尊长"的传统，男性学者则按作者年龄排序。

说到云南这一代人类学民族学学者，不应遗忘云南省外的同人。由于所处环境不同，这些同代学人大都还在"快马加鞭未下鞍"，拼命工作，不像我们可以"马放南山"，抽点时间缅怀"如烟往事"，总结一下人生事业了。经联系，加盟者有日本学者秋道智弥、横山广子教授，澳大利亚唐立教授，云南大学出身的美国学者施传刚教授,中国台湾的何翠萍教授五人。他们的访谈,视野开阔,学术性强,颇多建树,为本书增色不少。

说了书名意蕴,下面谈一下"我们这一代"的秉性特质。

某年某日,我曾与一位受人尊敬的二代先生聊天,其间谈到治学,他不无感慨地说道:"学界一代不如一代了!"听后思量,就我而言许多方面不如前代不容置疑,不过就第三代整体来看,"不如"前代可能过于笼统,"不如"究竟何在?果真"不如"又是什么原因?值得反思探讨。关于这个问题,本书正好有几位学者提到,且看他们的说法。

邓启耀:"我们这个年轻的一代学人,多半是过渡的一代。不像老一辈学人国学功底深厚,也不像年青一代很早就有机会游学世界,我们从小受的教育,是一种正在与传统文化决裂,又与当代世界隔绝的教育。到了青春期长身体、长心智的时候,更逢浩劫,连书都没得读。"

郭净:"作为一个刚过60岁的云南人,我觉得有几个身份对我们影响非常大。第一身份是这个年龄的人,我们经历了中国的不同时代……所以我们这一代人对这个社会的认识是不一样的,受到中国革命传统的一些熏陶,而且我们那时候读的书很有限,因为书少,所以读得很认真,马克思、恩格斯、毛泽东的著作都认真读过,对马克思主义特别是毛泽东在农村领导革命的过程有所了解,农民革命的传统对我们有影响,让我在没有接触过农村和少数民族之前就多了些感同身受。现在做农村工作的人却很少读这些书了。"

顾士敏:"我是1945年生人。1945年、1946年的人是非常特殊的一代。我们那一代人……太复杂了,他们像宝石一样,具有一些杂质,但也正是因为这个会使他们更坚强、更璀璨,更具有内在的光与热。因为这一代人就没有一帆风顺过,坎坷岁月、蹉跎岁月造就了他们。不过这个经历看下来并不是好事,但也未必是坏事。"

三人所言,大体概括了我辈的状况。说到这里,耳边不禁回响起朋友从微信传来的一首歌——"我们这一辈"(抱歉不知作者之名,仅录歌词大意），其质朴深沉的歌词、苍凉激越的旋律，感人肺腑，荡气回肠，寥寥数语，饱含着我辈的人生沧桑：

  我们这一辈，与共和国同年岁，
  有父母老小，有兄弟姐妹。
  我们这一辈，与共和国同年岁，
  上山练过腿，下乡练过背。
  我们这一辈，学会了忍耐，理解了后悔，
  酸甜苦辣酿的酒，不知喝了多少杯。
  嗨哟！
  我们这一辈，熬尽了苦心，交足了学费。
  我们这一辈，对父母有过，对儿女有愧。
  我们这一辈，真正尝到了做人的滋味！

  学者是时代的产物，特殊年代塑造了我们这一代的特殊。境遇的截然不同，也算是"文化的多样性"吧。时代人生，很难简单地评说。我们这一代大多形成了不甘没落、不畏艰难、坚忍执着、刻苦钻研、淡泊谦虚、豁达乐观、宠辱不惊的精神和品质。然而，良好的精神和品质并不能左右命运，如果不是"四人帮"倒台，国家实行改革开放政策，即使再好的精神和品质也将颓废消磨。正是有了拨乱反正、改革开放，才使我辈得以在人生关键的时刻迎来明媚春光。1976年之后我辈走出寒冬，40年间书写了过去做梦都未曾想过的"春天的故事"，充分显示了时代造就人才的"传奇"，值得一提：

  第一，本书20位大陆被采访者中的17位，是在"文革"结束、改革开放恢复高考后考上大学和研究生的。对于他们中的"老知青"而言，恢复高考简直就是"救命末班车"，因为他们大都已经跨入接受高等教育最高岁数的"红线"，如果没有这一最后的机会，那么肯定与大学无缘，必将抱憾终身。

第二，接受了高等教育，20人毕业后获学士学位9人、硕士学位3人、博士学位8人。其中林超民为恢复研究生招生民族史专业最早毕业的博士之一，施传刚获得美国人类学博士学位，郑晓云荣获希腊亚里士多德大学荣誉哲学博士学位。

第三，20人现1人为副研究员，19人为教授、研究员（其中11人为二级教授、研究员）。施传刚为美国佛罗里达大学终身教授，杨庭硕为吉首大学终身教授。16人为硕士、博士生导师。

第四，20人中，14人分别为国务院特殊津贴专家、省级和国家级突出贡献专家、国家高层次人才特殊支持计划领军人才、国家"文化名家暨四个一批"理论家、云岭文化名家等。

第五，在国际上，尹绍亭先后受聘为日本国立民族学博物馆客座研究员、日本京都大学和东京外国语大学以及立教大学客座教授；张开宁长年担任联合国开发计划署／联合国人口基金／世界卫生组织／世界银行生殖健康特别项目专家组成员、联合国人口基金和联合国儿童基金会专家和顾问等；杨福泉曾经赴德国等国家从事合作研究和讲学；郑晓云荣任法国水科学院院士，并曾任国际水历史文化学会主席。

第六，在教学方面，我辈培养了大批学士、硕士和博士，学生群星闪耀，业绩斐然，不少成为各自行业的骨干、栋梁；在科研方面，我辈在诸多领域开拓创新，取得了令学界瞩目的成就，获取了社科界的所有高级奖项，产生了积极深远的影响。

第七，在行政科研管理服务方面，林超民曾任云南大学历史系主任、人文学院院长、副校长；尹绍亭曾任云南民族博物馆副馆长、云南大学人类学系主任、云南大学伍马瑶人类学博物馆馆长；方铁曾任云南大学西南边疆研究所所长和教育部西南边疆研究中心主任；李国文曾任云南省社会科学院社会学所所长、云南民族大学图书馆馆长；杨福泉曾任云南省社会科学院副院长；郭净曾任云南省社会科学院历史所所长、云南省博物馆馆长；邓启跃曾任云南省社会科学院民族文学所所长、中山大学媒介人类学研究中心主任；郭家骥曾任云南省社会科学院科研处处长、民族文学研究所所长；王清华曾任云南省社会科学院民族学研究所所长；何明曾任云南大学科研处处长、民族研究院院长；郑晓云曾任云南省社会科学院科研处处长，现任民族学研究所所长；江晓林任德宏师范高等专科学校"江应樑博物馆"馆长。

第八，加盟本书的国外学者秋道智弥、唐立、横山广子教授和中国台湾学者何翠萍教授，也是改革开放的极大受益者。之前很多国外人类学学者对中国和云南的民族文化感兴趣，希望投身研究，然而由于做不了田野调查，只得改变计划去了别的国家。横山广子和何翠萍，是改革开放后最早获准到云南进行人类学调查研究的海外学者。随着国门开放，研究条件转好，20世纪80年代后期唐立把研究重心转到云南；秋道智弥原本是以大洋洲为研究基地，20世纪90年代后期也开始把云南作为重点研究对象。于是，在云南的人类学史上，才有了秋道智弥和秋筱宫研究班子的云南原鸡及其文化的研究和季风区云南地域的民族生态史研究、唐立的云南科技史和傣族历史文化研究、横山广子的苍洱白族民族志研究和何翠萍的从景颇到西南界域人类学的研究。

有国外学者曾经对我说过，你们耽误了那么多时光，经历了那么多磨难，还能成就事业，难能可贵，值得钦佩！我感觉这不是一般的恭维之语，只有阅历丰富、深谙人生世事的人才会说出这样的话。在组稿、编辑本书的过程中，我进一步体会到了"值得敬佩"的分量。如前所述，组编此书的初衷，是使其成为文库"终曲的华彩"。而当赐稿陆续寄来，仔细读过，才发现对原本认识熟悉的同人其实并不十分了解。经历不十分了解是其次，主要是他们的成就和影响远远超出了我的认知，使我不断感到意外、感动和惊叹！掩卷沉思，我这才深切意识到组编这本书的价值和意义。而且不得不说，与这样一群"云南帮"为伍，实感骄傲和自豪！

少年时代读过一本名为《钢铁是怎样炼成的》的小说，此书对于我辈

序

影响之大,是现在的年轻人不可想象的。主人公保尔·柯察金有一句名言:"人最宝贵的是生命,生命每人只有一次。人的一生应当这样度过:当他回忆往事的时候,不会因为虚度年华而悔恨,也不会因为碌碌无为而羞愧。"记得当年每每吟诵这一段话时,都会热血沸腾,对未来无限憧憬!时光荏苒,青春如在昨天,弹指之间我们已临深秋。回首往事,虽然少年时代的激情早已淡如浮云、静如止水,不过曾经握过犁把和铁锤的手后来居然又拿起粉笔和笔杆,做起书生行当,到头来还能说"不会因为虚度年华而悔恨,也不会因为碌碌无为而羞愧",戏剧人生,正所谓"我们这一辈,真正尝到了做人的滋味!"我的访谈用了李白的"两岸猿声啼不住,轻舟已过万重山"作为题目,觉得它能够表现我们现在的状态和心态。自然,万重山之后还非终点,前程尚风光无限。以往的故事已经写入访谈,至于未来,我相信这一代人不会满足自得,更为醇厚、纯粹的人生,更为成熟、老到的研究和成果,恐怕还在后头。

2018年8月写于昆明

边缘学术与前沿思想
——赵捷研究员访谈录

赵捷，研究员，云南社会性别与发展的重要推动者和创始人之一，从事妇女学与社会性别研究近30年，坚持学术理论、政策倡导和行动研究三结合，在社会性别分析、参与式理念与方法及女权主义田野工作方面经验丰富，处于业内领先位置；相关论著颇丰，其中一些思想观点和开创性研究获国内外同行赞誉。2011年自云南省社会科学院退休后，现任中国妇女研究会理事、汕头大学妇女研究中心客座教授；兼任政府有关部门和民间组织推动性别平等和促进妇女／女童发展项目的首席专家或顾问，仍继续推动中国和云南的性别平等事业。

李玲：推动性别平等是"最漫长的革命"，您涉足此途多少年了，感觉走得如何呢？

赵捷：岁月如梭，女孩已成老妪，但童心未泯呢。此途，仍漫漫无期。我的小学和中学时代正值"文革"时期，这意味着基本没怎么读书。尽管这样，我还是混到1973年高中毕业。1974年昆明市教育局招聘老师，是高中毕业证书的作用，我有幸进入昆明32中学（原先的女子中学）正式参加工作。老师的身份提醒我应花些心思去读书了。动此心思后我发现，学校里藏着不少极棒的老教师，因"政治身份"问题他们不能登讲台，我正好独享这份资源，恶补了不少课程和知识。正是得益于此，我能在1977年刚恢复高考时就顺利通过各项考试，进入四川外语学院攻读法国文学。由于是第一批学生，记得最初的教材都是油印的。绕口的法语，即使它是世界最美的语言，我还是没能好好学到家，反而是对第二外语英语更有兴趣。1982年大学毕业，我选择回昆明，分配到云南省委统战部工作。因对学术研究的兴趣，促使我于1985年调入云南省社会科学院工作，直到2011年退休。退休后又受聘于汕头大学至2013年初。

我步入妇女学研究，萌发于1990年与一位日本女人类学家的谈话；起步于1993年组织编辑《云南民族女性文化丛书》；发展于1995年去北京怀柔参加了第四次世界妇女大会的NGO论坛，自此执迷于这门与每个人都关联的"不守规矩"的科学，欲罢不能。随后20多年，为了弄懂、学深并实践这门学问，我去过美国、荷兰、泰国和孟加拉国的相关学院，完成短期的关于社会性别的突击性学习；去过巴西、澳大利亚、马来西亚、越南、老挝和中国香港等地参加与社会性别研究相关的国际会议，去交流云南妇女与发展的研究并获他山之石；同时，我协同国内外的同人，与那些对社会性别与发展有兴趣，又能提供知识和物质支持的机构合作（当时从国内组织找经费开展妇女学研究十分困难），如加拿大大使馆、世界银行、福特基金会等，共同推动包括云南在内的中国的社会性别平等与发展。借1995年世界妇女大会的东风，我的妇女学学问开始"做强、做大"了。再之后，国内外相关领域的组织和机构经常聘我为社会性别的专家或顾问，去开展培训和指导；也曾受邀为云南大学婚姻家庭专业博士生讲授妇女学的课程，为人文学院人类学系带了5届的硕士研究生，专攻社会性别研究。

李玲：家庭对一个人的影响很大，您生长在怎样的一个家庭？

赵捷：我母亲是个泰国华侨，自幼生长在泰国。她父亲是位米商，早先从广东汕头漂洋过海，经商到南洋的。母亲的年轻时代正值抗日战争，热血青年一枚，她不顾家人阻拦，为参加抗日来到重庆，在那里与来自宜宾的有共同志向的父亲相识相爱，一起做抗日宣传。1946年受共产党组织委派，二人重返泰国为解放军募款。中华人民共和国成立前夕，据说他们骑着马，自泰国经缅甸来到云南边境，加入了边纵，在澜沧江边打游击至1950年云南解放。之后就在昆明安家了。遗憾的是，父亲在我很小时就离世了。他因生前忘我工作，重病缠身而故，被褒扬为烈士。家里那张"革命烈士"证书算是他留给我们的全部遗产。当时，母亲38岁，我奶奶60岁，本人6个月，外加4个2至8岁不等的哥哥，这个七口之家就这样被母亲托起直至她去世。我至今都无法想象母亲当年的心境，她是如何克服那无限的悲痛和无助感，需要多坚强的毅力，拒绝了多少上门来要求领养我们的好心人，一定坚持把5个孩子留在身边培育成人的。幸好，我们算烈士子女，可申请政府抚恤金，有基本生活保障。记得母亲常告诫我们的一句话就是：你们可是共产党养育的！要相信党，对得起这个国家！即使在"文革"期间她遭罪时，她也会藏着内心的委屈和焦虑，脸上挂着永不消失的慈祥微笑，仍重复此话以教育我们。若干年后家人言及此事，都笑而敬佩地说她——"马列主义老太太"一个！同时，在我心底，她那种作为一个人，对孩子、家庭、工作和国家的社会责任感，那种敢于担当的精神，对正义的信念和坚毅的秉性，已在悄悄萌生。我的4个哥哥中，有3个当过兵，再加两个嫂子，有一个班的兵力。他们中有的曾经从政、经商、搞教育和做管理，退休时均在一个相对较高的水平上。搞学术的，现有我和二哥赵晓澜，还在退而不休地继续着。

家庭里对我从事妇女学的影响，无疑有来自母亲的，这位纯朴、耿直且忠诚的女性共产主义战士的形象，对我的潜移默化影响；还有就是自幼被4位哥哥宠爱，被视为有"阿妹王"的地位，那种被爱和爱别人的家庭氛围，培育了我自尊、自信、自立的秉性，再加上点小任性和倔强。这些影响使得我在潜意识里，从来就不认同女性属于二等公民的普遍价值。当然，也有些来自负面的影响，那就是当我结婚生育后，角色和身份的剧变，让我突然失去了自我。坦白地说，那种寻找真实自我的想法，其实一直是我从事妇女学和社会性别研究的原动力。

李玲：在妇女学界和发展研究领域，您扛有多少重任在肩？

赵捷：去年（2016年）我辞去了全国社会性别与发展网络协调人的身份，现只担任着全国妇女研究会的理事、汕头大学妇女研究中心的客座教授。前些年，我曾任云南省妇女理论研究会的副会长、昆明市妇女理论研究会的副会长，作为无党派人士和妇女人群的代言人，曾任过两届（第九、十届共10年）的云南省政协委员，做过一届（第四届）云南省的青联委员。在民间，我曾担任云南生育健康研究会的副会长有10年之久，创建了云南的社会性别与发展小组并做了两届召集人，担任过云南参与式发展网络管委会成员，它们在国内外相关领域都是很知名的民间社团。2008年，为能更好地从事妇女和社会性别研究，我还在云南省社会科学院组建了一个社会性别与参与式工作室。退休以后，我就只当顾问和专家，或陪伴年轻人做妇女项目，领衔的事就没扛。曾有人问我："你认同自己是个女权活动家呢，还是个妇女学学者。"我说：女权学术从来都是伴随着社会运动的，是为推动性别平等而存在的。在欧美的大学里，不少妇女学的教授都是当年的女权活动家；中国台湾的一些女权学者，有的弃笔从政，就是为了推动政府机构的性别平等的主流化。在现今的大陆学界，社会性别研究仍属于边缘学术。我们之所以投入精力和时间去做这些在主流学界不屑的"不务正业"，只是想有个平台来推动云南的妇女学学术，去证明妇女学和社会性别研究，是一门最值得普及的科学。不知听者是否能理解，但这是真话！

李玲：近年流行"行动性研究"，你们之所为可以这样理解吗？

赵捷：行动研究[1]是舶来品，简单说，就是一种以解决问题为导向的研

---

1 "行动研究"是第二次世界大战期间美国的社会工作者科利尔（J.Collier）和德国社会心理学家勒温（K.Lewin）等人在对传统社会科学研究的反思中提出来的，后者将它定义为"是将科学研究者与实际工作者的智慧和能力结合起来解决某一现实（问题）的科研方法"——引自百度文库"行动研究"wk.baidu.com/view/168…caaedd33d406?pcf=2#1。

究过程。它主张由与问题相关的所有人共同参与研究和完成实践的行动；在干预过程中找到适宜的理论并创新理论，找到解决问题的方法并论证新的社会关系；同时重视反思研究，包括对相关理论、行为、过程和变化的反思；对研究者和干预者自我价值观和立场的反思。可以说，妇女学的学术路径，大多是遵循这类轨迹。至少，云南做社会性别与发展的学者大多是这样的。

妇女学之所以遵循这样的轨迹是有道理的。表现在妇女身上的"问题"，如妇女就业难、妇女参政难、女童辍学等，表面看，似乎是妇女能力低、素质差或家庭贫困而无法上学的问题。但任何认真做学问的人都清楚，只要顺着表象问题探究下去，拖出来的，肯定是一系列复杂的社会问题，是社会对男女角色身份的定位和规范不公正问题，实质上就是等级和权力关系的问题。解决性别平等问题，需要妇女人群作为主体参与其中，同样也要有代表执政阶层的男性人群参与。这要求妇女学研究者在与各类利益相关人群的互动过程中，诠释如"妇女就业难"是社会问题，而非妇女问题。在研究如何解决相关问题时，不仅有针对妇女人群的对策，更要有针对解决各类社会问题和建立公平秩序的对策研究。另外并行的，是批判性的反思研究，妇女学学者需要回答：导致妇女人群总会变成"问题人群"的历史和文化根源是什么？通过反思我们每个人的性别经历、性别角色身份的影响，去探究男女之间的不平等差距与二元对立的发展逻辑有怎样的关系，解剖父权体制与现代社会发展中的不可持续因素在哪里，应破除哪些传统的思维和社会格局，最终找到适宜所有人的发展方向和路径。可以说，妇女学研究不仅是为了妇女，而是为了所有人，为了建立和谐发展的公平秩序。

记得年少时被要求背诵的语录："妇女解放的程度是衡量普遍解放的天然标准。"它其实早已不是口号了。目前，性别平等与否，在联合国系统已有一系列综合性的指标和标准，而且已被严格地用来衡量和评价各个成员国的发展程度。为了达到相关标准，这方面的研究和推进，近半个世纪一直是全球的热门议题。如果没有深刻的妇女学研究，推进性别平等将是无效或低效的（这已被历史证明过），也会影响到我国在全球文明程度的排序（已有信息披露我国相关数据滞后了）。就说妇女参政问题吧，我国政府的《中国妇女发展纲要》强制要求有30%的比率；近几年达标情况起伏不定，有时平均值只有20%左右。殊不知，在国际社会30%的标准只是最基本的标准，很多发达国家和发展中国家政府去年都承诺要实现40%—45%了。

现在的学术环境好多了。回想在20多年前，我们这些做妇女学和社会性别研究的，在正式的学术殿堂里连找个对话的学者都不容易，要么不被重视，要么被视为"怪物"，相关研究成果也很难列入真正的学术研究。记得曾有人背后嘲笑我们说："社科院的那几个小女人，一天就跳来跳去的，不好好做研究"，令人哭笑不得。

李玲：把你们好好做的研究说来听听，我会当作最值得普及的科学去传播的。

赵捷：比如说生殖健康研究。这听上去是个医学命题。但在妇女学和社会性别视角下，单纯的医学研究或解剖学分析的生殖器官研究，肯定是解决不了生殖健康问题的。有这样的实例：云南某卫生院体检中发现，农村中年妇女生殖道感染较为普遍；反映说，她们不讲究这方面的卫生。于是，妇女被动员去卫生院免费治疗，但去治疗的人却不多。同时，卫生院还在村里开展图文并茂（考虑农村人识字少）的生殖健康培训，但随后评估培训时却发现，经过培训的妇女对相关知识仍一问三不知。当时的卫生厅厅长吴坤仪让我们这些做妇女研究的进入现场。透过社会性别分析，问题的呈现就多元了：农村社会对"妇女病"普遍持忽视态度，包括农妇自身；加之生殖道感染通常无明显疼痛感，农妇更是认为"它不影响吃、睡和劳动，就懒得管它了"。另一原因，如果女人生殖道有感染去看病，感觉丢人，会被认为在性方面"乱"。所以她们宁愿忍着，也不愿去经受无中生有的责难。关于生殖健康知识的培训，农妇说："培训时，一个村的男男女女都坐在那里，都是认得的人。那些画着私处的图画，根本不好意思盯着看，害羞死了。我们女人从一进去,就红着脸低着头坐着,讲什么当然不知道啦。那些男人倒是看得哈哈大笑,津津有味。"这表明,当地存在着对性的偏见和微妙的歧视。这样的歧视又来自社会潜规则中对男人与女人的区别对待,特别是在性健康的认识上。农妇们面对着不能言说的"沉默文化"的压迫,而无法享受健康的知识和治疗。普遍被认可的,只是妇女的生殖健康关系着很多人的健康,影响着一系列人口方面的问题。这样的认识,仍脱不开传统的妇女是生育工具的阴影。正是这类根深蒂固的认识,才导致上述歧视妇女及其性健康问题的出现。我们的分析,影响到卫生部门对生殖健康防治模式的较大改良。妇女健康与社会性别歧视不是在我国才有的个别现象。所以,1994年在开罗召开的"全球人口与发展大会"上对何为生殖健康有了全新的定义:"生殖健康是指人类生殖系统及其功能和动作所涉及的一切事宜的有关身体、精神和社会适应性的完好状态,而不仅仅指这些方面无病和不虚弱[1]"。这也是我们从事相关研究的重要依据之一。

再比如说林业发展研究。新的视角强调社会林业,既然"社会"二字出现,社会中的人及其关系必然也在观照之下了。如何观照,在社会性别分析框架中会更为清楚。曾有这样的案例,在森林茂密的基诺山地区,林产品是当地人赖以生存的重要物质,有食用、饮用、药用、饲料、织染原料、薪材、祭祀用及各类文化和日用产品200多种。按传统性别分工,采集和使用林产品的多是基诺族妇女。她们普遍以能够如数家珍地诉说当地林产品的生长地、生成期、特性和用途为荣。那种富有情感的陈述,听来如同是在说她家漂亮的花花草草呢。还由于基诺族妇女同样承担着各类农业生产劳动,了解相关的传统技能和知识,负责几乎所有的家务劳动,她们在家庭和社区,先前有一定的决策权和影响力,可以说与男性有着同等的地位。当当地政府为了保护环境,颁布禁止进入森林保护区采集林产品

---

[1] ICPD & the Family Care International Action for the 21st Century Reproductive Health & Right for all, 1994. pp.10—11. 赵捷等:《以妇女为中心的生育健康》,中国社会科学出版社,1995年。

政策时，其实对女性影响很大（甚至，与林管员发生较大冲突的是妇女；这类事件在藏区的草原保护中也有发生）。妇女们因采集林产品的限制，缺少了履行角色责任的资源，依靠自己增加收入的机会减少了；开始不得不依赖于男性群体的劳动，依赖于另外的替代性生产模式，而组织规划和开展培训的外来者，又会因为种种原因而不重视妇女人群的存在。她们的焦虑、需求和挑战不被看见，不仅影响到她们的发展，也必然会影响到原有较为平衡的性别关系、和谐的家庭和社会关系。可以说，这样的社会性别角色和关系若不被揭示和积极干预，受损会是多方面的。首先会影响到新的农业生产模式的推广（因为妇女是重要的劳动力）；再有会影响到林产品生物多样性的全面复原（农妇脑子里对各类林产品的传统知识没有机会被有效利用和传播）；还有，无形中会降低妇女的地位和影响力等。面对这样的问题，基于性别平等的干预原则是，考虑妇女的各项利益和需求，同时也促进男性人群在承担生产和家务中有所调整。当然，最重要的还是，促进相关部门，无论在森林保护方面，还是在提供农业技术方面，看见妇女。不是只看见表面的女性人群，而是要像做透视一样，看到她们于生活和生产中的角色责任，与男性、家庭、社区和自然环境的各种关系；要能看到那种生态循环中的人（男女性别之间）与自然的逻辑。妇女学还主张学习这样的逻辑，之后再去研发环境保护的政策措施。生态女权主义倡导这样的生态政治——人类社会在建立新秩序时，要能领会大自然的生态逻辑，领会物种与物种的依赖关系，竞争中的互补与公正，敬重所有生命的价值，人类不过是其中物种之一。

李玲：说了半天妇女学、社会性别，它们有什么区别呢？又怎样理解社会性别分析呢？

赵捷：妇女学是运用多学科理念和方法研究妇女在政治、经济、文化、社会及自然环境中的地位、作用的综合性新兴科学。社会性别是妇女学最主要的分析范畴之一，目前被广泛运用到各类研究中，与民族分析和阶级分析一样，有着同等的重要性。关于社会性别分析，我试着解析一个亲耳听到的真实故事，以便理解它的分析要点和路径：

有个女孩叫小英，家住云南与广西交界的某村，家有父母和弟弟，当时分得两亩好地。父母起早贪黑地在地里忙，收成不错，日子过得还可以。小英四五岁时就负责带比自己小两岁的弟弟了，按大人对女孩的要求，学做家务杂活，捡菜、扫地、洗碗，从小就表现得很能干。父母和邻里都说她是好姑娘，她越发勤快了。7岁上学，头几年学习不错。三年级后，家里靠种地赚来的钱越来越少了，父亲只好外出打工。妈妈要负责地里的全部活计，小英不得不承担更多家务，农忙起来，地里的活儿她也得承担。弟弟被寄予要改变家人命运的希望，全身心地读书。小英呢，因劳动而没时间完成作业，成绩开始下降，读书心思也不如从前。她开始相信"女孩子读书，到了高年级就更不行了""读得好不如嫁得好"的道听途说了。就这样，她初二辍学，约伙伴进县城打工了。因受教育程度低，她只能在餐馆洗碗或是在旅店打扫卫生。她原来相信凭手勤脚快，能够多赚钱寄回家，为父母减轻负担，让弟弟安心读书。但事与愿违，混了两年，姐妹们相劝：女孩早晚要嫁人，都走出来了，不如在外面找个靠得住的人嫁了。农村女孩这样憨苦是苦不出来的。几经介绍，小英还真相中个老实人，很快嫁入夫家。丈夫家经营着个小农机修理站，家里的土地已卖给开发商，公公和丈夫懂技术，生意不错。她跟婆婆一起，房前屋后种些食用蔬菜，操持家务。她一年后生了个儿子，得全家人宠爱。小英自觉感受到了为人妻母的各种幸福，还带着孩子和丈夫回过老家，惹得村里伙伴羡慕不已。她父母也为女儿有这样的归宿感到欣慰。她弟弟初中毕业没考上高中，在家务农或随父亲打工。可是，小英知足的好日子没过多久，丈夫家的小机修站被从城里下放来的机修厂挤倒了。由于生意冷落，小英的丈夫去广州打工了，凭手艺在一家汽车修理厂工作，不时寄些钱给她和孩子。当儿子会跑时，她把孩子托给公婆，去广州找丈夫。到了那里，小英没想到丈夫跟另外的女人同居着。丈夫争辩说："我又不是真跟她过，她会点修理。我要赚钱养你和儿子，不容易！你帮不了我，又不会修修整整。你还是回家管孩子和老人吧。"小英返家向公婆诉说了丈夫的背叛。两个老人除了叹息着骂儿子外,什么也没帮她。小英不敢对父母说,心想:远水救不了近火;弟弟就要娶媳妇了,自己也不好回去。更有邻里风言风语说她:这个女人,连自己的老公都看不住!她随后又去过广州劝说丈夫,但无济于事。更糟的是他开始较少给小英寄钱了。当小英感觉走投无路时,有人找到她,说浙江有人托找媳妇,她愿不愿改嫁。她还在犹豫户口问题时,男方通过媒人已送来一笔钱,承诺嫁过去后,马上可以落户和办理好结婚需要的手续。当时的小英孤立无助,娘家回不去,婆家也进不了,广州丈夫的家也没她的位置。心想:怎么个个都不把自己当回事儿呢?心一横,重新再找个人家嫁了吧,躲得远远的。这样一想,她就答应了。嫁过去一段时间才发现,男的有癫痫。半年后她借口回家探亲,逃了出来,找到广西妇联求助。当她诉说完后,妇联干部说:要帮你可不是件容易的事,你现在已犯了重婚罪……

有好多次,我在跟人讲完这个故事后,总会有人说:"类似事情太普遍了,我们那里也有,唉!农村妇女就是素质低。"面对这类对农村妇女的评判和这样的责怪受害人的现象,你怎样看呢?

李玲:正在想小英怎么就这么笨呢,您这样反问,让我自省,我不也在责怪她吗?或许您的社会性别分析能够揭示此类事件的症结?

赵捷:此症结是结构性的。著名法国女权学者西蒙·波伏娃有句名言——"女人是被造出来的",被造成相对于男性的次等人。所指,就是此社会的结构性问题。犯有重婚罪的小英,包括弱势妇女很多的都是被现存父权制度之下的性别机制造出来的。反观她们的被造过程,先记住几个要素:观念意识、角色分工、资源分配、能力培养、身份价值、规范习俗,分析时还要注意到,这六个要素是互为关联和作用的;就是说,有什么样的性别观念意识,就会以性别为借口去作用人们扮演相关角色,会影响着对男女孩发展资源的分配,随后亦然。久而久之,会生成习以为常的惯例,成为所谓"不变"的规范习俗。回到小英身上来看,她自幼就被教导,女孩要顺从听话;在成长过程中,社会文化对女孩的期望是,以家为重,勤快做事、忍让做人（让弟弟安心读书，让丈夫成就事业）；姑娘嫁好强于干好，附属男人，男强女弱等等。她按父母和社会的希望生活并信奉此理，自律自己的意识和行为，用自己一生的努力，去符合这样的观念和角色预期。她家、学校、社区也信此理，依照此观念，学校和家庭没有人特别要求她必须努力学习，而默许，或者说漠然对待她的辍学，当地政府没有明显阻止作为。而女性受教育是其基本权利，这同样是多数人都懂的法律。但基于不同的男女人时竟"习惯性"地被区别对待了。这表明，在我们的社会里，性别机制对人的潜在作用力远大于法律的约束力；国家的教育资源在农村女孩面前，如同隔着块玻璃，可望而不可即。继而，受教育水平偏低的小英，无疑会因此再次面临就业资源的限制，再往后，打工妹的身份和定位，让她没有自信和被歧视，弱势更增；她以前的能力和现在的本事都只有廉价的家务技能；离开原生家庭和社区的她们，同时又增加了各种新的脆弱性；"难混"的处境让她们不知所措了，独立和自主也随之减弱了。再后来，她们的人生发展之路，随着女大当嫁的压力和影响变得更少了。最终，嫁汉嫁汉，穿衣吃饭，真的就成了她们的唯一出路了。而当她赌这一把时，本钱只有自己的身体。而这点本钱，还只能是在家庭这个台桌上才可以赌。而家庭的庄主，绝大多数是男人。他们掌握着决策权，包括作弊的权利。就是说，传统的性别机制一方面要求女人以家为中心，而另一方面她们似乎又永远无法以主体身份来拥有这个家，而被视为外来者。父权制度保护的是家里的各类男人，其财产、技术、姓氏都是传男的，较少传女。而现今，多数的法律和政策设计，经常无视妇女诸多的脆弱性，无视前述种种的性别角色和关系，看不见妇女人群的真实存在。这样的格局，肯定会加重或复制妇女的弱势地位。如果没有积极的政策和措施干预，就会恶性循环，继续拉大男女两性不平等的差距。社会性别分析，就是要将这样一些制度文化中的性别问题揭示出来，主张建构新的性别平等机制，让前述六个要素的内涵变成权利为本、性别平等和多元公正，并渗透到现有制度和文化的各个方面，形成良性循环，能够真正影响到我们每一个人的日常生活和工作当中。

李玲：妇女学还真有些深奥，话说到此，我们已谈及了它的方法论了，不是吗？

赵捷：是。妇女学的方法论强调以女性的人生经验为研究主体，多维度地去诠释女人与男人的角色身份表现出来的多样化经历；注重话语研究，质疑和挑战权威和中心，批判本质主义，强调实证研究，揭示解构与建构的全过程，主张 on，by，for and with women。简单说，与妇女一起研究与行动。我有过这样一个经历，或许能说得更明白：

1995 年在怀柔参加世界妇女大会的民间论坛时，我曾听过一个工作坊，议题是妇女的历史。其方法令人难忘。当时与会的人很多，主持人很随意地问：在场的姐妹们，有没有 40 年代以后出生的，请举手；随即请其中的两位坐到台上来。之后又问：50 年代后出生的请举手，又请上去了两位；随后问六七十年代后出生的，并分别都请上两位台上就座。就这样，台上出现的讲者，是不同年龄、不同肤色和不同国家的妇女 10 位（连同两位主持）。当她们自我介绍完毕，不同的职业和身份又都清楚了。就这样，基本信息和背景都有了。接下来，主持人面对台上的讲者说：请给我们讲讲个人故事，它可以关系到你人生中遇到的重大事件、印象最深刻的事件、感触最多的人和事等。主持人让她们回忆几分钟后请出 40 年代后出生的开始，之后依次开讲。听讲故事，从来都是有趣的事，与会者竖直了耳朵。反正我是这样的，因为不同国家英语发音不同，我水平有限，很难全部听得懂。记得 40 年代后出生的两位欧洲人，讲的是父母辈在第二次世界大战中的经历，女孩记忆中的事件，包括分离、逃亡、饥饿和恐吓等，以及事件对她们后来成长的影响。记得有位中国人，介绍她参加红卫兵战斗队的事件，回忆说：兴奋热情但又迷茫，现仍深刻于心的是对共产主义的信仰和对中国社会主义发展的信心。来自非洲的朋友讲述了她们国家面临的经济和环境问题，女人、孩子和家庭的困境等。我能捕捉到的讲诉，都很感人，也说明了一些这样那样的问题。就这样，在不知不觉中，就那么一会儿的时间，一个世界，一段段的历史，如同话剧般地呈现在我眼前，其中如此鲜活的、不同肤色、年龄的老中青少的女人，基于性别不同而报告的历史，是那样的真实！她们大多会提及亲人、伤害、对暴力的反抗，对掺杂其中的性暴力现象的厌恶；会提到国家社会的变化或转型过程中，她们对已有关系断裂的焦虑，也有为此所做出的努力，包括挽回和对抗等等。台上女人们的亲身故事和内心感受，很煽情，让所有在场的女性从内心产生巨大的共鸣和力量，至少我是这样的。我惊奇和欣赏这种方法，完全参与性的。所有人之前都不会知道将发生什么。台上的人讲完自己的故事后，主持人鼓励大家讨论，为什么会是这样？台上和台下的相互呼应，台上的人把东西带出来，然后底下的人相呼应，相互印证。讨论中你还可以从亚洲到欧洲，从一个年代跨越到另一个年代去比较，去理解不同社会和文化中的社会性别关系，去讨论深刻的问题。那个工作坊当时没涉及那么细，但这种种方法，肯定是可以把多元的东西带出来的，而且所有信息是感受性的和经验式的，宏大事件只是背景。人们感觉随意，但不乏深刻性，反而更真实和精彩。这类妇女学的研究方法，并以此形式呈现出来的"非权威性"的研究成果，不同于精英的学术报告。像这类东西，连同前面提到的行动性研究，讲究参与性，我喜欢，也热衷于做这类研究。

李玲：您多次强调参与性或者说参与式，这方面能不能多介绍点？

赵捷：前述例子，就是个典型的参与性活动，是个收集信息、分享信息并讨论和研究信息的过程，而且是取之于民，用之于民，其间的交流与分享，是多赢的。只是，正式的参与性研究过程，半天是无法完成的。参与性——我用"性"，是想强调相关理念，而不只是方法。参与性基于多种理论，如应用人类、社会学中的群体动力学、心理学中的人本主义和多元智能等，当然还有成人教育理论。这是一套反传统的、非他者化的，以目标人群为核心和主体的理念和方法。运用得好，可以在某空间和时间内，让公平、多元和民主过程变得可以实践和操作，可以打破了原有的权利关系和等级界限，扩展知识生产的可能性，把解决冲突或利益的权利传递给利益相关者，让他们在过程中增强自己的权利，即通常说的赋权。当然，要成功地运作好参与性的调研与行动，是费时和费精力的，过程中还需要诸多的条件，并不容易。目前参与性的行动性研究，放在妇女学的研究视角下，也有很多值得反思的东西。

李玲：似乎话中有话，关于参与性，您还想说什么？

赵捷：这只是个人的感受。参与性方法，玩的是"我们"的学问。从字典看，"我们"这个词意指包括自己在内的若干人。可理解为"自己与其紧密相关的那个群体"。为凸显自己一方的内涵，有时会用"我"字来表达"我们"的意思，如"我家""我单位"，来呈现复数的意义。"我们"有一种感召力，甚至是魔力，可以让人们逐渐地改变意识、行为和立场；让人们建立起责任、义务和关系网；让人们重新去思考你我她／他之间的关系、内与外的关系、上下级的关系，以及农民与专家、男人与女人之间的关系。进而思考怎样去挑战和重构一种平等、公正和多元的人与人之间的关系。尽可能地去整合现有的各种社会资源，为实现共同的愿景，去实践和探索等等。不过，真正能领会和应用好"我们"，最重要的一点，是要基于最大限度地尊重、包容多元的基础之上。还要意识到"我们"永远是可以重组的；"我们"正是在重组当中，才能真正体现出其深远的可持续性。但其实我心里清楚，有些时候"我们"永远代替不了"我"。"个人的就是政治的"，这又是女权主义学术的原则。群体意志不可能完全取代个体的愿望。或者说，我们不能总是不考虑个人意愿。不考虑，这其实也算是一种不公正。有你，有我，才会有"我们"。如果没有你与我，"我们"就会是空的。而"我们"的模糊性，大而化之，往往会忽略某些个体的利益，会忽略了多元的存在。这样的忽略，尽管有"我们"支撑着，但群体间可能已经暗藏着一定的距离；或者说会有些潜在的风险。粗略地以为某一方的意愿，会包括众人的意愿，在这种情况下去决策做某些事情，就有可能引起新的问题。我们在推动农村妇女发展的行动性研究中，若遇到而忽视和不深究，就因为迷信"我们"。我想说的就是，"我们"是需要被过滤，要清楚"我们"之中都有谁，除了活动中的角色和责任外，还有不同的立场和价值观，这些东西，不是轻易就可以整合的；不同的立场和价值观，都需要被尊重。如果过度地应用"我们"，可能会模糊了那些原本应当澄清的差异。而事实是，只有弄清了它们的存在，才谈得上尊重。只有真正尊重差异，"我们"才会释放出能量。再说了，有时这种全身心的参与和投入，把别人的事当作自己的事去做，从另外的角度看，可能是侵占了他人的空间；作为个体，还有可能会失去"自由"，失去其他的选择机会。哦，这可能说得有点远了吧。

李玲：不是说远了，而是更深了，妇女学的认识论和方法论很有意思！您有些什么重要的学术成果，可供借鉴学习？

赵捷：我个人可供分享的成果，远比不上很多著书立说的学者。这些年来，我在国内妇女学研究领域的核心刊物《妇女研究论丛》上发表过一些文章，如《健康与女权：妇女卫生保健的非医学模式思考》（1996年第4期）、《关于农村妇女素质与发展的思考"（1999年第1期）、《妇女健康：10年推进过程中的喜悦与担忧》（2005年第5期）、《"赋权与互动：一次成功的倡导活动——如何与女童一起工作》（2007年第2期）等。在《中国妇女报》上发表过《生育健康中的女性困惑》《赋权农妇：告别疾病与贫困》《云南的妇女研究》《发展进程中"妇女素质低"的问题探讨》《让我们重建母爱》《在沉默的背后》等署名文章；在《云南社会科学》《云南民族大学学报》及其他省区的学术刊物上，也发表过与妇女研究相关的文章。另外，独立完成的专著有《永不安分的女魂——基诺族女性》（云南人民出版社，1995）、《亲人和亲情——基诺族家庭实录》（云南大学出版社，2003）；合作专著有《发展与妇女素质及权益》（云南民族出版社，2001）、《男女平等与发展——云南小康社会的性别分析与研究》（中国书籍出版社，2004）等。担任主编的有《生育健康以妇女为中心》（中国社会科学出版社，1995）、《独木成林——案例研究与社会性别主流化》（云南人民出版社，2011）、《中国与北欧国家的视角：全球化与本伦背景下的性别平等促进》（云南人民出版社，2012）、《遏制拐卖——从打到防的探索》（云南人民出版社，2015）、《反对拐卖——行动与研究的反思》(云南人民出版社,2015)。曾统稿编译了《社会性别分析与林业培训手册》(北京科学出版社,2004)。担任副主编的有《妇女社会学——中国的本土经验与研究》(上海人民出版社,2002)、《性别平等与村务管理——农村干部读本》(云南人民出版社,2013)等。另外,基于参加海外妇女学学者的相关研究,在澳大利亚、中国台湾和中国香港出版的相关书籍中发表过学术论文等。再有就是相关实地调研和项目报告了。

李玲:做了那么多年的妇女研究,它对您个人有什么意义?或者说,对此您有什么感受?

赵捷:对我最大的意义就在于,它让我体验了从地方化到全球化的各种事情,有机会接触和认识了各种各样的女人!表面看,似乎是我在帮助处于弱势地位的各类妇女人群,其实多数时候是她们,让我真正明白了"女人"这两个字,在政治、经济、文化和环境当中,在相关的研究和论述中,有着怎样的内涵,相关内涵又是怎样在历史的诠释和现代化的演绎中,流动和变化着的;让我在与她们一起的行动中,领悟和学懂了妇女学和社会性别研究这门复杂的学问。

我想说:农村妇女朴素的表达,有着深刻的学理。比如在贫困研究中,妇女比男人更穷,这个命题在很多时候不被认可。在很多学者包括政府官员眼里,如果一个贫困家里没钱,不管男人或女人都会受到困扰的。能够扶贫到户,已是细之又细的以人为本的策略了。而事实是,农户不等于农妇,有钱不等于有权。这类问题在社会性别分析的视角下比比皆是,它们的存在在很大程度上影响到扶贫效益。在最初的学术讨论中,我真的底气不足,一时很难"科学"地去识别一个家庭中男女不同的贫困程度。后来抬出农妇们的大白话——"没钱就只能节衣缩食了,自己少穿点,少吃点。娃娃上不能挨饿呀,他们在长身子,男人上也不能饿,他们要干活啊(其实她们自己从早到晚就很少得闲)""那些病么(指妇女们平时劳作太多、过重,头疼脑热的,或腰酸背痛的常见病),这在农村就算不上病了,哪个女人会舍得拿钱去看,除非病得很重";"这样也可以少花点钱,要供城里读初中的儿子"……这些婆婆妈妈的语言在农村随处可闻。它们有力地证明，妇女之所以更贫困或更易陷入贫困，就是因为母亲和女人的角色身份，要求她们忘我、牺牲和奉献，而使自己更多地承担着无钱的困扰。摆出这样的事实后，我们在道理上开始占上风了。如果给她们资源，将会是建立良性循环的开始。反对者就这样慢慢转变了，无论是出于同情妇女，还是执政的公正，开始与我们合作了。这样的转变，归功于农妇们坦诚的故事。而我自己，也正是从这些点滴的故事中，真正领悟到了社会性别分析的基本原理——关注日常生活中的政治。

我想说：农村妇女是块璞玉，她们会让你也发光。小额信贷脱贫模式（GB 模式）曾在包括中国在内的全球许多贫困地区被采用，发明者是孟加拉国的经济学教授穆罕默德·尤努斯（Muhammad Yunus）。他曾说过，正是依赖最贫困的农村妇女，才使得他有此创举；他因 GB 模式而获得 2006 年的诺贝尔和平奖。云南是最早引进该模式的，我参与其中。记得最初，看见数字就过敏的我，对 GB 模式里复杂的借贷、还贷、互为担保和集体决策的管理规程，根本吃不透，也学不懂。我更担心的是，面对那些目不识丁的民族妇女时，我根本讲不清楚。于是，请有会计经验者同行，去做讲解和培训。令我惊奇的是，当一两个农妇弄明白后，她们个个都成老师了。她们通过母鸡下蛋，孵鸡蛋，凑在一起养小鸡，再鸡生蛋的逻辑来诠释相关的规程。为弄清楚她们是否真懂，与同事配合，边查问，边澄清那些尚需明确的环节。这个互动过程被记录下来，后来又制作成了绘本，其中满满是农妇的智慧，包括她们的语言和表述。此绘本，成了项目推广应用最好的工具，还被其他省在妇女扶贫工作中借鉴和使用。

我还想说：农村妇女的责任心和诚信令人敬佩。记得在项目推广阶段，我们下村做贷款活动。农妇相约成组，排队等待给予办理登记。按序轮到一组农妇，申报说已组建好小组，选好组长和会计，做好计划，要求获准贷款。我在按程序检查、清点该组人数时，怎么数都差着 1 位。细问，有农妇组员指向旁边的柴堆说，那不是吗？我这才发现，有位男子蹲缩在那里抽着烟，明显不好意思。看到我们奇怪的眼神，有农妇解释说："他是独个人，腿跛着，是村里最穷的。我们不管他，那就没人管了！"这几句话，我至今记忆犹新，其间那份发自内心的浓浓的社会责任感，让我倍感敬佩。她们比我更能帮助人，更具性别平等的理念和社会责任感！面对这样的农妇，将所有扶贫资源都投在她们身上，谁能说不值得呢！最难忘的还有，按相约日期，我们与妇联干部下村去收利息。当那些信贷小组长自信而骄傲地打开用塑料袋或头巾包裹着的钱，摊在我们面前时，那一刻，我感觉眼眶里盈满了泪水，因为那是一张张皱巴巴的，一毛、两毛、五毛和一元钱的纸币啊！我感动她们的诚信和认真，也能感受到她们因此有多么的辛劳和多么的喜悦啊！

我真心想说，这些大山里的贫困妇女，她们每天在艰难的生产和生活条件下，长期缺少发展的资源和机会，仍然勇敢地担当着为家里人、社区人获得幸福生活的责任，乐观地面对种种挑战。她们的脆弱性是性别不平等的社会造成的；她们的素质低是被建构的，是我们的社会结构存在问题，让她们总是相对于男性处于弱势。如果不能推动这样的不平等的社会结构有所改变，那我的学问就白做了！

李玲：除了农村妇女外，您还接触过哪些对您影响较多的女人？

赵捷：有所谓"低层次"的女性，如女性性工作者、监狱中的女性罪犯、女性艾滋病病毒感染者、女性吸毒者和女性同性恋人群。这类女性人群因其特殊经历，对性和社会性别有很不一样的理解，这更加深了我对妇女学的反思学习。而且，我真心佩服她们（她们都是其社群的领袖）的智慧和勇气，她们那种执着而坚持，不屈不挠去对抗父权体制下的社会性别歧视的顽强，更胜一筹；她们大多是因为超越传统的性别规范，被视为不正常或不像女人的另类女人（污名化），而面对更多歧视。

有所谓"高层次"的海内外妇女学界精英，她们大多具有较高学历，学术功底深厚，研究视角敏感、犀利而深邃；我与她们虽只是短暂交流，时有观点不一，但由衷敬佩，从中总能领悟到新的妇女学的精华。

在我接触过的女人中值得一提的，还有希拉里·克林顿，这位风靡世界并很有影响力的女权主义领袖。我有缘与她面对面对话三次。第一次是在1998年，她作为总统夫人陪同克林顿访华，全国妇联为她在北京举办论坛"中国妇女发展的机遇与挑战"，我是6位发言人之一，也是北京之外的唯一受邀的发言人。对话中我谈及云南偏远民族妇女发展中的相关机遇和挑战。第二次是1999年在白宫，她接见"中国妇女领袖代表团"，我是团员之一。那次的交流从内容到形式较为外交化。之后赠礼并合影，白宫官员建议集体送一份礼物给希拉里就行了，尽管人人都各自带有礼品。值得骄傲的，是我带去的那块扎染布，被大家选为集体礼物，因为20多位代表的名字都可签写之上。这块扎染是我离家之前女儿专门陪我选购的，她很喜欢那幅画，上面画着个可爱的、骑牛吹笛的放牛娃，色彩浓烈，很有民族特色。礼物送上后，显然总统夫人很喜欢，站着，用手拉开那块扎染画，提议与它再来张合影（之前已拍过一张集体合影）。第三次见希拉里，是2012年底，她任美国国务卿出访亚洲时，在北京的美国大使馆，与中国的几位女权主义学者和活动家简短会谈，探讨未来全球和中国推动性别平等的方向，我也在其中。

我十分珍惜这类姐妹情谊。我既然认同女人身份，由此而来的所有喜怒哀乐、进步与落后、经验和教训，都是妇女学研究的资本和遗产。从中，我能比较容易地寻求到理解和支持，能发掘出女性个体和群体的经验——特别是那种对所有生命的尊重、关爱、呵护的潜意识，以及它们对建立和谐家庭及公正而平等的社会的重要意义！

采访者：李玲，云南大学人类学系硕士研究生，自喻为独往独来学无止境的好学之士。

从景颇研究到西南界域人类学
——何翠萍教授访谈录

何翠萍，美国弗吉尼亚大学博士。1993—2017年任职于台湾"中央研究院"民族学研究所，2017年6月底退休。

她的研究开始于云南的景颇人，之后扩展到对西南作为一个"界域"探讨的关怀。从联姻价值与表演性的理论出发，其景颇研究一直以跨境的缅北克钦与中国景颇的文化议题为焦点；而她对西南的探讨，不是只有当代国界所画出的西南，或是历史间接统治下边疆意义的西南，而是在中国与高地东南亚之间的界域上活动，继而发展出自己生存之道的西南。

自1999年首次进入苗寨进行田野调查以来，其研究对象一直是"苗／苗族／苗人"（Miao/Hmong）。其理论关怀着重在探讨沟通技术的社会效应，探讨口语和文字两种不同的意义媒介与苗人结群方式的关系，以及沟通技术的改变如何推动苗人社会变迁。她的研究主题分成两大类：一是与苗人传统仪式语言有关的研究，二是与苗人改宗与社会变迁相关的研究。

黄淑莉：您是一位台湾人，却在云南少数民族地区做了很长时间的人类学研究，大家都很好奇是什么样的机缘把您带到了景颇研究？

何翠萍：我的专业人类学生涯应该说开始于云南的景颇研究，之后扩展到对西南作为一个"界域"（borderland）探讨的关怀。所以这个问题还是从我所受的人类学训练和实际做田野的机缘谈起吧！

还没有去美国留学之前，我在台湾大学考古人类学系毕业后就加入我的老师陈奇禄和德国伍尔夫然姆·艾伯哈（Wolfram Eberhard）二位教授主持的台湾歌仔戏研究计划。一向对艺术有兴趣的我，如何从人类学角度研究表演这个方向，是我的偏好。美国弗吉尼亚大学人类学研究所的训练则更深入地告诉我表演是什么。人类学专业训练中我最喜欢的一本民族志是格雷戈里·贝森（Gregory Bateson）的《纳温》（*Naven*），最让我佩服的一本书是李维史陀（Lévi-Strauss）的《亲属的基本结构》（*The Elementary Structure of Kinship*），最让我戒慎恐惧的人类学理论是有关礼物、商品与它们之间的纠葛，而最让我动容的一位老师是维克特·特纳（Victor Turner）。这些促成我对联姻关系（affinity）与表演性（performativity）的关注。这里不是讨论这两本书、理论或学者的场合，我要谈谈这些关注如何带领我进入田野调查，开展我的人类学生涯。

1988年底我刚进入云南开始进行在美国弗吉尼亚大学的博士论文的田野调查，认识云南人类学或民族学界的同行以及景颇朋友，而后进入景颇小区开展研究。每当有人问我为什么会对景颇族有兴趣，我的回答都是一样的。我从人类学的理论关注以及景颇族的跨境弟兄——缅甸北部的克钦人在人类学理论上的重要意义谈起。理论上，我关注的是文化（联姻亲属结构与仪式）或是区域（此区域历史上的政治经济情势）对景颇社会变迁的影响孰轻孰重的人类学经典议题。景颇人并不在意此类议题，但他们感觉无比好奇而亲切的是从遥远的美国来的一位"美籍华人"竟然会对这么偏远的景颇文化或社会有兴趣，同时还能对他们最注重的亲人（包括姻亲与家人）关系朗朗上口。

尽管我的研究主题如此学术性，但在1988年的中国，开放边境地带让外人做田野调查，执行起来仍旧是一件很不容易的事情。我在美国做足了准备，一方面拿到"美中学术文化交流协会"的奖学金，一方面拿到美国弗吉尼亚大学与云南民族大学（当时仍是云南民族学院）交换学者的身份；前者允许我向中国北京相关机构申请进入中国做研究，后者则让我在云南有一个最合适的、官方要求的并且能接受我的接待单位。同时在提交给中方以及云南民族大学的计划书上，都格外强调此研究没有牵涉任何政治敏感的民族或族群议题，我的田野调查重点会在他们的婚丧喜庆等生命仪礼领域，而不是他们的宗教或认同。但是，尽管各相关单位都拿到了我的计划书，我仍旧在昆明等待了两个多月才能够到德宏景颇族傣族自治州做田野调查，而且仅仅批准做一个月。同时尽管我在书面申请与口头申请上都不断强调希望能去景颇支系相对集中的地方（如盈江县）做田野调查，希望田野能与既有人类学的经典民族志埃德蒙·利奇（Edmund Leach）的《缅甸高地的政治体系》对话，但是校方最后给我的许可，仍旧是载瓦支系集中的潞西县西山乡，同时又安排让我和崔志超老师学习景颇语。虽然有这么多无法对合之处，为了能够进入云南德宏自治州做人类学田野，我认为保持弹性是必要的，尽管当时学的景颇语无法用于通行载瓦语的西山，但此行对我后来的景颇研究还是有很大的帮助。

就这样开始，获得批准进入德宏一个月之后，再回到昆明；然后又提出申请，再得到第二次的许可；之后第三次、第四次周而复始地在昆明与德宏之间来回，当中我在云南共14个月。昆明期间，我丈夫魏捷兹完成美国弗吉尼亚大学博士学位，也以云南民族学院交换学者的身份来到昆明，探讨云南人类学（民族学）知识史的问题。[1] 我们共同认识了很多云南民族学学者，也更深入地结识了在民院工作、上课的景颇老师及学生，常常向他们请教。其中，岳早念老师和他的夫人刘丽梅女士更成为我在载瓦研究上最重要的咨询对象与朋友。每趟德宏田野调查回来，我带着一堆的语料

---

[1] 此交换计划促成了云南民族学院当时副院长黄惠琨及和少英教授到美国弗吉尼亚大学，我与魏捷兹在民族学院的互换访问。我在美国弗吉尼亚大学的指导教授 Fred Damon 后来多次到中国台湾与中国大陆发展出来的研究，都开始于这个交换计划。

向岳老师请教；而刘丽梅则伴随着我两次下乡。就这样，这个博士论文田野调查也奠定了我这快 30 年云南研究生涯的基础。很庆幸我在中国改革开放后的前期就进入田野调查。这期间我在山上所经历的景颇人为他们的存在意义所做的一切，尤其是他们的礼俗与纳特（Nat）信仰的实践，深刻地印在我的心里。这些意象驱使我不断地想从民族志的写作、比较研究的讨论以及区域理论的思考中反思它们能带给全世界读者的意义。

20 世纪 90 年代我在台湾"中央研究院"田野经费的补助之下，开展了一些我在写作博士论文做田野调查时没有条件做的事情。我跟着从 1988 年就认识的景颇载瓦支系的何老大先生，他们一家也是我在整个景颇研究生涯最重要的家人，回到他在潞西县五叉路乡的老家做田野调查。不同于我做博士论文田野调查时走村串寨，这个田野调查让我能跟着我的景颇家人走亲串戚，过了将近两个月很日常的生活。1994 年克钦与缅甸政府签订停火协议之后，边境情势稳定，我也得以到当初做博士论文时期想去却没有获得官方批准的盈江卡场乡——景颇传统文化最活跃的地方，做了田野调查，并且开始做德宏自治州首府芒市的田野。

黄淑莉：您的景颇研究从一开始就有很强烈的理论关怀，能不能谈一谈您最初想要回答的理论问题？

何翠萍：好的，那就是有关联姻价值和表演性议题的探讨。无论是我在美国的人类学训练或云南的田野调查，以及在民族所的工作与台湾清华大学的教学，样样都让我不断地深化、扩大我对人类学这两个议题的讨论，更影响我对于西南区域研究的看法。我在前段中曾说过，景颇研究在人类学理论讨论的重要性之一在于文化与区域政经环境对于社会变迁之影响。其中，文化的观点，最重要的主张者之一是克劳德·李维史陀所提出的东亚大陆联姻亲属模式的说法。他认为环绕在嫁娶女人的债所形成的联姻价值是构成此区域人群亲属与社会结构最根本的价值，也是在区域经济的变化下，影响他们历史的最重要因素。当然这个"女人的债"所预设群体有交换女人的权利以及他的抽象社会结构论模式的立场饱受批评。但是他从联姻价值出发所提出以亲属关系为基础的社会性，对东亚大陆人群的社会性建构提出有趣的解释。同时他对于20世纪初到中期之间缅北山地民族志材料，提出商品化所造成结构松动与文化创造的说法，更让我着迷。因此在有机会做田野调查的条件下，我进一步检视是否真有此类联姻价值？若有，景颇人又用什么方式或语言来讨论？

果真，景颇文化非常看重联姻在亲人关系以及自我形成上的重要性，联姻的范围不仅是自己的联姻关系，还包括自己父母、祖父母等上辈的、同辈的，以及子孙等下辈的联姻关系。因而形成三种亲人分类的范畴——给妻者（岳家）、自家、讨妻者（婿家），以及陌生的他者，和这些群体之间的应对伦理与方式。景颇生命仪礼清晰地呈现联姻价值对他们的人观（the constitution of person hood）或社会建构上无比的重要性。尤其关键的是，这重要性不是通过什么明文的律法或哲学来掌控或叙说，而是经由人与灵之间、岳家与婿家之间，表演性的、相互往来的礼俗来实现。联姻价值所创造的人群关系，则更进一步地与区域政治经济关系扣连在一起，进而形成影响社会变迁过程的最重要因素。

联姻价值的重要性使得他们与华文世界所熟悉的中国汉人世系社会有很大的不同，也和我在中国台湾从事台湾南岛语族群研究的同事所见不一样。简言之，景颇联姻价值的重要性使得他们"家守护灵"的概念有人魂但没有汉人概念中的时时供奉的祖先；而且人魂可能是自家的，但也更可能是岳家的。也就是说，我们完全无法用华人世界视为当然的"祖先"概念去理解景颇社会。没有系性的祖先概念支撑的社会，如何会是一般东亚概念中的世系社会？因此李维史陀提出东南亚家屋社会（house society）模式的观点，让我对探讨其理解西南社会的可能性开始有兴趣。这与所内不少南岛语族研究同事对世系社会模式的批判，以及对家（屋）社会理论的兴趣不谋而合，更使彼此的对话有更多开展的可能性。这个共同讨论家（屋）社会理论对西南以及台湾南岛语人群解释的有效性，在有限的比较范围内又有相当有趣的结果。最具体而相当有意义的是我与蒋斌在翻译

house society 上的差异。对西南的景颇、载瓦社会而言，虽然家屋是有生命的，家的建筑、空间有清晰的与家人成长之间相互构成的关系，但以一般家屋的物质性（包括传承的家屋建筑与宝物等）以蒋斌调查的台湾排湾社会结群上的重要性远高于景颇与载瓦。即使在阶序顶端的头人家屋也不例外。因此蒋斌翻译其为"（家）屋社会"，而我翻译为"家社会"。

黄淑莉："家社会"理论和我们所熟悉的"宗族社会"有很大的不同，自20世纪70年代以来，宗族社会的理论对历史与人类学产生很大的影响，大家也几乎已经接受构成中国地方社会的核心组织是宗族的看法。您是否愿意谈谈"宗族社会"与"家社会"的不同，以及这个理论问题对西南研究的重要性？

何翠萍：这个题目牵涉很广，同时也涉及你下文有关跨学科对话的提问，我试试看是否可以简短回答。"人观"与"家社会"是我在景颇研究中着力最深的议题；"宗族社会"则是我在与多位从事"中国社会的历史人类学研究"的历史学学者合作中学习到的题目。[1]

我认为无论是"宗族社会"或是"家社会"，都应该将之视为"社会性"模式。不同于当前很多人类学家对于模式的全面否定，我从李维史陀的深层结构模式观点获益良多。在讨论西南几个人群"人与家屋"相互构成的文化区域观点一文中，我便指出模式（model）或形态（typology）是引领研究的阶段性方法，而非终极目的。我以为无论我们所讨论的社会建构模式是什么，目的都不在于对社会人群做静滞、定性的形态分类，而在于提出对于个别人群不同社会形成过程的切入点。社会性模式的提出是为了引导我们勾勒出更细致的民族志叙述，重点在了解社会如何建构，不同时期的各种力量如何影响、形成社会的过程，并提出其在更大范围的区域历史

---

[1] 我自己做的与此相关的景颇研究最重要的成果除了单篇出版之外，有集结成《云南景颇族生命仪礼与亲属伦理》一书，而且预期与其他三本台湾人类学学者的书一起在云南人民出版社出版。书稿已在2014年初交出，但很可惜，一直到现在都还没能出版。这让中国学者以及景颇人更难看到我的著作，令人遗憾却也无奈。

过程中可能有的转变问题。

什么是"社会性"呢?"社会性"并不是社会组织、社会团体,或是社会学意义上从行政、地理区划上可以划出地界、算出人口等的社会,而是个人对于社会结群的看法、做法与意象。早在20世纪70年代,罗伊·韦格纳(Roy Wagner)就对人类学研究社会"团体"(groups)与亲属"团体"提出疑问。他认为个人与社会,并不尽然是有界限的个体或法人团体。有界限的个体或法人团体仅是某类人观与社会性发展的结果。玛莉安·司特然申(Marilyn Strathern)(1981)用几乎同样的语言说:我们不满过去人类学单系取向的研究倾向,于是将焦点转移到任何其他性别,但这样做却只是在复制人作为一个生物的、有界限的、有实质内容的个体的预设。她认为个人是一种"(关系)伦理的存在(ethical entity)",这个伦理的存在,同时也依附在其作为"言语、思想与意志的主体",也就是"个体"之上。个人与个体之间的关系,有时是同义词,有时是歧义的,有时是对立的。任何文化的行动个体(cultural actor),都不应该被当成一个"不证自明的分析单位",而应该先检视文化如何建构他们的人观。Wagner与Strathern等学者,都强调个人与社会是由关系所构成的观点。在此类观点的引领下,任何社会性的探讨都不该欠缺性别、生死、长幼等各种人观因素的讨论。因此当我们在讨论家社会模式时,并不是让我们证实中国西南区域是否为"家社会"等类型或模式,而是让我们从最普遍而日常的有生死、性别、长幼、世代伦理礼仪的个人与家屋空间的互动描述与讨论,为我们带进更精深的文化、区域与历史的探讨。

用人类学的话来说,一般所认定的中国宗族是一种"父系继嗣群",也就是"依据单系原则所形成具有分支特性的继嗣群"(蒋斌,出版中)。毫无疑问地,这是一种行之多年的模式观点。它解释了中国各地社会很多现象,也已经不断地被细致化而超越了。在我看来,近年多位从事"中国社会的历史人类学"研究的(历史学与人类学)学者就成功挑战了这个一般视中国为"宗族社会"的前提,详细探究了"宗族社会"的内涵到底是什么。

他们从华南、东南以及珠江三角洲地方社会的比较当中，讨论了在哪个历史的节点，在什么样的当地人群、精英、地方宗教传统、儒家礼仪与国家制度力量的拉扯之间，出现了宗族的礼仪标签。他们告诉我们这些礼仪标签，包括用文字来代表祖先的牌位、族谱，用建筑来代表的宗族祠堂、家庙等，都不是理所当然的存在，而是地方企图拉近与国家距离，地方企图拉近国家距离，通过官员以及地方宗教师承传统共同激荡出来的"文化设计"。正是这些文化设计把父系继嗣原则的宗族给实质化了。对于他们而言，"宗族社会"这个模式不能够想当然地用以解释不同时间、不同地方所有父系继嗣群的内涵（包括他们的女性）。在扩大研究范围到西南、华北后，他们更强有力地挑战了宗族最核心、最基本的用文字写的"祖先""姓氏"的预设，用人类学的话来说，就是反思血缘与地缘的社会建构，挑战文字界定的"系性"与"单系"的概念，甚至性别的概念。

"家社会"概念的出现为血缘或地缘社会建构的假设以及"系性"的问题带来了严峻挑战（蒋斌，出版中）。从中世纪欧洲的"家（屋）"和北美"家（屋）"（Kwakiutl）的描述里，李维史陀提出了一个正视"家屋"作为某些社会性建构的基本单位的说法。[1] 他说（家屋是）一个拥有由物质或非物质财产的法人，通过名字、宝物与头衔这种真实的或想象的'家脉'来代代传承，永垂不朽。这个家脉的延续性，只要能够透过血亲或姻亲或者两者并用的语汇来表达，就会被视为具有合法性。[2]

从上述这个说法中，我们可以明白"家脉"的线，不一定如宗族"世系"的线一般是血亲、姻亲、性别或是透过姓氏、神主牌的关联，而可能是家名、家屋或是家中宝物的传承延续。例如，蒋斌运用家屋社会概念讨论排湾人群的社会性建构时，就从排湾家名的继承做说明。排湾是长嗣继承，家屋、

---

[1] 李维史陀讨论的社会包括中世纪欧洲、北美西北海岸土著社会、平安时代之后的社会以及平安时代之后的日本、古代希腊、菲律宾、印度尼西亚、美拉尼西亚及波里尼西亚社会（蒋斌，出版中）。此处并非讨论家社会模式的来龙去脉以及其运用、检讨的场合，更深入地讨论此模式在中国台湾排湾社会以及中国西南人群间的运用，请参考何翠屏和蒋斌的其他著作。
[2] 此处以蒋斌《家脉》之翻译取代原《线》之翻译，并做了一些修改。

家名可以传男，也可以传女；家名的延续，只有传承、居住在这个家屋之内的人可以承袭。也就是说，他们的"家脉"是以家屋和它的名字做中心，与中国宗族的"系性"以父系、血缘以及堂屋的神祖牌所建立的祖先和子孙关系是完全不同的线。在中国西南人群的社会性建构中，很多壮傣语人群就没有姓氏的概念，而通过家屋、家名而非姓氏、祖先来传承的藏人更是比比皆是；历史上，双可居、甚至一妻多夫或是不婚的社会建构也不罕见。这些例子都在挑战中国宗族社会以父系传承与随夫居制度为基础的系性。

即使在西南有父系传承以及随夫居理想的社群，但他们的传承形态也与中国宗族社会模式的系性有很大的不同。最基本面对的挑战就是"祖先"这个概念。中国以文字的神主牌与族谱所界定的祖先、单系与系性的概念，在西南并不普遍。在日常生活家的范围内，只消简单比较中国宗族社会的"祖先"和景颇社会的"人魂"即可一目了然。"祖先"与"人魂"都是文化建构人死后存在的方式，也都有各自在家中的礼仪。

景颇的"家守护灵"，在"人魂"方面可以是死去的家人，也可以是死去的母亲或是太太家的人，也就是岳家的家人，其他则也可以是守护森林的 Nat 灵等。这些"人魂"不仅涵盖父方或夫方，还与母方或妻方有关，同时这些"人魂"事实上是丧礼程序无法顺利送走，而不断流连忘返回到家中，进入家人的梦里或是让家人、牲口生病、不适的"人魂"。这些逝去的"人魂"不需要时时祭拜，平日唯一代表他们存在的对象是一节祭拜时用来装水的竹节。平日这竹节就倒着放，不用打扫，没有任何供品、花果、水酒茶叶或香的祭献。唯有等到家里有人不适需要祭献家中或在外碰到不悦的 Nat 灵时，才需要一起祭献。有的地方也会在春、秋播种或收割时做祭献。经过一段时日，这些"人魂"不再回来探望（或讨吃讨穿）后，它就被遗忘了。也就是说，当许久没有家人因它而生病，只要卜卦同意，就可以把代表它的具象物——竹节丢弃。埋葬家人的坟地更是一个要回避，而不是要持续回去探望的场所。换句话说，人们期待多数放在家里祭拜的"人魂"在不久的将来就会被遗忘，更期待人死之后，能够很圆满地在丧礼中被荣耀，被送到阿公阿祖在的地方，顺利地与生者的世界分离。他的墓地也不是任何生者该徘徊的地方。

这与宗族概念下放在生者的家中或祠堂里天天被祭拜的祖先，毫无疑问有截然不同的存在意义。一般景颇文化中不存在中文意义的"祖先"，更遑论儒家正统所界定写有名字的神主牌的"祖先"，他们只能叫作"人魂"。若用中文"祖先"的概念去理解景颇"人魂"概念肯定会出现偏差，从而无法准确地理解他们的社会性。只有深究景颇人观中"人魂"的概念，才能让我们理解为什么景颇传统社会性的建构是将统治者的合法性建立在头人家族娶 Medai 天神女儿——天上神灵的给妻者的神话上。我的研究显示即使不断地面临跨越文化和政治空间的人与权力的挑战，这些人观与社会性的构成，仍用不同方式持续地影响人们讨论生命、生活世界或死后世界的关系（夫妻／同胞、性别、长幼、世代）与内外、己／异己空间的扣连。

随着越来越多扎实的西南民族志材料出现，我认为我们唯有通过比较研究，认真看待每个人群需要面对的生死、性别、世代的问题，把家（屋）社会模式所强调对物质空间与身体、家与人之间如何彼此相互构成的探讨，当成一种接近材料的方法，我们才能理解相对根植于西南人群基本的个人与社会性的建构。

黄淑莉：您在人类学界推动西南研究，乃至西南研究的跨学科对话不遗余力，能不能谈一谈这些经历以及对您研究的影响？

何翠萍：这个问题正好衔接你上一题与下一题比较理论性的讨论，触及我研究生涯中很重要的集体层面以及对区域研究的探索。先从经历谈起吧！

1990 年我进入了台湾"中央研究院"民族学研究所工作一直到现在。

民族所是一个全世界都算很难得的研究机构，最重要的是它聚集了一批具有很明确国际人类学理论视野和关怀的人类学学者。研究人员有做台湾山地与平地的南岛语人群，台湾汉人或中国文化与社会，以及海外华人研究的传统。我加入民族所队伍之际，正值台湾解严、逐步开启两岸学术交流的时期，也是民族所人类学追求与国际人类学（不仅仅是关注汉人社会研究之国际学者）直接接轨的时代。当时还有多位社会学学者与心理学学者。1997年在李亦园老师的支持下，我与他开始在台湾清华大学当时的社会学人类学研究所共同教授"中国少数民族"的课程。从此我一直在台湾清华大学兼课，教"中国少数民族""中国西南与高地东南亚跨境人群"以及"界域人类学"课程，因此到现在总有硕士班或博士班做中国西南的研究生跟着我。民族所的研究环境与台湾清华大学的教职让我有机会在自己的研究之外，开展与国际及中国研究西南的人类学同行以及台湾清华大学学生合作探讨的可能性。1998—2001年我在同事蒋斌主持的"中央研究院""亚洲季风区高地与低地的社会与文化"主题计划中，主持了"交换、生命仪礼与人观：中国西南族群区域研究计划"；同时，在台湾清华大学任教的魏捷兹也在同一个主题计划中主持了"云贵高原的亲属与经济"计划。我们两个计划常一起在昆明或南宁开年度会议，蒋斌也尽量参加。[1] 最令人感激的是，这两个计划也帮助了台湾清华大学的学生开展他们各自人类学田野的探勘；同时，也更大限度地让我们认识了更多西南研究的同行，并建立起与云南大学林超民和尹绍亭老师长远的合作关系。

在我有机会与云南、广西及贵州的民族学学者一起做集体研究，同时开始带到西南做田野调查、撰写硕、博士论文的学生时，很自然地，不少主题都环绕在亲属、家屋民族志与仪式、礼俗的探讨上。这些经历让我不断扩展除了自己研究的景颇之外中国西南不同族群文化的了解。当然更可贵的是在学术道路上与同行培养的深厚友谊，及看到每位学生写出的硕、博士论文及文章。他们扎实的田野材料是我在思考区域性理论上最重要的来源之一。

---

[1] 我们每半年一次的会议，无论在昆明、南宁，甚至中国台湾，除了有两组计划成员外，还有其他有兴趣的研究人员以及学生，充满了令人回味的精彩、激烈的讨论。从头开始就参与计划的包括当时云南民族学院的和少英、赵效牛、黄卫与赵洪云，云南省社会科学院的杜玉亭、黄贵权，当时广西民族学院的张江华（现上海大学）、郭立新（现中山大学）以及广西大学的潘春见，贵州社会科学院的张晓（现贵州大学）等。

另外，我认为任何人类学研究都不能没有历史的认知，而在我的人类学生涯中，最欢喜与历史学学者合作。其中非常值得一提的是2005—2008年与香港中文大学的科戴维（David Faure）老师一起主持的蒋经国国际学术交流基金会的历史人类学计划"土司的改宗——边境地区的地方神、土司世系与在地认同的维系"（Conversion of Chieftains—Territorial Gods, Chieftain Lineages and the Retention of Indigenous Identity in Border Areas）。这个计划不仅在研究上有很不错的成果，同时更可贵的应该是参与计划的个人，都与魏捷兹、科戴维及我三人有师生关系。[1] 正式展开计划之前，到计划结束后，每次开会又都各自有更多的香港中文大学历史系、香港科技大学人类学研究所、中山大学历史人类学中心、人类学系所与历史学系所及台湾清华大学的学生与同事参与。这当然也帮助我对中国社会历史人类学研究的理解。我们这一群同事、朋友与师生，人类学训练背景者本来就从各自地方、族群的田野来，通过这个计划，我们更小心谨慎地检视区域以及可能牵涉到更大片区历史的蛛丝马迹；而历史学训练背景者也走进田野批判性地收集、检视在各种史料中提到和没提到的材料，翻转、重新诠释他们在文本数据上看到的信息。

我们的书《从土司到祖先：中国西南的帝国扩张与在地社会》最大的突破是超越国家史观，而对中国西南提出精密的历史过程探究。历史学学者提出更细致的、带有地方主体性观点的西南历史，人类学学者则提出西南本土文化如何扣连个别人群的文化传统、区域事件与国家政策而逐步形成的说法。

本来在中国国家或华夏文明史观的引导之下，研究这样一个中国边陲地区的历史就有太混杂的状况需要梳理。表面上看起来是汉文的文字，其实更多只是用来标音的符号，更遑论意义上的南辕北辙。表面上看来是亲身经历的纪实习俗、礼俗之记录或地方志书的章节，实际上却是虚实相间

---

[1] 这几位学生包括写作时就已经是台湾交通大学教师的连瑞枝、高雅宁、贺喜、黄淑莉与谢晓辉现在都已经在大学或研究单位任职了。

的作者自我书写以及作者在自我观照下所安插的文类内容。我不是历史学学者，无法重建过去任何时代的历史。但是通过全书各篇文章的材料与观点，我更进一步对从事西南书写者提出在方法论上一些性别研究的反思。包括如何更批判性地阅读宽广意义史料中的性别书写，而经由现场观察或亲身经历所理解的性别行动，其中可能隐含一段幽晦难辨的性别政治史；打破以当前所见的民族与性别文化视野去理解过去西南人群性别文化之盲点。

我在此书最后一章《中国西南边陲的性别化社群》中提出一个理解本书讨论范围内的地区性别与历史关系的观点。我认为从本书诸多文章的材料中，我们可以看到人类学在田野当时所看到的性别意义，需要考虑本土性别文化与国家遭遇后的再性别化；而历史研究者则需要更留意本土可以看到的民族志细节，才可能理解文化如何在历史事件影响下分解重组以及女性在西南历史上的角色。

在我自己的研究中，也是由于与历史学家的合作经验，让我得以更深入地探讨影响当前中国景颇与缅北克钦之间如何各自发展却又彼此纠葛的马嘉理事件（1875），同时发现当时中英双方的谈判是如何以在台湾发生牡丹社事件（1874）的中日谈判为前车之鉴而展开的。西南与东南何其遥远，但在前现代中国与殖民主义的扩张下，竟如此接近。我用"从野人到景颇"以及"从野人到目瑙"为题写过一系列从文明与国家的立场，以及他者意象或自我意象的角度探讨中英马嘉理事件与中国景颇族形成的历史，在不同公开场合做演讲（见下文）。只是这篇从历史人类学角度撰写的景颇近代史仍是写作中的草稿，有待修改。

黄淑莉：在您的研究中，地区性或者是您后来称为"界域"的概念，显然是非常重要的主题，能否请您谈一谈您对"西南地区性"的思考呢？

何翠萍：谢谢你这个问题，我对"西南地区性"的确有些想法，虽然仍不是完全成熟，但我很乐意谈谈。

从人类学理论切入，我的景颇研究一直是以跨境的缅北克钦与中国景颇的文化议题为出发点；我研究的西南更不是只有当代国界所画出的西南，或是历史间接统治下边疆意义的西南，而是在中国与高地东南亚之间的界域上活动继而发展出自己生存之道的西南。

让我先谈谈为什么我不把人类学对 borderland 的研究翻译为边疆、边缘或是边区，而要另创新词"界域"。[1] 无论是边疆、边陲、边缘或是边区，都是出自其相对的中心某一帝国、政体、当代国家或世界体系等的说法。从某个历史节点开始，西南这个界域成为中国或是高地东南亚不同政权的边缘、边疆或边区，但也不断有反复。因此，若是在没有时间脉络的情况下径自使用边缘或边区的字眼是不适当的。另创"界域"这个词，事实上是为西南作为"文化区域"或你所说的"西南区域性"的理解留下一点空间。

雪莉·俄凌屯（Sherry Errington）在岛屿东南亚的地理区域内谈"文化区域"（cultural areas）的概念。她认为文化区域是一种"观念上的空间"（conceptualspace），不是一个地理或行政空间。她说："文化区域与地理区域并不需要有一对一的对应。不同文化区域中的社群就像马赛克组合般，彼此参差穿插，且常有那些孤零在外的社群……"她从性别人观与家社会建构的角度探索岛屿东南亚作为一个文化区域的意义。我在《人与家屋》一文中也用了这个角度讨论西南区域。从上述对"家社会"与"宗族社会"的讨论中，我已说明这是一个不可轻忽的视角，它奠定了"人类主体性在实践时的集体基础"（见下文）。

但我们同时需要正视当这个文化区域成为一个帝国或是国家地理、行政意义的边缘或边区时，必然会存在文化纠葛的问题。这是一个"界域"的问题。从上述雪莉·欧特纳（Sherry Ortner）对界域的讨论，我们明白界域不仅是物理空间上的边疆、边陲或边地，更是一种状态。这个状态充满了"跨越文化与政治空间的人与意象之间的流动与会遇"，"界域"的文

---

[1] 此处"界域"（borderland）的定义主要采用 Sherry B. Ortner（1996）以及人文社会科学界对于 borderland 的用法。Ortner 认为人类学"界域"研究的前提乃是对研究对象不变或静态的文化进行知识论上的反思。

化是"不断地接受挑战、反身性地建构"。事实上，人类学学者目前在西南所见的一切，都已经是充满纠葛的了。西南真正成为中国的边陲，大体来说，虽然较晚，但此前已经有很多移民、商人、流民、难民、屯兵、官员分别于不同时期、不同地方一波波移入。甚至在不同时期用中文写下"多元混杂的历史文本"，包括"传说""神话"或王明珂称为"攀附华夏文明"的"家族史"或"族谱"，这是西南边区的重要特性之一。我们需要能够正视并且好好梳理这些历史文本的暧昧性或混杂性。

谈到这里，我、魏捷兹和黄淑莉三人所写的一篇书评很值得一提，因为这篇文章讨论杰姆斯·司考特（James Scott）对"高地东南亚"新命名"佐米亚（Zomia）"，也贯穿我整个景颇与西南研究。司考特从历史上王朝国家对边缘人群政体所产生效应的观点出发把地理上的东南亚高地重新命名为"佐米亚"[1]（地域范围西起印度之北，东到越南北部，主要包括四川、广西在内的云贵高原以及当代的高地东南亚）。他认为这个佐米亚的历史从2000多年前开始（全书论点的时间下限为1945年），是由一群群无国家主义者以"不被治理的艺术"所经营的历史。在低地泰、缅等印度政体以及中国政体的邦国、帝国打造下，"佐米亚"的范围不断零散化。我们都认为全书最重要的贡献在于颠覆国家史观的历史书写，我们认同Scott以国家效应来理解高地社会的重要贡献，并且认为这个"佐米亚"的新命名，不但对族群来源提出更有意思的说法，同时也有效摧毁了任何实质化族群之企图。

从"界域"研究的立场，我们以为这个"佐米亚"的新命名应该是敦促我们不能忽略此区域高地作为"界域"的特性，不但无法从任一国家的立场来理解此区域人群，同时需要从界域中人群的立场，以及这些人与国家相互对话式的"镜像"关系角度来理解。但当司考特在强调高地社会人群是具有政治意识的历史行动者时，同时把高地缤纷相异的族群状态都解释为出自这些人群无国家政治立场的选择时，我们认为这个"佐米亚"的

---

[1] Zomia这本书已经在中国大陆有出版翻译本。《逃避统治的艺术：东南亚高地的无政府主义历史》，王晓毅译。三联书店，2016。

说法错把"界域"只当成现代国家的"边缘",而把每个族群每个人都当成民主斗士来看待。司考特对于"佐米亚"高地人群是有意识地选择无国家政治立场的理论预设了独立个人主体的前提,忽视了"人类主体性在实践时的集体基础"。

虽然司考特点出"佐米亚"人群与国家的对话式关系,但他所界定的对话却总是以国家为出发点,使得我们对这个界域的理解总是"负面"地逃离国家的人或是难民。毫无疑问,"佐米亚"界域内有难民,也有逃离、躲避国家治理的人群,但其实还有很多的商人、移民和与这些商人打交道的当地人群。文章中,我们提出中国与高地东南亚之间这个界域的特性还包括他们相当依赖贵重商品之贸易而不是农业的政治经济特性,以及仰仗各式各样的积极婚姻法则(positive marriage rules)来推动的社会结群。[1] 联姻交换是高地东南亚最重要、最普遍的结群形式,因此我们认为对此界域的讨论必须考虑联姻交换的价值与政治经济(尤其是贵重商品的贸易)的扣连关系面向,及其影响社会结构变迁的可能性。[2]

对西南的研究,我认为除了从上述最基本的家出发讨论人与家相互构成的关系,以及从联姻交换价值的角度讨论他们结群的社会性之外,还有一个可以帮助我们深究理解西南地区性的角度。不少学者已经由南传佛教、藏传佛教、梅山道教或基督教等外来宗教文明在地化的角度来讨论西南。但是从界域人群的立场,我们还必须更着重讨论当地人群与外来权力,无论是宗教、文明或国家的权力之间对话式的镜像关系。

作为一个不同文明、国家环伺的界域,或许"灵"的世界可以看成人们如何创造、想象异己以建立自我的方式。它们可能是通过各自不同内涵的"祖先""人魂"或神鬼,或是没有被正统化的各种管不住的神灵或鬼,

---

[1] 这部分的观点主要来自作者之一的魏捷兹。
[2] 近年来从界域观点做探索的研究不约而同地探讨商品贸易,并不是偶然的(如Giersch, 2010;Gros, 2016)。

来建立相对的自我。[1] 这些灵可能是在不同西南民族志材料中，从陌生他者世界（包括大自然）来的想象的、无可名状的，或是偶尔进出人的世界，或是常常要求祭献，但可以在口语仪式中讨价还价、商量妥协的"灵"，如景颇、彝与花腰傣的"灵"及"家神"、壮"末婆／末公"的"兵马"；或是已经没有办法妥协，只会越变越强大的"野鬼"（Mueggler 对 Lolopo 人的讨论），附身在如苗的"鬼婆"或"仙娘"或侗的变婆身上凶恶的灵，引领历史上抗拒国家的千禧年运动，等等。这些"灵"充斥在众多西南神话与传说故事中，是创造历史的主角。倘若我们能够更细致地从性别与生死的角度考虑各地方"灵"的建构，有系统地看待地方人群如何通过灵异世界的创造来叙述自身与他者——不同势力、文明、宗教或国家——的会遇，并反身建构他们自己，可能会是让我们更深入地理解西南地区界域特性的下一步。在当前中国非物质文化遗产政策的推动下，不少口语祭词都已经被详细地记录、翻译了。也正是开展此项研究的最好时机。

黄淑莉：作为一个回顾西南界域历史又长期关注景颇的人类学家，您能不能谈一谈为什么了解历史可以帮助我们理解景颇人在当代所面对的挑战？

何翠萍：又是一个不容易简单回答的问题。我必须绕一个圈，从我为什么在这几年连续写了多篇有关景颇节日——目瑙纵歌节的文章说起。

20 世纪我的田野行程，虽然每次都会在昆明、芒市或德宏州的几个县城停留，并和在都市、县城工作的景颇朋友保有很深的交情，但我的研究仍专注在山居生活的景颇人。对追求发展与现代性的景颇精英而言，虽然他们义无反顾地支持我、尊重我的研究，但我的研究跟他们的生活始终有段距离。

---

[1] 如景颇的 Nat 灵，Erik Mueggler 笔下 Lolopo 人的灵，大理白人介于神鬼之间既要生献血牲又要熟食祭献的《本主》(Ho, 2013)，传说、神话中的"神灵"、《神明》（如连瑞枝, 2007；唐晓涛, 2008）、《亦神亦祖》（如贺喜, 2009）、《亦师亦神亦祖》的《家主》与《地主》（吕永升、李新吾, 2015）等等。

其实 20 世纪 90 年代靠边境的村子和县城，由于跨境贸易的关系，早就有很多老板从各地涌入，到了晚期连我所住的村子（不在边境上）都有加工木材的老板以及替他们打工的村人了。受到西部大开发政策的影响，我看到很多景颇朋友的生活有了改变，村人到城市打工挣钱的现象日益普遍；不但德宏都市里有更多打工的机会，同时还有不少人到外地去打工；而在德宏，无论是都市或山区，也有越来越多从缅甸来的打工人口，山上的农活常到了没有人做而需仰赖缅北季节性打工人口的地步。21 世纪最初 10 年的文化产业政策使得民族地区的城市和农村有了更大的改变。更微妙的是，山上景颇人也有了"芒市学校教学质量较高"的心态，有能力的人会把孩子送到城市就读。

刚到德宏就认识的二哥何侬在芒市已经是位很有名望的景颇祭师董萨。不但芒市、瑞丽有人常常找他处理一些家人生病或是家里不顺遂的事情，山上也有很多景颇寨子找他替他们祭献村寨的祭林，而家户则找他处理人畜不安的困扰。他说："最近家鬼的问题较少了，多是来自外鬼（包括天鬼、雷鬼或林子鬼等）的问题。"[1] 在大环境变动如此剧烈的情况下，现实生活中有太多不安定因素困扰着他们。我急切地想要拉近我的研究与景颇人现实生活之间的距离。

2010 年之后，我开始写人口流动以及都市化对景颇人生活与文化影响的论文，并且试图了解他们如何日益仰赖不同类别的宗教与仪式专家。过去可以让景颇人在山居生活上安身立命的很多文化方式（如对灵异世界的认知和应对），已经日益遥远、边缘化，在大多数景颇青、中年人的心目中成为对外叙说、表演自我的文化遗产。"文化"开始成为表现认同的方式。其中最重要的一种表现方式就是民族节日目瑙纵歌节。

除了上述中国本身的变化所造成的影响之外，作为跨境民族的景颇人在 21 世纪前 10 年还遭逢到一个相当大的自我意识的挑战。2011 年 6 月，

---

[1] 2011 年访谈。

缅甸政府与克钦停火17年之后，双方战端再起，9月30日缅甸政府宣布中方已投资大量金钱的密松水电站停建。2012年底之前，仅有少数景颇人会公开表示关切克缅战争，但到了2013年，中国景颇人开始公开声援缅北克钦；克缅战争、克钦独立军的理念与战况、克钦与景颇共为"文崩"[1]民族的意识、情感以及对克钦难民的声援等，开始成为中国景颇人日常聚会的谈话内容，甚至充斥在微博、微信等通信平台上。突然之间，景颇人，尤其在城市生活者，开始讨论环绕在克缅战争中的生态、人权与区域历史、全球战略的题目。从几个景颇网页和他们的讨论中，我开始感受到景颇人全球公民意识的萌芽。缅甸来的亲戚（或是嫁进德宏，或是在德宏打工等）回不了自己在战火中的家；或是通过各类网站频繁传递的即时信息，更多景颇人得知亲人的村子、城镇被缅军轰炸的消息；或是看到成群难民拿着少许家当仓皇逃家的景象。刹那间，景颇人不但感受到他们在中国外交上甚至在国际局势上可能或是可以扮演的角色，更重要的是大家开始凝聚的情感与型塑的世界观。

面对克缅战火再起，所有关切缅北局势的国际学者莫不深感焦虑。2013年10月，英国研究克钦历史的专家曼娣·司坦（Mandy Sadan）召开了一个讨论缅北民族武装势力与缅甸政府在1994年－2011年17年停火期间所发生影响的会议。我获邀参加。参加发表文章的不仅有缅北历史、缅甸国际关系、中缅国际关系的专家，同时还有流亡英国的克钦异议分子以及留学生等。中国景颇人很幸运地，不在战火中，但景颇与克钦休戚与共的关系，使得他们有如身陷战争泥淖。我希望能够呈现他们如何看待这个关系。因此，我从景颇主体的观点，而不是从国家主义者所持的国家、政治或外交的观点，借由景颇目瑙从1978年发展以来克钦／景颇关系所扮演的角色，来讨论这个中缅边境的历史与"人民外交"。

目瑙是从古到今景颇人展现他们社会性或是社会建构理想最重要的

---

[1] 文崩（文邦）是一般缅北克钦与中国景颇的共同自称。

方式与场合。目瑙纵歌之名源于景颇语的目瑙（manau）与载瓦语的纵歌（zumko），二者原意都是指有大型祭献活动的集体舞蹈。1978年景颇民族精英开始复振民族传统文化，1983年目瑙纵歌节正式成为中国景颇族民族节日，此后又在21世纪中国文化产业政策的推波助澜下，成为型塑景颇的中国性和景颇族认同上最重要的机制。与目瑙相关的文化产业更创造了当前景颇族消费额度最高的商品，如服饰、音乐、饮食。在缅北克钦有90%的人口都信基督教，而中国的目瑙又多是延续1978年以来去除Nat基调的实践条件下，当前无论在缅北或中国所举办的目瑙，大都已是基督教化或是"民族化"的目瑙，二者都不再有传统活动中纳特灵力信仰的基调。虽然在目瑙商品化的当前，也见证了一些人试图神圣化目瑙中Nat献祭的场景，但当代普遍的中国目瑙活动对景颇人的自我存在价值，更强调的是"民族"的认同与"品牌"，以及甚至可以傲居全球克钦、景颇或文崩（文邦）文化之最的表征。在这些目瑙中纳特的献祭，更多的已经是遗产化、神圣化、专家化、表演化的"文化"，而不是普遍让多数人安身立命，影响生活中各个面向的文化。这是相当根本的改变。但即使是"目瑙"之间，国家民族化目瑙以及基督教目瑙所建立的自我之间，我们也看到了不少张力。

现在，我们可以再回到你提问中谈的历史与当前景颇现实生活关系的问题了。历史不仅是客观的事件与时间的历史，还牵涉到其与主观的对过去看法的历史意识之间的交织和激荡。我近来翻译了多年前吉田敏浩所写的一篇传统"木瑙"的日文文章。这篇文章出自吉田在1986年缅北江心坡看到以泛灵的纳特信仰为基调而自发主办的传统"木瑙"记录。此类纪实性的记录从来不曾存在过。这篇翻译也让我开始用不同的中译"木瑙"与"目瑙"来区分以纳特宇宙观前提举办的传统"木瑙"，以及当前普遍标示中国景颇族认同的民族"目瑙"，品牌表演的"目瑙"或基督教的"目瑙"。事实上，如果要深究景颇传统文化中对于外界、他者的看法是什么，以及这个他者的看法如何又型塑自我，那么我想没有比探讨"木瑙"更重要的切入点。"木瑙"或"目瑙"就是展现景颇历史意识最重要的方式。

我正在撰写中的《从木瑙到目瑙》就在比较传统"木瑙"展现灵的世界想象中所建立的自我，与基督教化以及国家民族化的"目瑙"之间不同他者的表述，希望这篇文章能对当前跨境的克钦与景颇之间微妙的张力提出一些看法。

黄淑莉：您提到景颇精英对您的研究一直是义无反顾的支持与尊重，但也一直有距离，您是否愿意谈谈您的研究和景颇人的关系，抑或对景颇人的影响呢？

何翠萍：上述研究让我相对贴近了当代景颇族的生活现实，但真正和景颇人合作一起做研究，还是要通过我们开展了"共作"（collaboration）关系谈起。当然，我所有与景颇族相关的研究，第一手资料来源都是景颇人，我们之间有很多不同的"合作"，包括共同翻译、研究以及编辑、写作，但一直到去年开始我们才建立了"共作"的关系。但是，我认为人类学学者与研究对象之间的"共作"，若没有长期的合作研究关系做基础，未来可能发展的"共作"计划成果都是有限的。所以我还是简单地从我与景颇精英的合作关系谈起吧！

1998年"交换、生命仪礼与人观：中国西南族群区域研究计划"开展后，我就开始正式与德宏的民族语言文字委员会两位景颇朋友穆勒弄和石锐芳合作，讨论记录仪式现场的方法，并提供田野经费请他们争取下乡的机会做实地的调查，最后再由我与他们密切讨论、书写田野报告。虽然每个人都有自己的工作，不容易找到机会润饰初稿，但是，我们仍然争取在2008年发表了部分成果。[1] 另外一件值得一提的是穆勒弄出版的《景颇族古典经诗》。这本书的第一手材料是我在1989年的田野中采集而来的。出自人类学对现场记录的理念，我请芒市何老大先生与语委穆勒弄先生一起以他们各自的专长做逐字、逐句的翻译。2010年穆勒弄找到了一个合适的机会出

---

1 有点可惜的是，由于出版编辑过程上的失误，石锐芳的文章虽然出版了，但作者却被误植为石锐芳与穆勒弄二位，而穆勒弄的文章则到2010年才出版。但在计划期间二位所拍摄的相片，由于十分稀有，多已被使用出版（祈德川，2015）。

版了，而我则写了一篇代序文，说明现场录音进行访调的意义与价值。

过去我曾在不同场合强调人类学最根本的实地调查、记录的重要性，但这似乎与一般景颇人习惯记录的方式并不相同。在当前景颇人普遍使用手机、加入微信群组的趋势下，现场录音、录像的可能性非常普遍。在我所加入的景颇微信群组"火塘群"里，从2015年开始到现在，已经有500名成员。每当群组成员回乡或在农村看到一些传统习俗的做法，或一些他们不认识但看似传统习俗的做法，或对所看到的是否真是景颇传统习俗而需要解惑时，总会把影像录下放上社群网；更有人常常从不知道什么地方撷取一张看似充满怀旧情怀的景颇图片放上网。作为一个社群网站，这些记录往往得到道德性的评估回响。当习俗展演得既整齐划一又"文明"时，大家会异口同声地说好；当习俗展演得不"合理"、紊乱又看似"下流"时，大家众口一词地挞伐，如"现代是文明时代，那种造人的恶俗应该丢弃"，"我族不应该有这种表演，他族在夜场表演类似的节目都觉得反感"，甚至还有如要"大家禁止传播"或要找相关部门"对他们进行教育"等更激烈的言辞。虽然有少数人会跳出来说明这是不同地方的习俗，但在普遍追求文明进步景颇文化的渴求下，很少人能够平心静气地诉说或聆听个别地方的立场。看到此类图像，我曾经多次询问影像的拍摄时间、地点等信息。希望通过我的询问，让大家意识到在没有更深更广的了解之前，这些看似真实的相片，其时空普遍性多半十分有限，也有它存在的深层历史文化缘由。不是每次都有人回答我的问题，当然也没有人在意我企图传递的信息。习俗的标准化似乎已是当前景颇网络社群的现状，也是多数中国景颇族的心愿。我了解这份民族情感，但我更相信必须用别的方式让大家尊重文化异质性的存在。

2014年2月，我到德宏瑞丽市参加"第一届中国·瑞丽世界景颇人学术交流大会"，于会中提出《仪式与文本》一文，讨论收集仪式文本的方法论。我特意选择了几篇景颇人写的数据性强的文章做讨论。大会很慎重地收录了文章，并且在开会时就印制成册发给与会成员。在并非所有提供文章的成员都被邀请上台发言的状况下，我被邀请做发言。但是，一直到开完会大合照之后，我才从合照中明了这整个会议更关切的不是景颇研究，而是创造一个集结的机会，替克钦的未来找出路。合照中最重要的人物是来自世界各地不同克钦／景颇团体的领袖人物以及接待单位的民间及官方代表。除了非常少数的几位民族精英以外，我的题目在这样的会议中没有意义。我想要拉近研究与生活的距离，不是那么容易。我欣喜地看到景颇民间团体与地方政府可以有如此挥洒空间与行动力，但同时也为学术论文所想要传递的知识与现实生活之间的鸿沟惆怅。

  2016 年，这份惆怅似乎开始有些转圜的空间。当时的云南省统战部部长黄毅先生召开了一场国际景颇族文化传承与创新发展暨纪念景颇文创制 120 周年学术研讨会，请我替他邀请目前做缅北克钦研究最有成就的学者曼娣·司坦来参加。这次，他们慎重地把文章集结起来出书了。之后，又责成我与云南省社会科学院民族所的景颇学者金黎燕一起筹划由云南省景颇学会向台湾"中央研究院"历史语言研究所申请授权使用他们在 20 世纪 30 年代所拍摄的景颇影像，规划出版《1930 年代景颇影像》一书。

  缅甸克钦有不少拍自 20 世纪初英国殖民缅甸的档案相片（英国 Brighton and Hove 图书馆与博物馆的 James Henry Green Collection），而中国景颇族唯一有的老照片，就是出自历史语言研究所数字典藏数据库中国西南少数民族"村寨网"（http://ethno.ihp.sinica.edu.tw/index.htm）的"田野照片"。这批田野照片出自当时中央研究院历史语言研究所的调查计划，一是 1934 年 12 月到 1935 年 5 月"边疆民族社会与人种语言调查"，其中与景颇相关的图像与文物来自凌纯声、芮逸夫与勇士衡 3 位先生所负责的"边疆生活及社会情形之调查"；一是 1935 年 11 月到 1936 年 4 月的"中英滇缅南段勘界调查"，亦由 3 位先生负责，其中勇士衡负责所有的摄影工作。史语所 2002 年开始数字化中国西南的"民族学调查标本、照片与档案"建立典藏数据库。我和我的学生从那时候就一起参与其中。除了我个人及多位有西南田野经验的学生包括黄宛瑜、黄淑莉、陈玫妏、高雅宁、刘子恺、方怡洁多人之外，赵效牛老师以及尹绍亭老师所介绍的傣族的龚艾保老师以及纳西族的和力民老师都花费了很大的心力参与辨识、著录"村寨网"的"田野照片"，以及音译、翻译、著录纳西东巴文书之工作。我个人则在景颇人的协助下，辨识、著录了景颇族的田野相片。

20 世纪 90 年代当我拿着 30 年代景颇老照片去找景颇人辨识时，有识者或是欣喜地看到过去景颇山与市集的繁荣样貌，社祭、屋舍、人物、仪式或衣饰，尤其是亲人的样貌；但也有流露出对过去生活条件不堪回首之神情。现在，随着中国社会政治氛围与经济条件的改变，以及景颇文化意识的高涨，老照片中的影像不再被视为一种"落后"的象征，而是重要、神圣的文化遗产。一方面大家能够正视过去某些物质条件之简陋，如茅草房；另一方面也看到过去茅草房虽然简陋，但却有它特有的亲密、自在的人际氛围；以及在市集上、家屋前后祭坛或社祭场地所透露出浓郁的、丰富的文化意义，那是他们已经不再拥有、只能回味的文化氛围。出自这个认识，景颇学会了解这些老照片的珍贵性，而我则毫无保留地愿意极力帮助，共同促成此书的出版。

这本书 2018 年出版，实现与景颇人"共作"研究及出版的理想，也回馈了景颇人多年来对我无私的支持。

胡晓真出版的新书《明清文学中的西南叙事》中引用了清邹一桂（1686—1774）"山水观我"的意境，从画家与西南山水之间的"互观"与互为伯牙的心境，提出"西南观我"的说法。[1] 我在此也借用这个"互观"的说法，拉杂地写了我这近 30 年的景颇、西南的学术生涯，也回答台湾做

---

[1] "山水观我"是邹一桂从六年贵州提督学政生涯卸任回京后所画的《山水观我》多幅册页的题名。邹一桂在自序中，即提出他以西南山水为"伯牙"，山水与他之间的互观心境，因此命名这一系列湖南、贵州山水的图册为《山水观我》（引自胡晓真，2017:31–33）。胡晓真 2017 年 5 月 8 日在台湾"中央研究院"民族学研究所演讲讲述她的新书时，用"西南观我"为题，讲述她的新书构思与反思的心情。她认为文学性诠释的核心是发现创作者的情感与传递方式；而书中多位讲述西南的作者，在叙事中传递的即是西南所带给他们的观照自我、反思自我的情感。

西南研究的后起之秀黄淑莉几个理论议题的提问。虽然表面上做景颇研究的确是出自我的初心，而在人类学学术理论关怀上做了选择；在一个不用教书的研究单位中，也是我自己选择了兼课、教书并带着不少学生走进西南更多人群的研究中。但其实一路下来，并不只是我的初心或选择，更像是景颇、西南选择了我，响应了我对知识追求的初心。景颇人、景颇文化的太多意象和我的学生、同事引导我进入西南其他人群生活中的更多意象，深刻地萦绕在心中。无论是与人类学理论、历史人类学或是景颇现实生活相关的议题，以及未来可能有更多发展空间的共作关系，这些意象给我无穷的动力，让我不断地想要继续和景颇与西南对话，不断地写下去。

采访者：黄淑莉，台湾清华大学硕士，美国密歇根大学博士。2015年进入台湾"中央研究院"民族学研究所担任助理研究员。

东亚视野中的大理社会文化
——横山广子教授访谈录

横山广子（YOKOYAMA hiroko）。日本人，出生于东京都。日本国立民族学博物馆人类基础理论研究部教授，兼任日本综合研究大学院大学文化科学研究科教授。专业为文化人类学。以云南省大理白族为主要研究对象，以中国西南地区直至东南亚各民族为研究地区，在广泛的田野调查基础上，致力于以上各民族社会的社会结构、文化变迁、民族认同以及民族关系等主题的研究。编著《少数民族文化和社会动态——来自东亚的视野》、共同编著《流动的民族——中国南部的迁移和民族认同》《"民族"概念在中国的产物》等40多篇日中英文的学术论文与著作，并主编20余个影视民族志作品的制作。

张人大：非常感谢您在百忙之中接受我的采访。对于出生于周城，而且在东京大学文化人类学研究室攻读文化人类学专业的我来说，这是一次难能可贵的机会。作为一个白族人，同时作为同一研究室的后辈以及一名文化人类学专业的学生，对您的云南研究非常感兴趣。提起云南，在众多日本研究者当中，横山老师也算是长期滞留进行调查研究的第一人，在回顾您与云南的渊源以及研究生涯的同时，我有很多问题想请教您。首先对您大学时代为何选择文化人类学专业这个问题比较感兴趣，您可以谈一下当时的想法吗？

横山广子：文化人类学这个学科的名字，起初我是在以初中生为阅读对象的报纸上读了中根千枝老师的文章而认识的。当时，报纸介绍了东京大学第一位女教授中根老师，并且提及了中根老师的专业——文化人类学。虽然我并没有完全明白这是一个怎样的学科，但是当时就觉得特别有趣。之后，高中期间通过了美国留学制度的考试，在美国留学一年的经验，让我后来在大学里选择了文化人类学专业。

我小学毕业时候考上了御茶水女子大学附属学校，之后的初中、高中就读于该学校。在这所高中里，每年都有学生参加名为美国现场服务（American Field Service，AFS）的留学制度的考试。在高三的夏天我通过考试，在人口大约5000人的华盛顿州的谢尔顿（Shelton）度过了一年的时光。这是我第一次坐飞机，也是第一次出国。在一个同龄女孩的家庭里和他们一起生活，并和她一起在该地区的高中上学。那一年通过AFS制度的100名日本高中生抵达了美国各地，此外还有来自世界各地的高中生。在这一年中，我接触了各种各样的美国人，而且和来自世界各地的留学生一起学习交流，目睹了文化和风俗习惯的差异。尤其是这段在美国人家庭一起生活的经历，让我亲身了解了他们家庭中的日常生活。当时虽然对我来说也有些许的困难，但其实我觉得很快乐。这一年的留学经验，让我对文化人类学这一研究异文化的专业兴趣油然而生。

张人大：这就是您之后在大学专攻文化人类学的理由吗？

横山：是的。还不仅仅是兴趣，我还感觉到它对于我非常有用。当我从美国留学归来之时，我同年级的同学都已经毕业了，我被编入下一年级的学习，再过了半年时间才毕业。在9月1日学校开学后的一天有个模拟考试。由于留美这一年时间里几乎生疏了日本的学习，因此取得了一个前所未有的糟糕成绩。满分为100分的物理只考了30分，英文成绩虽然考了

70分，但是也比出国前差。国语，也就是日语反而考了全年级第二的好成绩。但是将近一年的时间基本没有使用日语，为什么反而取得好成绩呢？自己虽然也吃了一惊，不过后来好好考虑答案也就明白了。阅读理解在国语的考试中非常重要，这并不只是语言的问题。阅读是要通过他人所写的书面文字来理解对方的思想。在美国这一年，通过尝试去理解与你有不同文化背景和风俗习惯的他者的经验，我了解他者的能力可能提高了。作为人，也有了成长。参加东京大学入学考试的时候，我已经知道在教养学科之下开设有文化人类学的专业课程，所以当时我就明确了自己的目标。

张人大：在东京大学本科的文化人类学专业里，您接受了怎样的教育？

横山广子：东京大学的本科文化人类学教育沿袭了美式综合性人类学教育。学生要学习自然人类学、史前人类学、语言人类学和民族学四个支柱的专业课程。在语言人类学课上学习了语音学和音韵学，接受了使用国际音标记录陌生语言的训练，因此即使在田野调查中遇到自己不明白的语言也可以记录下对方所表达的内容。其他的还有诸如挖掘与社会调查等实习课程。加之本科的文化人类学属于教养学科，很重视语言，即使是大学三、四年级的学生每个星期还要上4节语言课。虽然可以重复选修低年级修过的英语以及第二外语的德语，不过当时学校有很多的外国语课程可以选择，我自己对语言也比较感兴趣，所以还尝试学习了西班牙语和中文。

当时东京大学的文化人类学教授阵容由10名左右来自不同科系的教员组成。各位教授本科时代并没有文化人类学的课程，因此他们原来的专业有的是历史学，有的是经济学，还有的是理科出身的。老师们都是到了硕士阶段才接触到人类学并留洋海外的。比如，当时我的导师大林太良老师，曾经留学于法兰克福和维也纳研修德国和奥地利的历史民族学理论。中根千枝老师师从在社会人类学领域处于世界领先地位的伦敦大学的雷蒙德·威廉·弗斯（Raymond William Firth）教授，此后学成回来给我们教授社会结构的相关课程。

张人大：话说回来，横山老师一直致力于基于田野调查的云南研究，但是您当时是出于何种理由而从事中国研究的呢？

横山广子：在本科时代，我对东南亚的山地少数民族非常感兴趣。那时候，一方面已经有来自日本研究者的东南亚的调查报告。另一方面关于泰国、缅甸等东南亚山区的少数民族，英文论文也是非常丰富的。所以通过阅读这些文献，我的毕业论文是围绕着东南亚山地民族的宗教信仰而展开的。进入硕士课程之后，感觉东南亚相关的文献依然是最容易入手的，因此我用那些资料继续研究东南亚。因为那时候硕士阶段的田野考察只在日本国内，去到海外从事田野调查并撰写硕士论文的人几乎不存在。

张人大：现如今东京大学的文化人类学研究室也基本如此。比如现在我接受的指导也是要求在硕士阶段首先扎实地做好文献研究。

横山广子：从事文献研究，选定一个有丰富文献的主题或者地域这一点非常关键。在东京大学的文化人类学专业中，从本科阶段确定自己的研究课题时，老师们首先建议研究异文化。为什么这么说呢？因为在自文化研究里，文化对于研究者自身来说是一种天生的、自然而然地习得的东西，一切都过于熟知，所以很难客观地进行研究。对于人类学的初学者，首先通过研究异文化来掌握调查研究的方法，假如对日本文化有兴趣以后可以再回过头来从事研究。当时的东京大学教授们是出于这样的考虑的。我本人当时对日本文化也感兴趣。关于在毕业论文中讨论了东南亚大陆地区的山地民族的原因，是因为我觉得他们的文化在某种程度上与日本有相似的地方，从跟日本比较的角度来看东南亚我认为也很有意思。

之后在硕士课程中，我把研究对象转变为东南亚地区多数派的平地民族社会。平地民族和山地民族之间的确存在着文化和社会性的差异。为了深入研究山地民族文化，还是有必要了解作为多数的平地民族。由于我对文化差异比较感兴趣，所以开始研究了儿童成长的过程，即文化化或社会化这一过程。文化化的过程，是一个孩子获得他所出生的社会文化并逐渐成长为成年人的过程。我在思考是否能够通过关注儿童学习并掌握自身文化的过程来研究文化的差异。因此，在硕士论文中我通过收集东南亚各国平地民族的文献资料，做了儿童文化化的共同点和差异的比较研究。

而且，在撰写硕士论文前后，不仅仅局限于自己所关注的主题和民族本身，我还阅读了关于东南亚大陆区域各种不同民族的相关论文。东南亚的山区人，原本几乎都是居住于中国国内的。由此，也开始收集和阅读中国少数民族相关的文献。其中我最感兴趣的是有关纳西族的英文资料。例如约瑟夫·洛克（Joseph Rock）、安东尼·杰克逊（Anthony Jackson）等人的研究。洛克于20世纪20年代进入丽江地区，虽然他本身是植物学学者，却通过使用历史资料做出了有关纳西族历史和文化的高质量研究。我又精读了关于他的东巴经典的文献。杰克逊从来没有进行过实地研究，而是使用洛克等人的文献提出了自己的假设，也是很有魅力的研究。当初日本可以找到的中文文献都是局限于20世纪上半叶所发表的。直至80年代，50年代的《社会历史调查》等民族问题五种丛书才逐渐出版，在日本也能找到阅读。当时，虽然外国人还的确无法在中国做田野调查，但是我认为只是时间的问题，总会有那么一天可以实现的。因此，随着自己的兴趣抓到什么算什么，大量阅读了西南少数民族的相关文献。

张人大：您在中国做调查研究是在成为东京大学助教之后吧？

横山广子：是的。提交了硕士论文并结束了博士课程入学面试的当天晚上，我在家接到了大林老师的电话。我还以为是出了什么差错。结果是老师提前通知我博士生入学考试的合格结果，同时告诉我系里决定提名我作为下一任新助教的候选人。当时，一方面在东京大学担任助教，完成博士论文，就可以申请博士学位。另一方面即使上博士课程拿到博士学位，想留在大学工作也不是一件容易的事情。基于以上这样的考虑，我接受了大学助教这份工作。从1981年4月起，我成为东京大学的助教，成为东京大学一名教员。

张人大：那到最终确定进行田野调查，经过了怎样的一个过程？

横山广子：东京大学文化人类学系当时有两位助教，如果其中一位在大学担任助教的工作，另一位就有条件出外进行调查。在另外一名助教的前辈从非洲调查返回的日期我已经知道的时候，正好中根老师建议我申请可以获得在国外进行两年研究的资助的日本国际文化会馆的社会科学国际奖学金。我提交申请材料，并于1982年顺利通过了最后面试考核。在申请和面试阶段，我确实不知道是否真的可以在中国做人类学的田野调查。虽然有诸如中根老师这样的著名教授接到邀请并访问了中国的机会，但这是访问不是调查。而且当时确实也没有外国人在中国长期进行人类学调查的先例。

张人大：那您在申请表和面试过程中，具体提出了怎样的调查计划？

横山广子：由于中国的状况也在不断变化，所以申请表和面试考核都准备了第一志愿和替代方案来应对。虽然当时最想去的是中国云南省，但完全不清楚是否可以做实地考察。我想着先尝试进行交涉，如果困难的话就马上更改计划，前往东南亚进行调查。因此调查计划上首先表明了这两方面都做好了准备。考虑到在东南亚有外国研究人员正在进行实地调查，我想可以联系部落研究中心（Tribal Research Center）前往泰国开展调查。

此外通过中根老师，与费孝通老师商量了在中国做田野调查的可能性，这给了我非常大的帮助。作为1975年4月日本访中学术文化使节团的一员，中根老师与费老师初次会面并相互沟通了对方的研究，由于两位老师都在伦敦大学留学过，一直以来两位老师建立了人类学家之间深厚的信任关系。费老师于1982年3月第二次访问日本，作为东京大学东洋文化研究所所长的中根老师在东京大学迎接了费老师。当时中根老师让我和费老师见了面。此次费老师向中根老师转达了希望自己的书籍在日本翻译并出版的愿望。没有想到我竟得到翻译费老师著作的机会。

张人大：因此您翻译了《生育制度》是吧？

横山广子：当时费老师交给我两本书，并让我选择其中的一本进行翻译。一本是《民族与社会》（人民出版社，1981），该论文集收录了费老师于1978年至1980年间在国内外的学术会议上所发表的民族学与社会学的相关论文。另外一本是《生育制度》，该书是费老师根据20世纪40年代在云南大学的讲座内容而写成的，于 1947 年 9 月由商务印书馆出版，并于 1981 年 9 月由天津人民出版社再次出版。我当场答复费老师，希望翻译整体系统地展开讨论的《生育制度》。在申请国际文化会馆的奖学金之前，通过中根老师有机会见到费老师并得到翻译的机会，对我来说也是非常幸运的。

在收到奖学金之后，关于在中国开展田野研究一事，费老师首先建议我到中央民族学院，来了之后再逐步推进。因此，当时确定了 1983 年秋访中这一目标。并努力在出发前往中国之前先完成翻译的草稿。通过这些过程，终于在 1983 年 9 月 30 日，我到了北京的中央民族学院（现中央民族大学）。

张人大：抵达北京的具体日子都还记得，的确是一件印象深刻的事情。在此之前，并非作为田野调查，比如说旅游呀，或者访问的形式，您去过中国或者是东南亚等地吗？

横山广子：东南亚的话，我以前参加儿童社会化的相关研究项目，去过马来西亚。中国的话去过两次。一次是 1982 年的夏天，第二次是 1983 年 5 月的北京访问。

在我赴任东京大学助教之时，中日两国之间的学术交流已通过各种形式逐渐开展。在东京都立大学的中国文学研究室之下，设有中国民间文学和民俗研究的中国民间故事研究会。当时该研究会邀请了中国著名民间文学研究者贾芝先生举办了一场讲座。我也去听了。在讲座之后的联谊会上，作为民间故事研究会运营者的东京都立大学饭仓照平教授向会员宣布了于 1982 年夏天访问中国少数民族地区的通知。当时，虽然已经有日本人前往中国的大都市旅游，但是少数民族地区还是对外未开放地区，无法去访问。而中国民间故事研究会与中国的民间文学研究会进行着密切的学术交流，日本方面的中国访问也在进行着。听说他们要去云南省和贵州省，我对坐在旁边的饭仓老师说："我非常羡慕。"饭仓老师就问我："横山你也想一起去吗？"得到我"当然了"的回答之后，饭仓老师向我说明由于这是中国民间故事研究会的会员访问团，在成为研究会的会员之后就可以一起参加。

我非常高兴地当即支付了少额的年会费，并当场成为中国民间故事研究会的会员。

这样，1982年8月我作为中国民间故事研究会的访中团员参加了贵州省苗族的"吃新米节"，以及云南省大理的火把节的参观学习旅程。之后看来与大理也是有奇妙的缘分吧。无论是在贵州还是云南，都是从省会直接前往少数民族地区，虽然几乎没有时间参观城市，不过参观了这两个节日真的特别有意义，而且很愉快。

张人大：少数民族的参观旅行的确是很愉快吧。20世纪80年代在中国进行真正的田野调查研究，说来横山老师也是日本人类学家当中的第一人。您还记得当时怀的是怎样的心情吗？有不安吗？

横山广子：不安倒没有。幸运的是自从1982年3月见了费老师以后1983年秋天离开日本之前，也以多种方式与中国方面的老师进行了接触。此外，我当时也是考虑在自己能力范围内尽全力去做，所以并没有感到不安。

首先，为了在日本长期调查研究国际人类学的发展趋势，费孝通老师在自己的弟子中选出了中央民族学院的胡起望和索文清两位老师，派遣到中根老师这里来进修。两位老师于1982年12月抵达日本，而我帮助他们办理外国人注册手续以及陪同外出等等。这样的接触实际上也增加了我学习和使用中文的机会。另外，此时中日两方面的学者之间的交流也在逐渐兴盛，比如我在日本和来日出席学术会议的宋蜀华和林耀华两位老师也见了面。

之后的第二次访问中国是在国立民族学博物馆佐佐木高明老师的关照下实现的。我接到佐佐木老师的亲切的电话，说是我如果根据1983年5月民博访中团的日程，自己同时能够赴北京的话，可以在北京给我介绍国家民族事务委员会以及中央民族学院的老师们。我是之前通过大林老师才得以认识佐佐木老师的。大林老师于1981—1987年兼任民博的客座教授，并作为代表推进了名为"东南亚和大洋洲文化群研究"的项目。这是一个日本国立民族学博物馆以及全日本的大学在做的有关东南亚和大洋洲这一区域的研究员都参加的超大型研究项目。该项目涉及东南亚和大洋洲将近240个民族团体，通过文献分析来确认340种文化因素的存在与否，并使用电脑统计分析、提取出所谓的"文化群"。我也参加了这个联合研究项目，协助大林老师的管理工作，直到我去中国之前，每年2～3个月一次的频率参加在民博举办的研究会。

通过参加这个项目，我有机会了解民博以及国内参与者的研究内容和人品个性等。而且因为在日本人当中在中国展开真正田野考察也是史无前例，当时作为民博里的项目负责人的佐佐木老师也很关心我，给我安排了那样的机会。所以在北京，和上面所说的两个部门的老师们见了面，尤其是胡起望和索文清两位老师的家人邀请我拜访了他们家，和孩子们一起吃饭，并且能够将两位老师的日本的生活情况转达给他们家人，的确是特别愉快的事情。胡老师的夫人项美珍老师和索老师的夫人刘晓老师当时都是中央民族学院的老师，后来我长期逗留北京之时，无论是研究上还是生活上都给过我很大的帮助。因此，在1983年秋天抵达北京之前，其实我已经认识了很多人，并且已经了解到大家都很亲切，所以当时并没有担心。

张人大：这样心里的确要踏实很多。那在您抵达北京之后，又是如何度过那一段时光的？

横山广子：在我抵达北京之前，费孝通老师已经为我张罗好了北京的研究环境。时任中央民族学院副院长的宋蜀华老师以访问学者的身份接收我。宋老师从事傣族研究，曾留学澳大利亚，是一位很温和的老师。我当时住在四号楼外国留学生宿舍，每天上午都去参加以外国留学生为对象的中文课程，下午则去旁听中央民族学院研究生的民族学课程，或者去图书馆阅读文献。此外当时我还有另外一个非常重要的工作，就是拜访住在中央民族学院家属宿舍的费老师，直接跟他确认《生育制度》翻译上遇到的问题，完成该书的翻译稿。

张人大：那后来又是如何实现由北京转赴云南的呢？

横山广子：时任云南民族学院名誉院长的马曜老师等人访美而路经北京。宋老师跟马老师交谈并提了我的事情。在马老师一行结束访美行程并由北京返回云南的1983年12月初，在中央民族学院我第一次见到了马曜老师。我跟马老师说明了我个人的研究经历，并谈了自己想要在云南做田野调查的想法。当时马老师对我说："虽然没有先例可以参考，不过也是可以考虑的，但是你必须先要做好去云南的准备工作。"因此尽早奔赴昆明一事当时就已拍板。过完年我就正式接到了云南方面的消息，并于1984年1月27日凌晨由北京出发抵达了昆明。

张人大：在您抵达昆明之后又以什么样的身份滞留的呢？

横山广子：在马老师的安排之下，以云南民族学院和设于民族学院内的云南省民族研究所双方同时接收的形式我来到了云南。作为民族史学者的马曜老师，同时又是一位会作诗的文人，有很深的文化涵养。我始终觉得他有一双很会看人的慧眼，一眼就能看穿每个人需要什么样的帮助，并给予很亲切的关照。因此是一位很有人望的老师。

在抵达昆明三天之后，民族研究所的王叔武老师等人访问了我，通知我之前在北京所提交的田野调查研究计划的云南方面的审核结果。尽管在该研究计划中我提交的第一志愿是纳西族调查，但是，由于当时还并不了解中国的具体情况，只提交一个申请备选项的话，一旦被拒绝那情况就很麻烦，因此事实上除了纳西族，我还列举了以藏缅语系为中心的另外9个民族作为备选。当时我已经通读了居住于东南亚各个国家以及中国的少数民族的大量相关文献，所以无论批准下来是哪个民族，对于文献的准备工作我是有足够的信心的。

但是王老师告诉我，可以进行调查的备选项只有石林的彝族，也就是撒尼，或者是大理的白族。我选择了白族。刚才也说了，一方面1982年的夏天我已经去过大理，另一方面我此时已经知道有关大理白族过去有两本英文专著出版。一本是菲茨杰拉德（C. P. Fitzgerald）在20世纪30年代于大理进行的调查基础之上所写的《五华楼》（*The Tower of Five*

Glories)（1941），另外一本是许烺光（Francis L. K. Hsu）根据20世纪40年代初期的考察所著的《祖荫下》（Under the Ancestors' Shadow）（1949）。此外，还有一个预设调查时间的问题。我当时提交的研究计划书之上并没有具体写明调查时长期限，这一点也被王老师质疑。不过，当时我是故意没有具体写明。为什么呢？因为东京大学的文化人类学研究室的通例是，对于诸如此类并非很轻易地说去就去的海外调查，一般说来，最少也得一年时间，理想情况下，需要两年在当地进行考察。待够一年的情况下，调查者可以观察到完整的经济活动和季节性节日，可以了解当地的整体性。假如在第一年出现什么例外的情况，我们在第二年也可以再观察了解，调查补充。但是，之前也已经说过，当时外国人在中国做田野调查，甚至短期也是史无前例。所以我并没有具体写明调查时间。当时当场被王老师问及，我回答了三个月。

张人大：您为何做出三个月这个判断？

横山广子：在我读过的20世纪50—80年代中国的相关调查报告中，在我印象中调查时间都非常短暂。就算长一些的也就是1～3个月的时间。但是王老师告诉我时间还是太长，不过他也没有说要缩短调查时间。之后，为了调查我决定还是先开始学习白族话。

张人大：不过这么看来刚到昆明几天时间里还是有了很多进展的。

横山广子：是的。在马老师的安排之下，云南民族学院的回应很友好且快速。我记得那一年阳历2月2日是春节，大年初一和初二，他们带我参观了昆明郊外的彝族村庄。回来之后的第二天我见到了我的第一位白族话老师，出生于大理的杨国才老师。当时并没有白族话的教材，杨老师参考其他的语言教学教材，比如这样的情况这样的场景在白族话里该怎么说之类的，模仿里面的内容给我教授白族话。我将这些内容用国际音标记在笔记本上再进行学习。除此之外，杨老师与我年龄相仿，而且同为女性，所以她后来也陪我一起参加了最初的大理调查。

另外一方面，当时马曜老师认为对云南民族史的理解作为基础是很重要的，所以他给了我一本《云南各族古代史略》。马曜老师和王叔武老师甚至多次来到在云南民族学院北院内的宿舍给我讲授民族史。在此之前后，时任云南省社会科学院历史研究所所长的杜玉亭老师也给我了很大的帮助。

张人大：您又是怎么认识杜玉亭老师的？

横山广子：刚才所说的留在东京大学学习的胡起望和索文清两位老师，在我即将奔赴云南之际，跟他们的妻子取得联系并为我写了几封给云南方面的老师的介绍信。其中一封就是写给杜老师的。杜老师在2月底的时候就来看我。当他得知我确定将调查对象定为白族之后，杜老师就建议我不应该只把目光局限在大理盆地，而应了解更广泛的白族相关知识。因此他给我介绍了在历史研究所工作、出生于洱源的赵振鋆老师。当时赵老师看起来应该是六七十岁的样子，对童年时代的事情记忆犹新，而且当时已经发表了多篇记录家乡民俗与风俗习惯的文章。之后在赵老师晚饭之后的闲暇时间，我就去到赵老师在云南民族学院西院隔壁的历史研究所宿舍里请教赵老师关于洱源县白族的知识。不过，没过几天，云南民族学院的外事办公室担心我的安全，提醒我不可晚上随便出门。后来就把时间改在了周末的白天。在这个小插曲里有了一个发现。我在夜晚外出，每天都要路过民族学院旁边的一段下坡路，那里的样子和气氛白天与夜晚截然不同。当时我就在思考，其实这与我们的田野调查是有相通之处的。也就是说即使是同一个地点，在一天中不同的时间段也会呈现出不同的风景，所以在我们的田野调查中也有必要随时改变时间，多次访问同一个地点，观察不同的情况。

此外，杜玉亭老师第一次来看我的时候，严汝娴老师刚好也住在招待所，我们三个人有幸一起交谈。我之前一直对纳西族感兴趣，严老师和宋兆麟老师一起撰写的《永宁纳西族的母系制》（1983）一经出版，我就在日本入手阅读，并且随身带到了云南。当时严老师刚开始住招待所的时候，我还完全不认识是哪一位。我在晾衣服的地方，突然听到对方说"我叫严汝娴"，我倒吃了一惊。因为严老师是我打心里崇拜的研究者。之后严老师也在云南民族学院招待所住了一段时间，我因此有机会和他多次交谈。

张人大：就听您这么描述，当时的情景都能很生动地浮现在眼前。

横山广子：除此之外，经由马老师介绍我还见到了民族史研究权威中的一位，云南大学的何曜华老师。他也是一位很热情的老师。加上，在昆明的时候，我还经常去民族研究所的资料室，在那里碰到基本每天都会过来的宋恩常老师，关于宋老师，通过其著作我在日本的时候就已经对他的研究有所了解。

张人大：您当时从北京去到了云南，在云南待了多久？

横山广子：1984年1月末抵达云南，一直待到1986年3月底。

张人大：总的算下来也有2年零2个月了。在此期间有多长时间是在大理进行调查的？

横山广子：在此期间分三个阶段在大理做调查。第一次是1984年4月至7月，之后一次是1985年2月至5月，最后一次是1985年8月至1986年2月。

张人大：话说回来，我们都知道横山老师是在大理周城村展开的田野调查，但是大理盆地内是有许多白族村庄的。可能也是由于我自己本身是在周城出生，比较敏感，对于您当时为什么要选择大理周城作为田野点这个问题特别想请教您。

横山广子：其实这也并不是我自己决定的。当时批准我可以在大理进行调查之后，我提交了详细的调查计划书的同时，也提交了自己想要在怎样的村庄展开调查。不过，我接到的相关部门的决定通知是调查地点只能是周城村，而且调查期间要住在下关的洱海宾馆。在去大理之前，在昆明就有一位研究者建议我说，一方面周城是一个示范村，外来访问大理的人通常都会被带到那里，要做田野调查的话去到外来来访人比较稀少的村庄比较好；另外一方面周城距离下关将近40公里的路程，住在下关每天要来回似乎是一件不太可能的事。不过，调查开始之后我却渐渐感到，可以在大理盆地之内典型的白族村庄做调查这也是非常幸运的一方面。为什么这么说呢？因为周城是大理白族自治州最大的白族自然村，在这里你可以观察到白族的生活、民俗和风俗习惯的方方面面。

但是话说回来，周城和下关之间远距离来回这一点的确让我吃了苦头。当时没有现在这么方便的面包车，去周城只能搭乘洱源方面的长途汽车。由于下关是始发站，杨国才老师和我可以顺利搭乘早上7点准时出发的汽车。由于汽车在途中走走停停，到周城就已经是8点半，有时已经是9点多。周城镇（现在的行政单位是喜洲镇周城村民委员会）是拥有16个社的大村庄，所以我决定先选定其中一个社进行全户采访。当时周城镇政府指定了靠近公路的一个社，该社的社长每天陪同我们进行采访。在当时的大理农村，村民一大早就出门干农活，到了大概上午10点半左右再返回做早饭。我们也就趁着这个时间点去周城饭店吃饭。到了12点多一点，吃完早饭的社长就过来和我们会合开始下午的访问。但是，当时完全不清楚回下关的汽车几点从滇藏公路经过周城，一旦到了下午3点多钟就必须要在路边等候。公路旁边经常尘土飞扬，但汽车还不一定马上就来。有两次等到下午5点车还没来。这种情况只能搭乘大货运汽车。站在拉木材货车后面的空位上，货厢风特别大，有一次吹感冒了，发高烧引起肺炎，还在大理州人民医院住院。

张人大：以前的交通的确很不方便。刚才谈到了入户访谈的主题，而且您之前也提到了在和杨国才老师学习白族话，那么在田野调查中是使用白族话吗？从语言方面来看您觉得对您最困难的是哪里？

横山广子：说实话，白族话本身对于我来说就很难。首先一点就是没有教材。这个东西在白族话里是这么说的，那个又是这么表达的，在我笔记本上确实是记录下了很多内容。不过即便将这些内容汇总起来，也很难掌握白族话的语法体系。这样一来就不能很好地把握这门语言的整体性。所以很遗憾的是现今白族话的水平还是比较低。

不过话说回来，多亏学了一些白族话。在田野中你一说白族话，和村民的距离感是完全不一样的。例如，"您家有多少人？"或者"今年多大啦？"当时这些已经会说了。不过也是经常遭遇村民怀疑的眼光，"你是做什么的，是来查户口的吗？"虽然我进行的只是一个普通的文化人类学基础调查，但经常不被理解。而且由于当时我的白族话语言能力很低，经常被村民说："完全不明白你在说什么，还是讲普通话吧！"像一部分老人，也有不会普通话的，这时就让在场的会普通话的人进行翻译。一些比较复杂的问题基本都用普通话进行访谈，所以白族话就一直保持在一定的水平，没有进一步改善。这一点我至今都感到非常遗憾。我认为做人类学研究，通过第三者进行翻译是无法进行深入的调查研究的。在我看来，自己提出问题并倾听对方的回答，或者是在日常生活中旁听他人的交谈、对话，并在此基础上进行理解这个过程是非常重要的。此外，从主位理解的观点来看，精通研究对象的语言也是必需的。

张人大：除了要精通语言，人类学的田野调查我们会经常提到与研究对象同吃同住同劳动，来进行参与观察。您在调查期间也曾经有一段时间是住在农户家里是吧？我还记得听爷爷奶奶说是我们老家的隔壁。

横山广子：是的。我按照进入田野调查的顺序跟你述说。第一次过去调查的时候，就像刚才跟你说的那样，每天都要往返下关与周城之间，来回奔波在40公里的路程上，我曾一度病倒住院。所以在第二次下去调查之前，我了解到周城饭店不仅提供餐饮，里面还有为长途汽车司机提供住宿的房间。因此，我提出了住在周城饭店的申请，后来顺利得到了批准。这次陪同我进行调查的是出生于喜洲、并且毕业于抗日战争期间曾迁移于喜洲的华中大学的杨希孟老师。如此一来我便可以一直待在周城，在夜间举行的仪式也能够观察。

第三次的调查时间比前两次都要长。在此之前曾经和马曜老师商量过想要在大理做田野调查一事，他当时建议我在大理教日语，这样一来我后来在大理做半年调查的申请也得到了批准。由于半年的时间也算比较长，所以陪同我做调查的老师也三个月调换一次，后来分别来陪同我的是做民族艺术研究的杨均老师和出生于喜洲的董学红老师。

在第三次调查抵达周城之后，我和来自云南民族学院和大理州政府双方的外事办公室的相关人员一起去周城镇政府打了招呼，在磋商的时候我又提了另外一个要求，就是希望能在某一家村民的家里吃饭。因为当时周城饭店的饮食整体比较油腻，我的肠胃受不了，在第二次的调查中还因此而吃坏了肚子又一次在州医院住院。其实我第一次的调查也是从感染痢疾住院的阶段开始的。当我还身在昆明为下田野调查做准备的时候，接到了日本NHK打来的国际长途电话，NHK希望作为少数民族研究者的我配合他们在云南的采访工作。得益于此，早于我自己正式的田野调查，我就陪同NHK一起去了丽江和大理。当时原本计划结束了NHK的采访之后，直接在大理和杨国才老师碰头开始田野调查。但是意想不到，当和NHK采访团一起回到大理之后，全部人员当中就我一个人感染了痢疾，并第一次住进了州医院。所以第一次调查真正开始于出院之后的5月初，而并非事先计划好的4月。有了这样的前科，虽然第二次住院之后检查的结果确认并不是痢疾，但是医生也很谨慎，并没有轻易同意我出院。

和在周城饭店一样，以每个月支付一次伙食费的形式换一个地方解决伙食问题，这件事本身其实并不困难。问题在于，在一般的农民家庭里面比较难调整吃饭时间这个问题。那时一旁的外事办工作人员就建议要不就索性将住宿也定在提供伙食的农户家里。对于这个建议镇政府也表示同意。之后数天的协商结果我入住的农户家庭就得以确定了。虽然我们说在做农村调查之时，最理想的情况就是和普通的村民一起生活，但是在当时我觉得对于我一个外国人来说不可能会有如此理想的条件，所以事先我也并没有奢望如此。但是意料之外却有了如此理想的结果。入住的农户是一个两户人家居住的院子，家里人口相对比较少，给我腾出来一间面朝堂屋右手边的房子。在那里居住的半年时间，真的是很充实地度过了每一天。作为一家之主的张骞先生是一个很亲切的人，不仅仅让我和家人一起就餐，无论是农活，还是婚丧嫁娶之事，他们家所参与的活动只要是我希望做的都允许我一起参加。白族话也是在那半年里最有长进。

张人大：20世纪80年代中期，住到农民家中进行调查的外国人在云南省也是很少见的吧？

横山广子：是的。可以说这也是在云南许多人的理解与配合之下才得以实现的。特别值得一提的是马曜老师的帮助。回顾整个我个人20世纪80年代以来在云南的调查研究，所到之处始终都有马老师的各种关心与建议。此外在我1984年刚到昆明之际，马老师给我介绍的何耀华老师，自从他20世纪90年代担任云南省社会科学院院长以来，一直都非常关心我。无论是对我个人的调查，还是中日两国学者之间的共同研究，两位老师都给予了很多的建议与协助。

张人大：现在试着回顾一下的话，您如何总结自己截至今日的白族研究和研究的整体成果？

横山广子：如果根据研究主题进行分类的话，我认为大致可以分为以下四个方面：(1) 亲属组织和社会结构；(2) 宗教仪式；(3) 民族认同；(4) 文化和社会变迁。

自从可以在白族村落里做田野调查以来，我最初注意到的是埃德蒙·利奇在《社会人类学》(Social Anthropology, 1982) 里所展开的讨论。利奇将许和菲茨杰拉德的著作进行了比较。在他看来，菲茨杰拉德（Fitzgerald）很好地阐述了如何在云南的历史和地理上去定位大理人的问题，另一方面他也指出，由于许过于热心地去表明大理的这个村庄，即West Town（通称：西镇）作为中国整体的典型这一点，导致他几乎没有触及生活于此的"民家人（白族）"的地方文化特性。仅从这点来看，利奇的评价和批判可以说是很中肯的。但是，对于断定许著作中的描述是他个人童年期的经历和在大理进行田野调查时作为成年人所了解的混杂这一点，我感到怀疑。因为我认为，其一，两本著作主要的研究着眼点并不相同；其二，虽然说调查地点都是大理盆地，但是调查对象的地点和社会阶层的不同会产生差异。我还了解到特别是在中华人民共和国成立以来，有过关于在汉语里被称为"民家"的人应该被归为汉族还是少数民族的争论。此外，从中央政府认定民家为少数民族并将之称为"白族"，直至1956年大理白族自治州成立的这一过程中，支持"民家人"是汉族的民家出身的学者和文化人并不少见。因此我强烈感觉到没有对当地的情况进行详细的调查是无法简单地对两本著作做评价的。

许主张西镇人是文化上的中国人主要依据的是祖先祭祀的形态。因此，我自身的白族研究也是将重点置于亲属组织和社会结构而开始展开调查和分析的。从家族形态等非常基本的方面出发，与亲属组织相关联，探求其与普通的汉族或者是汉族规范之间是否存在差异。结果，我发现从妻居的婚姻形态和汉族规范或者是一般的情况有很明显的不同。这一点，许在他的著作里也已经论述。他列举到当时西镇的从妻居婚姻大概占全体比例的三分之一。从我当时对周城16个社当中2个社全部家庭的婚姻情况调查结果来看，从妻居婚姻的比例大概分别占到10%和20%有余。而且不仅仅是存在比例高，也可以看到这样的例子，即某家富裕家庭老二以下的儿子会到其他没有儿子的富裕家庭上门，并在改姓之上，按照女方家的字辈重新取名，此后正式成为女方家的继承人。此外，一个预期成为未来女婿的男童，在10岁有余到十五六岁的时候，会搬到女方家居住，女方家把他当作自己家的儿子来养，就是我们所说的童养媳的男性版本。诸如此类风俗习惯的兴盛也是一个很明显的白族特征。结婚之前身为未来女婿的男童住到女方家这样的习俗，直到20世纪80年代中期还可见到。比如在我进行各家各户访问调查之时，听到人们称呼这样的男童为"老大"，我还一度误以为孩子们是真正的兄弟呢。

在与汉族相比较之时，要了解如何定位白族的从妻居婚姻兴盛的问题，有必要对汉族的相关方面进行调查。大学研究生以来，我已经看过库尔普（Kulp）、莫里斯·弗里德曼（Maurice Freedman）和费孝通等人的著作，而且阅读并参考了20世纪70年代后期之后的包括中国香港和中国台湾在内的汉族研究文献。其中，亚瑟·P.沃尔夫（Arthur P. Wolf）等人编著的 *Marriage and Adoption in China, 1845-1945*（《中国的婚姻和收养，

(1985—1945)》（1980），对现象的考察建立在广泛的地域以及将近100年的时间轴之上，对从宏观上考虑从妻居婚姻很有帮助。我早年对从妻居婚姻的相关研究成果收录于《大理白族的从妻居婚姻》，伊藤、关本、船曳《现代社会人类学第1卷 亲属与社会的结构》（1987）。但是，中国地域十分宽广，在没有对各个地区的汉族进行彻底研究的情况下，这并不是一个最终的结论。不过在我看来，当时非常兴盛的白族从妻居婚姻，我们是否可以将其考虑为与汉族不同的婚姻形态呢？

此外，在亲属关系和社会结构方面，我还研究了白族的"老友"习俗。这就像在拉丁美洲地域常见的宗教仪式性的共同亲子关系（compadrazgo）一样，是一种由与儿童相关的拟制亲属关系而衍生的成年人之间的社会和经济关系。通过对这种关系的研究我指出："老友"可以让在地理上或文化上有距离间隔的双方结成纽带联结。[《大理白族的拟制亲属》，《民族文化世界（下）：社会的统合与动态》（1990）]

张人大：在地理上或者文化上有距离具体是指什么？

横山广子：多数情况下老友关系结于同村而不存在如父系亲属关系一类的家庭之间。不过即使在居住于不同村落的家庭之间，甚至是与邻居回族村落的家庭也会结老友关系。家庭之间因某种缘由而搭成亲密关系，在此基础之上进一步结为类似亲属的永久性关系的情况下，就会结为老友关系。老友家庭之间的交流最常见的是相互邀请对方到家里聚餐，但是就像刚才所说的，就算是与饮食上需要特别注意的回族家庭也会结成老友关系。在调查中，我曾听说过在清朝末年杜文秀政权被推翻之时，有些白族家庭庇护有老友关系的回族家庭的故事。此外，虽然白族的老友关系与汉族的"同年"习俗有相似的地方，但在我的印象中，大理白族的老友关系在传统上就得到过蓬勃发展。

张人大：对宗教和仪式的研究兴趣也是源于您开展云南田野调查之初吗？

横山广子：基于田野调查的宗教和仪式的研究，我最早的论文是于

1985年8月在西南民族研究学会上发表的《彝族密枝节小考》[收录于中国西南民族研究学会的《西南民族研究彝族专集》(1987)]。此外,自从在大理开展调查以来,我一直关注白族特有的本主信仰和火把节,长期以来持续收集着相关田野资料。然而,在先行研究的基础上自己究竟能开辟怎样的新地平线,调查当初的我一直在考虑这个问题。

在这样的情况下,我最初开展的本主研究类似于之前的亲属研究,以汉族文化所产生的影响以及汉族与白族之间的异同为切入点,尝试了以往我所开展的以田野调查为基础的研究里未曾尝试过的研究视点。(《白族的本主信仰——地区守护神的仪式所呈现的汉化与民族独特性》,《国立民族学博物馆研究报告增刊》1991年第14卷)。尤其是以下两个方面在此后都一直持续进行着,可以说已成为我很重要的研究方法。第一,将田野调查与历史文献知识相结合进行考察的方法。我认为正是由于中国拥有诸如地方志等丰富的历史文献资料,此研究方法才具有其可能性,虽然这对于中国本土的研究者来说可能是极其普通的事情。第二,在注意历史过程的基础上,来考察某个概念的成立以及由此概念的成立所引发的社会分节化与其伸展(依据某个概念的成立,社会或被重新分类,或被赋予某种意味,如此社会被重新构建)。

如此研究可以顺利进展的契机,归根结底仍然是田野调查。1986年访问鹤庆县时,我试图以"本主"一词来询问鹤庆的基本宗教情况,结果和当地人完全无法沟通。在涉猎云南的地方志之后终于搞明白,"本主"一词的出现比较晚而且具有地域局限性。在此之前,在云南广泛有"土主"的记载。无论是"本主"还是"土主",都是对某种范畴的神格的总称概念。通过考察"各个概念是什么人依据什么样的观点而命名?",可以进一步开拓出新的理解。有关本主信仰的研究我首先在1990年12月日本东京召开的庆祝费孝通教授90周岁诞辰国际研讨会上发表,后来出版于 *Separation from the "Tu" Category: A Study on the Generic Names of Bai Guardian Gods*,收录于 Nakane, Chie & Chien Chiao (eds.), *Home*

Bound：Studies in East Asian Society，1992。这篇论文的中文版是《与"土"分离：关于白族守护神通用名称的研究》（中根千枝、乔健：《家庭边界：东亚社会研究》，1992）在这些论文里我提出了如下的假设，即从处于中国文明中心的"文"来看，处于边缘极端的是"土"；从周边来看自己是"本"，此后新参的为"客"，进而我们可以通过这两组对立概念来阐明"本主"这一名称的确立过程。

在1987年湖南的田野调查中，我了解到人们以将除夕提前一天的形式来说明民族间的区别。火把节研究的启发正是来自这点。此后，在云南省大理州以外的地区的田野调查中，我特别注意火把节的日期，并在尽可能的范围之内详细查询了历史文献中关于云南以及周边相邻地区火把节的记载。在此基础之上我断定，有关日期区别的相关历史文献记载，为我们留下了有关民族集团边界、分布状况、人口流入以及民族集团间的势力盛衰等方面的痕迹。

张人大：可以说您关于白族宗教与仪式的研究，是以历史的观点以及白族与他民族之间的关系、边界等方面的讨论为中心吧？

横山广子：可以这么说。无论是亲属组织和社会结构，还是宗教与仪式，我一边关注其与以汉族为主的他民族的差异和边界，一边开展白族研究。我认为这样可以与第三民族认同领域相连接。我生于日本长于日本，从小生活的环境与像中国这样将民族平等与团结列为基本国策的环境完全不同，可以说我还是缺乏与民族有关的日常感觉。因此，在大理盆地进行田野调查中，通过触及当地人日常性的民族认同感觉，我逐渐开始认识和理解民族认同相关的诸问题。比如那时我为了收集生活中所使用的基本白族话词汇制作了列表，然后逐一向寄宿家庭的张骞先生请教这些词汇的白族话说法。像"白族""汉族"这样的单词也列入了单子中。不过在听到他在稍做考虑之后用白族话说到"sua bai no（说白族话的）""sua ha no（说汉族话的）"的描述的时候，我暗暗地在心里鼓掌喝彩。因为菲茨杰拉德书中所写的内容得到了确认。不过，是在此后对周城周边的回族长老进行访谈之后才开始深思其意思。

张人大：也就是说，在大理除了白族之外，您对回族也进行了调查？

横山广子：是的。不过不是为了研究回族而研究，而是为了更深入地理解白族。我认为研究白族，很有必要把握大理盆地这一整体社会。在采访回族长老之时，我有时感到很困惑。我向他询问有关白族的问题，他在和我述说有关白族的情况的中途，在不知不觉中突然将本应是白族的地方说成汉族。但当我追问道："这是有关白族的事情吧？"他又很肯定地将话重新转回到白族之上。同样的事情发生过很多次。我当时一直在考虑，这样一位很博学，而且无论我想知道什么，我问什么都很明快地做出回答的长老，为什么会在这里犯错误呢？可以说在采访的最后，我的困惑也达到了极限。在结束采访感谢长老特意抽空接受我的采访之时，长老问我："话说回来，你是回族吗？"像往常访谈之初一样，我当时开始采访的时候也做了自我介绍："我是日本人，现在在采访收集以周城为主的大理盆地内各个民族的风俗习惯。"我再次说到"我是日本人"的时候，长老摆出一副"这个我也知道"的表情说道："不是，我是在问你你是不是回族来着？"此时我才恍然，长老一直在意的"是不是回族"的问题，其实是在确认"是不是穆斯林"的意思。

在清朝末期杜文秀的檄文中，有关云南有这样的记载："回汉夷三教杂处，已千百年矣。"此处将云南的住民划分为回教、汉教与夷教，而且这里所提的"回教"一词并不是指伊斯兰教，而是伊斯兰教徒的意思。对于回族人来说，宗教是区分人最重要的基准，而对于大理白族来说，语言才能体现本民族与汉族的边界。居住于大理盆地的回族，日常所使用的语言根据所居住的环境有所区别，或者是白族话或者是汉话，但是以回族的观点来看，在体现民族边界之上语言并非占据重要的地位。在某一地域的历史、文化环境之下，人们在日常生活中，作为自身感觉而培养起来的民族集团之间的边界线是丰富多彩的。以这样源于田野调查的察觉为基础，我在1987年撰写了名为"大理盆地的民族集团"的论文。此后，民族认同研究成为我自身研究的一个重要支柱。 其内容可以分为以下两大类：一是从中国社会整体来把握有关民族识别和民族概念等方面的研究，代表成果如《少数民族的政治与话语》《岩波讲座文化人类学第五卷·民族的生成与逻辑》（1997）；《"民族"概念在中国的产物，端信行《民族的二十世纪》（2004），等。另外的一类研究不仅将目光置于现代，而且通过追溯历史来考察以大理白族为中心的民族边界以及民族认同的形态，代表成果如《迁移到云南白族地区的汉族：由来于明朝军屯的住民》、塚田诚之、濑川昌久、横山广子《流动的民族——中国南部的迁移与民族认同》（2001）；《关于民族认同变化的研究——以云南楚雄地区白族和汉族的关系为例》，《云南民族大学学报》（2009），等。为了进一步了解在20世纪上半叶为主的白族民族认同情况，我又去缅甸做了调查。但是由于缅甸的调查材料基本上是个人材料，现在我还在考虑如何将这些调查材料写成论文公开出版。

张人大：接下来是否可以谈一下您关于文化和社会变化的研究呢？

横山广子：从我开始调查的1984年至今，中国社会发生了巨大的变化。不断地蹲点、集中调查的周城，在大理的农村中属于发展非常快速的村落之一。一方面是大量由包工头带领的外出打工副业队很昌盛，另一方面在这个大理州最大规模的自然村里，由村办企业或者是个体户所带动发展起来的制造业以及商业活动也很繁荣。特别是20世纪90年代扎染的发展所带来的与以往没有接触过的外部社会所进行的经济交流，不仅带来了新兴产业的抬头，也让白族自身的价值观发生了变化，我当时对这一点非常感兴趣，写了《从云南白族的村落看中国社会的变动过程》[末成道男《东亚的现在——人类学研究的尝试》（1997）]。在信息、交通都已经很发达的今天，将诸如西部大开发一样，在经济上相对落后地域的发展情况也加以考虑的话，在地理上相对远离的人群之间关系的维系的意味显得越来越重要。对于文化资源的认识，新的关系所带来的革新是很有可能与经济发展相联系的[《少数民族地区的差距问题——关于大理白族自治州克服贫困的考察》，波平元辰、车志敏《云南的"西部大开发"——日中共同研究的视点》

(2004)]。其次,与经济发展并不挂钩的重要传统知识和技术正不断地流失,针对这样的形势,我认为研究者和当地人民相互沟通协助来推进记录工作是很有必要的(《中国云南省基诺族的社会变动与民族文化》,《交际科学》,2011年第33号)。因此我们是否应该认真考虑基于与调查地的人们合作活动的研究的重要性。无论是经济发展比较困难的地域,还是诸如周城一样经济发展相对比较顺利的地域,文化与社会的变动正在发生。特别是在周城,我感觉到风俗习惯上的变化正逐渐凸显。"具体是什么在变化?""以何种方式在变化?""应该如何解释这样的变化?"我觉得现在正是加以重视、考察的时期。

张人大:到此我们大概回顾了您迄今为止在云南的研究历程,访谈的最后您能做一个总结与展望吗?

横山广子:除了之前已经提到名字的各位老师之外,正因为有云南各方面人的善意,我的研究才得以延续。在此也对抽空接受我采访、直接协助我调查、为我泡茶以及给我借板凳的各位表达我的感谢之情。对于我迄今为止的研究,研究成果产量低这是一个很大的缺陷。田野调查、阅读文献并进行考察,如此研究进行到中途,仍有许多主题尚未撰稿。想着再整理一下文献调查再执笔,但是总是忙于工作单位的教育工作和其他的事务工作,仍有许多研究还没有结果。虽然现在从生物学年龄来看已经是老年人类学学者,但是我觉得自己还算不上是一个真正成熟的研究者。今后,在推进实地与文献双方调查的同时,让以上所陈述的研究结出果实,发表研究自己的结论。

张人大:再次感谢您今天抽空接受我的采访。通过今天的对话可以对您的云南与白族研究有一个粗略的认识,对我自己的研究也有很多启发,也期待您今后更多的文化人类学研究成果。

采访者:张人大,出生于大理周城,东京大学大学院文化人类学研究室硕士研究生。

吃千家饭，爬万重山
——梁旭研究馆员采访录

梁旭，云南民族村首席顾问，云南省博物馆研究员。

吴华：梁老师，我受尹绍亭教授的委托做一个对您的专访。您是我在云南省博物馆陈列部任职时的老领导，是我从事民族文物工作的领路人，是我最为尊敬的老师，更是志趣相投的忘年交。在长达30多年的交往中，您直率、真诚、热情的性格，不同于常人的非凡才华，踏实认真的工作作风，一直深深地影响着我，成为我人生中不可或缺的良师益友。您当过兵，坐过牢，从一个放牛娃成长为"又红又专"的研究员，您在云南民族文化的研究和保护工作方面做出的贡献令人敬仰。作为您的学生，我试图通过"采访录"的方式，把您的人生风采介绍给大家！

梁旭：小吴，对此事我有点诚惶诚恐。

吴华：梁老师不要太自谦了，您作为云南省文物博物馆界第一批获得高职的专家，您所做的事情，如"云南首届民族艺术节"举办的"云南民族乐舞"展览获得大奖，又出版了专著，是社会普遍认可的！

梁旭：那倒是！小吴，那我们先谈哪个方面？

吴华：我认为一个人有什么经历，就有什么样的人生，经历不同，人生故事就千姿百态。梁老师,就请您先谈谈您的精彩的人生经历好吗?

梁旭:我的人生谈不上多么精彩,而在个性。我的一生不望奢华,更不图名利,只在于民族的感情,愿为社会做点事,多交朋友,有些别人没有的生活内容。40多年来"吃千家饭,爬万重山"的民族田野调查,是我一生的积累,收集的照片和文字资料是时代的馈赠,既有美好的享受,又牵挂着难忘的情怀,让我回顾过去,留住失去了的岁月,见证人生,永驻真情,因此,守望、传承民族文化是我最大的开心和快乐。

吴华:梁老,您今年高寿?

梁旭:我是1939年出生的,今年78岁。

吴华:我知道您是大姚人,是彝族吗?因为您是彝州楚雄人,写的东西也多是彝族文化,很多同事和业内人士都以为您是彝族。

梁旭:汉族。我从小在大姚县彝族聚居的一个当年仅有3户人家的小山寨里长大成人。

吴华:您小学、中学都是在当地读的吗?

梁旭:是的。

吴华:您是哪一年考取大学的?读的是何专业?

梁旭:1960年考入云南大学历史系,攻读民族学专业。

吴华:您的授课老师有哪些?

梁旭:方国瑜、江应樑、杨堃等。

吴华:他们都是享誉中外学界的知名教授,能师从他们,得到他们的教诲,真是人生一件快事!

梁旭:是啊!我从他们的教诲中学到了许多做人治学的道理,使我受益终身。

吴华:听说,大学毕业后,您是先去军队了?

梁旭:是的。大学毕业时,我被昆明军区选中,到云南省军区政治部做宣传干事。

吴华:听说您在部队里还写过一个剧本并因此受到冲击?

梁旭：是的，剧本叫《六块钱》，是当时参加部队汇演的一个剧本。因为剧本中"肠子生锈，肚子饿痛"的台词，我便被定罪为"诬蔑共产党的反革命分子"，而多次被捆绑双手，头戴高帽子，与当时昆明军区副司令员、政委一起多次被批判游行，还被关了3个月的监牢。

吴华：此事后来得到平反了吧？

梁旭：是的，到1976年"四人帮"被粉碎后落实政策，我又回到了军区，得以恢复了军人身份。但此时我不想再做军人了，主动要求做我大学民族学的专业，终于转业到了云南省博物馆。

吴华：听说您做过一段时间近现代史文物工作？

梁旭：是的！我转业到馆时，省博物馆书记、代馆长车铭要我到馆办公室工作。但我坚持要搞大学时所学的民族学专业。当时，"红军长征过云南"等展览工作最需要人手，我就到了近现代史组工作，并于1978年和徐继涛一起主持过"红军长征过云南"展览，其间还到昭通威信和大理周城、喜洲调查过罗炳辉、周保中两将军的事迹。

吴华：听说您还写过《周保中将军》一书，此书正式出版了吗？

梁旭：是的，是我利用第一手调查资料，结合文献资料写成的，并于1989年由四川人民出版社出版发行。

吴华：您何时，是何机缘改做民族文物工作的？

梁旭：1980年6月，我刚到民族组工作不久被抽调与高宗裕、易学中一起，赴京中国历史博物馆举办"云南考古发掘与民族文化展览"，接着由我负责又与朱宝田、黄美春、熊永忠、陈碧霞、彭树祥一起，先后到哈尔滨、长春、郑州等地举办"云南少数民族服饰展"。从此，与民族文物结下了不解之缘！

吴华：赴京及省外巡展工作，您最大的收获有哪些？从历史角度看，这样的出省大规模展出属首次，对宣传云南少数民族文化应具有积极的现实意义。

梁旭：要说最大的收获，就是1985年被抽调到省民委，与高宗裕、谢沫华等一起举办赴京民族文化宫"云南民族风情展"。当时在进行展览创意时，我提出了展览要"从平面走向立体，从静态走向动态"。展览组采纳了我的这一建议，展览中无论是民族服饰中的刺绣、纺织，还是民族歌舞都有现场表演，如弥渡的彝族跳菜舞、石屏的彝族烟盒舞、保山德昂族的纺织、刺绣……都是原生态的民族风情，第一次轰动了北京城，受到了不少国家领导人、专家学者和广大观众的热烈赞赏，受到西方艺术文化界的高度关注。另外一个成果，就是在国家民委的要求下，促成了云南着手筹建云南民族博物馆。

吴华：从北京和省外巡展回来后，您就改做民族文物工作了吧？从事您大学所学的民族学专业的工作也应是从此阶段正式开始的了？

梁旭：1986年时任陈列部主任高宗裕（后为云南民族博物馆第一任馆长）调省民委筹建云南民族博物馆，馆里叫我任陈列部主任，主持陈列部工作。到民族组工作，是我一再申请和要求的结果。因为我在大学所学就是民族学，云南又是少数民族最多的省份。1980年刚好恢复馆长和书记职务的老领导王立政，同意了我的要求，从此直至退休，都是在从事与民族文物有关的工作。

吴华：在您任陈列部主任期间，除民族文物调查与征集外，主要工作就是民族展览了，您认为您主持的展览中最具影响力的是哪个展览？有哪些亮点？

梁旭：1988年为云南首届民族艺术节而举办的"云南民族传统乐舞展"算一个。

吴华：当时有哪些省博物馆的同事参加？

梁旭：主要业务骨干都是陈列部民族组的。

吴华：是啊！当年您还召集民族组朱宝田、熊永忠、王发佐、罗钰和我，在您办公室讨论此次展览的陈列大纲。

梁旭：是的，这陈列大纲我至今还保留着。大纲讨论完后，我就布置、安排了你们各自的工作任务。

吴华：我记得那是1987年的事，当时我刚调入陈列部民族组不久，您派我前往西双版纳、思茅（今普洱）、中甸（今香格里拉）、丽江、德宏征集民族乐器、服饰等方面的文物。

梁旭：给我印象最深的是你连跑了两趟瑞丽，完成征集、运回景颇族长鼓"增疆"、"洞巴"、风笛和傣族象脚鼓等文物的事！你一个人先到大理，找到时任大理州文物管理所所长李朝真帮忙，用该所的"130"货车把文物展品运了回来，在展览中起到了很大的作用。

吴华：除陈列部外，还抽调了哪些部门及人员参与此项工作？

梁旭：当年派往各州县征集民族文物的人员，除陈列部外，还抽调保管部、技术部、群众工作部等部门的徐康宁、王丽明、熊丽芬等业务人员参与了此项工作。

吴华：该展览有哪些亮点？

梁旭：亮点有五：一是选题首创；二是规模空前；三是在民族文物类展览中率先采用文物租借方式；四是展览动静结合；五是业务组织形式创新。

吴华：梁老师，在这些亮点中，其他都比较好理解，"动静结合"如何解读？

梁旭：所谓"静"，就是文物和相关展品静止陈列在展柜中或展台上；所谓"动"，就是有表演内容，结合展览内容，让民族演员在展厅或广场上欢歌纵舞，将"静"与"动"的内容有机地整合在整个展览氛围中，使观众大开眼界，看到了云南民族文化的真金实宝，观赏到了原汁原味的歌舞艺术，实现场内场外互动，营造浑然天成的展出效果。

吴华：若回头看，这种结合展览内容引入的歌舞表演形式有何意义？

梁旭：实际当年也没有考虑得那么深，但从现在的视角看，当年这种形式吹响了云南各族民族歌舞走向全国、走向世界的"号角"，堪称云南最早版本的"云南映象"！

吴华：是啊！自云南成功举办"首届民族艺术节"知名度提高之后，云南本土的各种民族歌舞队就开始活跃在全国各地舞台，成为云南一张响亮的"名片"！

梁旭：是的，在之后该展览受邀到深圳市博物馆展出时，也想沿用这种做法的。

吴华：是啊，您还派我前往西双版纳，就是去联系傣族民间原生态歌舞表演队的嘛。但后来为何又请了峨山专业演出队呢？

梁旭：这个就是当时主管领导决策的问题了！不然的话，云南民族民间歌舞艺术可能早就走向世界了！

吴华：真是太可惜了！云南少数民族民间歌舞艺术错过了走向世界的最佳机遇期。

梁旭：这也是没办法的事了！

吴华：在这个成功的展览中，当时已采用多媒体了吗？

梁旭：只有录像机，所播放的专题片，是我馆为本展览专门制作的！

吴华：专题片叫什么名？制作情况如何？

梁旭：片名叫《彩云之南》，片长25分钟。参与拍摄的本馆职工有你和王丽明，分工为撰稿：梁旭；摄像：何祥庆；灯光：吴华；配音：王丽明。

吴华：在展厅用录像机播放外，在电视台播过吗？

梁旭：云南电视台整整播放了半个月，中央一台也播放过。

吴华：乐舞展览在展出过程中，曾出现过哪些有趣的花絮？

梁旭：多了！就说两个，一个是当时在海峡两岸红极一时的著名歌星费翔也来参观这个展览，二是巍山洞经乐队在我馆广场演出。

吴华：费翔参观情况如何？

梁旭：我记得，当时陪同参观的主要成员有时任省博物馆副馆长李昆声（主持工作）和我，我负责民族乐器的介绍。

吴华：费翔对哪种乐器感兴趣？

梁旭：感兴趣的倒多，最值得一说的是基诺族的点种棒。我饶有兴趣地给他讲解，说"它是乐器起源阶段的一种早期乐器。在基诺族生产活动时，它既是做点种的生产工具，同时又是联结青年男女情怀的一种发声器"。

吴华：他听完您的讲解，反应如何？

梁旭：他觉得这件乐器"很神奇"，伸手从展台上拿起点种棒，按照我解释的动作，在展厅里舞动起来。当时的现场照片至今保存在我的资料档案中。

吴华：开个人演唱会时，他往往是载歌载舞。在观看大姚彝族姑娘跳"左脚舞"时，他有何反应？

梁旭：先是在旁边学动作，最后是情不自禁地加入其中，与姑娘们一起唱跳，其高兴劲，可谓出乎意料，姑娘们更是跳得激情四射，欢乐无比，把"左脚舞"的魅力演绎到了极致。

吴华：巍山洞经乐队演出，也是配合乐舞展而从巍山县邀请来的吗？

梁旭：是的，所有乐队成员都是巍山当地人。演出在夜间举行，恰逢中秋之夜，在广场看演出的主要是参加全国宣传工作会议的各省市宣传部部长和一些特邀嘉宾。

吴华：民间洞经乐队在省一级艺术节期间演出，在云南艺术演出史上，肯定是不多见的一个特例吧？

梁旭：是的，真不多见！来宾多感到这是一次不可多得的艺术体验，个个流连忘返。

吴华：乐舞展览获得过艺术节什么奖项？

梁旭：曾获云南首届民族艺术节大奖！

吴华：该展览赴深圳市博物馆展览似乎给本单位不少干部职工带来了到深圳特区"开眼界"的机会？展览还有其他附加值吗？

梁旭：确实如此！1989年深圳市博物馆新馆开馆时，该展览受邀展出了半年，每半个月转换一次业务人员去管理，我馆业务人员几乎都到过深圳。在当时，不仅是对馆内业务人员的一大"照顾"，实际也成为拓展云南民族文化的最好时机。当时民族原生态文化让深圳观众大开眼界，与此同时，这也很好地介绍了云南民族文化。

吴华：梁老师，我一进馆工作时，就知道您通晓音律，您还是拉京胡的一把好手，这种爱好或特长是何时养成的？

梁旭：少儿时代就对歌舞艺术情有独钟，进入大学后，进行了较为系统的学习，加之我是校学生会文艺骨干成员之一，学校各种文艺活动我都积极参与。因此，日积月累就养成这种"雅好"！

吴华：听说，您还曾在花鸟市场与爱好者一起拉过琴，事后被同事议论说："教授在那种地方拉琴，太没面子了"！有此事吧？

梁旭：是有这么一回事！我倒没什么面子可丢的，有这样一技之长，当时就是性情使然，想与有此爱好者一起交流交流而已，也没想更多。不过，确实在20世纪80年代中期，我这种行为是有点不入"流"的，被人议论议论也是正常的。

吴华：您的这种特长对您的文物工作有帮助吗？

梁旭：大有帮助！尤其是在做乐舞类文物调查时，就能派上用场了，可不用请专业人员帮忙，就能完成对民间民族乐谱的记录工作，对其中的乐律也会有较好的把握和领会，从中获得乐器及其音乐更有价值的信息资料。

吴华：这对做"老古董"工作的文物工作者来说，还真不容易了。据我所知，能有此技能者，在文物工作者中少之又少！

梁旭：是的，确实不多！

吴华：梁老师，1992年似乎是您事业的一个"分水岭"，馆内业务似乎已不是您的主要工作了，您也逐渐淡出了省文博界的视野！

梁旭：是的。1992年时值中国第三届艺术节在昆明举办，我本应在我馆民族文物类展览的工作一线，可不巧的是，恰逢"云南民族村"筹建工作启动，我被省里点名抽调做该项目的总顾问，故两者不能兼顾了，经馆领导批准，我便全身心地投入到"云南民族村"项目建设中去了！

吴华：民族村建设项目的工作，您是如何介入其中的？

梁旭：也正是云南民族乐舞展览和赴京云南民族风情展带来的"知名度"引起了省市相关领导的注目吧。

吴华：请您总结一下，在云南民族村做顾问工作的主要贡献表现在哪几个方面？

梁旭：可以说：走出了一条建设"民族村"的"云南模式"之路。

吴华：如果说"云南民族村"项目是您将云南民族传统文化与旅游产业结合的开篇之作的话，那么1995年您参与主持实施的楚雄州博物馆陈列展览工作，应算是您既往本职工作的回归了！

梁旭：是的，1995年受楚雄彝族自治州博物馆李朝真馆长之邀，经省文化厅批准，我主持完成了全馆陈列展览工作。

吴华：我记得，当时我馆罗夜起、徐康宁、李黎等同事参与了此项工作。

梁旭：是的，罗老师负责文物复制，李黎承担了民族图案的描绘工作。

吴华：这次陈列展览工作做了多长时间？主要包括哪些展览？

梁旭：从策划到结束，历时1年，全馆陈列展览主要围绕彝族传统文化有关的历史、政治、经济、文化、艺术内容展开，还包括古生物和古人类部分。

吴华："云南民族村"项目总顾问工作告一段落后，您还做了哪些项目？

梁旭：先后出任了上海民族村、北京野三坡，还有昆明"滇味城""高原明珠"、楚雄"彝人古镇"等项目的顾问。

吴华：在这些项目中，您是如何运用传统民族文化元素的？

梁旭：首先是从建筑开始就要有民族文化的传统和特色，然后要有让人们欣赏娱乐的内容，吃、玩、闹，都要有民族文化的特色内容，民族歌舞表演是最受欢迎的。

吴华：您在做上海、南京、北京等地民族歌舞项目时，带动了云南各地州年轻人的就业，这也应算您的一个贡献吧？

梁旭：这不能叫贡献，我只是在民族歌舞市场拓展方面做了一些尝试性的工作！要知道，能歌善舞的能手在民族乡寨里虽然很多，可在那些年头，要他们走出山寨，特别是到省外的大城市，许多人都是不愿意的，或者说是不敢的！若不是当地政府及百姓的信任与支持，我的招聘工作，是一件很难完成的任务。借此机会，我要一并感谢当年帮助过我的领导、同人、乡亲以及学员们对我的信任和支持！

吴华：当年，您带出多少年轻人走出大山，实现了就业？

梁旭：从楚雄、大理、西双版纳、文山、德宏、保山等地州招聘了300余名"原生态"民族演员。

吴华：梁老师，您能否以其中一个民族为例，说说您如何招到他们的？

梁旭：好的。那就说说李丽兰吧。当时（1993年2月）18岁的她正在参加大姚县华山彝族人民一年一度的节日盛会"插花节"民族民间艺术表演队。

吴华：您每年都参加这种盛会吗？

梁旭：不一定，但有时间我都会到场的，而这次就是想借此节日活动的平台选民族演员。

吴华：哦，很有目的性！那之前您就听说过她吗？

梁旭：没有，只是看她在表演中所展现出的特殊的艺术天分，令我难忘。我趁表演休息时，认识了她，她说她叫李丽兰，是附近丫古埂寨人，离乡政府半个多小时的路。一个月后，又在丫古埂寨做民族调查时，在田间和她巧遇，她邀请我和同行的彝族毕摩到她家吃饭喝酒！

吴华：几年后，她成为您的民族演员就是这种机缘吧？

梁旭：是的。1995年上海民族文化村聘请我做顾问，要招聘原汁原味的民族演员时，我第一个就想到阿兰！

吴华：除您认识的，您是如何顺利完成招聘工作的，要知道即便是现在都是一件很不容易的事情，何况是在20世纪90年代！

梁旭：是的，这个过程是比较艰难的，除了办理行政合法手续外，就是要取得当地各级政府的帮助和支持了！

吴华：完成招聘后，您是如何指导新招的民族演员的？

梁旭：以之前提到的"阿兰"来说，她从未走出过大山，也从未出过远门，唱歌跳舞也有些局限，我便提前将她招聘到滇味城，让她与几年前就出来的演员学些舞蹈方面的特长。她是个聪明伶俐的人，很快不论是昙华山的跳脚，还是龙街的左脚舞，都到了精彩迷人的地步。到了上海后，更加显示出彝山姑娘的美丽和风采，受到方方面面的好评。

吴华：梁老师，在那个时代还真是不简单的事情啊，即便在当下也是一件不容易的事情！

梁旭：是的，真不容易！既要把他们带出去，又要把他们安全地带回来，因为他们的权益和生命安全，我是要负全责的！

吴华：那么，您是如何管理他们的？

梁旭：说句实在话，当时他们从深山老林里到了上海、北京大城市里，不少人不洗脸、不洗脚、不洗澡，当时正好是夏天，气候炎热，回到宿舍脱衣脱鞋，房里就臭气难闻，引得不少人向我"告状"。我只好向他们讲要天天洗脸洗脚的好处。后来，大多数演员终于适应了，极少数难适应的，我就叫她们写检查，个别的还扣工资。总之，生活上，从日常生活细节入手；工作中，从专业规范着手；纪律上，如自己的兄弟姊妹般对待。令人想不到的是，越是刚走出大山，越不适应大城市生活的人，越能成才。

吴华：真是做到了细致入微，实际上您是什么都要管了。

梁旭：不管不行啊，年轻人中姑娘又居多，真的出了点事，那我是担不起这个责的！

吴华：这些演员现在情况如何，他们现在还和您有联系或见面吗？

梁旭：如今他们大都已成家立业，分散在全国各地。在北京、上海、广州、深圳、厦门……都是"从大山里飞出的百灵鸟"，有的开民族服装店、刺绣店，有的做民族旅游业，为现代化大城市增添特景。只要留有我电话的，都会时时慰问安好，特别是逢年过节，都要发短信或电话祝寿。他们只要有机会回到家乡，都要来看我，我若有机会也到他们所在地走访，更是亲切无比。特别是在云南省地区，在昆明的，有事就办，有话就说，犹如一家人，时时相聚，快乐无比！

吴华：梁老师，您不妨举一个人的例子，说说他们的事业发展情况。

梁旭：好的，就以民族文化传承人李长征和影视从业者王雄明为例，说说他们的故事。

吴华：看来，他们有一定的代表性，那您就给大家介绍介绍吧，这对准备创业或正在创业的年轻人会有一定的启示价值！

梁旭：王雄明，现名王峰，大姚县人，苗族。他能歌善舞。2002年我在"高原明珠"餐饮公司做顾问时，把他招聘为民族歌舞队队长。顺便说一下，在这个歌舞队中有一位叫王梅香的姑娘还成了他日后的妻子。从"高原明珠"辞职后，回他老家大姚创业，开了一家"王峰电器修理店"，这就是他现名的由来。到2013年他转投影视业，在大姚县城创建了"王峰影视传媒有限责任公司"，经过几年的不懈努力，他的企业发展势头渐好，我由衷地为他感到高兴！

吴华：自公司开业以来，主要承担了哪些项目，出过哪些作品？

梁旭：先后与共青团大姚县委合作摄制了《山的嫁女》，与中央电视台合作拍摄了普洱市江城县哈尼族《团龙古宴》，参加云南电视台摄制的《火之韵》等民族传统文化的影片及一批专题小短片等。还与省、市、县电视台等各类媒体多次合作执导。

吴华：接下来谈谈李长征。

梁旭：好的。李长征，大姚县三台山地地道道的彝族，她自幼学习刺绣，通晓各族刺绣，精于彝族刺绣。1992年云南民族村开业时她被第一批招聘，进行彝族刺绣表演。从民族村回楚雄后，在彝人古镇开了"长征刺绣店"，专门制作各地彝族传统服饰及相关工艺品。因事业发展很快，后更名为"彝绣天地"。

吴华：她参加过哪些重要文化交流活动或项目？

梁旭：2008年经我推荐，她参加了由省文化厅组织的云南省民族民间刺绣艺术展示团到美国表演，她的刺绣技艺及其作品受到关注，同年其作品先后到上海、苏州等地展出。她的百余件精选作品曾代表中国赴美国华盛顿参加史密森民俗文化节，受到观众的一致好评。

吴华：可曾获得过什么奖项吗？

梁旭：她参展刺绣作品《彝族服饰》曾获得过 2009 年 10 月云南省工艺美术第三届"工美杯"金奖。

吴华：每当您重回家乡，见到这些民族演员时，他们对您还热情吗？还认你们之前的师生情吗？

梁旭：他们对我都很热情，无论是成了家还是事业有成者，对我和我介绍去的人都是热情接待。与他们的父母、家人见面时，问长问短，形同家人，关怀备至，情深意长。来昆办事时，常会几人相约来家喝酒弹琴，唱酒歌，欢天喜地！

吴华：看来，他们对您是有感恩之情的！

梁旭：不管怎么说，曾经带过他们一下嘛！我和他们中的有些人关系一直都不错。他们像我的孩子，有的甚至会当着朋友或自己亲生父母的面喊我"老爸"。

吴华：1998 年您做完上海民族村项目后，您还做过云南民族歌舞方面的项目吗？

梁旭：要说做过的，一是《中华健身苑——云南民族原生态歌舞》（影视专题片），二是《云南少数民族传统乐舞》（画册）。

吴华：从选题就可以看出，当时《中华健身苑》是一个具有市场前景的好项目。请您谈谈您是如何介入其中、做了哪些工作？

梁旭：据项目负责人说，是我之前做过民族村项目，故有人向他推荐的。《中华健身苑》是由上海某影视公司投资拍摄的，我主要负责拍摄脚本、民族歌舞演员的招聘、服装的配搭及拍摄组织协调等工作。

吴华：拍摄内容包括全省各族舞蹈吗？项目有何特色？

梁旭：该项目所拍摄的内容包含了云南各族民间传统歌舞。特殊之处有三：一是采用原汁原味的音乐和舞蹈动作；二是在民族居住地就地拍摄；三是舞者就是当地的民族。这样，舞蹈的"原生态"特征就更浓了。

吴华：项目完成效果如何？产生的社会影响怎样？

梁旭：在完成脚本后，于 2000 年 8 月正式开拍，经过近一年拍摄及后期制作后，该片于 2001 年正式发行。《中华健身苑》共 36 个大集，每小集 5 分钟，360 个子集，曾先后在中央电视台五频道、上海、广东台等媒体上播出，历时半年之久。《中华健身苑》为云南民族民间乐舞文化走出去起到了很好的宣传作用。

吴华：说起"云南少数民族传统乐舞"项目，我就比较了解了，因为我参与了从项目立项到文稿定稿的全过程。这里，想请您谈谈该项目（书）的价值？

梁旭：正如我在该书"后记"中所说，一是该书是以云南首届民族艺术节成功举办过的"云南少数民族传统乐舞"展览的材料为基础而形成的一个后续成果；二是书中收录的实物照片均是省博物馆多年收藏的文物；三是采用文物照片均为大幅高清照片。基于以上三点，故该书不但有科研价值和观赏价值，同时还有一定的收藏价值。

吴华：梁老师，您是一位文物工作者，按民间说法您是一位"老古董"，影视投资者怎么会找您来做这种应由音乐舞蹈专业人士做的工作，这似乎不合常理？

梁旭：这不奇怪！"老古董"中往往有迷人的瑰宝，殊不知我略懂那么一点，另外，可能就是在"博"字上的缘故。大家知道，文物博物界从业者要有广博的知识和开阔的视野，才能把本职工作做得更好。

吴华：不尽然吧！知识广博者不少，为何就只找您呢？

梁旭：也有可能是之前我做过的事情，让他们知道我在这方面，还能做点事，"按图索骥"找到我的吧！

吴华：您是哪年退休的？

梁旭：2002 年。

吴华：听说退休后，您比退休前的事还要多，有点退而不休的感觉？

梁旭：是的，但又不能这样说，退了就退了，怎么能和在职时比呢！只是做了些力所能及的事罢了。

吴华：主要是哪方面的事，是专业性的还是休闲性的？

梁旭：兼而有之，多与在职时的业务工作有关。

吴华：主要有哪些？

梁旭：一是著书立说，二是随机性地受邀做民族文化项目方面的顾问。

吴华：我做过粗略统计，您在服饰文化方面的研究成果最为突出。您是哪一年开始从事云南民族服饰文化研究的？

梁旭：接触并开始民族服饰工作应是从参与赴京民族展览工作时算起（1980年），深入研究工作则从着手日本美乃美出版社约稿撰写《云南民族染织刺绣》的1983年起步，但中间时有间断！

吴华：为何？

梁旭：这与我的家事有关！20世纪90年代初，与我相伴几十年的爱妻吴其英查出脑瘤，做完手术后不幸留下了严重的后遗症，生活不能自理，只能请保姆照顾她。当时恰逢两个女儿正在读大学，各种开销大增，单靠单位所发的工资收入已撑不住了，我便萌生了走向社会"赚点钱"的想法。

吴华：当时，您有出来"赚钱"的条件吗？

梁旭：还好，我抓住了一个预想不到的契机。

吴华：是什么契机？

梁旭：参与筹建"云南民族村"项目。

吴华：您是如何参与其中的？因为据我所知，参与项目研究阶段的专家学者有很多，为何省里就采纳了您的建议？

梁旭：是的。许多学者从理论到理论的不少，但像我有观点有实证材料的不多，我说的能使与会者（包括领导）一听就能明白，且具有可操作性。因此，负责此项工作的陈立英副省长当场就肯定了我的建议，后一纸聘书我就成了云南民族村的顾问，直至民族村建成。

吴华：您在民族村项目建设中起到了哪些关键性的作用？

梁旭：从两方面说吧，一是创意，二是实施。创意主要指将民族村建成什么样子，具体建些什么。而实施就是如何建设，使项目实现预期建设目标。作为顾问，能顺利推进各项建设工作，我得益于"吃千家饭，爬万重山"的民族田野调查资料，特别是不同民族不同村寨的传统建筑和民族风情，不仅有文字，还有照片图案，与多年来的工作经验融为一体，就成为我解决现实问题、可以实施的一个个方案及一个个可以匹配的措施和办法了。

吴华：看来，您当时就做了比较充分的准备，一出手就令人瞩目！

梁旭：理论上的准备与各位参会专家差不多，但除我自己的观点及田野调查感悟外，主要还是我带了许多我亲自调查的民族资料照片。

吴华：真不简单啊，何况这是在三十几年前！即便是现在，若不注意刻意收集，许多专家也不见得有您那么多的资料储备。这与您日常积累肯定是分不开的。

梁旭：是的。我在日常工作中，不但注意收集文字资料，更注重图片资料，我手中数以万计的资料就是这样一天一天收集起来的。这种习惯，在关键时候，还真的派上用场了。

吴华：当时陈列部工作人员都配相机了吗？

梁旭：至少在1986年前民族组都配了，每人还另配了一台盒式进口录音机呢。

吴华：其他同事，好像也没有收集到多少影像资料？

梁旭：有是有一些，多少就不好乱猜测了！

吴华：在您以往工作中及后来退休后，在民族文化保护与传承方面做过一些探索，请您讲讲这方面的情况。

梁旭：好的。其实这方面的工作，也就是围绕着我手中积累的资料（主要是照片）和一些热衷于这个板块的热心人关心或想做的事情展开的。

吴华：您主要的工作思路是什么？

梁旭：一是想将我多年收集的多达数万张照片进行系统整理后，形成相关成果公开出版，回馈社会的关切。因这些图片资料绝大部分是20世纪80年代拍摄的，今天看来尤为珍贵了；二是这些整理好的资料即便我有生之年不能完全出版,也作为一个完整的资料保存下来,世代相传,供后人不断研究;三是只要帮得上,我都会对致力于相关文化研究和爱好者,给予力所能及的帮助。

吴华:这种境界够高的了!目前,这些工作做得如何?

梁旭:先说出版成果吧。自《云南民族染织刺绣》(日本美乃美出版社出版,1983)后,相继有《云南少数民族服饰》(2002)、《中国彝族服饰》(2004)、《彝山寻踪》(2014)、《云南少数民族织染刺绣》(2016)等书出版,部分书稿如《傣族风情》《见证人生　永注真情——民族田野调查写真录》等也已定稿,即将出版,部分书稿正在撰写中。

吴华:梁老师真是退而不休,笔耕不辍啊!从出版日期可以看出,这些书多是您退休后出版的,不图名,不贪利,纯粹是对社会的一种贡献了!

梁旭:是啊!人活在世上,越老越要有事做,才算是贡献余热吧!

吴华:您手中资料整理得如何了?

梁旭:大部分已基本理清,细化工作正在进行中,许多相关资料还需补充。

吴华:如今,梁老师您可谓"功成名就""桃李满天下",功德圆满了!

梁旭:不敢这么说。说"功",只是在适当的年代做了几桩对社会有益的事情,问心无愧而已!说"桃李满天下",也是一些了解我的人对我的溢美之词,不足挂齿!

吴华:您在文物工作岗位上在职工作时间有多长?

梁旭:从1976年进入省博物馆工作,直至2002年退休,共27年。其实,人生事业,与在职与否无关,我退休17年来,依然做着在职时的事,而且更有社会的需要和自己的开心快乐!

吴华:在这么漫长的岁月里,云南的山山水水您都跑遍了吧?

梁旭:从20世纪60年代大学毕业实习时,我就步入民族田野调查工作,特别是在云南省博物馆担任陈列部主任和云南民族村创建期间任总顾问时期，我的足迹遍布全省民族地区，无论是彝山、苗岭、傣坝，或是金沙江、澜沧江、独龙江、红河、怒江……当时云南128个县市，25个少数民族地区，几乎全部跑遍了。一去至少十天半月，甚至两三个月都吃住在当地民族寨子里。通过不断地拍摄、不断地寻觅，以一个民族田野调查的专业者和纪实职业的习惯，通过细微地观察和不厌其烦地探索，发现不同民族、不同地域人们司空见惯而又视而不见的事物背后蕴含着许多不为人知的东西。

吴华：这些调查主要涉及哪些方面？

梁旭：云南是名副其实的民族文化大省，各族文化博大精深，我一生的积累和能有所作为的，也只是其中几个项目而已。

吴华：您走了那么多的民族地区，做了那么多调查，最值得向大家介绍的是哪些？

梁旭：一是克木人图腾崇拜调查，二是金沙江边的傣族调查，三是独龙族社会文化调查。

吴华：您能给我们讲讲当年的调查情况吗？

梁旭：1980年1月至4月，我和同事彭树祥前往西双版纳州勐腊县做克木人调查，除进行生产、生活、文化艺术等综合调查外，我本人着重对原始图腾崇拜文化做了细致深入的调查，历时近4个月的调查，征集了一批有价值的文物，并完成了论文《克木人图腾崇拜浅探》，该文曾获1989年中国民族学"优秀论文"奖。

吴华：20世纪八九十年代，知道金沙江流域有傣族的人不会太多吧？你们调查工作进行得如何？

梁旭：那是1983年2月，同行的有我馆的同事周瑞庆、省政协董保祥和我，还有几位随行记者。当时公路只到湾碧乡政府所在地湾碧，到傣族聚居地高坪子还有约20公里路，我们是沿着山间小路走到那里的。我们逐户进行了调查，拍了大量照片，吃遍了每家的饭菜，与老乡结下深厚的感情。回来后，我完成了《金沙江边的傣族》一文，发表在《云南文物》上，后此文被多次转载，美国《国家地理》杂志也进行了翻译刊用。

吴华：您做独龙族调查是哪一年？有何特殊收获？

梁旭：1978 年 8 月，我在怒江州民委和文史局工作的两个云南大学老同学余江游、何国梁的陪同下，用了四天三夜的时间，终于深入了独龙江两岸，走访了第一行政村中的"龙元"和"迪政当"、第二行政村中的先当、迪朗，第三行政村的小平子寨，最后到达第四行政村，调查茂顶、拉宛夺两寨。同时走访了巴拉、双朗、杨明、木告保、木里门、木拉打、马并里、花佐、巴坡、得吾当 10 个自然村寨，对独龙族的历史和文化做了考察。通过调查，我进一步了解到独龙族社会历史文化的特殊价值，它确是人类原始社会生产生活与独特民族文化的例证。回昆后，完成了《人类服饰的发端——从护阴板说起》一文，发表在《云南文物》上，此文被学界多次引用。

吴华：民族学田野调查方法中，有一种调查法称为"座谈法"，通俗一点说，就是通过开小型座谈会的方式，获取相关民族的资料。而要做到这点，关键在于召开会议的基础，就是要看调查者与老乡之间的交情深浅了。

梁旭：是的，我经常给你们说，凡新到一个民族地方，要"交友为先，做事为后"，说的就是这个道理！试想一下，没有当地民族老乡的信任和帮助，许多线索是无从得到的，也只有通过与他们交心，建立感情并取得信任后，我们所获得的资料才会是最可靠、最完整和最科学的。之前提到的我发表的几篇论文，就是运用田野第一手新材料写成。这就是一般学术界所说的"新材料，新观点"。

吴华：这就是当下许多人挂在嘴边的口头禅——创新，但要做到，却是一件难事！有些学者不以为然，认为通过查阅大量文献、调查报告，也可做出不错的学问。

梁旭：其实，这不好说哪个对或错，但至少用"新材料"形成新观点，应是一般学者的首选。

吴华：一般男性民族学田野工作者，被调查者较多地偏重于男性，而您似乎反其道而行之，这其中的缘由是何？

梁旭：这是事实，对我来讲是一件顺其自然的事情。大家知道，我专业研究的业务板块主要有两个：一是民族服饰文化；二是民族乐舞文化，而就两个内容有关的人来讲，客观上女性居多，男性处于次要位置。这也难怪有人戏说我是"花丛中人"！

吴华：按常理，男人和女性接触多了，没有做什么事，也会无事生非，甚至会招致祸事而不得安宁。从几十年的人生历程看，您泰然处之，一路走来顺风顺水，似乎您不在此常理中？

梁旭：确实如此，但应说是有惊无险！在田野工作中，接触各族女性较多，其中也不乏谈得来的，也有成为朋友的，但都仅停留在日常民族调查的事务上，基本上做到了"没犯错误"。我开始参与筹建云南民族村做总顾问，以及任上海民族村、北京野三坡民族村等项目的顾问后，接触到的不同民族不同地区的年轻姑娘就更多了，经我培训、带出大山的姑娘，不说上千，几百应是有的。凡成为我团队者，均视为兄弟姊妹，平等对待，一视同仁，她们永远都称我为老师，一见面都是："梁老师，你好！"

吴华：是啊！每每在您家相聚时，您的学生们有说不完的感谢和祝福。他们对您的感情都是真心实意的。

梁旭：是的，的确如此。这也印证一个常理：你实实在在地帮过的人，他是会永远记得你的恩情的。

吴华：经过多年田野调查，您肯定收集了许多珍贵的照片资料，您统计过吗？总量有多少？

梁旭：没有进行过正式统计，估计有2万多幅吧。

吴华：这些照片拍摄于哪个年代？主要有哪几类？

梁旭：大多拍摄于20世纪70—90年代，普通彩色照片（负片）居多，黑白照次之，反转片最少。

吴华：从民族学视角来看，民族田野调查资料的拍摄，也属专业摄影之一，但又与一般意义上的专业摄影有所不同。您的这些照片所拍摄的角度，与所谓纯粹的专业摄影照片，究竟有哪些不同之处？

梁旭：一是拍摄风格讲究写实性。民族学摄影注重拍摄物的真实性，故要采取写实拍摄，不做写意处理，不过度追求"艺术"效果。二是追求拍摄物信息的完整性。既要有整体的交代，又要有细部的"记录"，将拍摄物有关的内容及其细节，一并纳入拍摄的范围。三是强化拍摄物（对象）与其周边人和物的关联关系。做到主次分明，既有大环境的交代，又不遗漏那些不起眼的小环境。总之，要能反映拍摄物（对象）的真实存在的现状情况，即不放过相关的一切有价值的信息。

吴华：可以想象这样拍摄的一张照片，该有多大的信息量啊！这样有价值的照片一般要包含哪些要素？

梁旭：是的，一张照片要具备一定的价值，有些要素是要有的：一是时间，二是地点，三是内容。这三个要素缺一不可，若有缺，其价值就会大打折扣。因此，大凡有经验的田野工作者，最好在拍摄完成后，要尽快完成对所拍摄照片的建档工作，否则事后靠回忆所形成的记录就不准确，其科学性就会受损了。

吴华：梁老师，在胶片时代，您能拍摄到如此数量的照片，还真是一件不易之事。这些价值不菲的照片，应算是您最为珍贵的收藏了吧？

梁旭：是的，我倍加珍惜！每一张照片都牵动着我的心、我的情，都是我美好的回忆。照片中有我记忆犹新的寨名、人名，有我永远忘不了的朋友。他们有情有义的款待和依依不舍之情历历在目。如今，看着这些照片，那些当年在我镜头前天真活泼、能歌善舞的妙龄少女；那些吹拉弹唱、才艺双全的剽悍小伙逐一在脑海里翻滚了出来。我仿佛又回到了吃千家饭、爬万重山的青壮年时代，回忆起那些幸福和快乐的时光。

吴华：如此经历，如此人生道路，您最大的人生感悟有哪些？

梁旭：首先，"感悟民族，人生幸福"。从我的业务工作内容来看，不是少数民族却胜似少数民族，各民族兄弟姐妹是我的衣食父母，与他们交往是我的荣幸，更是我的人生精彩。其次，守望、传承民族文化是我最大的责任和开心。随时都想带着照片，重返故地再次相聚，喝上几杯味真情纯的小甑酒，叙述30多年以来的变化，看看变化后的山乡情景。最后，人生的情趣，不在于奢华，而在于精彩与个性。在这些照片中确实有着我的工作和生活中不同常人的经历，那是时代的馈赠、民族的精神。对我来说，既有美好的享受，又牵挂着难忘的情怀。这些照片留住了失去的岁月，让我回顾过去，唤起思想，见证人生，永驻真情。

吴华：梁老师，在即将结束采访之时，问一个比较沉重的问题，即处人处世的法则是什么？

梁旭："人生要如长流水！"这是我在即将退休时撰写过一篇文章的题目，当时是想以此抒发我对生命如流水的感悟。如今看起来，仍具有现实意义！

吴华：梁老师能否给我们讲细点？

梁旭：好的！古人说："细水长流"，人生不图名，也不图利，随遇而安，细水长流。水真好，它流淌着，象征着生命的长久与活跃。我更喜欢另一句话："流水不腐。"人就该像条河一样：流着、淌着，不停地向前流淌，转弯抹角，上坡下坎，大山小路，狭坡窄谷，沟河大海……向前走，不停留、不孤单，终于融汇于长江大海之中成为其中的一员。我的民族文化业务就是这样走入社会的。

人生确实像一条河一样，两岸随时都有污秽的东西投下来，那就是谣言、诬蔑、诋毁和咒骂，甚至陷害，都是不可避免的，就如同河不能避免有人投去的脏东西一样，只有不停地向前流去，那些无法避免的秽物，便自然冲了开去。流着的河水，就不会发出难闻的气味。

人生，还要像一条河，要把两旁的山泉溪水湖泽池沼，都引进自己的河床，变成一条勇往直前的大江，有浩大的力量，才能更容易地向前奔去，将绊脚石冲开，将坎坷的道路冲平，将大堆的污物冲走。还要吸收各种各样的流水，才不会枯竭而失掉生命。人也是这样，得把先驱者的言语和行为，以及一切值得学习的地方，都尽量地拿来充实自己，使自己的生命显得更加新鲜、活泼，而且更加有力地吸收着、扩大着、充实着，像河一样越流越宽、越大、越凶猛、越有拓宽走远的力量。这里，能回忆起的是，从马克思、恩格斯的人类学著作，到费孝通、鲁迅等民族学学者及云南大学教育过我的老师方国瑜、江应樑、尤中等的著作，我都不停地在阅读研究，虽然在20世纪80年代我就是中国民族学会、人类学会的会员，于1997年进入世界名人录，但我还是觉得是一条小河淌水，要往前流，融进大江、大海，还得要更好地向前辈和同行学习，吸取营养，健壮心力，才能排污，又能转弯抹角地往前流淌。

当然人生如长流水，除化解污秽，吸收着、充实着外，还要像河一样，把自己的流水去灌溉两岸田里的禾稻豆麦，去浸润两岸长着的树木花草，去饮喂村庄的牛马，去洗涤村妇手中的衣服，去解除农人足上的泥污……水是见人就帮，见物就助，所以宇宙间万物都离不开水。人若能像水一样，那人生的价值无法可比。

民间还有一句话：欢歌长流。河水长走不平的道路，在有堆石阻挡的地方，河便跃起银璀的水花和欢乐的笑声；在有沙石淤积的地方，河便发出"伊浪、伊澜"的声音，欢乐地唱了起来。人也像河一样，歌着、唱着、笑着、欢乐着勇敢地走在这条坎坷不平、布满荆棘的路上，转弯抹角也好，直谷平地也罢，都是欢歌长流。人的面前如同河流一样，前面有着更多的艰难，但也要有着更多的欢乐，唱着、笑着，像河水一样地流着。一滴水珠，蕴藏着浩瀚的大海。以乐观向上的态度面对人生，开心快乐，有事就做，有友就交，随遇而安，知足常乐，常在精神花园漫步，做一个魅力十足的生活玩家，找回童年的岁月，像长河一样，永远都有活力，都是向前流淌，欢歌不停。

吴华：这样的比喻既形象又深刻，年青一代定会从中汲取自己所需要的"养分"的！

梁旭：这话讲得太长了，但愿世人有所理解！

吴华：梁老师，对下一阶段退休生活有何打算？

梁旭：还是做之前做过，但又感到做得不够深入的民族服饰和乐舞文化等板块，还值得进一步挖掘、研究。另外，就是结合我收集的图片资料，再出一两个板块方面的研究成果。

吴华：看来您已有实施计划了？

梁旭：两个项目，一是《服饰王国里的"瑰宝"》。初步计划文字百余万字，照片千余幅；二是《云南民族原生态歌舞》，文字200余万字，照片3000余幅，先写写看，越完整越全面越好。这是我近一二年希望做成的事，也是准备请你帮忙并一起合作的著作。

吴华：您计划是先完成第一个吧？第二个项目如何打算？

梁旭：是的。《服饰王国里的"瑰宝"》一书已准备多年，初稿写作工作预计明年完成。至于第二项目即《云南民族原生态歌舞》，因工作量巨大且我忙于撰写《服饰王国里的"瑰宝"》一书，暂不启动，待时机成熟再说。

吴华：这两个大板块的著作，定会给我省民族文化的保护和传承最大的开心和快乐，我们盼望早日能拜读您的大作。这里，我一直在思考一个社会对您做合适评价的问题。因为在云南不少地区，特别是对传统民族文化有兴趣的人，我一提起梁老师，一般了解您的人都会质问："为什么学术界一直对梁旭老师不予置评？"甚至学术界还有人会问："梁老师是谁？"我认为，云南文博界应有您合适的地位。其实，这在文博界的评价体系里，您没有地方放而无法置评的一个客观事实是，您的一生按照毛泽东时代的话说，您"工、农、商、学、兵"都干过，而且"吹拉弹唱"样样都能，正如您在民族田野调查一生积累的《照片资料整理册》前言里所写的"梦一般的生活，梦一般的工作，在梦中一步登天，从放牛娃走到了教授"。其实，您在民族文物征集、科研方面发表的成果都是客观的事实，在社会上走到哪里，您都是名人，特别是云南民族地区，几十年不去，若再去，都是亲如家人。俗话说，一个玩古董的人，有这么精彩而丰富的人生历程，而且越老越有事做，越老越有朋友，真是"我们这一代人"该走的路啊！

梁旭：小吴，啊！应叫吴老师，如今你是博物馆在职人员最早获得高职的人员之一，而且是为省博物馆的展览、文物征集、科学研究做出过贡献的人,更为重要的是,你作为"苦聪人"(今为拉祜族)的第一代大学毕业生,是民族的骄傲和光荣,是不可多得的人才,是"我们这一代人"(老人)的希望、开心和幸福!

采访者:吴华,拉祜族,云南省博物馆副研究员。

矢志如一，百折不回
——杨庭硕教授访谈录

杨庭硕，贵州贵阳人，苗族，历史学硕士；1982年毕业于云南大学，其后在贵州民族大学和吉首大学从事生态民族学、历史民族学和经济民族学的教学与科研工作，现为吉首大学终身教授、博士生导师。杨庭硕教授先后主编完成了《百苗图研究丛书》《历史人类学文献典籍研究丛书》《〈黔记〉研究系列丛书》等系列丛书，出版专著20余部，在各级刊物上发表学术论文100余篇。杨庭硕教授的研究，始终彰显着强烈的人文关怀和时代使命，从人类发展的历史、当代与未来着眼，聚焦于探明各民族文化与所处生态环境的关系，致力于发掘和利用各民族所特有的本土知识，如何运用于生态问题的预防、救治与恢复，最终指向人类福祉的增进。

耿中耀：当前学界一致认定，生态民族学研究的"三巨头"是您、尹绍亭老师和崔延虎老师，你们确实为生态民族学的本土化立下了汗马功劳。您从事民族学的研究也已经历几十年了，我们这些后辈学生都很想知道，您为何会选择这样的治学道路？说实话，我们是想仿效您，以便求得更大的发展。对我们这样的想法，要想在学术上取得成功，您觉得什么最重要？

杨庭硕：我非常了解年轻人的想法和希望，但若要我实话实说，我就会不得不说一些偏离大家希望的事情。科学研究是一项社会活动，不管是什么样的研究，在很大程度上都不是个人选择的结果，也不是个人单枪匹马独自奋斗的结果，社会背景对个人研究发挥的影响，更值得关注。比如说，我个人的治学经历就十分曲折，着手从事生态民族学研究为时很晚。其实是经历了多次的波折后，才有幸在这一领域得到一个机会，坚持从事这项工作，直到今天。因此，要我讲我为何会选择生态民族学从事研究，其实并不完全是我选择的结果，而是机遇造就的产物。到了今天，即使稍有所得，恐怕都不能算在我个人的头上，还需要更多人的支持，特别是社会背景的宽容。否则的话，无论你再努力，也不可能有所获。我想别人也一样，谁都不能对自己的将来未卜先知。

我之所以选中生态民族学作为努力的方向，有三个前提条件可能发挥过重大作用。

其一，在我此前的学习中涉及面较广，对民族学以外的旁及学科，都有一些肤浅的了解。这样的知识储备，对我以后从事生态民族学的研究，确实能够发挥较大的推动作用。

其二，我走上民族学这条道路后，在我的导师江应樑先生门下攻读民族学硕士时，生态问题开始引起了学界的关注，特别是在我到贵州民族学院任教后，社会的关注程度更其强烈。也就是说，社会的关注推动了我选择这样的研究内容。

其三，直到民族学教学研究恢复以来，我们国家的民族学研究还深受经典进化论的影响。这样的治学传统，对处理此前已有的民族文化问题，可以发挥较大的作用，但要处理人与自然的关系时，就会显得苍白无力。而当时的教学和科研迫使我们，必须对人与自然的关系，做出有说服力的说明。

这就使得我别无选择，希望在生态民族学的这一领域，尝试着进行一定的探讨。不过，在当时的背景下，结果将会如何，连我自己也不知道。

其实我在贵州民族学院任教期间，先后换了几个研究方向，经济民族学和历史民族学我都尝试过，但都放弃了，最终才把全身心的精力，投入到了生态民族学的研究工作中。就这个意义上说，我走过的道路，不值得年轻人仿效，也不可能仿效。因为我的经历与现在的年轻人面对的背景大不一样了，我只是那个时代的产物，现在年轻人会有广阔的新前景，只要努力，他们肯定能取得成功。

耿中耀：您讲的这些道理我们都明白，我们确实得走自己的路。但具体到每个人又大不一样，您也说您是走了很多弯路后，才最终选择了生态民族学这条道路。那不妨请您谈谈您在治学中经历过哪些挫折？您又如何处理这些挫折？

杨庭硕：与其他学人相比很不相同，我在治学经历中的最大障碍，不是外部环境，而是我自己。我自小就是残疾，视力极度低下，就算配上三千度的眼镜，双眼的矫正视力还不到 0.02。其实，这早就达到了需要申请残疾补助的标准了。我从上小学开始，从来就没有看到过黑板上的任何一个字，从中学、大学再到研究生，入学体检表都是伪造的。因为在当时，还没有相关的条例规定，像我这样的残疾人可以上学。若不这样，也就失去了求学的机会，而且必然失去了任何意义上的工作机会。现在好了，关爱残疾人已经成了社会的风尚，现在的年轻人不需要像我这样，靠弄虚作假求学了。就凭这一点，任何年轻人都不必像我那样，走这么曲折的道路。

至于我从事民族学的学习和研究，也在我的意料之外。诚然，在我青年时代的生活圈和学习经历中，早就接触过了各式各样的少数民族，早就熟悉了民族文化的差异。但我当年报考研究生时，民族学的研究还没有成为正式的专业。我仅仅是因为选择学习社会科学，而少受视力的限制，在这样无奈的选择下报考了历史学，并进入云南大学学习。但进校后我才发现，我的导师江应樑先生是全国知名的民族学家，他也想招收民族学专业的学生，只是当时还没有这个专业，而只能以历史学专业的名义招收学生。也就是说，我进校是以历史学招进来的，但学习的是民族学。不过，戏剧性的发展不仅出乎我的意料，也造就了我的一生。进校后的学习内容，不仅是我心目中的理想学科，我还越来越热爱民族学这个专业了。因为我的经历、我的家庭，对我潜移默化的影响和塑造，让我对这门学科早就有了爱好。所以，我在云南大学的三年时光，是我最满意的人生经历，我为自己感到庆幸，只是觉得这样的庆幸来得太晚。因为我的民族学基础太薄弱，很难把学习的课程全部学透彻。以至于，此后我更加努力地学习，希望以此补救此前丢失的时间和机会。

至于我如何走上了生态民族学的研究道路，一方面是来自我此前的学习基础，自小我就对物理学、化学和生物学产生了浓厚的兴趣，也做过了相应的学习和努力。此后，都因为视力问题，而没有办法从事这些专业的正规学习。但此后才发现，这些基础学习，在我今后的研究中发挥了很大的作用。另一方面，我在贵州民族学院工作的时候，在带领同学们从事田野调查时，受到了太多的冲击和震动。生态问题，对人类及社会发展的影响，迫使我不得不认真探讨民族文化与所处环境的关系，不同的民族在不同的环境下，到底应该做什么？应该怎么做？在这样的社会现实面前，都显得比自己的教学和研究更重要。

当然，尹绍亭关于"刀耕火种"的研究，对我的刺激很大。"刀耕火种"我早已熟悉，而且亲自做过。但在20世纪八九十年代，要把这样的问题抬上桌面，展开学理的探讨是一件很不容易的事情。我自己也有同感，因为在我的第一本专著《民族·文化与生境》中，就把这样的敏感问题写入其中，也由此而引发了很多责难和批判。但这样的责难和批判，其实都没有说到点子上，也不足以干扰我对这一问题的继续探讨，最终却使得我真正走上了生态民族学的道路。一切都是在始料不及的情况下发生的，我自己仅是顺应了我认定的理想，认定的我的可能，而进入了这一研究领域。至于做得对不对、好不好，那任凭后人去评说吧。因为这一切都不是我故意如此，而是社会环境，甚至包括很多偶然的机会所使然。我本无意与任何人过不去，也不是出于任性，听不进批评和意见，我仅仅是做了我能做的事情而已。时下不是很热衷于谈论"担当"吗？对我而言，我不缺乏这种勇气，我敢于为我的所作所为而担当。如此而已，岂有他哉？

耿中耀：听了您这番话，我确实有些似曾相识之感。您的老朋友、老同事，包括您指导下成长起来的学生，他们都众口一词，说您从事民族学的研究着了迷，眼前的得失一概不理不顾，只是一门心思要把这个学科做下去。您在贵州民院历史系、社会学系的工作，得到了老师和同事的一致好评，但您却毅然离开，到该校的民族研究所工作。当时这个民族研究所是一个空壳，除了您之外，另外只有两个人，但这两个人都不是搞民族学的。您去了以后，不出两年，却吸引了六七个年轻人，一道开始工作。据说，有好几部著作都是在这个研究所完成的。您到底是出于什么样的勇气，敢于另起炉灶呢？

杨庭硕：这说不上是勇气，我主要是考虑在研究所能少受一些干扰，能专心从事民族学工作，就心满意足了。其间，曲折和艰难确实不少，但同时也觉得有几分成就感。《相际经营原理》和《人群代码的历时过程》，这两部专著都是在这一时期完成的。此外，还指导其他几个年轻人完成了四五部专著。在这一过程中，正如你所说，几乎是从头做起。《相际经营原理》一书，进行的是经济民族学的探讨。此前，我对经济学很陌生，为此，我不得不让年轻人帮我读书，帮我查资料。我也得从入门开始，从头学习经济学。作为一种合作性的交换，我也得陪年轻人读书，从头学语言学、社会调查法，学习植物分类学、动物分类学，甚至给他们开设我较为熟悉的人文地理学课程。当时下乡调查时，我们都要背好几门学科的入门教材到调查点，一面从事调查，一面学习自己不懂的知识。结果，我和这些年轻人都各有所得，大家都心满意足。有关这样的经历，在《相际经营原理》的后记中，我曾有过提及，目的是要感谢年轻人对我的支持和帮助。

在这一时期，我认为最为满意的工作是对《百苗图》的研究。当时，图书馆收藏的百苗图抄临本非常有限，而私人藏品却极为丰富。要获得这些珍贵的藏品，我和那些年轻人其实得替别人打工，帮别人写报告、查资料，甚至做其他琐屑的事情。其实我们是做了很多与研究工作无关的事，但都得到了别人的理解和支持，最终也获得了我至今还认为是非常难得的一件百苗图珍稀藏本，这也是我们的幸运。刘雍、曾宪阳、吴仕忠、李黔滨、纪可梅，都是因为这样的关系，成了我们的好朋友和合作者。这些难得的珍稀藏本，后来都汇编到《百苗图抄本汇编》一书中。这些事情，不需要我重述，年轻人查一查就知道了。

耿中耀：对您的工作而言，当然可以查书，但当时你们是怎么走过来的，你们是怎么生活的，像我这样的后辈反倒更感兴趣。关于你们当时的生活情境，有很多传闻，附会者多，真假难辨。因而想听听您自己怎么去回顾这一段难忘的经历？

杨庭硕：这恐怕不好说，因为很多事情要与当时的背景做比较，才能感受到当时的艰难。时过境迁之后，我来回顾并不困难，但当代的年轻人却很难体会究竟难在何处。

举例说，我家在贵阳城内，距贵州民院（现贵州民族大学）将近20公里。当时交通不便，往来一趟，都只能坐学校的班车，上一次班在路上要耽误三四个小时。为了节约时间，我们干脆住到民族学院图书馆的空办公室内，而且一住就是半年，只是到了休息时才偶尔回家。当时，办公室没有卧具，更没有蚊帐，即令是最炎热的夏天也得把门窗全部关死，以躲避蚊虫的攻击；而最寒冷的冬天，不得不用玻璃瓶装热水暖脚才能入睡。但有幸的是，图书馆馆长也体谅我们，能够容忍我们把他们的办公室当宿舍。今天的年轻人，绝对不需要这样过日子了，他们很幸运，我羡慕他们。但身临其境时，我并不后悔。因为在当时，谁都说不清楚，我们正在从事的工作，到底能不能做成事，有没有意义。在当时的规章制度中，他们也不可能为我们特意安排更好的工作环境。

总之，不管是什么事都得就事论事，走到那一步，也就只得这么做。原因在于，别无选择，由不得你。

耿中耀：有关您在贵州民院的这段生活，趣闻逸事甚多，贵州民族学院的老师和朋友们，总是不断地提起。有人说你们工作晚了，要翻铁栏杆进入图书馆才能睡觉，而您视力这么差，这不是玩命吗？您会不会感到后怕？不过，我更感兴趣的是，您在民院已经三度被评为学科带头人，民院的领导和同事都很看重您，您干吗要到吉首大学来。而且，到了吉首大学还得从头做起，您当时怎么会有勇气下这样的决心？

杨庭硕：传闻就做传闻看待吧！铁栏杆倒是确实翻了几次，看门的工人知道了事情的原委后，在征得馆长的同意下，无论我们工作再晚，都给我们开门，这确实帮了我们很大的忙。但结果是，我们反倒不好意思来晚了，人还是可以被感化的！

至于到了吉首大学来任职，则是另一回事。那是因为吉首大学太有"权谋"，把我身边最得力的几个年轻人，都聘请到吉首大学来工作。罗康隆、刘锋、潘盛之、杨兰这些年轻人，和我在贵州民院相处了整整8年，这段忘年之交既支持了我，又成就了他们。他们一走，我手里正在做的工作都做不下来了，要重新培养一批年轻人，谈何容易？当时我已经快退休了，我没有勇气再在民院培养像刘锋、潘盛之这样的人了。于是我就被我的年轻朋友"绑架"了，决心到吉首大学来，在此从头做起。其实，这一切都很简单，一旦过去了，仅留下一个记忆，既说不上勇气，也说不上胆怯，事情发生了，你得有个对策。我来吉首大学从头做起，也算是一个对策吧。其实，我来吉首大学要做的事，和我在贵州民院要做的事，都是一个性质。同一种做法，并没有什么特别之处，反倒是局外人感到奇特。

耿中耀：在与您相处的时间里，我其实也感到十分奇特。我从来没有想到您连桌子上的纸和笔都看不清楚，也不能准确地拿起，却要写著作。惊讶之余，我也感到痛心。但看见您的工作和社会交往非常淡定，我才有所释然。但出于好奇，我还是不得不问一下，您既然从事工作如此艰难，还有人对您提出各式各样的苛求，以及在治学上对您提出的评判和责难，您是怎么看待的？要知道，对其他人而言，忍耐、原谅、宽大为怀，都可以脱口而出，也可以据理力争，扳个输赢，讨个公道。但这一切，您都坦然处之，据我看来，您是根本不屑于理会。对此我十分好奇，您的心里是怎么想的？

杨庭硕：这一切，对我而言，没有什么好说的，能够做的只有一件事，坚持下去，让时间去做最后的评判。

你也学习民族学，对民族学也有所了解。民族学和其他的社会科学有所不同，它不是针对一时一事去收集资料，去下结论，而是就较长时段、较大范围的民族文化事实，去展开探讨。即使是正确的结论和确凿可靠的资料，在不同的社会背景下，对异民族的学人来说，也会出现认识和理解的偏差，也会出现评判上的偏颇。对这个学科而言，其实是十分正常的事情。具体到生态民族学更是如此，这个学科要与活着的生物打交道，而每一个生物都有自己的生长周期，人类的活动不管是正确和失误，在当时都无法判断其是非得失。很多事情，是经历了若干年后，才能发现造成失误的原因，才能找出对策。但现行的文化和社会运行，却不能等到若干年后去做出补救。而是越早做出预测，越早发现问题的所在，对人类社会而言，就越好。这就意味着，在我们从事的这个研究领域里，不管你提出的观点和结论是对还是错，你都得面对极其尖锐的质疑和批判。你越是了解这门学科的特点，就越是能够意识到这一不争的事实。但我不是一个聪明人，我不是在从事这门学科的研究中一开始就意识到了这一点，而是经历了多次挫折后，才慢慢懂得这些。一旦领悟了这一点，即使你思想上不想淡定，但事实上你也不得不淡定。对此，不能曲解为是我有远大的胸怀，而是我自己适应于这一研究领域的客观需要，是环境教会了我不得不如此。

耿中耀：您的感受和心里话，您不说我们自然不知道。但作为一个旁观者，我还是不得不说，我觉得您确实称得上是一个"奇人"，已经70高龄了，很多年轻的求教者，您还亲自接谈，亲自解释，您觉得值得费这样的心思吗？同行学人无论是对您的赞许还是对您的严厉批评，您从来不介意。难道您不想证明自己有理吗？这一切对我们来说，都感到很意外。于是，我不得不问您一个问题，其他的一切都可以原谅，但在您从事生态民族学的范围内，在您的内心深处，有没有您最不能原谅的事情？或者说有没有最值得您去加以应对的挑战呢？要知道，在我看来，您似乎什么都可以容忍，但这仅是我们看到的情况，我想知道的是您内心怎么想的。

杨庭硕：对我从事的研究领域而言，最不能容忍的仅止于习惯性的偏见而已。要做好这门学科，就得与习惯性的偏见做斗争，而且这是一场旷日持久、没完没了的斗争。理由很简单，既然是习惯性的偏见，就必然是在一定时间一定范围内的全局性问题。以至于，不能奢望在短期内，凭几句话，凭几个人的行动就能加以匡正。对人对己都需要耐心，都需要等待，即使和别人经过激烈的辩论，勉强说服了别人，但问题还是没有解决。因为还有更多的人很难被你所说服，只有等到发展的结果让所有人都感到，不能按习惯思维去处理时，人们才可能想起你曾经有过的看法。而我们要等待的就是这一天。

众所周知，当代人类的可持续发展，正在面临着来自生态的挑战。这样的内容，已经早就成了热门话题。但造成生态危机的原因，到底是自然原因，还是人为原因，却一直争论不休、没完没了。而这样的问题不解决，正确的对策和行动就不能产生。问题当然很紧迫，但却急不得。因为不管是谁，都没有理由让别人放弃他习以为常的观点和思维方式，也不能指望他们轻易地放弃自己的观点和立场，但正确的答案却并不复杂。

人类既然是地球上最具能动性、最能够思维，也最有凝聚力的社会性动物，人类的存在对地球生命体系造成的冲击和干扰，就从来不可能停止。而自然因素对地球生命体系而言，它只是一种中性的存在，它不为人类而存在，也不为人类的好恶而改变其规律，人类可以认识它、利用它，但却不能摆布它。就这一意义上说，人类社会面对的生态危机，绝对不能归咎于自然，就算归咎于自然，也不可能有任何结果，而只能归咎于人类自身，人类必然要为自己的行为负责。俗话说，"解铃还须系铃人"，只有观念上有了这样的转变，生态危机才可能凭借人类去化解。

不过，像这样的认识和理解，在短期内根本不能奢望人们能够普遍接受，更不敢奢望人们能够尽快付诸行动。这倒不是人类缺乏自知之明，或者目光短浅，而是因为人类凝聚起来的社会合力，既然可以加工改造和利用自然，这就说明人类很有实力。人们对自己存在的价值，肯定会形成难以抵挡的惯性思维。既然是这样，要凭借几句话、几篇论文，就让别人改弦更张，这种想法本身就有点荒唐。谁都知道，这是短期内办不到的，需要等待漫长岁月，或者更大范围内群体性的思维转换，才可能在社会上达成共识，承担起人类该承担的责任来。既然如此，苛求别人有什么用，证明自己正确又有多大价值。我倒是想利用这个机会强调一句，当下我们面对的生态危机不管多么严峻，人类只要承担起自己的责任来，就完全有力量加以化解。这才是生态民族学的核心价值所在。人类不必担心自己曾经有过什么样的失误，只是担心能不能达成共识，修正自己的失误。

耿中耀：看来，锲而不舍已经成了您的精神信条。对此我坚信，您能把您心目中的担当做到底。然而，生态民族学必然是一个极其宽阔的研究领域，其间的理论与实践千姿百态。对于像我这样的年轻人而言，能够把问题说得具体一点，对我们的帮助也许更能落到实处。就您而言，您认为要兑现您认定的"担当"，时下最紧迫的工作是什么？您又怎样去落实这样的紧迫？

杨庭硕：要重建人与自然的和谐关系，确实需要做大量的具体工作。这肯定是个人，或者一个小团队，都无法完成的艰巨使命，还需要更多的同人，协调一致地去完成才行。针对人类自身所必须承担的担当而言，有三个方面的问题必须先行澄清，那就是人类要认识自我，就必须精准认识历史，精准认识不同类型的生态，精准认识不同的民族文化。眼下，我需要从事的工作，就是要将这三个方面的认识具体化，从一点一滴做起，用事实证明人类可以重建人与自然的和谐关系。我指导的硕士和博士，也在从事此项工作，只不过他们的研究方向各不相同，但都是必须做的工作。相比于这个学科而言，我们能够做的事肯定微乎其微，但没有这样的积累，这样的学科就不可能走下去，也不可能被社会所接受，更不可能付诸行动。

至于我目前正在从事什么样的科研项目，那就说不清楚了。因为这一点，不取决于我的意愿，而是取决于现实的需要。我的学生选定了什么样的研究方向，由于我自己不能全知尽晓，我得陪他们学习，否则怎么指导他们。就这个意义上说，教学相长，不是一句空话，而是必须履行的义务。不履行这样的义务，学生无法成长，自己的错误也不能纠正。

除此之外，我任职的单位必然还要对我提出不同的工作要求，学校要服务地方，各单位也可能提出其他的研究任务，我同样得带我的学生去完成这样一些临时性的安排。当然还有学术界各种活动，我也乐于参与，希望通过这样的机会，学到更多东西。当然也不容讳言，也想把我的想法与学界同人分享。但不管研究内容多么难以预测，工作的目标却不会改变，那就是要致力于探讨人类社会的存在方式和存在价值，为重建人与自然的和谐关系提供依据。

耿中耀：民族学研究的传统，都习惯于凭借共时态的资料展开分析研究。您却强调要精准认识历史，这是否与民族学的传统有较大的距离，拉开这样的距离，您觉得必要吗？

杨庭硕：不错，民族学建构之初，西方学者确实是主要凭借共时态的田野调查资料，去展开分析和下结论。但这不是他们的过失，而是无可奈何的客观背景所使然。当时的西方民族学家，去到陌生的地方，接触陌生的民族。这些研究对象，很难说得上有历史文献的积淀，即使有，单靠民族学家个人，去完全认识他所陌生的历史，事实上也办不到。不过，到了今天，这样的传统本身也成了历史。随着很多发展中国家和民族的兴起，很多出生非西方的民族学家，不管他是有意，还是无意，都认真地探讨过自己的历史，以及他所研究对象的历史，这也是不争的事实。

中国本身是一个历史积淀极为厚重的国家。在这一问题上，中国学者比那些外国学者要强得多，要幸运得多，不用好这样的积淀，反倒是我们的错误。我们不是要将民族学本土化吗？从民族学的视角认识我们的历史，就是其中最具关键性的环节。在这个问题上，中国学者责无旁贷。近年来，有幸读到一些西方学者对中国研究的成果，不看不知道，看了以后肯定会吓一跳。这不是他们治学不严谨，而是要研究异民族的历史实在是太难了。要把研究对象的历史，融入对民族文化的认识之中，那就更加困难。但不管有多难，要展开民族学研究，这都是无从规避的客观要求。

具体到生态民族学而言，精准认识历史还有其不可替代的价值。认识人类与所处生态系统的协同进化，绝对不能单凭共时态的资料说话。因为人与生态系统两者，在互动制衡过程中，双方都会发生变迁，而且变迁的速度、规模和内容，又会各不相同。由于文化和生态的协同进化，要经历漫长历史岁月的积累，才足以引起世人的关注，也才能够在文献中留下可凭的记载。因此，无论你的田野调查做到多么精准，都无法把握其具体的过程。没有历史学，包括考古学为你做出精准的时空定位，那么，生态演替的过程，你就永远说不清楚；文化变迁的轨迹，也说不清楚。因此，在生态民族学的研究中，引入历史学、考古学的内容，不仅势在必行，而且本身就应该如此。此前没有做到这一点，那是历史条件不成熟而已，现在要这么做，是因为今天很有幸可以做到这一点。

我们必须牢记，人类永远是生活在历史的延伸事实之中。生态问题也不例外，它也是历史的产物，人类对生态的认识也是历史的产物；包括上面讲到的习惯性偏见，也是历史遗留的产物。我们现在要做的是，必须要与历史遗留下来的偏见做斗争，你不精准认识历史，怎么做得到这一点？

无论你阅读一本什么样的历史书，你都得接受这样一个事实，人们能读到的历史书，都被描绘成一个个"理性"过程的时间系列。尽管历史也要对不同的人做出不同的评价，但评价的标准，都是历史编纂者自己认定的"理性"。而问题在于，不同时代的历史编纂者，他们凭借的"理性"却很不相同。这一点，就连考古学的结论也不例外，都是研究者按照自己的理性在说话。面对当下的生态问题，我们却不能对自己所习惯的理性过于放心，过于信赖。事实上，人们面对的自然与生态系统，本身是一个整体，但在不同的历史时期，能不能做出正确的认识，能够采取什么样的行为，却大不一样。而且，其后果都会延伸到今天，并直接影响到我们当代人的生活，也包括我们所面对的生态灾变在内。

举例说，主粮结构就是一个关乎生态安全的大事。在地球上，陆上的高等植物多达几十万种，能够供人类做粮食食用的植物，少说也有上万种。但当下，全球主粮只剩下小麦、玉米和稻米3种。就凭借这3种作物，要养活世界上一半以上的人口。这将意味着，人类在绝大多数情况下，往往是在不该种，也不适宜种这几种作物的地方，迫不得已地种植这几种粮食作物。由此而付出惨重的经济代价不说，关键是还会在无意中积淀成难以治理的生态灾变。一般人总会认为，自己没有破坏生态系统，自己很爱护每一个生命，但却绝不会意识到，他的每一餐饭都可能对生态构成不容回避的影响。在这个问题上，顾炎武说过的话，很有借鉴意义，"天下兴亡，匹夫有责"。也就是说，在生态问题上，任何一个人都不能置身事外。不过，当下的这个生态问题，并不是现代才冒出来的，而恰好是历史积淀的产物。原因仅在于，在交通不便的古代，如果要缴纳实物税收，只有这几种作物最容易运输、最容易保管、最容易分享，而且是通过行政力量的推动，这几种作物的种植才得以扩张到全世界，并留下了预想不到的生态隐患。

而今，随着交通条件的改善、加工技术的提升，以及人类对多样化食品的个性化需求，延续当下这种不合理的主粮结构，对生态安全而言，显然已经完全没有意义了。这样做只会发挥副作用。但历史积淀下来的习惯，却难以改变，生态民族学的研究想要改变的恰好就是这一点。

我国农业部及时地提出了"推动马铃薯主粮化"的决策。这太好了！但是还远远不够，我们还需要并行种植更多物种的粮食作物。如此一来，中国的生态安全才能有保障。因为多一种粮食作物，就可以拖动一个长长的食物链，可以支持众多物种的繁衍，以及与此相关的食物链。如此一来，既可以坐收生物多样性维护的功效，当然还具有化解众多生态灾变的积极作用。随着中国民众的日趋富裕，多样化的食品来源已经成为时尚，如果能够因势利导，推动主粮结构的多样化，那么此前生态建设的投资和成本，都可以大大地节约，成效反而可以极大地提升。单就这个问题而言，如果我们对历史过程不了解，就很难注意到这样的问题，也很难意识到问题的严重性。

时下，我正在从事的工作，就与此直接关联。我们需要通过对"重要农业文化遗产"的发掘和创新利用，使人们能够突破历史造成的习惯性偏颇，接受全新的生活方式和粮食消费方式，并尽可能将这样的努力与生态建设实现无缝对接。试问，对历史不做出精准的认识，我们又能凭什么样的理由，以什么样的分析方法，去开导不同的民众，使每个人都能为我国的生态安全担起该担当的责任来？更重要的还在于，我们的决策部门，如果不能做到以史为鉴，同时又能与时俱进，那么围绕生态问题的决策，又如何能指望准确到位呢？

耿中耀：在没有听您的这番话以前，我们确实没有想到这一点。我们总是习惯性地认为，生态问题都是人为破坏所导致的结果，或者是人口过多了，才必然导致的事实。对此，可能我们自己都得反思。但民族文化问题如何与生态关联起来，您又有什么新的看法呢？要知道，在此前的民族研究中，通常都较少关注生态与文化的关系，只有新进化论的学者们致力于探讨这样的问题。但这样的探讨，与中国最紧迫的生态问题如何发生关联，您能否谈谈您的想法？

杨庭硕：民族文化对生态问题之所以如此重要，其间的原因并不复杂。事情仅止于，凡属民族文化，它对当事的民众都具有规约作用。因而一旦文化发挥其影响，那就不是一个人的事情了，而是一批人在极广的范围内，按照统一模式，去和大自然相处。俗话说"众志成城"，就是这个意思。人类凭借自己的知识和社会经验，其能动性本身就超越了一切生物，其社会的可积累性，也是任何物种都无可比拟的。人类一旦形成统一的行动和生活模式，不管他是有意还是无意，对相关生态系统都会构成难以估量的威压。就这个意义上说，如何防止人类过分单一化的生活方式，本身就是一个化解生态灾变的良方。时下，不少研究者在分析生态问题的成因时，总是习惯于追究个人的责任。这种做法不是不对，而是不足以解决问题。个人的不当做法，当然需要追究，但更需要追究的是群体性的、可积累的、单一单项的生活方式和消费方式。这种生活方式不仅对地球生态体系构成的冲击会非常大，而且具有可积累性和持续性，而这一切都是任何生态系统无法消解的人为隐患，只能靠人类自己去化解。

举例说，都市化是一个全球性的产物，中国的都市化比所有国家都走得快。但问题也正好在这儿，一旦民族文化在其间发挥作用，不管当事人乐不乐意，或者认真考虑过没有，其结果都一样。他们肯定是按统一的模式，在不同的地方，去复制统一的城市格局。城市"热岛效应"、三废的排放、水资源的匮乏，都必然随之而至。因为所有的人，都在潜移默化中接受同一文化的规约，在完全不自觉的背景下，制造出仅有人孤立存在的生命区。这样带来的生态后果，任何工程技术手段、任何先进科学都对付不了。这将意味着，城镇不仅需要生态，更需要多样化，特别是不同的文化都能在城市中发挥作用，这才有助于减少城市病、都市生态病等问题。事实上，我国发达地区城市的水体污染问题、固体垃圾的处理问题，已经到了燃眉之急的地步。这些事情不需要我说，任何新闻媒体都提到。

我们当下要做到的工作，就是要借助文化的手段，去探寻可操作的对策，既不干扰人们的生活，又得把这些棘手的生态问题，在文化的运行中去加以化解。这样做，当然是新问题，此前的民族学，或者是生态民族学，都很少考虑过这样的问题。但当下，却不得不探讨这样的问题。

耿中耀：诚如您刚才所言，时下人们所面对的生态问题，在很大程度上与人类自身有关，而不是纯粹的生态问题，或者自然问题。这样一来，作为生态民族学的研究，还有什么问题值得研究呢？人类改变自己的错误，人们自己当然可以做到。但改变以后，生态问题就会改善吗？我们也知道，生态系统有它自己的存在规律，人类社会也有自己的理性。这两者可以相互关联吗？

杨庭硕：是的，有关生态系统的运行规律，生态学家已经做到很不错了，就是我也在不断地向他们学习。学习的目的只有一个，就是要找到人类如何与生态打交道的正确做法。人类有他自己的社会运行规律，人类与生态系统打交道，始终是借助自己的文化运行，去认识生态系统，发现其利用价值，甚至对生态系统实施力所能及的加工和改造。按照这样的逻辑，特定人群对他所处的自然与生态系统而言，通常都不会酿成重大的生态问题。因为一旦出现问题，相关人群早就活不下去了，我们也不能在今天见到他们的后代了。其间的问题仅在于，地球生命体系极其复杂，不同地区、不同的海拔高度、不同的地质结构，所能支撑起来的生态系统，会表现得千姿百态，极其复杂多样。以至于不管是历史上，还是到了今天，都没有哪一个民族能够把地球生命体系认识透彻，再来建构自己的生存方式。而是反过来，仅是凭借有限的认知，就把这样的认知成果，加以无限扩张，去对待不同性质的生态类型。这就会在无意中犯下不该犯的错误，采用错误的资源利用办法和管理办法，去对待本身不同性质的生态系统，长期积淀后，肯定会酿成当事人都不愿看到的生态灾变。

当然，所谓灾难也是当事人评价的结果，并不是全人类的灾变。面对这样的问题，如果我们不认真地区分不同生态系统的自然资源结构缺环、客观存在的自然风险，不了解不同生态系统的脆弱环节，我们就很难正确评估不同国家、不同民族，在生态问题上的得与失。而这一点是生态学家不甚关注的问题，也是很难涉足的问题。因为生态学家并不长于与历史打交道，与文化打交道。生态民族学，正是为了解决这样的难题而建构，其工作的目标是要对各不相同的生态系统，通过历史和当代的资料积累，以便从中归纳出最佳的利用办法和管理办法，以此避免千篇一律的利用模式和管理模式。利用模式的多样化和管理方法的多样化，一旦做到了精准的对位，人类社会的存在对生态系统的压力，就可以得到有效的化解。在这个问题上，我们必须坚持对生态系统利用与维护的辩证统一。这样的研究思路和方法，也只有生态民族学可以担当起来。这不是我们太自信，而是因为问题具有特殊性，它同时牵扯到生态和人类社会两个不相同的体系，因而必须启用具有跨学科、跨文化禀赋的研究方法和思维方式，才能求得正确的解答，也才能够找到切实可行的对策。当下，我所从事的工作，就与这个问题直接关联。我们将致力于探讨同样一种资源利用模式，在不同的生态系统中付诸实践后，其生态后果到底有多大的差异。

举例说，在地中海沿岸种小麦，或者在巴西的热带雨林中种小麦，其生态后果的差别到底有多大，人类有没有能力化解其副作用。并以此框定在什么样的生态系统中，只能运行什么样的资源利用方式。如果真能做到这一点，误用生态系统所引发的生态负效应，也就可以化解了。

耿中耀：您已经75岁高龄了，还在指导博士生和硕士生。很显然，您是用您自己的认识和理解，去支持年轻人走上他们自己的学术生涯。您是否有这样的意识，年轻人所面临的处境，和您年轻时代的处境会很不一样。如何让他们走得更健康、更扎实，您有什么样的打算呢？

杨庭硕：能够和年轻人一道学习，从事研究工作，我感到十分庆幸，因而我会全身心地投入这项工作。确实，我的处境与当下年轻人所面临的处境大不一样了，他们未来的学术道路、他们的创造发明，包括他们可能遭逢的曲折和挑战，我确实感到力不从心。我也绝对不想，也不可能替代他们，甚至说不上给他们帮多大的忙。在这一点上，我还拥有较为清醒的自知之明。要说到我的打算，一言以蔽之，那就只能是和他们一道学习，做他们的朋友或合作人。我自己得学习新的东西，我也乐于把我的老故事告知他们，尽量避免他们犯我同样的失误。但这一切，都只能凭我的直觉去办事，到底我能对他们起到多大的作用，那只能是年轻人的事了。我只能祈求我自己，绝不能给年轻人帮倒忙。更鉴于我自己视力极差，在我的工作中，反倒是年轻人在帮我的忙，我反倒要感谢他们。

耿中耀：您在生态民族学这个领域，已经持续工作了二十几年，很多人都很推崇您的学养，您自我感觉有什么治学的经验值得分享？或者对学科的发展，有什么样的期待？

杨庭硕：这样的提问我倒有点担当不起了。谈经验，谈期望，可能都嫌为时太早。生态民族学能不能走下去，能不能发扬光大？以个人能力无力回天，它需要的是一个庞大团队的通力协作，共同进步。个人的经验和期望，在这个过程中能够发挥的作用，几乎是微乎其微。朋友和同行之间的相互夸奖，这是学术界常有的事情，你们不必当真。但真正要做出事来，而且要做好事，需要一个人群达成共识。当然可以发表个人的观点，但这只是个人的权力。要把你个人的意见和想法，转化为对此项科学研究的驱动力，意见本身还远远不够，需要更多的人理解、接纳、消化、吸收和创新。就这个意义上说，根本不必谈什么经验和期望。因为我的想法、我的经验，在我发表的论著中都有所提及。在互联网时代的今天，谁有兴趣，谁去点读就可以了，不需要我来说。觉得不对，可以批判，可以讨论，只有经过批判和讨论，意见和观点才能转为科学研究的驱动力，这才是新时代的新气象。要我自己来说意见和期待，其实是要我在无意中将自己的观点凌驾于别人之上，我可不能干这样的傻事呀！我们也不必浪费出版物篇幅！这也是一种节能减排吧！互联网时代，就得有自己化解生态问题的新招数，多用互联网，少用纸质出版物，就应当是一种生态责任。在这一点上，年轻人做得比我做得好，只是他们没有意识到而已，我还是多给他们一点自信吧。

采访者：耿中耀，吉首大学博士研究生。

但开风气不为师
——林超民教授访谈录

林超民，云南大学教授，云南文史研究馆馆员；1985年获历史学博士学位；先后任云南大学历史系副系主任、系主任、西南古籍研究所所长、东亚影视人类学研究所所长、云南大学副校长、巡视员；1991年被国务院学位委员会授予"做出突出贡献的中国博士学位获得者"，1992年被评为云南省有突出贡献的中青年专家，1993年获国务院专家津贴，1998年被评为国家有突出贡献专家，2011年获红云教育功勋奖，2014年获云南省政府2013年度云南诤言奖。

王春桥：林老师，您好！1985年您担任云南大学历史系副系主任，不久担任历史系主任，1995年担任云南大学副校长，2004年从云南大学巡视员位置退休。在这20年间，您为云南大学的发展做出了突出贡献，在云南大学学科建设等方面的贡献尤为突出，今天想请您谈谈您在云南大学学科建设中做出的成绩。我们先从您进入云南大学历史系学习谈起。请问您是何时进入历史系学习的？当时历史系的专业设置和教学工作是怎样的？

林超民：我是在1962年9月从边城腾冲考取云南大学历史系的。当时历史系本科只有一个专业，即历史学专业。1959年，云南大学历史系创办了中国民族史专业，这是中国第一个民族史专业。20世纪60年代国家经济困难，1961年实行"调整、巩固、充实、提高"的八字方针。大学裁减专业，历史系不能再办民族史专业，只是在三年级开设"专门化"或"专门组"。我们入学时，国家大规模压缩招生人数。历史系从每年招收100人左右，压缩到30人。我们1962级原定招收30人，实际招收了32人，增加了两位调干生。

当时历史系一、二年级上基础课。三年级分"专门化（组）"。当时一共分为中国古代史／中国古代经济史专门组、中国近代史／经济史专门组、亚洲史／东南亚史专门组、欧美史／苏联史专门组等。专门组虽然多，但要看有多少学生选修，如果选修的少于5人，就不开设。所以我读书时，只有中国民族史、中国古代经济史、中国近代经济史3个专门组。一个组10个人左右。

1965年9月，我们进入三年级，开始分专门组。不久历史系投入到动荡不安的年代。1970年5月我被分配到西双版纳省属勐海茶厂当工人，1973年3月到勐海中学（后为第一中学）教书。1978年9月我考取云南大学中国民族史专业的研究生，师从方国瑜教授研究中国民族史与云南地方史。1981年9月毕业，留在历史系中国民族史教研室任教。1982年9月我考取中国民族史专业博士研究生，继续在方国瑜教授的指导下研修。1983年12月24日方国瑜先生辞世。我在江应樑教授的指导下完成博士论文，1985年5月底通过答辩，成为中国民族史专业第一个博士。当年8月我被学校任命为历史系副系主任。

王春桥：1985年8月，您担任云南大学历史系副系主任后，主要做了哪些工作？

林超民：对于担任历史系副系主任我毫无思想准备。我报考研究生，就是一门心思要做学问，希望成为方国瑜、江应樑先生那样为国家做出创新成就、培养优秀人才的大学教师。我考取研究生后，方国瑜先生就希望我认真读书、专心治学。江应樑先生在我的毕业生登记表的导师意见一栏专门写上"他是中国民族史博士研究生,有望在民族史研究中做出创造性成果,希望不要让他担任行政事务工作,影响他的研究与教学"。

既然任命书下达了,就不得不硬着头皮将副系主任的工作承担起来。

当时,历史系的主任是赵瑞芳教授,他是继张德光教授后,历史系第三任系主任。第一任系主任是方国瑜教授。赵瑞芳教授从事欧美近代史的研究与教学。她主持全面工作。第一副系主任是张鑫昌老师,1963年他毕业于云南大学历史系中国民族史专业,毕业后到云南省外贸局工作,1978年调到历史系执教,主要跟随马开樑先生讲授"中国历史文选""中国史部目录学"等课程。他负责历史系的行政、财务、教学等工作。我负责历史系的科研工作。

我自己跟随方国瑜、江应樑先生做了3年硕士研究生、1年学术助理、3年博士研究生,对于研究有所体会,有所认识。

云南大学历史系在科学研究与人才培养上有长远的历史和优良的传统。每个教师在科学研究上都有特定的方向、出色的成果。为及时反映教师们的科学研究成果,促进学术交流,推动学术研究,我决定仿照上海《中华文史论丛》的方式,编辑出版《史学论丛》,每年一辑,汇集老师们的学术成果,向学术界、向社会展示我们的科研成就。当时历史系的经费很紧张,出版一辑,印一千册,要一万多元,约占历史系总经费的四分之一。但是,赵瑞芳主任大力支持,她说宁可在其他方面紧一点,也要全力把这个"刊物"办起来。经过多方努力,1986年《史学论丛》第一辑由云南人民出版社出版。我们免费投送全国高校图书馆、各省图书馆、高校历史系,同时也成为历史系师生科学研究、学术交流的园地。第一辑不到20万字,可是在学术界产生了影响,有几篇文章收编入《新华文摘》的学术论文目录。我们坚持每年编辑出版一辑,每辑约30万字。云南大学出版社成立后,就转到云南大学出版社出版。《史学论丛》对于推动科学研究,培养青年教师科研能力方面起了积极的作用。

在张鑫昌副主任的倡导下,我们决定在历史系创建档案学专业。历史研究离不开档案。档案研究与教学推动历史研究。当时，全国高校中开设档案学专业的只有中国人民大学一家。全国各地的档案管理人员大多没有受过档案学专业的训练。全国各地档案馆急需档案学的专门人才。我们与云南省档案馆一起申报档案学专业，很快获得国家教委的批准。1986年初云南大学在历史系正式成立档案学专业，1986年下半年列入招生计划，9月云南大学档案学第一批新生入学。在创办档案学专业的过程中，当时担任科研秘书的杨寿川老师做了许多具体工作，为档案学系的建立做出了贡献。

我们做史学研究的离不开图书馆。可是我们图书馆的管理比较落后，缺乏专门的图书馆学人才。图书馆的管理员大多没有受过专业训练。很多老师、同学到图书馆都感到查阅难、借书难。当时全国只有两个学校有图书馆学专业，一个是北京大学，一个是武汉大学。通过调研，我们发现云南各地州市县都建立了图书馆，需要很多图书馆专业人才。为了拓宽历史系的办学路子，改变历史系招生难、分配难的困境，我和赵瑞芳主任、张鑫昌副主任一起研究，决定创办图书馆学专业。为此，我查阅了许多图书馆专业的书籍，做了不少功课，编写申报图书馆学专业的报告。记得当时我粗略统计了一下，云南省高校图书馆和资料室有30多个，县以上图书馆130多个，对图书管理人员的需求量不小。1987年我们向省教委、国家教委开始申报图书馆学专业。1988年初，国家教委批准我们在历史系建设图书馆学专业，1988年9月正式招生。

王春桥：在创办档案学、图书馆学等专业的同时，历史学专业的建设是否受到影响？您在历史学专业建设上做了哪些工作？

林超民：云南大学历史学专业一直是在全国有影响的专业。云南大学的世界史一直比较强，比如说，云南大学有一个研究苏俄史的专家叫陈复光，他撰著的《有清一代之中俄关系》，是一部学术水准极高的著作，是第一部系统研究中俄关系的学术专著，在国内外有极大影响。因为他曾跟随杨杰将军到苏联，杨杰是民国政府的驻苏大使，他是杨杰将军的秘书。周总理在外交部要求大家都要读这部著作，尤其是苏联东欧司的工作人员，人手一本。但是1957年他被打成右派。1960年准备起用他。他从劳改农场回昆明，不久就生病去世。1960年，来了一位留学苏联、在列宁格勒大学研究苏俄史的青年教师郑绍卿。可是不久就搞"文化大革命"，1978年他就调到广东的暨南大学历史系去了。1962年从黑龙江大学调来一位年轻的讲师张尚谦，他在美国历史研究上颇有成就，有不少独到见解。1965年把他调到农业劳动大学中文系教英语。1978年后，调到云南民族学院任历史系主任，后到教育学院任副院长。云南大学的阿拉伯历史文化研究与教学在全国居于领先地位，因为有一位留学阿拉伯的学者纳忠教授。他是云南通海人。他在埃及爱资哈尔大学学习，致力伊斯兰学、阿拉伯语、阿拉伯—伊斯兰历史和文化的研究，获得学者证书。著有《回教诸国文化史》《埃及近现代史》，译有［埃及］艾哈迈德·爱敏《阿拉伯—伊斯兰文化》、［叙利亚］阿库尔德·阿里《回教与阿拉伯文化》。1958年，北京外国语学院缺少阿拉伯语的教师，就把他调到北京教阿拉伯语。由于纳忠教授没有培养研究生，也没有青年教师接班，他一走，云南大学阿拉伯史研究与教学后继无人，就没有发展起来。李德家教授是欧美史的专家，可是在1957年被划为"右派"，批判斗争后，安排在历史系资料室工作。历史系在1950年后注重研究亚洲史，尤其是西亚史。有一位从美国留学回来的教授，张家麟，他在阿富汗史的研究方面很有成就，出版过《阿富汗史》一书。1964年经高等教育部批准，云南大学历史系创设西亚研究所，由历史系主任张德光兼任所长，副所长是方德昭先生，施子瑜教授、杨兆钧教授等加盟。到1981年前后，西亚所与历史系分开独立建制。方德昭任所长。他们重点研究现状。历史系的印度史研究也很有特色。担任印度史教学与研究的是武希辕先生。他曾在印度做新闻采访，并到驻印度大使馆工作过，回国后到云南大学教印度史。他不仅熟悉印度现代社会，对印度古代史，尤其是印度种姓制度的研究有新颖独到的见解。方国瑜开创了东南亚的研究，开了暹罗史、缅甸史等课程，在历史系设置了东南亚的专门课程，培养了邹启宇、陈吕范等优秀学者。他们在云南省创设东南亚研究所，成就斐然。为了推动世界史，我们办了一个国际事务大专班。我们想依托世界史教师创办一个历史与现实结合、理论与实践结合的国际事务专业，为国家培养务实的国际事务专业人才。我们向国家教委提出申请，去跟国家教委主管高教的处长谈。国家教委没有批准。大专不必国家教委审批，办了国际事务大专班。

20世纪80年代初，史学人才匮乏，无法满足史学教学与研究的需要。那个时候文科硕士学位点很少，博士学位点更少。大量的老师需要提高进修。为了推动历史系的发展，我们向国家教委提出申请，要求在云南大学举办助教进修班。我在申请中列举了云南大学雄厚的师资力量与优良的学术传统。国家教委批准了我们的申请，同意在云南大学开办中国史与世界史两个助教进修班，面向全国招生。来自全国各大专院校的青年助教80多位，在云南大学研修一学年，得到很大提高，培养了不少优秀人才，其中不乏杰出的专家教授。例如来自徐州师范学院的季志业，在世界史助教进修班研修，成绩优秀，我们很想把他留在云南大学历史系。现在他是中国现代国际关系研究院的院长，著名的俄罗斯研究专家。云南大学历史系的高整军、张跃等都在助教进修班研修一年。

为了搞好世界史的研究，培养世界史人才，我到国家教委外事司要求给云南大学历史系的青年教师机会到国外进修深造。外事司的领导说，到欧美留学的名额已被重点院校分完，要我到亚非处申请。亚非处王处长热情接待我。听了我的要求后，他很爽快地说，给你们3个印度的名额，一年1个，3年完成。3个非洲名额，也是一年1个，2年完成。我担心空口无凭，请他在申请书上批示，并请他下正式文件给云南大学。当时我认为研究非洲既有重要的学术价值，又有紧迫的现实意义。美国、欧洲的发展离不开非洲黑奴。非洲虽然是第三世界，但关系整个世界。从长远看，中国与非洲的关系会越来越重要。印度是中国的近邻，与云南接近。印度与中国的关系是当代重要的国际关系之一。我们的学术研究要走在前面，为国家处理印度关系提供科学研究的成果。我希望通过3个到印度的访问学者，能齐心合力在云南历史系建立印度史研究室，逐步发展为研究所，成为印度史研究与人才培养的一个基地。第一个去印度德里大学做访问学者的是吕昭义，吕昭义去一年后回来，完成了一部著作：《英属印度与中国西南边疆：1774—1911》。那本书得了社科奖。第二位是赵伯乐，也是研究印度。吕昭义和赵伯乐都是武希辕教授的硕士研究生。赵伯乐回来后也就成为印度史的专家。第三位是殷永林，研究近代印度工业化的发展。去非洲做访问学者的第一位是刘鸿武。现在刘鸿武是全国知名的非洲史研究专家。第二位是程书林，他回来后没有继续做研究。第三位是唐敏。唐敏选择的是埃及。因为语言问题，他年纪也偏大，最后没有去成。这个时期，我希望把世界史，特别是非洲、印度、东南亚史搞起来。云南大学非洲史、印度史的发展，我也做了一些基础性的工作。当然事情的发展与原来的期望多少有些距离，也有些遗憾。但我们尽心尽力地做了应该做的工作。

王春桥：您对云南大学历史学的传统优势学科的建设与发展也做了很多工作。您能谈谈这方面的情况吗？

林超民：历史系是云南大学最有特色、最有成就的单位，在国内外都有较好的声誉。历史系最有特色的优势学科是中国民族史专业。从1957年9月方国瑜先生开始招收副博士研究生，到1965年培养研究生三届7位。1961年云南大学历史系在方国瑜先生的领导下创办了中国民族史专业，并招收约40名学生。这是中国高等教育史上第一个中国民族史专业。当时，中国民族史专业的师资阵容很强，有方国瑜、杨堃、江应樑3位教授，还有杜国林、熊锡元、章峰3位讲师（当时讲师列入高级知识分子行列），助教有木芹、张群辉等。1981年云南大学中国民族史获得全国唯一一个中国民族史博士学位授权点，培养了中国民族史专业第一个博士，出版《中国民族史》并获得国家教委首届人文社会科学优秀科研成果一等奖，培养第一个外国硕士、第一个外国博士。

云南大学历史系的中国古代史专业也有较好的学术传统。马开樑教授的先秦史、秦汉史、历史文献学，在云南省居领先地位。他培养了云南省第一个文献学硕士，就是陆韧教授。后来有文明元教授、李兴和编审、刘景毛研究员、宋永平研究员。他们在中国历史文献的研究与人才培养上都做出了成就。罗秉英教授在魏晋南北朝历史研究中成就卓著。朱惠荣教授是徐霞客研究的顶级专家，在历史地理研究与教学中贡献突出。

在中国古代史专业中，李埏教授的唐宋经济史最有特色、最有成就。1956年李埏先生在《历史研究》1956年第8期发表《论我国的"封建的土地国有制"》一文，首次对土地国有制、大土地占有制和大土地私有制做了科学的区分，进而分析了土地国有制的起源及其与地理环境、农民大起义和中央集权之间的内在联系，指出我国古代的土地制度是封建的土地国有制、大土地占有制、大土地所有制、小土地所有制和残余的村社所有制多种形态同时并存，互为消长盈缩。文章甫一发表，即引起学术界的重视和好评。由于李埏先生在土地制度史等方面的成就，云南大学经济史在中国史学界异军突起，在1981年获得硕士学位授予权，在1987年获得博士学位授予权。李埏先生培养了林文勋、杜娟、邢铁、龙登高、黄纯艳、廖坤和、武建国等优秀的博士，他们是中国经济史学界的后起之秀和领军人物。

20世纪90年代初，云南省教委评审重点学科。我们组织申报中国民族史与中国经济史两个学科。一开始是申报唐宋经济史。我认为唐宋经济史，历史时段较短，最好以中国经济史来申报，于是我们组织了杨兆荣（秦汉）、罗秉英（魏晋南北朝）、李埏（唐宋）、李英华（元明清）、董孟雄（近代）几位教授共同申报。在学科队伍的组建上，我们做了不少艰苦细致的工作。

云南大学第一次就申请到四个专业作为云南省重点学科，历史系的中国民族史与中国经济史成为云南省首批重点学科，占云南大学重点学科的二分之一。

在世界史学科的建设上，除了印度史、非洲史外，在欧美史建设上我们也做了不少工作。例如，我们选派1981年毕业的留校任教的青年女教师许洁明到英国剑桥大学做一年的访问学者。她回来后，又支持她到南京大学师从英美史专家钱乘旦教授攻读博士学位。我与学校科研处副处长施本植教授一起争取到欧盟资助的一个欧洲研究项目,每年有20万欧元的资助。我们在云南大学成立欧洲研究中心,请许洁明教授担任欧洲研究中心的主任,先后派许洁明、肖宪、朱望、郑维川、张荐华等青年教师到欧洲做一年或半年的访问学者。许洁明成为云南欧洲研究,尤其是英国史研究的领军人物。云南大学的欧洲研究、英国史研究逐渐在全国高校中得到重视。

我们从云南师范大学引进何明教授,他在东南亚史,尤其是泰国史研究上成绩斐然。我们支持他申请美国福特基金的亚洲人研究亚洲项目,得到福特基金会的支持,到泰国朱拉隆功大学做一年的访问学者,潜心研究泰国历史,取得十分可喜的成就。

王春桥:现在云南大学的历史基地班在全国历史系中有重要地位。许多国家重点大学的历史系都乐意接收云南大学历史学基地班的保送生做硕士研究生、博士研究生。请问云南大学历史学基地班是如何办起来的?

林超民:20世纪90年代文理科的基础学科普遍存在招生难、分配难、经费难等问题。基础学科出现萎缩趋势。历史学出现所谓"史学危机"。有的教师不安心在历史系教书,甚至有人说,要跳出"屎坑"。为改变基础学科的困境,教育部在理科建立基础学科人才培养与科学研究基地,接着建立文科人才培养与基础学科基地,在文、史、哲三大门类各建设10个"基地"。教育部的文件下达我校,距离申报截止日期不到5天。我夜以继日填写申报表。我在填写申请表格的时候,实事求是地陈述云南大学历史系的基本状况,这就是:具有长远的历史、优良的学术传统、丰富的学术资源、整齐的老中青学术梯队,丰硕的学术成果。我特别强调,云南大学历史系的特点:就是边疆研究,早在1941年云南大学就成立西南文化研究室,由方国瑜教授主持,出版《西南边疆》杂志、西南边疆研究丛书,在边疆研究上居于全国先进地位。创建中国第一个中国民族史专业,是全国第一个中国民族史专业的博士学位授权点。我们在东南亚、西亚的历史研究上同样处于先进地位,在云南地方史研究上更是人才济济、成果多多。我在评审会上的陈述,讲了云南大学历史系的独特性、先进性、不可替代性。经过几轮的认真论证和严格评审，我们云南大学历史系在强手如林的竞争中被大家一致评为国家"人才培养与科学研究基地"。

评上国家基础学科人才培养与科学研究基地后，历史系进入一个新的发展时期，彻底改变了云南大学历史系招生难、经费难、就业难的局面。第一，历史基地班建立以后，就保证了生源，几乎都是第一志愿的优秀学生。第二，国家的支持，为历史系的发展带来了机遇，国家每年给基地班投入30万元的建设经费，学校再配套30万元，尽管经费并未完全落实到位，但经费已不再成为制约我们发展的问题。第三，我们在基地班建设后，学生的专业知识系统深入、全面扎实，具有一定的科学研究能力。有一半以上的学生可以保送到北京大学、北京师范大学、复旦大学、南开大学等攻读硕士学位。其余的学生报考研究生大多能够以高分录取。毕业后的就业不再成为问题。

成为国家人才培养与科学研究基地后，我们重在建设，加强了学科建设、学位点建设，在人才培养与科学研究上都有了较大的进步。在后来的评估中，我们都获得优秀。

王春桥：云南大学的民族学在全国学科排名中，不是第一就是第二，与中央民族大学的民族学不相上下。请您谈谈云南大学民族学的建设与发展。

林超民：云南大学建立后很重视云南少数民族社会、历史、文化的研究。云南大学的历任校长都十分重视云南民族问题的研究。在学校建校之初，首任校长董泽就提出要建立云南乡土苗蛮社会民俗调查研究所。明确说，云南是一个夷人、苗蛮（那时候没有"少数民族"这个词）众多的省份，云南大学应当重视夷人社会的研究，开展这方面的教育。早在20世纪30年代初，中山大学的人类学家杨成志先生就到云南来做民族研究，帮助云南大学开展人类学的研究与教学。他指导的硕士研究生江应樑先生到今天的德宏州做田野研究，于1938年写成《云南西部的"摆夷"研究》一书，并以此获得硕士学位。1937年熊庆来出任云南大学校长。作为云南人，他清楚地认识到:滇边之问题日益繁多,举其大者如滇边之国防、滇边之界务、滇边英法之侵略以及滇边土人之同化,凡此种种不胜枚举,然均为我国上下所宜注意者,也不特中国政府当局应加筹划,即一般民众与乎学术机关应加研究,以便找出滇边问题之所在,明白滇边问题之困难,了解滇边情况之内容,发为著作,以供国人之研究及政府边政经营上之参考。要推进云南边疆行政管理,促进边疆经济建设,发展边疆文化教育,"非有曾受过社会学切实训练之专门人才不为功"。熊庆来计划在云南大学成立社会学系,以促进边疆发展。熊庆来向中英庚款董事会提出申请,聘请吴文藻先生到云南大学任教。在中英庚款的支持下,吴文藻于1938年到云南大学任教,并于1939年7月创办社会学系,吴文藻任系主任。在中英庚款和农民银行的支持下,燕京大学与云南大学合办"社会实地调查工作站"。一年后,即1940年,费孝通接替吴文藻担任云南大学社会学系主任,并担任社会学实地调查工作站的负责人。云南大学的社会学系、社会实地调查工作站在社会学的理论研究、实地调查、人才培养上做出了骄人的成就。这时,云南大学还没有历史系,只有文史系,系内分文学、历史、外语三个组。那个时候社会学系很受重视,在云南大学是一个非常重要非常有特色的系科。这一点后来在云南大学的历史上都被淹没了。直到20世纪末,费孝通在回忆录中讲述了云南大学社会实地调查工作站(外号"魁阁工作站",因昆明遭日机轰炸,社会实地调查站迁到呈贡魁阁而得名)的由来和发展,才引起学术界的重视。谢泳、王铭铭、潘乃谷等学人,做了"魁阁"的学术史研究,认为它是中国现代学术发展的一个标本。"魁阁研究"主要是传统的社会学,不完全是民族学,在民族学方面有田汝康的《摆夷的摆》,李有义的《汉夷杂区经济》等,但大多数还是社会学方面的。与此同时,方国瑜先生在云南大学创办了西南文化研究室,发行《西南边疆》杂志(季刊),出版《西南边疆研究丛书》10种。西南文化研究室研究的深度、广度和成果与魁阁研究相比有过之而无不及。方国瑜领导的西南文化研究室以历史文献、地方史、民族史、边疆史为主,对边疆历史地理、自然地理、人文地理也很重视。社会实地调查工作站与《西南边疆》在云南大学形成两个系统：一个是杨成志、吴文藻、费孝通他们延续下来的社会学、民族学系统，以社会学为主；另一个就是方国瑜开创的以历史文化为主的西南边疆研究。1945年抗日战争胜利后，费孝通回到北京，到燕京大学去了，由杨堃担任云南大学社会学系主任。杨堃从法国回来，在葛兰言的指导下获得博士学位。他来后就在云南大学推广社会人类学的研究。他推荐广州珠海大学文史系主任江应樑先生到云南大学社会学系执教，并在昆明近郊的玉案乡、北新乡、西碧镇、又合乡及灵源乡5个地方设立了工作站。社会学系有了新的发展。

到了1950年以后，教育部宣布社会学是资产阶级学科，被撤销了。本来云南大学文科最好的是社会学系，其次是法律系。社会学系撤销，杨堃还好，到历史系来教书。江应樑因为当过车里县（今景洪市）县长，一直被审查，先是到生产科，然后到教务处那里写检查交代。后来上面有人说，江应樑是学者，去车里当县长是为了做学术研究，他没有参与政治，他才被解脱，安排到历史系任教。云南大学的社会学系撤销了，原来社会学系的教师大多并到历史系，原来的"魁阁"系统与"西南边疆"系统合二为一，变成了一个体系。

原来文史系有三个组，叫文组、史组、外语组，1951年就正式成立外语系、中文系、历史系。1952年，社会学系被撤销。这时，云南民族有很多问题需要解决，云南大学要依靠在民族研究上卓有成就的教授开展科学研究与人才培养。

1950年6月，中央组织了中央民族访问团，费孝通是西南访问团的副团长（团长是刘格平）。他们到云南，对云南大学的民族研究有重要的促进作用。

1956年春，毛主席说，我国有些少数民族也准备进行民主改革了，需要把少数民族社会历史情况搞清楚，以便采取相应的政策。毛主席还说，现在我国少数民族处于各种不同的社会发展阶段，有原始社会形态、奴隶制形态、封建制形态，及这几种社会的过渡形态。不知道现在世界上，还有其他哪个国家，还同时保留着这几种社会形态。我国少数民族地区这几种社会形态都还有，这是一部活的社会发展史，是研究社会发展和历史唯物主义的活的宝贵的科学资料。少数民族地区在进行民主改革和社会主义改造以后，社会面貌将会迅速变化。因此，现在要赶快组织调查，要"抢救"，把少数民族地区这些社会历史状况如实记录下来。这些事情，早做比晚做好。早做能看到本来面目；晚做，有些东西就没有了，只能靠回忆了。为贯彻毛主席的指示，云南开展大规模的民族社会历史调查。方国瑜、杨堃、江应樑是这次民族大调查的学术领导。方国瑜先生主要的工作是收集整理文献，他为这次民族调查整理了一个文献资料，叫"文献中的云南民族"。他把文献中从古到今与云南民族有关的史料全部都摘录出来，接着就撰写了《云南民族史讲义》。这次大规模的民族社会历史调查，为国家识别少数民族，在少数民族地区进行社会改革，制定正确的方针政策提供了科学依据。云南少数民族地区的社会改革能够平稳、健康、有效地进行，既没有出乱子，也没有留下后遗症，民族学、社会学家、历史学工作者的科学研究起了巨大作用。

1969年8月后，方国瑜先生接受编绘《中国历史地图集》（西南地区）的任务，开始《中国历史地图集》的西南部分的绘制工作。

1978年9月，我考取中国民族史专业研究生，师从方国瑜教授研修中国民族史，1981年毕业，受聘在云南大学任教，1982年接着跟从方国瑜先生读博士。1983年12月，方国瑜先生去世了，就由江应樑先生指导。我跟方国瑜先生研究以历史学为主，主要依据历史文献研究民族历史。方国瑜去世后，江应樑先生指导我研修。江应樑先生提出，我们搞民族研究，要把民族学、语言学、考古学和历史学结合起来，才能认真地研究好民族。仅仅是文献也不够，你必须做田野研究；你做田野研究，不知道文献也不行。做民族研究还必须具备语言学的知识，学会被研究对象的少数民族的语言。他还提出了体质人类学的问题。他很赞赏把美国人类学的四个分支，语言人类学、体质人类学、考古人类学和文化人类学结合起来。他主张不要单靠书本，要做田野，而且他的田野是做得非常好的。1937年中山大学派他到云南考察傣族社会，他得到云南省政府的帮助。他到德宏地区后，芒市土司方克光颇有见识，帮助他到芒市、遮放、勐卯（今瑞丽市）、陇川、干崖（今盈江县旧城）、盏达（今盈江县平原镇）、南甸（今梁河县）7个土司区，写成《云南西部的"摆夷"研究》一书。1941年春，江应樑先生进入大凉山彝区做田野研究，披毡衫、穿草鞋、吃苞谷饭，住木架房，跋山涉水，十分艰苦。当年7月回到昆明写成《凉山彝族的奴隶制度》一书。1945年8月，江应樑先生到西双版纳做田野研究。他跑遍了车里县的橄榄坝、大勐龙、小勐养等地的傣族村寨，还到了邻县的佛海（今勐海县）、勐遮（今勐海县勐遮）。他给我讲田野调查，说田野调查是民族学／人类学的基本功。没有调查就没有发言权，就不能写出好的民族志。这些话我铭记在心，未敢稍有疏忽。

　　1985年5月，我通过答辩获得博士学位，8月我被任命为云南大学历史系的副主任，1986年，我提出云南大学要成立民族学专业。我的建议得到学校领导的赞同。我撰写了成立民族学专业的报告交学校。学校报到云南省教委，教委说民族学由民族学院办，一个省不宜有两个民族学专业，不同意云南大学办民族学专业。我就重新写报告，申请创办人类学专业。撰写了创办人类学专业的论证报告，论述什么是人类学、人类学的功用、人类学在当今社会的价值、人类学课程的设置、人类学人才的就业前景，云南大学创办人类学专业的条件等。报告交到教务处，首先遇到的问题是，什么叫人类学专业？当时大多数人没有听说过，学校的领导没有人知道什么是人类学。我的任务是先到教务处跟处长和副处长解释什么是人类学，教务处说清楚了，接着向学校领导报告，学校领导同意了，就报到省教委，我到教委跟高教处的人解释什么是人类学，为什么必须有人类学专业，讲了这个学科的对象、学科的价值，在云南必须有人类学学科，因为云南民族种类最多，科学研究民族社会经济、历史文化是解决民族问题的前提。这个任务只能由我们云南大学来承担。我们必须组织自己的研究队伍，培养研究民族的人才。当我们申请人类学专业的时候，中山大学的梁钊韬教授建立了中国第一个人类学系，他们先在历史系创办民族学专业，然后从历史系分出来成立人类学系。后来，陈国强教授发起组建中国人类学会，秘书处设在厦门大学。当时有三个学会（民族学、社会学、人类学），叫作三足鼎立：社会学的会长是费孝通，设在北京大学；人类学的会长是陈国强，设在厦门大学；民族学的会长是宋蜀华，设在中央民族学院。我提出建立人类学专业的报告得到云南省教委同意，上报国家教委。我又去国家教委游说。那是一个刚比较开放的时期，1987年国家教委批准云南大学开办人类学专业。我们是中国高等院校中第二个有人类学专业的，第一个有人类学专业的是厦门大学，第一个有人类学系的是中山大学。1988年我们招收第一批本科生。

王春桥：创办人类学专业，如何解决师资问题？

林超民：专业建设的首要问题就是师资。没有教师如何培养学生？谁来搞科学研究？我们先依靠历史系原有的教师。人类学专业的基础课是民族史，这是云南大学历史系的强项。我们请中国民族史教研室、云南地方史研究室、西南边疆研究所的老师在担任民族史课程的同时，动员历史教师开出人类学概论、人类学的理论与实践、人类学田野调查、中国民族概览、世界民族概览、民族理论与政策、宗教学概论、考古与民族等课程。宗教学请杜国林教授主讲，民族理论与政策请熊锡元教授主讲、考古学请蔡葵教授主讲。我自己就开设人类学概论、人类学的理论与实践等课程的教学。历史系民族史博士沈海梅转向性别人类学和历史人类学的研究与教学。我们从中山大学引进学习语言人类学的硕士马京。我培养了一位从事民族语言研究的博士杨文辉。为了开设体质人类学／医学人类学课程，我到昆明医学院招聘了妇产科硕士张实，把她送到中山大学研修体质人类学。

为把人类学专业办好，我从民族学院引进王筑生博士。

王筑生，1968年毕业于云南大学外语系，1982年云南民族学院政治经济学研究生毕业，1985年经田汝康、马曜、江应樑先生推荐，荣获美国温纳—格伦人类学研究基金会"发展中国家奖学金"赴美留学，在纽约州立大学石溪分校人类学系研修，1988年6月获人类学硕士学位，1991年12月获人类学博士学位；1992年6月受聘于美国伊利诺伊大学香槟分校人类学系，为博士后副研究员兼讲师，师从该系研究部主任、美国缅甸研究会会长、著名东南亚学者莱曼教授做研究，并为该系研究生开设《中国社会与文化之人类学研究》课程。1993年底，王筑生同妻子杨慧放弃了在美的永久居留权回国，是1980年以来第一个回国服务的人类学博士。

王筑生回国后先到中央民族大学工作，后到云南民族学院任教。

我多次到王筑生府上拜访，诚恳邀请他到云南大学历史系执掌人类学专业。他十分乐意到云南大学执教。他只提出一个要求，就是要给他副教授的职称。这当然不是问题。他一到云南大学当年就获得副教授职称。

我们不仅给筑生一套新房子，还给他2万元的安家费和1万元的科研启动费（在1995年这是一笔不小的款子）。

王筑生和杨慧调到云南大学历史系后，人类学专业的建设就由王筑生全权负责。他对云南大学人类学的学科建设和发展做出了重大贡献。

我和他一起申请到美国福特基金会的资助，于1997年1月6日在云南大学成功组织了"国家教委第二期中国社会文化人类学高级研讨班"。来自国内外的中青年学者74人参加了研讨班，还有60多位非正式的旁听学员。林耀华、田汝康、宋蜀华、郑杭生、李亦园、乔健、庄英章、陈国强、黄淑娉、何耀华、来曼、何大伟、麦金农、魏捷兹等著名的国内外一流的人类学家、社会学家应邀出席会议并做精彩演讲。毫不夸张地说，这是20世纪中国人类学／民族学最大的一次盛会。

王春桥：民族学专业的硕士学位与博士学位的授予权是如何申请到的？

林超民：云南大学中国民族史博士学位博士点是中国设立学位后首批授予点之一。只有一位导师，就是方国瑜。1983年江应樑教授被国务院学位委员会批准为博士生导师。 1987年尤中教授被批准为博士研究生导师。

1993 年我被国务院学位委员会批准为民族史专业博士研究生导师。

当时，有的领导提出，以民族史专业的学位点招收民族学的研究生，授予民族学硕士学位与博士学位。这是违反学科建设的做法。民族学／人类学属于法学学科。民族史属于历史学学科。虽然民族学中有中国少数民族史专业，但与历史学的中国民族史专业有所不同。我主张利用我们民族史的优势加上云南大学研究民族学的深厚资源与优良传统，申请民族学硕士点。一个硕士点要有至少三个研究方向。我们以王筑生为民族学／人类学方向的带头人，从云南民族学院学报编辑部调来顾仕敏做哲学人类学的带头人。请法律系的张晓辉教授作为少数民族法学方向的带头人，我作为少数民族史的学科带头人。每个带头人都有长期稳定的研究方向，有不少的学术成果，在人才培养上也有一定经验。我负责编写材料，填写表格。1995 年，我们申报民族学硕士学位授权点，获得成功。接着我们在 1998 年申报民族学博士学位授权点。除了王筑生、顾仕敏、张晓辉和我外，又增加了从云南民族学院调来的陈庆德教授。他当时正在与院领导闹别扭。民族学院的领导一听说云南大学要调他，立即同意。陈庆德调到云南大学历史系讲授近现代经济史和少数民族经济学，成为经济人类学／少数民族经济学的带头人。

1999 年 1 月，云南大学民族学博士学位授权点获得批准。王筑生同时获得博士研究生指导教师资格。

王春桥：您在历史系还创办了社会工作专业。请您谈谈社会工作专业是怎样创办起来的。

林超民：方国瑜教授辞世后，江应樑教授是我的指导教授。他长期从事民族学、社会学的研究与教学，1948 年受聘到云南大学社会学系任教。1954 年社会学系撤销，他先在生产科，不久到教务处工作，1956 年前后到历史系民族史教研室任教。江应樑时常对我说，社会学是用科学方法研究社会的治和乱、盛和衰的原因，揭示社会达到"治"和"盛"的方法和规律的学问。社会学对于社会和谐、社会稳定、社会发展、社会进步有非常重要的作用。云南大学应该恢复社会学专业,进一步组建社会学系。1983年、1985年我两次到中国社会科学院拜访杨堃教授。杨堃先生1921年以优秀成绩考取公费留学资格,同年到法国里昂中法大学学习。他先学理科,取得了理科硕士学位。1926年暑假后,杨堃转入文科,从师汉学家古恒教授,着手准备撰写文科博士论文。1928年底完成博士论文初稿《祖先崇拜在中国家族、社会中的地位》。接着杨堃赴巴黎大学进修,师从著名汉学家、社会学家、神话专家葛兰言教授,随后又到巴黎大学民族学学院攻读民族学、体质人类学、语言学和史前考古等课程。1930年夏杨堃回到里昂大学,获文科博士学位。

1947年寒假,杨堃先生到云南大学任社会学系教授兼系主任。他是云南大学社会学系第三任系主任。第一任是吴文藻,第二任是费孝通。1950年后,杨堃致力于建设新中国的社会学、民族学。1954年,社会学系撤销,杨堃先生转入历史系任教授,1954年,参加云南省民族识别工作,1956年参加云南少数民族社会历史调查工作,撰写了调查报告,1959年,参加了云南彝族简志的编写工作。

杨堃先生反复对我说,撤销社会学系是不对的。云南大学有深厚的社会学根基,应该尽快恢复重建。我把他的意见带回学校,向领导汇报,但被置之不理。可是他的话我时时记在心里从未忘怀。

1987年人类学专业获得国家教委批准,1988年招生。1988年筹划申报社会学专业。那个时候,江先生还健在,他也督促我要把社会学恢复起来。在江应樑先生的指导下,我撰写了申办社会学专业的报告。1989年3月我们开始社会学专业的申报工作。当时参加申报工作的青年教师殷永林引用宋人王令《送春》的诗句"子规夜半犹啼血,不信东风唤不回"表达我们申报社会学的决心和毅力。

然而,受种种非学术的因素影响,国家教委认为不宜再批准新的社会学专业。

王春桥:云南大学的社会工作专业又是怎样办起来的?

林超民：1990年，我收到了美国欧柏林学院的邀请，去做访问学者。1990年10月到美国去了。我也在欧柏林学院指导美国博士生做中国历史研究。我在欧柏林学院看到了一个专业，叫作社会工作专业（social work）。我以前不知道有这个专业。我十分好奇，就到社会工作系去了解。社会工作是解决社会问题的一个专业，是帮助弱势群体生存和发展的一个专业。这个专业培养的社会工作者，在美国社会中帮助老弱病残，对于安定社会有巨大作用。社会工作在美国是一个热门的专业，美国的老师说无论国家景气或萧条，都需要这个专业。它去帮助贫困的人、残障的人、退伍的军人等等，帮助他们生存、发展，融入社会当中。我在美国就去图书馆看了不少社会工作专业的书，买或复印相关书籍，知道了什么是社会工作、如何做社会工作、怎样开展社会工作。我还到俄亥俄州立大学、斯坦福大学、伯克利大学、芝加哥大学等了解人家如何办社会工作专业。我觉得在中国社会工作刚刚起步，现在云南没有这样的专业，可是随着社会发展，社会工作专业将越来越重要。这个专业有很好的发展前景。1991年3月，我从美国经过中国香港时，也到一些大学了解社会工作专业与社会工作者的相关问题。回到云南大学，就跟学校说，社会学专业不能办我们就办社会工作专业。当时在中国只有两个学校有社会工作专业，一个是南开大学，另一个是中国社会主义青年学院。我们云南大学要争取做第三个，我就写申请报告送到学校。当时学校教务处的大多数人不知道什么是社会工作，以为是学校中的学生会的工作，组织社会活动的工作。我说不是，社会工作是帮助弱势群体，帮助穷人、失业的人、困难的人，用现在的话就是扶贫帮弱。经反复论证，学校同意后，报到省教委，我又到省教委论证。最后报到国家教委。国家教委很快批准了我们设置社会工作专业的报告。我们是继南开、中国社会主义青年学院后的第三家。现在社会工作发展很好了，变成了社会工作学院。云南大学的社会工作系、社会工作研究所与香港合作，在社会工作的实践中做出成绩，成为国家民政部、云南省民政厅非常重视的一个专业。云南大学社会工作在全国都是一个非常有影响力的专业。

为了办好社会工作专业，历史系有的教师在自己的专业之外，学习社会工作的专业课程，开出相应的课程。我专程到北京大学社会学系找到1988年毕业的云南学生邢薇。她是个旧市一中的学生，1984年云南高考文科状元。我请她到云南大学任教，后来送她到中山大学社会学系读硕士研究生。还引进了一个向荣，她原来是云南大学外语系的教师，到美国学习社会学，回国后就调到云南大学做社会工作，取得了优异成绩，为此，她在2015年获得了"兴滇人才奖"。

在云南大学学科建设上，这几年我自己觉得还是尽了一点力量，推动了社会工作等专业的建设，培养了一批优秀的教师，为学科建设和发展做了应有的贡献。为社会做了一点有意义的工作。

王春桥：云南大学影视人类学在全国颇有名气，是全国的影视人类学研究和人才培养的一个重要基地。请您谈谈云南大学影视人类学创办的历程。

林超民：在办人类学系的时候，我们就注意到影视人类学。传统的人类学在田野研究的基础上用文字撰写民族志。主要依靠文字，依靠笔记，靠手绘图画、照片等写出民族志。随着科技的发展，有了电影，有民族志的电影。在欧洲、美国就发展出影视人类学。我在美国看了不少民族志电影，有讲非洲的，有讲北美印第安人的。20世纪60年代，我们在云南大学读书看过少数民族科学纪录片（又称"少数民族科教电影"）。到20世纪80年代，我们历史系每学年都会给学生放映20世纪50年代拍摄的少数民族科教电影。我们对影视人类学有些粗浅的认识。

当时我们历史系有个毕业生叫郝跃骏，毕业后先到云南省社会科学院工作，后回到云南电视台，他跟范志平导演合作拍了民族志电影。如《普吉和她的情人》《拉木鼓的故事》等，引起影视界的重视。香港有个美亚影视公司，他们主要做娱乐的。他们想做云南少数民族的纪录片、生活片、娱乐片。我们跟他们接触后，我建议他们拍摄少数民族的社会生活、文化生活的影片，制作民族志电影。云南有很多少数民族、很多奇风异俗，把它拍成影片，对于我们是科学研究，用电影来做民族志；对他们来说，用民族风情电影打开新的市场，发展他们的生意。我们一拍即合，他们决定在云南大学与人类学专业合作，建立影视人类学研究所。1993年，我跟香港美亚集团总裁李国兴面谈，他承诺一年投资5万元人民币，连续5年，共25万元，帮助云南大学建立影视人类学专业，拍摄民族志电影，培养影视人类学人才。1993年，我们与美亚签订协议，成立了东亚影视人类学研究所。

这时候，来了一位叫瞿开森（Karsten Krueger）的德国青年。他代表德国哥廷根科学教育电影厂来与我们联系合作申请德国大众基金一事。哥廷根科教电影研究所，主要是拍摄自然科学教育片，也拍摄社会科学、人文学科的教育片。社会科学主要是摄制民族志电影，以前他们主要在非洲拍摄人文纪录片。他们发现云南自然风光秀丽、人文资源丰富，是拍摄民族志电影的好地方，愿意跟我们合作。瞿开森在复旦大学留学，学中文。他看过20世纪50年代在云南拍的民族志电影，与我们联系将这些电影配上英文字幕。我们找人给这些民族志电影配上英文，比如景颇族就是王筑生来翻译。他把这些电影带到欧洲大小电视台去销售。这些电影在欧洲大受欢迎。

德国的大众基金每年资助一个亚洲的人文项目。我们跟哥廷根科教电影制片厂合作，向大众基金提出申请，建立影视人类学研究所。

1995年3月，德国哥廷根科教电影制片厂特邀汉学家拉克拉教授到云南大学就合作项目可行性做考察。我全程陪同，给他介绍了云南大学民族学／人类学教学、研究、社会服务的历史、现状、成就、特点、优势等。

1995年4月，在北京举办首届国际影视人类学研讨会，成立中国影视人类学学会，请中国社会科学院民族研究所所长杜荣坤研究员当会长，我当选为副会长。在会上我们和德国哥廷根电影研究所所长卡拉（Galle）博士磋商，拟定双方共同在云南大学成立一个影视人类学研究所，培养影视人类学人才。

1996年初，德方向大众基金会提出了申请，并邀请我作为中方代表参加12月在德国哥廷根举办的专家论证会。1996年12月，我应邀作为中方代表参加在德国哥廷根举行的该项目专家论证会。德国大众基金会的代表噶勒女士，她负责亚洲事务，还组织了一些专家来论证，我是去答辩的，回答专家们提出的各种问题。这些问题归纳起来就是：云南大学有什么条件申请这个项目，这个项目给中国带来什么好处，云南大学如何完成这个项目。我的论证答辩得到与会专家，尤其是噶勒女士的赞赏。我刚返回云南大学，就得到大众基金批准我们项目的好消息：大众基金资助云南大学成立亚洲第一个影视人类学研究所。

影视人类学研究所成立后有三个任务：第一是培养人才；第二是拍摄影视人类学纪录片；第三是编纂出版中英德文影视人类学字典。德国大众基金由瞿开森管理。他请在昆明教英语和德语的德国女青年安莉担任秘书。我们邀请世界一流的专家来上课，全英语教学。电影的编辑、摄影、制作，都是德国一流的专家来上课。我们请了英国曼彻斯特影视人类学中心的主任保罗教授，请了美国著名的学者影视人类学家霍金斯教授、德国的芭芭拉教授等。我们也请了国内著名的学者，比如社会科学院的刘达成、郝跃骏，云南民族大学的蔡家麒等。我给学生讲云南民族历史与文化。影视人类学研究所我们培养了11个硕士学生。学生们在外国专家的指导下拍了6部片子：《不再缠足》《卖报人》《弹棉花人与弃婴》等等。后来我带着片子到德国汇报，拿到欧洲放映，得到好评，有一个片子还得了奖。第一期获得大众基金高度评价。学生毕业时，我们发两个证书：一个是影视人类学研究所高级进修班毕业证书，一个是云南大学法学硕士学位证书。第一批办得很成功。取得成功后，我们接着申请了第二期。第二期办得更好。第二期办完后，德国人认为云南大学的影视人类学研究所办得很好，达到预期目标，可以独立运行，就不再资助了。与此同时我们用国家"211"重点学科项目，在人类学系建立了影视人类学实验室，在全校开设了专业性的"民族与电影"这样的公共课，推动了云南人类学的发展，使云南大学成了全国重要的影视人类学基地和中心。我们培养的学生，现在都变成了云南省影视人类学的中坚和骨干学者,比如陈学礼、张海、徐菡、李欣、鲍江、李建钦等。影视人类学成为云南大学的特色学科,不少学校派人前来学习。

王春桥:1996年云南大学成立人文学院,您是人文学院的创建人和首任院长。为什么要创办人文学院?人文学院对云南大学的学科建设有何作用?

林超民:1995年3月我被任命为云南大学副校长。当时学校正在酝酿体制改革。1950年以后,大学取消学院建制,实行校系两级管理。为了沟通人文诸学科的联系,搞好人文教学与研究资源的优化配置,促进人文各学科之间的交流与发展,发挥各学科的优势,相互补充,相互推动,实现人文学科的振兴与创新,提高教学质量与科研水平,改革人才培养模式,加强高校的人文素质教育,学校决定逐步恢复校院系三级管理的模式。云南大学最早恢复的学院是经济学院。经济学院的建立推动了教学与科研,取得成功经验。学校决定整合人文学科教学与科研的人才力量、学术资源,决定以中文系、历史系、档案图书馆学系为基础创办人文学院,把创办人文学院的工作交给我负责。我与三个系的领导、教师一起反复研究,听取大家的意见,集思广益,在广泛征求教师意见的基础上,提出了人文学院的组建方案。这就是,把中文系分为中国语言文学和新闻学两个系,把档案学、图书馆学分为两个系,把历史系中的人类学和社会工作系分出来,成立人类学和社会工作系。学院直接管理原来属于历史系的西南古籍研究所与西南边疆历史民族研究所等。人文学院建立统一的资料室。这个方案得到学校党委的批准。1996年5月,云南大学成立人文学院。由我兼任院长。

后来,人文学院不断变化,分分合合,撤撤并并。现在人文学院已不复存在。但是,历史系的学科建设始终坚持不动摇。不管院系如何调整,学科建设紧紧抓住不放松。我们坚持把基础学科办好,发挥优势,办出特色,这就是我们的中国民族史、中国经济史、云南地方史、东南亚史、印度史、非洲史等学科的建设。我们有地域的优势、传统的优势、资源的优势、人才的优势、学术的优势。

王春桥：您在历史学、民族学、人类学、社会工作等学科的建设中都做出了重要贡献，是我们崇敬的教师，您在学科建设上有什么经验？对今后学科建设有什么建议？

林超民：学科建设是大学最基本的建设。大学的基础就是学科。学科建设要因地制宜、因时制宜。因地制宜，就是从我们所处的地理环境出发，从地缘优势出发，为地方的社会进步、经济发展提供科研成果，培养有用人才。因时制宜，就是要与时俱进。不仅要从现实的需要搞好科学研究，更要有前瞻的眼光，提出超前的计划。不仅仅是紧跟时代，而且要用超前的研究引领时代的发展。

学科建设一定要有特点，创造特色。要有长期稳定的研究方向。要着重培养人才，尤其是年轻人才，薪火相传，继长增高。

回想自己在专业建设中所做的工作，不禁想到弘一法师的一首诗："我到为植种，我行花未开。岂无佳色在，留待后人来。"

2014年我从行政领导岗位上退下来，2015年开始不再招收博士研究生。我可以静心专注搞自己的学术研究。现在我专心"补读少年书"。过去有许多书没有认真读，要重新读；有的书没有时间读，要从头读。自己资质笨拙，但记得"勤能补拙"的古训，不断努力做好自己的学问，方国瑜先生说，"不淹没前人，要胜过前人"。我主要是做好方国瑜全集的整理、编辑、出版工作。我自知不可能胜过前人，超越前人。但记得《大学》的一句话："苟日新，日日新，又日新。"抓紧每一天的时间做好自己的功课，力争超越自我。

由于能力有限，时间有限，我在学科建设上实在是乏善可陈。只是尽心尽力做好自己应当做的工作，不求建功立业，只求无愧无悔。我喜欢龚自珍的诗句："一事平生无齮龁，但开风气不为师。"

采访者：王春桥，历史学博士，云南大学历史与档案学院中国西南古籍研究所教师。

以物知史，以物证史
——江晓林馆长访谈录

江晓林，客家人，原籍广西贺州，1945年生于昆明；1983年考入云南大学中文系；毕业后到部队农场2年，牧马、放牛、喂猪、养鸭、种地。之后，教小学、中学、大学；曾任云南大学民族研究院兼职研究员、瑞丽市中缅文化交流协会特聘研究员，现任德宏师范高等专科学校江应樑傣族博物馆馆长、教授，广西贺州学院客座教授。

尹仑：先从江应樑傣族博物馆谈起，您为什么要办这个博物馆？

江晓林：从1937年父亲开始收集傣族文物和民俗品，到我在20世纪70年代接着收藏，至今，两代人的收藏时间跨度已逾80年，虽藏品几度佚散，又不懈搜罗、征集，现在手上的藏品有数千件之多，藏品包括生产工具、生活用品、宗教器物、典籍文献等，内容涵盖傣族社会、历史、文化各领域。这批文物，对个人来说，是用耗数十年心血、竭心尽力、不计资财、聚而藏之的宝贝，珍爱之心，自不待言。但说到底，是历史悠久、积淀深厚的傣民族创造了傣族精彩的文物典籍，哪怕一件看似普通的陶瓶、织锦、烟袋、槟榔盒一类的民俗品，都体现了傣族独特的生活习俗和审美情趣，都隐藏着傣族历史文化的重要信息。从本质意义上说，我们充其量只是搜集者、研究者和保护者，而不是拥有者。

《兰亭集序》有这样一段话："当其欣于所遇，暂得于己，快然自足，不知老之将至。"作为一个傣学研究者，能有这样的机遇，接触了、收藏了、把玩了、研究了，已经是万幸的事。"子子孙孙永宝用"只是呓语，"暂得于己"才是正确的心态。不是"不知老之将至"，而是在我60多岁时，我已经为这批藏品的归宿在焦虑：聚之不易，怎样才能把这些好不容易聚集的傣族文物完整地、永久地保存下来，让民众能看到、学者能研究，最好的方法就是办个傣族博物馆。我经常开玩笑说：民间认为貔貅只有嘴，没有肛门，只进不出，所以说貔貅聚财。博物馆的藏品只能增加，不可外流，博物馆就是貔貅。但办一座博物馆绝非易事，我个人是绝对无力办一座博物馆的，土地、建筑、日常维持费用，想都不敢想，只能考虑合作的方式。而办一座傣族专题博物馆，最恰当的地方，就是办在傣族聚居的地区，故物藏之故土，得其所哉。

3年前，与德宏师范高等专科学校谈合作建立傣族博物馆的意向，学校领导极具文化意识和战略眼光，双方一拍即合，合作建立了这座"德宏师专江应樑傣族博物馆"。

我的目的，是把这些藏品由个人所有转变为国家所有，由个人收藏转变为国家收藏，不断地充实，最终，多角度、全方位，集静态的文物展示和动态的非遗传习为一体，建立起一座高水准的傣族历史文化博物馆。

尹仑：这座傣族博物馆以您的父亲江应樑先生的名字命名，有什么特别的寓意吗？

江晓林：这座博物馆的名称，当初有多种设想，我自己并无定见，最后学校决定这个博物馆叫"德宏师专江应樑傣族博物馆"。父亲是第一位以人类学、民族学的方法，数十年一以贯之研究傣族，对傣学研究做出很大贡献的汉族学者，他的傣学研究1937年始于腾龙沿边（今德宏一带），这座傣族博物馆建在德宏，以他的名字命名，这是傣族对为傣族历史文化研究做出贡献的先哲的怀念和尊敬，对此，我很感动。

尹仑：您不是学民族史和民族学专业的，而您搜集、收藏傣族的文物、民俗品，研究傣学，有四五十年的历史了，能问一下您怎么会走上这条路？

江晓林：这事说起来话就长了。父亲1937年受中山大学研究院和云南省政府联合委派，到腾龙沿边对摆夷（傣族）进行考察研究，在田野调查过程中，收集了一批傣族的文物和民俗用品，回到内地后，在昆明、广州、香港都举办过展览。以实物作为研究的重要材料，并通过展览向民众介绍一个民族的历史、文化，是民族学、人类学田野调查工作的一个重要内容。这种治学方法，是中大研究院朱谦之、杨成志等前辈亲力亲为、言传身教教给父亲的。每次到傣族地区考察，父亲都会带回一些傣族的文物，除了陆续赠送给各地的文化学术机构外，家里也留存了不少，所以可以说我从小是在傣族文物的"氛围"中懂事、长大的。父亲是中大研究院诸前辈的学生，算正宗的徒子，我耳濡目染，没有真正入过师门，充其量算半个徒孙。从小，常常在父亲身边听父亲给亲友讲述在傣族地区做田野调查的种种逸闻趣事，讲傣族的竹艺，一座横跨瑞丽江连接中缅两国、汽车可以通行的桥梁，不用一根铁丝、一颗铁钉，全用竹子建成；讲傣族的陶艺，一只黑陶水瓶，形状如内地汉唐时代的铜瓶，盛夏用来贮水，清冽异常，经旬不腐；讲傣族的纺织工艺，每个傣族妇女，都是织布和刺绣的高手，能用手工织出带凸凹花纹的傣锦……这些不经意间听到的故事，多年后会成为我的兴趣、我的爱好、我的事业，甚至我的使命，我也说不清为什么。

有一件往事可以聊聊：

上小学时，家里住房很逼仄，土坯墙、铁皮瓦的一栋平房，父亲收藏的傣族文物满屋子都是，我的书桌下有一面铜鼓。我的椅子边上的衣柜侧面挂着一把约一米五六长的带鞘的刀，那时我人矮脚短，做作业时脚正好踩在铜鼓上，头往左面一靠，就碰到那把大刀。一天放学回家做作业，一踩，脚底下是空的，铜鼓不见了，那把刀也不见了。问父亲，他说省里成立博物馆，借给他们了。我便找了一个小板凳来做脚垫。转眼十来年，再也没见到这两件文物，我曾问母亲：不是说借吗？母亲只说了一句：久借成沽。我想再也见不到这两件文物了。

1964年，著名社会学家、民族学家陈序经先生来云南考察傣族，陈先生是父亲的老朋友，有通家之好。陈先生在昆明和到德宏和版纳（今西双版纳傣族自治州）考察，都是父亲陪同他。一天下午，省博物馆请陈先生去帮忙鉴定几件文物，恰好父亲有事，就对我说：下午你陪陈伯伯去吧。省博物馆逐一取出文物请陈伯伯鉴定，当他们拿出一把刀时，我心里咯噔一下：这不就是我家那把刀吗！陈先生缓缓抽刀出鞘，先环视一过，进而仔细审视刀面上镂刻的图案，最后，肯定地说：这是一把傣族贵族的刀具，制作精美，工艺精湛，代表持有者的特殊身份和社会地位。从刀的体量和大小看，并不适合实战使用，甚至不适合佩带，不是一把实战的兵器，而是在刀的主人出巡时，由身边的侍者捧着，类似仪仗的作用。陈先生主要从刀面镂刻图案中人物的服饰，主要是男子下身的装束来分析，他娓娓讲述了古代傣族男子发型、服饰，装束有别于其他民族的特点，这是鉴定这件文物族属的关键依据。

　　50多年前发生的事，很多都已模糊不清，但那个下午的事却一直镂刻在我脑中，一直震撼着我：一件文物蕴含着如此丰富的历史文化信息，读懂一件文物要有多么深厚的文化积累、学问和学识。

　　尹仑：您刚才说自己"充其量算半个徒孙"，这话怎么讲？

　　江晓林：我没有正式成为父亲和几位老一辈民族学家的学生，但的确是看了、听了、学了、跟了，所以只能算半个徒孙。20世纪七八十年代，父亲给几位中青年教师讲课，也让我去听，也只是旁听生而已。父亲和几位前辈对我的影响更多的是耳濡目染、潜移默化。他们不是要我怎么做，而是讲故事一样告诉我，他们是怎么做的。"四人帮"刚垮台，杨成志先生给父亲一封信，让父亲代为收集云南民族研究的一些出版物，父亲把此信给我看。父亲不说什么，意思是让我明白，老一代学者刚重获解放，不是鸣冤诉苦，而是忙于做学问。20世纪60年代中期，陈序经先生把在香港出版的几部研究东南亚民族的专著寄给父亲，父亲告诉我：陈伯伯任中山大学副校长，行政工作繁忙，他每天5点起床开始写作，7点半到办公室上班，这几部著作是这样挤时间写出来的。"文革"初，我去北京，父亲嘱咐我，一定要到天津南开大学看看陈伯伯。我去了，在他家住了一周。陈序经先生居住的小楼外，贴满了批判他的大字报，但日常生活还正常，不像父亲那样挂黑牌、戴白袖套，每天强迫劳动"改造"。每天陈伯伯跟我聊天，讲的都是他怎么做学问，父亲怎么做学问，怎么要有世界的视野来研究少数民族，对屋外那些大字报，未提一字，我觉得，他眼里、脑中，那些在他名字上打红叉的大字报似乎根本不存在，这才真叫大学者的淡定！

2003年，父亲的《滇西摆夷之现实生活》终于出版了，写的是20世纪30年代滇西傣族的现实生活。我为此书做了笺注，这近20万字的笺注，就是我按父亲的治学方法亦步亦趋地写的，实际上是我经过田野调查写的20世纪八九十年代德宏傣族的现实生活。

尹仑：您对建立您心目中的傣族历史文化博物馆那么重视，您怎么看博物馆的功能？

江晓林：博物馆的文化功能、社会功能已经有很多深刻阐述的专论，且取得大家的共识，我再谈也就是转述，弄不好成狗尾续貂。我只举一个实例：1941年夏，父亲到省立保山师范学校任教，10月下旬，在学校举办了"江应樑先生边疆文物展览会"，展出了他在田野调查时拍摄的傣族、景颇族、傈僳族、德昂族、阿昌族及广东瑶族、海南岛黎族、苗族的照片和收集的纺织品、民俗用品。观者踊跃，仅从展览留言簿看，参观者除云南本省外，还有江苏、河南、河北、安徽、广东、四川的，有汉族，也有少数民族。看当时几位参观者的留言："为谁辛苦为谁忙？原来是为破碎的河山，为荒芜的边疆！""应该普遍地宣传西南边疆，以引起国人对边地民族的注意。在我们今日中华民族争取自由独立的斗争中，正需要中国各民族共同来一致斗争。我们应努力争取西南边地数千万的夷民同胞参加中华民族的解放斗争！""研究边疆文化是增强民族生存力量之先声。""国家至上，民族至上。"这已经不是一般意义上的文化功能了，一个好的博物馆、一个好的展览，对国家意识的形成、民族凝聚力的增强，有着始料未及的巨大作用。

尹仑：在您的收藏生涯里，有哪些有趣的故事可以和大家分享？

江晓林：访谈，是民族学田野调查的重要内容。我每到一个地方，都要找一些老人进行访谈，傣族的老人总是能和你讲一些传说和故事。1985年春，我到芒市做田野调查，在退休老人方正午家听他讲芒市的历史，这是我连续几天来老人的小院了。这是一座典型的芒市傣家住宅，平房、走廊，不大的院落花草葳蕤，一壶茶，一盒烟。老人汉语很流利，他讲，我边听边记，每天上午谈两三个小时。其实前两天我就有些奇怪，一般傣族老人讲述历史，大都比较零乱，神话、传说、故事穿插一起，时间线索也模糊，但方正午老人讲述芒市历史，谈得那么周详细致、有条不紊，不像民间流传的逸闻琐事，说不定老人见过一本什么书？这天，我忍不住道出了心中的疑问。老人用审视的目光注视着我，一言不发，继而，起身走进屋内，把我撂在院里。我很尴尬，走也不是，坐也不是，更不敢跟他进屋。我想，我这话也不算冒犯啊。几分钟后，老人出来了，手里拿着一本傣文写本，他说：我是根据这本书给你讲的。

老人给我讲述了这部书离奇的故事：

这部史籍原藏于芒市安抚司署，中华人民共和国成立后即不知去向，估计被土司的某一亲属收藏了。"文革"初，城郊民兵进城"扫四旧"，土司亲属自然是抄家的重点，这书随同大批"四旧"被拉到乡下焚烧。晒场上烈焰升腾，大批书籍被投进火堆。一位村民见这本"大厚书"不易燃烧，便把它从火中抽出来，想撕了就好烧了，无意中看到首页上盖着红色的大印，这么一本"大厚书"和大红色的印章，让他顿生一种神秘感，不知出于什么心理，他没有再把书投入火中，顺手一卷，塞进粮仓的一个墙洞里，之后，他就把这事给忘了。转眼，十几年过去了。1983年，热心访求家乡史籍的方老先生偶然听到"一本看不懂的大厚书"的传闻，他为此三次到这个村寨，两次接触到那位无意中抢救了这部史籍的村民。但出于对"曾参加破四旧"的顾忌，他一直缄口不语。但方老先生第四次来到这个村寨，老人的热心与至诚让这位村民打破了沉默，告诉他事情的经过，并把老人带到早已废弃的粮仓边。在把手伸进墙洞时，老人异常紧张：怕墙洞中空无一物的失望，怕只有一堆被老鼠咬碎的纸屑的懊丧，怕只剩一团被雨水浸透的纸浆的失落……万幸，书还在，只是布满了尘土和蛀洞。那位善良的村民把书交给老人，而对老人唯一的要求是不要披露他的姓名。

这部书长61.5厘米，宽32厘米，共152页，构皮纸老傣那文写本，纸色泛黄，除最后6页残破得厉害以外，其余大致完好。书名《赫蒙勐焕》（《芒市史》），首页揿一印，色朱红，正方形，边长4.7厘米，朱文直书，共六行，右起一、二行篆书"芒市安抚司印"，第三行为满文楷书，第四、五、六行为满文篆书，书中多处有土司花体朱批。

用"惊喜""喜出望外"都不足以形容我当时的心情，这简直是让我狂喜啊！这是一部揿盖有土司大印、得到芒市土司认可的"官修"《芒市史》。清季至民国，各傣族土司大都有修史的惯例，主要记载世系承袭、年成丰歉、战争动乱、家族大事、佛事活动以及对派往的汉族官员的臧否，这种史书带有档案的性质，或藏于土司府衙，或藏于官奘（土司出资修建，专供土司家族奉佛的佛寺），不轻易示人，更不用说给其他民族的人看。这类史书往往比较简略，但这部《芒市史》对清代嘉道年间当地事件的记载却非常翔实，几乎是逐日记述，而汉文史料中对这段时间芒市地区各民族纷争的记述几乎是空白。从此书的内容分析，成书时间应当是清道光四年（1824）。据我所知，这是现存的唯一一部盖有土司官印的清代傣族土司"官修"的地方史。我把发现《赫蒙勐焕》一书的情况和所拍照片给父亲说了，他很高兴，并向我讲，西双版纳《泐史》原版亦盖有宣慰使官印，藏于车里宣慰司署，1937年陶云逵先生到车里（今景洪）考察时借阅后即携去未归还。陶先生曾对家父言，此书抗战时在汉口沦陷时遗失，恐已付劫灰。现存《泐史》系原本的简抄本，有勐海抄本、勐艮抄本、勐阿抄本、勐康抄本、勐往抄本、勐遮抄本多种，各本多有出入。

我不懂傣语、傣文，就请老人从次日起，一页页讲给我听，我一页页记录，每天早上去老人家 3 个小时，总共花了近半年的时间。得到老人同意后，又一页页拍摄保存下来。

尹仑：您逛古玩店吗？有特别的收获吗？

江晓林：收藏是一个漫长的过程，一个不断学习的过程，你的眼光、知识、学识、学养在收藏的过程中不断得到提升。收藏不是有钱就能完成的，不是抱着钱去古玩店就可以完成的，有许多珍奇异宝，是在你不经意间，毫无征兆地就出现在你面前，关键在于你识不识货、识不识宝。还是讲故事吧。

二三十年前，我每周都去古玩店转悠，昆明的所有古玩城、旧货市场，我都去。到外地，下车伊始，就打听哪里有卖古董旧货的。1990 年，在昆明古玩城无意看到两本册页，用牛皮纸装裱的册页，明显是新近装裱的，裱工很差，但内容却吸引了我的注意，是描绘云南种人的图说形式的白描手绘稿。这是一部什么书？真迹还是赝品？我请老板从玻璃柜里取出来给我看看，老板很客气，任我翻看。这些画，形式有类《皇清职贡图》，文图并茂，"说部"是对图画所绘种人的扼要的文字介绍：名称、分布地域、生产方式、生活状态、宗教、性格、风俗和性格；"图部"则是描绘该种人典型的生活场景，不像职贡图只是画一男一女两个孤立的人物形象。我被这册页迷住了，也迷惑了，看了两个多小时，还是不知道真伪，不知道是本什么书。

此后，我隔两三天就去店里看那册页，一看就是几个小时，仔细看那文字和图画，揣摩、分析、判断，还是那个老问题：是什么书？真品还是伪造的。看累了，和老板饮茶抽烟聊天，老板热情地介绍：说这是清代云南本土大画家李仰亭的真迹，说他可以保真，说省里哪家哪家博物馆都来看过，说他出让价要 60 万元……我没有搭腔，不追问，不还价，只是笑听其言，饮茶抽烟。时间长了，与老板似乎都成朋友了，我一进店，他就把册页取出来放在桌上让我看。但这册页内容太多、分量太大，共 119 帧，描述了 119 种"种人"，我提出是否让我拍一两幅画页，哪怕几百元拍一幅都行。老板断然拒绝了，回答说："谁买，就全是谁的，我自己都不留照片。"

我问老板这批画的来源，他说是向一位老人买的，叫什么名字、住哪里，却不愿告诉我。我问老板买到手时的原本状态，他说就是用纸签订为一叠，受潮后几乎都粘在一起了，他强调说，仅仅是裱成册页，他就花了7000元。

老板说的几家博物馆我都有朋友，我也一家家去聊，有的说，要价太高，不考虑购买；有的说，向老板提出分期付款，要正式发票，老板根本不同意；有的说，不敢确定就是李仰亭的作品，且太贵了，现在市面上李仰亭的设色画作，四尺也只要几万元。但他们都认为是旧物，不像赝品。

真正的功夫还要自己花，最终的结论也得自己下。我的基本方法是：先用排除法：李仰亭是清代嘉庆时期人，如果真是他的作品，那么文字部分里倘若出现清末、民国和现代的地名、词语，哪怕仅仅一次，那就可以断定是伪作，也就根本不用再去折腾了。第二步是把大量时间和精力用在查资料，翻古籍，寻找有关的线索。关键问题还是：这是一部什么书？从一开始的一头雾水、混沌迷茫，几个月后，似乎理出点头绪，看见一线曙光，我基本确认这批画不是赝品，而是真迹，虽然不知道作者是谁，但这样多篇幅反映古代云南少数民族的图说，已经是很不得了的了。

研究云南民族史的学者，都知道《伯麟图说》这部书，父亲的著作里引述过《伯麟图说》，方国瑜先生的著作里也引述过《伯麟图说》，多年前我曾问过父亲和方先生，他们都没见过《伯麟图说》原书，都是转引自其他文献。伯麟，嘉庆年间的云贵总督；李仰亭，嘉庆年间名声大震的布衣画师。他俩有无交集，是什么关系？

终于，通过大量查阅地方志得知，在伯麟主政云贵两省的嘉庆年间，云南各民族起义风起云涌，云贵总督伯麟对云南各民族状况知之甚少，穷于应对，于是下决心全面调查了解云南各民族现状，并委派布衣画师李仰亭主持编绘一部反映云南各民族现状的图说，这部著作于嘉庆二十二年（1817）完成，据史载"称善本云"。册页里的这批画应当就是李仰亭当年留下来的白描稿。但还有许多疑点要弄清：李仰亭受伯麟委派编绘的那部民族图说书名是什么（史料里有多种不同的书名）？《伯麟图说》到底是本什么书？《伯麟图说》与伯麟委派李仰亭绘制的那部图说有什么关系？

我照样三天两头往店里跑，认真地研究这两本册页。突然，情况变了。一天，我到店里，像往常一样，直接走进柜台里面，跟老板打招呼，请他把册页取出来。老板一改常态，脸色铁青，用手指着玻璃货柜里的册页：在这里，你看吧。他不愿意把书取出来给我看了。我不知道那天是怎么离开这家古玩店的，似乎可以说是落荒而逃。当天晚上，我梦见我进到店里，玻璃橱窗中已不见册页，问老板，他说卖掉了。惊醒后，一身冷汗。一连三天，同样的梦，同样的一身冷汗。我该决断了！

第四天一早，我去店里跟老板商谈购买册页的事，听到我的来意，老板恢复了往日的热情。我说我是一个普通的教师，真的喜欢这些画，但你的要价对我是天文数字，我不要你写保真承诺，也不要发票，我们好好谈谈价钱，现款现货。接着就是讨价还价，我先交 1 万元定金，请他给我一周时间去借钱筹款。最后。他笑着说："你来看这些画已经 10 个月了，没有 100 次也有七八十次了，也不说买不买，也不还个价，我以为你是个绕子呢。"（绕子，云南俗语，有"故意逗你玩"的意思。）

又经过多年的研究，最终确定：第一，这 119 帧白描图，是李仰亭编绘的《云南种人图说》的白描定稿本真迹，而设色正本的《云南种人图说》可能已经佚散，我后来收集到其中两帧设色本真迹，构图和白描本是一致的，且有李仰亭的落款和印章。第二，《伯麟图说》与《云南种人图说》是同一部作品的不同名称。第三，这是 200 年前云南首次对全省民族调查的汇集，历史学、民族学的价值极高。

尹仑：请谈谈您对田野调查的认识。

江晓林：这个题目太大，我还是说两件田野调查的往事，权当回答。

"安插耿马记略诗碑"的发现：

我年轻时，外出时都带着照相机和打拓片的工具。1983 年到凤庆访友，在文化馆院子的草丛中看到倒卧着断为两截的石碑，泥护苔深，字迹不辨。用草擦拭，"安插耿马记略诗碑并序"几个字迹显露出来。汉文史料中记录傣族历史的内容一般都很简略，碑刻更为罕见，这块记载耿马傣族历史的断碑，其历史价值不言而喻。询问文化馆长 Y 君这块石碑的来历，他有些无奈地说："几年前，几个老人不断地来馆里反映，说城外猛乃河畔发现一块倒塌的石碑，要求文化馆保护起来。他们隔三岔五地来说，我只得出钱请工人把它搬回来，就丢在这里。"

我当即邀约馆里几位小青年，担水冲石，运帚洗碑，把断成两截的石碑拼拢，打了一张拓片。石碑是顺宁知府周范于光绪七年（1881）所立，碑长170厘米，阔82厘米，原碑2512字，因断裂破损，有236字已无法辨识。

两年后，在昆明又见到 Y 君，一见面他就说：听了你"要好好保护石碑"的话，我差点闯大祸了！原来此君把两截断碑简单用水泥粘接起来，把石碑竖立在院子里，一天，几个小孩在碑下嬉戏，石碑突然倒扑，"万幸小孩没事，不然我就完了。你的鬼主意！"他埋怨地说。我说："树碑立传容易吗？随便挖个坑，填点土，能立稳吗！"石碑再次倾倒后，断为几块，碑面的文字又崩泐了不少。几年后，我再到凤庆，看到已断成若干块的残碑被砌在文化馆墙体里，外面罩上玻璃，算是用心保护起来了，但可以辨读的字只有我当年拓碑时的一半都不到。

通过对这块石碑的研究，我们得以弄清清末耿马地区长达 40 余年的动荡战乱，表面的原因是傣族内部自己在争袭司职，而深层的本质的原因是省、府两级官员为争夺当地银矿的控制权而挑起傣族内斗，最终，大片领土沦为英属缅甸。

傣族古代居住遗址的发现与研究：

说到傣族村寨，大家脑海中就浮现出旷野中大青树、竹林中的竹楼，四周稻田环抱、一侧河水蜿蜒的画面，似乎从来如此，亘古不变。

20世纪末，去瑞丽广贺罕做田野，那是傣族思氏王国王宫所在地，也是明代三征麓川战场的遗址。王宫位于一个小山头上，东面广袤的田野，西临瑞丽江，我第一次看到环绕整个王城修筑的壕沟遗迹，没怎么注意，

400年前这里发生了激烈的战事，修筑壕沟很正常。一年后，考察思可法的诞生地姐兰，姐兰现属缅甸，在瑞丽江西岸，与广贺罕隔江相望，直线距离不到千米，我发现思可法故居的整个小山头也有壕沟环绕。我有些奇怪了，历史上这里没有发生过大的战事，而长达数公里，首尾相接，既宽且深的壕沟，绝非一年半载能修筑好，壕沟到底意味着什么？之后几年里，我在瑞丽又不断发现古壕沟遗迹，有五六处之多，我开始注意研究壕沟的历史文化意义，有同道戏称我痴迷于研究"壕沟文化"。

傣族地区古代壕沟都是修筑在山的半腰，山是一二十米高的小山，且山顶都是平坦的，山下是广阔的稻田，小山的平顶上，有傣族的村寨，有的现在无人居住。问了当地许多傣族老人，这壕沟有什么用，何时修筑的，都回答说没什么用途，古时就有的，所以也不去管它，任其存在，任其生灭，只是现在道路建设等工程通过壕沟，就填平了。从现存的壕沟看，绝对是人工开挖的，而不是河流沟渠的故道，保存较好的部分，沟宽近10米，沟壁呈90度，对山顶一面约10来米高，靠山脚一面也有八九米。沟底长出来的大树，粗的两三人合抱，树高已有一二十米。古代没有机械，全靠锄铲挖掘这么一条几公里长、环绕山头的大沟，耗费人工、时间之巨可想而知。无论傣文或汉文的文献中，尚未发现有关壕沟的记述，对田夫野老的访问，也都不知道有何用途，记录缺失，记忆消失，而遗址却并非孤例地多处存在着，这就更让我有探求真相的欲望。

经过多年十几次实地考察，我以为古代傣族先民并不像现在这样居住在田畴之中，而是居住在临近稻田的小山头上，在山腰挖掘深深的壕沟，作用犹如内地的城墙，日出下山稻作，日落回寨安眠。壕沟可以防止毒蛇猛兽，部落或部族间有战争时，在冷兵器时代，壕沟绝对是最好的抵御入侵的措施。我估计本部落或村寨的人出入，是靠吊桥，只是以竹木为主要建材的房舍、吊桥等，早已朽坏无痕了。

进一步的研究要使用一些高科技的手段，遥感、遥测，也要测绘地形地貌图。不久前，中山大学历史人类学中心的几位同行帮忙，开始用无人机尝试着航拍壕沟遗址。我希望对古代傣族先民的居住状态的研究，能够有所收获，有所突破。

尹仑：收藏对您的傣学研究工作起什么作用？

江晓林：傣族文物、民俗用品、生产生活用品的收藏，能扩大知识面，拓宽研究的领域，增加研究的深度，我的许多文章就是收藏品引发的，没有这些实物的收藏，我根本想不出写这样的文章。比如前面讲的《赫蒙勐焕》一书的发现，让我知道了土司的朱批是怎么回事，与我们惯常知道的朱批有什么异同。《赫蒙勐焕》首页的土司印文，促使我较系统地研究云南现存的清代官印，研究清代铸造、颁发印鉴的制度，研究清代官印的演变历史，这样我就可以从这个印文的角度来鉴定此书的真伪，才会写《"芒市安抚司印"真伪考》这样的文章。《安插耿马纪略》石碑的发现，才促使我去研究那段时期耿马傣族土司区动乱的真相和深层的原因，才会写《"安插耿马纪略"考释》这样的文章。《云南种人图说》白描定稿本的发现，才促使我研究清代各种种人图说，在全世界范围内去寻找各种云南种人图说，弄清不同版本的源流关系，出版了《清代云南傣语族系种人图志》和几十万字的《云南清代种人文献钞汇》等专著。一尊佛祖背谷神雕像的收藏，促使我研究傣族民间传统信仰与南传上座部佛教的关系史。一个傣族泼水银罐的收藏，引发我研究中原文化与傣文化的交流与互融。这样的实例很多很多。

对某件文物的研究，可以厘清因文献史料记述不详、不确，学术界长期争论不休的问题。比如傣那文创始的时代，就有不同的说法，但所举证据都嫌单薄，难以形成共识。一般学者根据明初《百夷传》的记述，认为傣那文创建最早是明初以后。但经过北元版《百夷馆译语》的发现与研究，我们得知在元代傣那文已经是一种成熟的文字，并成为西部傣族与中央王朝交往的工具。极有说服力地把傣那文创立的时间至少往前推了100年。

采访者：尹仑，博士，云南省社会科学院研究员。

终是不忘读书心
——顾士敏教授访谈录

顾士敏,祖籍贵州,生于云南昆明,原云南大学人类学系、历史系教授,1983—1993年于《云南民族学院学报》(现《云南民族大学学报》)任编辑,1993—2012年于云南大学任教,是中国经济史、哲学人类学领域的知名学者,在红学、儒学、诗学等领域也颇有建树;主要学术专著有《中国儒学导论》《哲学人类学导论》;主要学术论文有《早期中国文化之发展与儒教》(中国台北《孔孟月刊》)、《儒学还原》(北京《中国哲学史》杂志)等。

作为云南大学人类学系建立的参与者与见证者,前辈学者们的经历、感悟、思考,对于云南大学民族学、人类学学科的建设和发展具有十分重要的意义,是一笔宝贵的财富。我们不光要记住历史,同时也要反思当下,并在此基础上开展积极的探索,在继承中发展、创新,不断推动云南大学民族学、人类学学科的不断前进。

顾老师已退休多年,虽年事渐高,但风采依然。在我们访谈期间,顾老师虽然身体稍有不适,但神思敏捷不减当年,儒雅俊朗不让年轻。谈笑间,往事一幕幕浮现眼前,当年的坎坷曲折已云淡风轻,曾经的瞻望正渐渐实现。作为后学，顾老师的学识让我们高山仰止，而他的宽厚和气又让我们感如慈父。顾老师问起当年的同事、学生，深深关切，谈起云南大学人类学、民族学的发展，他信心满怀。对我等后学，他充满了殷殷期望。

经历：任它风波险恶、命途多舛，亦是不忘矢志求学心

采访者：首先，顾老师您能跟我们分享一下您的生平经历吗？

顾士敏：我是1945年生人。1945年、1946年的人是非常特殊的一代。

我们小时候过得非常简朴，我们家属于大家庭，父亲原来在国民政府机关做事，后来因为被镇压死在了外面。父亲过世后，家里就只剩下母亲和我们三兄弟，生活非常艰难，所以我们兄弟三人都很早就参加工作了。1963年念完初中以后就参加工作，当时18岁。

我当时的工作地就在昆明第一农场，旧址在龙泉路上的地质学校。当时在农场当工人，种果树养奶牛。在那个时候，苹果是比较奢侈的食品，种出来的苹果要给飞行员吃，听说那些飞行员在培训期间每天都可以吃到一个饭后苹果。

我1964年的时候开始以同等学力去云南大学上夜校，1966年"文革"夜大不再授课，我也就没书读了，再后来到了农场做农场工人。1969年的时候我的母亲被下放农村，我担心她一个50多岁的老太太自己一个人在农村，我也就跟着下去了。我在农村生活过5年，1969年到1974年。1973年母亲逝世，1974年我又转回农场，一边劳动一边读书。当时的工作环境很不好，我们工作也是下憨气力，所以每天的生活中除了劳动，我就在看书。我记得当时农场靠近铁峰庵和虚凝庵，这是两个破旧的寺庙，有时候星期天我就拿着书去到这些荒废的寺庙看书，一看就是一整天。我记得我在虚凝庵用一整天看完了郭沫若的《十批判书》。当时农场周围的人说莫非你要看书过掉这一生？我想其实是可以的。

"文革"结束后，1978年国家开始恢复夜校、高考招生。当时我抱着

试一试的心态就去报考了夜大。当时报名参加考试的人很多，真是一派"千帆竞发，百舸争流"的壮景！有志青年太多了，本来只准备招60人，结果有4000多人报考，所以就最后扩招到130名。当时考试要考一天，中途休息的时候我出来逛翠湖，看到草地上全是考生，两眼望着青天，数以千计，口中还念念有词。

收到录取通知书之后，我到学校开始上学，一直上了一个多月的课也没有公布成绩，周围的学生就都强烈要求公布分数，后来学校就把分数公布了。公布分数之后发现个个都是精英，当时学校扩招130个人，结果我就恰好考到第130名，还真是做了一次"孙山"啊！考到孙山之末是一件很丢脸的事，分数公布的那个晚上没有一个人与我同行。我想，那个时代的学生真是特殊啊，他们在上了一个月之后便强烈要求布置作业。等我交上去之后，孙克勤（助教）把我的作业给了王玉笙（老师），王认为这个作业很厉害，就找我单独谈话，让我直接去考研。

其实，我在1978年考过一次中国社会科学院的美学专业，考了300多分落榜了，因为外语分数太低。王老师劝我不要执着于北京，也可以选择云南大学来报考。但我认为云南大学没有合适的专业，因为当时云南大学历史系下面只有三个专业：方国瑜的地方史、江应樑的民族史、李埏的唐宋经济史。王老师听完反问我：到底是人将就专业还是专业将就人呢？我恍然大悟，被他这一句话点醒。在1980年我以同等学力直接考的云南大学历史学硕士，算是李埏先生的首批弟子，学中国古代经济史。当时夜大班上的大多数同学都是教师与机关公务员，工人里看似最差的就是农场工人——我，然而后来的我就像牙买加闪电一样，远远把他们甩在了后面。

采访者：您当时在云南大学的研究生生涯能跟我们分享一下吗？

顾士敏：我当时跟着李埏先生最主要的学习方式就是读书。当时一进门，李埏先生就讲了一句话，《宋史》《资治通鉴》《文献通考》《续资治通鉴长编》是研究宋史必读的四本书。然后我就开始读，当时怀周楼四楼，有一间历史系资料室，我就一直在那里读书，幸好我在农场的时候练就了可以坐一整天念一整天书的本事，一般来说，用现在的量化标准来说就是，一年不低于300本书，坐在资料室里面，四周都是书架，我们读书跟现在这些不一样，不是以本论，是以架论，我们都是一架一架地读。依旧八几年那个时候大家都没有手机，都是靠笔写，读书做卡片，不懂的地方就去问老师，每次老师检查我们阅读是否扎实就是看札记，读不读书也是看札记。

我记得有一天，李埏先生满头银发，他骑着自行车，让我跟他去苗圃买树苗，当时已经60多岁接近70岁，满头银发。他边骑着自行车边跟我说：你看公路上骑车的还有谁比我年纪大？他说读研不只需要的是课堂里面的知识，而且需要闲谈，与比自己厉害的人闲谈可以得到更多的东西。因为课堂里讲到的东西并不是神来之笔，往往与他一起去花鸟市场买花，去圆通山看樱花，去苗圃买树苗得到的东西更多。偶尔他即兴讲起来，范祖锜也来听，或者就在怀周楼四楼，他都是很随意地跟聊天似的说。那个时候都兴抽烟，李埏先生也抽，抽到什么程度呢？就是别人从窗户外面看见冒青烟，跑来救火，以为着火了。那个时候抽烟的人很多，当时答辩，方国瑜先生抽银烟，那种白壳子，我们是不敢问津的，很贵，他一下就抽完一盒，我们都很佩服，当时他作为云南大学的唯一几个二级教授之一，穿一套呢子制服，抽最好的烟。

采访者：您研究生毕业后去了哪呢？

顾士敏：去了民族学院，也就是现在的云南民族大学。

采访者：您是怎么到了民族学院的？

顾士敏：去民族学院其实也是有原因的，当时马耀院长就把让我去考研的这个恩师要去，结果我也就跟过去了，然后马就说办学报。当时我觉得这个工作很不错。当时历史系非常"左"，我们家庭出身不好，所以云南大学只留了林超民，我们其他人全部走人。

采访者：您到了民族学院过后是教书还是做学问或者做其他什么呢？

顾士敏：12月的时候，我被分到民族学院。12月过去，第二年3月就开始办学报。要办那种大板报。学报这一块我当时主要负责历史、经济，然后就待在编辑部，这一待就待了 10 年。

采访者：后来您还是一直待在民族学院？

顾士敏：1993 年的时候我回到了云南大学。

因为当时民族学院整个学报编辑部六七个人中只有我一个人是汉族，其他都是少数民族学院。我家以前住在潘家湾，要骑车经过一二一大街去民族学院上班。有一次在路上遇到了林超民，他说："你老兄又不是少数民族同胞，待在民族学院干什么？"我想了一下觉得他说得很对，就跟他说，那你把我调回来嘛，他就把我调回云南大学了。这样我就来到了云南大学，在云南大学一直待到我退休。

见证：人类学从建立到崛起

采访者：顾老师从 1993 年开始在云南大学任教，您也算是见证了云南大学人类学的建立及发展，您能跟我们分享一下这个经过吗？

顾士敏：云南大学人类学的定位是复兴，而并非兴起。西南联大来了以后，传播了很多新的观念、新的思想，就有了新的学科，有了全新的师生关系。

1952 年，云南大学院系调整，人类学、社会学都被打成伪科学。70 年代之后开始复兴，人类学、社会学全部都并到民族学之下。80 年代后，从民族史——人文社科类学科云南省的第一个博士林超民开始。我们与别的学校不同，云南大学的人类学从历史系开始复兴。历史系下设 5 个专业：历史学、世界史、人类学、社会工作、国际事务。当时第一届人类学专业的学生我知道的有一名，就是现在历史档案学院的副书记赵永忠。

要说云南大学人类学真正的建立及发展就不得不说林超民。说起林超民，他和我当时算是云南大学的第一批研究生。还记得当时我们班上一共有 7 个研究生，只有林超民一个是党员，所以他就是我们的班长。

虽然云南大学人类学 1992 年就有了，但到 1996 年人类学与社会工作才独立成系。1996年的时候王筑生来到了云南大学，这算是云南大学人类学的一次"大跃进"。王筑生是个很厉害的人，过去有一部电视剧《武则天》，里面有一个情节是武则天跟别人说，你们不是个个都想穿这件皇帝的袍子吗，你穿穿看像不像。无独有偶，一次在一个会议上，费孝通说现在有五六个人准备穿中国人类学、社会学掌门人的袍子，你王筑生也算是一个。后来王筑生早逝，尹绍亭调了过来。在尹老师的带领之下才真正将民族学、人类学的那些专家并未发挥的优势发挥出来，因为在当时，只是将民族学作为做民族调查的一个工具。

云南大学民族学经历过两次大的转折：一次就是王筑生老师他们的回归，另一个就是尹绍亭老师的到来。人类学兴起于第二次世界大战当中，同时这个学术研究中心也从北京来到昆明，50年代民族调查是民族学的第二次兴起，因此有一部分骨干留在了云南大学。当时民族调查的组长是宋恩常（东北人，人称中国的摩尔根，研究中国的婚姻家庭），费孝通是副组长。当时周恩来总理来云南大学的时候提出云南大学要注重地方史的研究，因此方国瑜先生就被用起来了。但是研究云南民族，特别是被称作活的社会发展史的，研究主体还是在民族学院。几乎可以说从原始公社起的很多遗存都在云南地区得以保存，当时研究各个民族的专家都在民族学院。然而自从王筑生来到云南大学，这一研究重心就转移到了云南大学。第二次可能要算是尹绍亭老师调回云南大学，当时王筑生英年早逝，尹绍亭老师来到云南大学，使得云南大学人类学进入了第二次大转折时期。

一个学科的发展和一个人的发展一样，机遇很重要，所以作为一个领导，抓住机遇很重要，要有眼光要看得准。我记得，年轻时候读柳青的《创业史》，"人生有很多岔路，在很多路口往往几步就能决定人生"，路遥的小说往往都在讲这个命题。云南大学就是抓住两次机遇，一次是将中国最先进的文化嫁接在了云南大学这块古老的土地上；第二次就是让它凤凰涅槃。

采访者：您能跟我们详细谈谈王筑生先生吗？

顾士敏：王筑生是一个很有意思的人，很有才，也非常有趣。当时的学生学习的外语不是英语,而是俄语,再加上王筑生的班主任,省政协副主席习克敏有白俄血统,一口俄语说得很溜,所以王筑生的俄语功底也很不错。

我前面说王是一个很有意思的人,这里可以给你举一个例子。"文革"时候,有八个样板戏很流行,现在很多人都知道的《红色娘子军》就是其中一个。那个时候是用芭蕾舞的形式表现舞台效果的,一般的芭蕾都是穿着白色的纱裙跳,但是那个时候的《红色娘子军》是穿着短裤跳,他就调侃说,没见过穿着裤衩跳芭蕾的,大家听了都笑。

他毕业后被分配到云南人口第一大县、最穷困的农业县镇雄,这个地方到现在都是"大名鼎鼎"。他就利用在那里的时光学习英语,天天背单词,一个单词一旦记下来就终生不忘。后又考到民族学院读经济学硕士,因为有外语基础,再后来就公派留学了。

1987年,王筑生被公派到美国学习经济人类学。其实在我们那个时代,融入美国是一件相当难的事情,至少说在他那一代是不可能的。所以对于他来说,当时在美国只有三条路可以走:红、黄、黑。第一条红路,即融入主流社会从政,但这几乎不可能,美国很难接受一个黄皮肤的公务员;第二条黄路,即下海从商,但是那个时候在美国街边卖牛仔裤、T恤衫就能发财的日子也已经一去不复返了,所以也行不通;就剩下最后一条路了,也就是黑路,也就是做学问。但是当时在美国哪怕做学问也是很不容易的一件事,在美国做学问一年要修3—4门课,一年内还必须出著作,哪怕只打印50本也得出,这个压力是很大的。当时国内的学术环境正是百废待兴之时,亟须一批有识有志之士。所以后来王就归国发展了。

毕业回国后,最开始是在中央民族学院,在那里待了一年多。一年之后他回昆明,来到了民族学院,当时民族学院的规模很小,我1982年去时也只有六七百人,他在民族学院也只是待了一到两年的时间。后来才来到云南大学,他回云南大学也是一个很有意思的过程。

1994年我在云南大学当班主任,当时有5个专业,每个专业每年招

20个人。因为当班主任的缘故，要送学生去炮兵第四师军训。在路上遇到同样送自己女儿去军训的林超民，我跟他一起坐在老图书馆的柏树下聊天。我还记得，当时他第一句话就说，可惜了，王筑生回来的消息我知道得晚了。我跟他说，不算晚，我去跟他说，一准把他挖过来。

王筑生当时在民族学院待得不是很情愿，他一个受纯正人类学训练出来的人，当时在民族学院历史系教高年级英语，反而他的妻子杨慧被派到民研院去了，这和他当时的设想出入很大。他本来想做"泰国北部的云南人"这个研究，但后来这个课题又让段颖做了，所以他当时的确是有点郁郁不得志。后来我就跑去跟他说让他到云南大学来。民族学院那边便说要走就两个一起走，这对于他们两夫妻来说正是求之不得，就这样王筑生和杨慧都来到了云南大学。

王筑生1996年回到云南大学，1997年参加高级研讨班，1998年检出肝癌，1999年去世，真真是英年早逝。当时林超民还为其写了一篇文章叫作《闪亮的流星》，详细地介绍了王的一生。

参与：你道人类学为何物？你道人类学家是什么？

采访者：人类学当时对大家来说可能还有点陌生，顾老师能说说当时的人是怎么看待人类学的吗？

顾士敏：一九九几年那个时候人们对于人类学的认识是很空白的，这种空白我用一个经历可以做一个说明。事情发生在1994年我做人类学系班主任的时候，当时在东二院三栋有个招生的桌子，那个时候我坚持每天守在那张桌子前面等学生。别的老师会觉得有点奇怪，但是我跟他们说我这么做是有自己的道理的。当时送学生到这边来的家长最关心的问题就是什么叫人类学。家长第一句话总是问我，这个学科是做什么的？是不是搞计划生育的？可见人们对于人类学理解上的空白。

其实一直到现在，整个社会对人类学都还是很陌生的。让我说，其实就一句话，这门学科就是研究人类如何生活的一门科学，人类分属不同的族群，才有既定的时空、习惯，在不同族群中，就有不同的语言、文字、文化习惯，我们对异文化的体验。所以很多东西放到我们学科里面都不冲突，这也是为什么很多原本不是搞这个学科的人，最后都能在这个学科里做出成绩。这门学科的很多大家都不是本专业出身，田汝康原来在复旦大学搞考古学，林超民是搞民族史的，尹绍亭原来是学环境保护的，但是你看他们最后都在人类学里找到了自己的位置。

采访者：您提到了很多中国著名的人类学家，您觉得这些做人类学研究的学者身上都有哪些特性？

顾士敏：百折不挠，不畏艰险。像我们这一代的人，一直做人类学研究当时在中国并没有这个条件，或者说在我们那一代这样的机会很少，甚至将来也很少。比如很多欧美学者可能在非洲一直做下去做一生，我认识日本的一个人类学家做大理白族的研究，能够说一口非常地道的大理双廊话，所有的俚语都熟悉。其实俚语对于很多研究来说都是既重要、又很困难的一个点。比如说诗词用其他非母语的外语在很多时候就无法翻译出妙处，大家虽然能侃但他未必能听得懂那些俚语，其中那些幽默奥妙和外人听不懂的地方反而是最精彩的。像人类学者就能在这些地方做好，我知道的那个日本学者就是这样。

八九十年代那个时候，是中日蜜月期，人类学方面随时都有日本学者来，有专门研究藏族的日本学者，看到藏族马上就能用藏语和别人交流，不得不承认有些方面日本人比我们做得细致。当时很多女生到香格里拉藏区，不能吃酥油茶，买了洗衣机回去不能用，因为藏族人不怎么洗衣服，那些女生一开始不喝酥油茶，很不合群，过了三四天后却主动去找酥油茶喝，因为无法排便，很多人就是饮食关都过不了。

做人类学就需要这样的一种精神，不屈不挠，坚定信念，一生都扑在上面。远的不讲，费孝通结婚以后带着新婚妻子王同惠到广西考察，他是浙江人，结果到了广西他妻子就再也没能回来，掉进了捉老虎的陷阱里；

像云南大学的江应樑先生，广西人，到云南来后，第一次写出了车里的白彝、沙甸的回族屋，最早的社会调查，人家是用了毕生心力在做。江应樑先生一辈子做傣族，江应樑先生的儿子在云南民族大学，后来还娶了个傣族媳妇，还继续研究傣族。很多人和他在当地所研究的民族都建立了很深的感情基础，因为既然想做这个事，必须先扎进去。

像宋恩常先生，被称作"东方的摩尔根"，云南民族调查的时候，他是组长，费孝通是副组长，宋先生做讲座时就说虽然他被称作"东方的摩尔根"，是研究婚姻家庭的专家，但他平生没结过婚。那批专家留下很多人：第一次留学西方的学者，费孝通、吴文藻他们；第二次民族调查的宋恩常、汪凌声他们，他们当时所做的研究留下很多影片；第三次就是林超民兴起人类学，这是一个很有意义的事。他们身上都表现出这种百折不挠，不畏艰险的特性。

另类人类学视角：中国传统文学与人类学的一次亲密接触

采访者：顾老师是一个国学功底很深的人，从您对于中国哲学思想史的梳理及对《红楼梦》的研究就可以看出来，那顾老师可不可以从这个角度谈一谈云南大学人类学这个学科的发展？

顾士敏：前面我说过，人类学是一个很有包容性的学科，所以其实在人类学论文的书写的时候也可以活泼可爱，不必要局限于一个很固定的模式里。我主张研究生的论文一定要写得有感染力，要生动，千万不要死板。比如我看到的《我和普者黑的第一次亲密接触》就写得很有意思，这个名字就很吸引人。

我1982年到民族学院，1993年回来，2011年我回来后，熟人问我云南大学好不好玩，我说不好玩，还是民族学院好玩，少数民族就是吃吃喝喝，云南大学不好玩，就是擦肩而过，彼此不讲话，都是在自己的世界里钻研学问。虽然如此，但是云南大学所体现出来的包容性却很好，好的大学就是能融汇一些"奇奇怪怪"的文化。人类学系也应当能包容。

但这并不是说一味地包容所有的东西，做人类学的看待一个问题应该既要有包容性地看，也要有自己人类学的视角。比如我们在考虑是不是傣族这个问题，其实它涉及的是自我认同的相关问题。可能都叫傣族，但实际上差异却很大，如区分旱傣和花腰傣，西双版纳的傣族和德宏的傣族都不能沟通，西双版纳的傣族管小姑娘叫小朴少（音译），德宏叫小公因（音译）。很多地方语言文字不一样，但是不可否认，它们两者都是包含在一个叫傣族的大民族之下的。现在云南民族大学民族文化学院的院长，他和他妻子都是傣族。他的妻子在广播电视台工作，电视台的人拿她打哈哈，说傣族小姑娘十六七岁开始成人了，晚上就有帅哥用花毯裹着谈恋爱。在这个问题上，人类学家米德就写过《萨摩亚人的成年》，青少年时代性自由，不会导致忧郁症，所以说明忧郁症是一种文明病，这个其实也就是一种人类学家的视角。有人就说傣族小姑娘太划算，没有父母管教多么快乐，但是其实并不完全是这样，至少在这个在电视台里工作的傣族女人那里不是这样，她既不是版纳（今西双版纳傣族自治州）的傣族也不是德宏州的傣族，她家乡是在陇川，但是每天被取笑着也就习惯了。后来座谈会上有人说小青年没有拘束搂搂抱抱，她就说你们汉族老大哥谈恋爱要先进得多，傣族谈恋爱还要个毯子，你们是连毯子都不用要，也是狠狠地还击回去了。这个就是风俗和习惯，很多人对于生活中的风俗习惯处于潜意识或者无意识的状态里，就像小说中的意识流一样，只有在人类学中才会发现它的真的意义，"每个东西都不会凭空而来"。这就像我们刚才说的玛格丽特·米德写的《萨摩亚人的成年》，很多地方具有这种公房制度，允许少男少女的性自由，避免很多冲突。最近我在看蒋勋说红楼，他将整个红楼解读成"是青春的骚动"，这个在一定程度上也是一种人类学的看待问题的角度。

采访者：顾老师提到《红楼梦》，可以看出您非常喜欢《红楼梦》，您能跟我们分享一下您与《红楼梦》之间的那些事吗？

顾士敏：我记得我曾经在农场的时候就很爱看书，白天没时间看就晚上看,这个习惯一直保持到我女儿小时候。当时她8点多钟要上幼儿园,晚上要领着她睡着,三四点我又起来看书、写文章。我很喜欢这样,因为那时候安静,脑子好使,白天纷纷扰扰的事情太多了。

我们当时一家四口(包括弟弟在内)挤在一个12平方米的房子里。后来弟弟结婚要用房子,我们只好搬出来,算是无家可归了。也正是因为没有地方去,所以天天待在省图书馆看书。有时候我会在省图书馆或者农场看一整天书,有时候也会买点便宜的书,新华书店外面地摊上有几分钱一本的书。后来读了不同的《红楼梦》的版本。

跟周汝昌先生建立联系也是一个很有意思的过程,当时我在省图书馆看他的书,看了书有些想法,然后就写信给他,寄到人民文学出版社,他的编辑将信送到他府上,后来他给我回了信。当时很迷《红楼梦》,买了很多版本,自己研究《红楼梦》,我跟他通第一封信的时候,毛泽东还在世。后来我1981年到北京去他家,1986年他来贵阳开会我也与他会面了。

我可以找找当时跟他通的第一封信给你们看一下,你看,这个第一封信"顾士敏同志,十卅来信今晚由出版社转到,读后很感动,也很惭愧,如果真如你所说,拙著对你的思考以及对你的问题小有帮助,实在深感荣幸,请将大稿挂号寄出,是否不太长,如果有条件,盼能用复写纸誊清,字再放大些,将蓝靛纸下面的一份副本寄给我,以便病目,正本可自留做存底之用,希望这样,但假如你时间条件有困难,再想变通办法……通信草草,如有怠慢……xx胡同"。信是寄到《民院学报》编辑部的。后来的信就是"xx吾兄,贵阳匆匆一聚……"再后来,周汝昌先生每出一本书都会寄给我。

采访者:顾老师能聊聊您对《红楼梦》的研究吗?

顾士敏:其实说起来对红学的研究,我谈不上,因为在云南这个地方,资料非常缺乏,不像他那样,燕京大学,又是英文极好的老先生,还得到胡适的指点。当时《红楼梦》最早的祖本就在胡适手里,后来被带到美国去了。我们这一代要在学术上做出成就好像都有两个特点:第一反潮流,第二就是得到高人的指点。你看，林超民老师有方国瑜先生指点，尹绍亭受杜玉亭指点，我算是得到了周汝昌先生和李埏先生指点。这个里面规律性的情况，就是如果你要有所成就，主客观要结合，一定要有人指点。根据主客观条件，就要走出自己的路。第二就是总有一些人在文化上起着"薪火相传"的作用，只有这样文化才能传承下去。有时候，"自古传芳名儒贤士"需要主客观的机遇。我当时自己主观条件，就是一生读书，不结婚不富裕，只要读书也是可以的，也是一种选择。这也是为什么当地农场里的人问我是不是想要跟书过一辈子的时候我的回答。生命的意义就在于选择，存在主义的名言，存在就是被选择，世界上没有两滴水是相似的，所以更不存在两个生命是相似的，所以我们就要强调个性，有人指点，就会立下志向，就会为文化做出贡献。就像《士兵突击》里，士兵许三多说人要活得有意义。

当时的文化时局大范围地打击传统文化，但是有那么一帮反潮流的人却要反其道而行之，就要去看书，肯定传统文化。我并不算是反潮流主义者，我去看那些书完全是因为自己很喜欢。传统文学像《红楼梦》，对我的影响是很大的。与周汝昌先生的交流也使得我受益终身。因为《红楼梦》当时的祖本被胡适先生带到美国去了，我们能看到的只是一些其他的本子，但也算是接触到了。

采访者：顾老师不光只是喜欢《红楼梦》，还做过中国哲学思想史方面的梳理，那顾老师您是出于什么样的心态想要去做这样的一个梳理呢？

顾士敏：一是当时大学生的状态，特别是"文革"时期的很多大学生都不知道儒学经典，这一点很可悲。此外，还有一点就是我从1984年起就开始上中国思想史这门课，一直上到1992年。当时云南大学找我也是希望我过来上这门课，因为当时云南大学历史系没有这样的课，所以我过来以后就一直上这个课。这也算是我自己的一个经历，所以我也想要做中国思想史的一个梳理。一来是鼓励了后学，二来是我自己的兴趣，有时候用人类学的视角去看待有些问题会觉得特别有意思，就像前面提到的："青春的骚动"。

时代寄语：一个人的梦和一个人的追求

采访者：那您看您这一代学者和现在的年轻人有什么区别呢？在做学问方面又有什么特性呢？

顾士敏：我们那一代人比较复杂，你们呢很单纯。

我们那一代人当时 30 上下，那时候就有人说这一代人出不了雷锋，太复杂了，但是他却正像宝石一样，因为它具有一些杂质，但也正是因为这个会使得它更坚强更璀璨，更具有它内在的光与热。因为这一代人就没有一帆风顺过，坎坷岁月、蹉跎岁月造就了他们。不过这个经历看下来并不是好事，但也未必是坏事。像你们学生的父母亲跟你们说过最多的话就是太幸福了，没有吃过苦，有时候要自讨苦吃，吃点苦是有必要的。不然就没有韧性，就是一颗玻璃心，易碎，虽然心有千千结，但自己永远解不开的话就太可怕了，人有时候要自我说服，要学会妥协，才能实现自我。

人有这几层的需要，安全、爱与被爱、尊重与被尊重、自我实现。就像现在有人说的，有一些小青年为什么喜欢飙车，因为念书的时候就是学渣，出来找工作之后有点钱，买一辆摩托，他们就在飙车中实现自我的价值。任何人做任何事都要有一定的度，任何人都不可能随心所欲地生活，但要在有限的范围内尽可能地达到生命的高度，这才不会枉为人。人生最大的幸福就是理想和现实合为一体，因为如果说你的理想是一个音乐家，但现实中你只能销售电脑，那就很痛苦，理想和工作合为一体，就更加的幸福。幸福不是嫁到迪拜的中国女孩一天两万元的零花钱，我认为幸福就是理想现实的合二为一，你要仔细区分理想，理想就是合理的梦，不是幻想也不是空想。是要能够实现的，我一定要去实现的，我就踏实地追梦。这也是我对于像你们这一代的年轻读书人的一点经验之谈。

采访者：前面顾老师在讲自己的经历的时候可以看得出您是非常爱

"书"的一个人，那您能谈谈您是怎么看待读书这个问题的吗？您对后学又有哪些寄语？

顾士敏：就三个字："多读书"。

我记得那时有一个研究生去念江应樑先生的博士，江先生就说先去念100本书再来说话，不然面目可憎、言之无物。后来学生问他别的专业的书算不算？金庸的算不算？江先生说算，什么书都要念。多念书就是，千万不要只会念专业书，特别是人类学、民族学，就是要念各种的书，像范文澜先生的《中国通史简编》等都是要看的必读书目。当时的云南大学就有很多同学探索这些稀奇古怪的事情的意义，这样就会非常有价值。就像黑格尔所说的，太阳底下没有新鲜事，存在即合理，任何存在都有它的价值。多读书，你自然就能看明白很多东西了，这些东西的合理之处在哪。

有人说："一命二运三风水，四积阴德，五读书。"一命，其实也就是说出身，它是无法选择的；二运，若要实现自我，这里面有些叫作运气的东西，当然，这也是无法把握的一点；三风水，这里说的是当生命资源非常匮乏，但是仍然能将自己的人生演绎得风生水起，生命困乏但仍然能自得其乐、自得其所的一种东西；四积阴德，说的是人的善良的本性，要行善，也是人们常说的不忘初心，方得始终；五读书，读书以后怎么找到超我，这个也是一个人身上最能体现其修养和修行的地方，其实读书不仅仅是说"读书"而已，读书还是一种生活状态，一种自我修养的方式。

采访者：罗宁，云南大学民族学与社会学学院民族学专业2015级硕士研究生；陈滢至，云南大学民族学与社会学学院民族学专业2016级硕士研究生。

亚洲、太平洋的海洋和森林：
生态人类学的足迹与前景
——秋道智弥教授访谈录

秋道智弥，日本国立民族学博物馆教授，日本综合地球环境学研究所名誉教授、国际知名生态人类学家。他的学术兴趣是不同的资源管理方式对地方社区和生态的影响。他在东南亚、大洋洲和日本进行了广泛的田野调查，论著十分丰富，各种成果多达数百种。研究足迹遍及日本列岛、大洋洲、东南亚和中国云南，研究领域涉及海洋人类学、生态环境史、人类对自然的所有权、渔业管理、生态与人类健康之间的关系、食物文化等。

陈建明：秋道先生，您好！记得我是2002年7月在日本国立民族学博物馆举办的湄公河流域开发研讨会[1]上见到您的。会后，您带领我们云南同行参观了你们在京都的研究所，还请我们品尝了日式午餐。当晚的祇园祭真热闹啊！对此，我仍然万分感谢！

但是，关于您的生态人类学研究，一直没有当面请教的机会。今天大概就是这样的机会了吧？请问，您是何时开始从事生态人类学研究的？

---

1 "湄公河开发：来自中国云南的观点"（Mekong River Development：Viewed from Yunnan, China）国际研讨会，由日本国立民族学博物馆地域研究企划交流中心主办，阿部健一和陈建明主持，2002年7月17日，日本大阪。大阪和泰国曼谷研讨会后出版了论文集《助推湄公河流域可持续发展》（Abe Ken-ichi, ed. *Mediating for Sustainable Development in the Mekong Basin*. International Symposia, JCAS Symposium No.25. The Japan Center for Area Studies, National Museum of Ethnology, Osaka, 2006）。

秋道智弥：当初我参加了在京都大学理学部动物学班和东京大学理学系大学院人类学班的学习。在此过程中，我对与自然相关的人类生活和智慧产生了兴趣，立志从事生态人类学领域的研究。

到目前为止，我以日本为基点，在海外进行了对大洋洲、东南亚和中国的调查。其中，有一贯追求的主题和按照季节而展开来的主题。由于我在调查之初对海洋感兴趣，因此调查目的地也大多是各个岛屿和沿岸地区。

大致看来，从20世纪70年代到80年代，我在大洋洲地区的所罗门群岛、密克罗尼西亚、巴布亚新几内亚、瓦努阿图、萨摩亚、马克萨斯群岛、复活节岛进行了调查。

20世纪90年代，我在东南亚的印度尼西亚东部、菲律宾中部、马来西亚、泰国南部等的岛屿和沿海地区进行了调查，在进入21世纪的15年间，我还在中国云南省和东南亚大陆湄公河流域的泰国、老挝、柬埔寨进行了调查。

在此期间，我在日本琉球群岛的奄美、冲绳、宫古、八重山群岛以及岩手县、山形县、岛根县等不同的地方进行了调查和实地研究。2011年3月11日东日本大地震之后，我参与了从1999年开始举办，一直延续至今的于岩手县大槌町举办的震后重建调查和专题讨论会。

今天，我虽然不一定沿着时间序列展开讨论，但是在触及生态人类学做出的贡献及其意义或者其界限的时候，我想介绍一下这个重要的课题。此外，我尽可能介绍中国研究人员熟悉的话题吧。我这里准备了一些图，在讲解的过程中，我会利用它们来加以说明。

陈建明：云南远离海洋，属于喜马拉雅山系青藏高原东部以下的横断山地，因此我们对海洋的实地调查十分神往。我听说过里弗斯的《美拉尼西亚社会的历史》[1]、马林诺夫斯基在大洋洲的新几内亚、美拉尼西亚和特罗

---

[1] W.H. 里弗斯：《美拉尼西亚社会的历史》，剑桥：剑桥大学出版社，1914年（William Halse Rivers, *The History of Melanesian Society*, Cambridge：Cambridge University Press, 1914）.

布里安群岛的考察及其三部曲[1]，读过玛格丽特·米德《萨摩亚人的成年》[2]和日本雕刻家、诗人、民族志专家土方久功的《密克罗尼西亚萨塔瓦尔岛日记》[3]。您能否给我们详细讲一讲您在日本和大洋洲的实地调查？

秋道智弥：好的。这涉及海洋人类学，其调查地点在珊瑚礁海域。

首先从物候学讲起。在日本，从远古时代到现代，在和歌、连歌、俳句的世界里，季节语汇有着重要的作用。日本有春、夏、秋、冬四季，因此能微妙地感觉到季节变迁的自然变化，各种季节语汇应运而生。我们只要听到某个季节语汇，就会想起特定的场景和季节。如樱花指春天，红叶和月亮指秋天，而杜鹃鸟指夏天，雪已成为冬天的代名词。江户时代

---

[1] B.K. 马林诺夫斯基：《西太平洋远航探险队》，普罗斯佩克特·海兹：韦夫兰出版公司，1984 年 (Bronislaw Kaspar Malinowski. *Argonauts of the Western Pacific*, Prospect Heights：Waveland Press, Inc, 1984)；B.K. 马林诺夫斯基：《美拉尼西亚西北部野蛮人的性生活》，伦敦：路特雷奇 & 基根·保罗出版社，1932 年 (B. K. Malinowski. *The Sexual Life of Savages in North-Western Melanesia*. London：Routledge & Kegan Paul, 1932) 和 B.K. 马林诺夫斯基：《珊瑚花园及其魔法·2 卷》，伦敦：路特雷奇出版公司，1935 年 (B. K. Malinowski. *Coral Garden and Their Magic*. 2 vols, London：Routledge Press, 1935)。

[2] 玛格丽特·米德：《萨摩亚人的成年：为西方文明所作的原始人类的青年心理学研究》，纽约：威廉·莫罗出版公司，1928 年 (Margaret Mead, *Coming of Age in Samoa：A Psychological Study of Primitive Youth for Western Civilization*, New York：William Morrow & Company, 1928)。

[3] 须藤健一编：《土方久功文集卷 4——浮木：密克罗尼西亚萨塔瓦尔岛上的生活》，东京：笹川和平财团，1997 年 (Sudo Ken'ichi ed, *Collective Works of Hijikata Hisakatsu, Vol.4 - Driftwood：The Life in Satawal Island, Micronesia*. Tokyo：The Sasakawa Peace Foundation, 1997)。此外，还有马撒·沃德：《风中鸟巢：一个热带海岛上的人类学探险》，普罗斯佩克特·海兹：韦夫兰出版公司，1989 年 (Martha C. Ward, *Nest in the Wind：Adventures in Anthropology on a Tropical Island*. Prospect Heights：Waveland Press, Inc, 1989)、弗雷德里克·达蒙：《从木宇到特罗布里安群岛：沿库拉圈北侧的变迁》，图森：亚利桑那大学出版社，1990 年 (Frederick H. Damon, *From Muyuw to the Trobriands：Transformations Along the Northern Side of the Kula Ring*. Tucson：the University of Arizona Press, 1990)、弗雷德里克·达蒙和罗伊·瓦格纳编：《库拉圈各社会的死亡仪式与生活》，迪卡尔布：北伊利诺伊大学出版社，1989 年 (Frederick H. Damon, Roy Wagner, eds, *Death Rituals and Life in the Societies of the Kula Ring*, DeKalb：Northern Illinois University Press, 1989)，等等。

(1603—1868）俳句盛行，季节语汇的数量也增加了，1803年曲亭马琴的《俳句岁时记》里的季节语汇达到2600个。在现代，收录在《岁时记》里的季节语汇多达5000个。

绳文时代（前12000—前300）的人们已经掌握了春夏秋冬四季陆续出现且可利用的资源，把它作为生活的智慧。这可以从废墟里根据季节由食物残渣而形成的地层推测出来。总之，绳文时代的人们利用山、川、海里的多样资源而生活。考古学家小林达雄称此为"绳纹日历"，认为绳纹时代的人熟练地利用了各种环境。我们也受到考古学家的观点的启发，称这种适应季节性的人类活动为"日历编制法"。

实际上，在现代社会，与"日历编制法"相关的知识也已经家喻户晓。例如，在琉球群岛的八重山群岛，每到4月，长着红色大圆花的刺桐就盛开了。刺桐是豆科落叶乔木，拉丁学名叫Erythrina variegata，已经成为冲绳的县花。八重山群岛的糸满市海上渔民认为刺桐花盛开的时候，珊瑚礁海中的"密拜"鱼就进入产卵期，"密拜"鱼是鲭科鱼的总称，在汉语中称为"石斑鱼"。

"密拜"鱼具有以产卵为目的的群游特性，此时可以期待捕捞大量的鱼。因此，海上渔民极为关注陆地上的刺桐。虽然刺桐的开花和"密拜"鱼的产卵都是生物学现象，但二者的季节同步性以及两者之间的因果关系并没有得到科学的证明。与其说充分考虑到海洋温度的增加与大气温度具有相关性，还不如说海上渔民有可以共享的经验知识吧，对这样的自然现象变化相关的研究就叫物候学。

陈建明：这点可参见中国科学家竺可桢的物候学研究。

秋道智弥：是的。"密拜"鱼的产卵群游是从外洋进入珊瑚礁浅海区的，常常出现在被称为水口的水道周边。因此，海上渔民都瞄准水口周边的渔场。结果，引发了过度捕捞的倾向，并且海上渔民之间还出现了不断争夺渔场而引起纷争的现象。正因为有这样的背景，目前采取了在产卵期间若干渔场禁渔两个月的措施。

事实上，我对渔场的选择很感兴趣，收集并发表了下面所述的许多琉球群岛的案例。首先是在所罗门群岛马莱塔岛东北的拉乌渔民的工作手法。

其次是冲绳岛糸满市的置网捕鱼与圈绳定界制度。

像拉乌人的渔场使用的惯例不一定见诸世界各地。在日本进入封建时代以来，沿岸海域被视为陆地村庄的专有海域，而近海海域则被作为共同利用的海域被划分出来，该行为被称为"入会"，即共同使用。甚至从近代明治维新以来，沿用了先例原则，沿岸海域和近海海域的海洋所有权的二元结构得到保护，直到现代。沿岸采集海藻和贝类的权利只限于该地域渔业工会会员，其他人进来捕鱼被认为非法而课以罚款。然而，我有一个假设，就是即使同一个系统适用于全国，也应该有区域性的独特惯例。

因此，可以审视一下在冲绳县冲绳岛南部的糸满一带采用的置网捕鱼渔场习惯做法。置网捕鱼法是"干网"的一种，源自"使网干涸"的意思。置网的中心装有囊网，两侧是翼网。随着退潮，鱼被引诱前往中央的囊网。

我对使用置网捕鱼法的渔场感兴趣的原因是对各个海上渔民每日如何分配使用特定下网渔场的疑问，渔民们如何最大限度地使用捕鱼场所而又不引起冲突。调查发现，渔民们下网的地方是特定渔场，称为"益西压"，就是"珊瑚之家"的意思，它们均匀地分布在糸满一带的海上。每一个"益西压"已被命名。然后，我还发现，渔民们禁止在"益西压"的周边下网，在必要的情况下需要得到许可。这样的非正式协议在置网捕鱼从业者之间得到相互承认。从事置网捕鱼的海上渔民被称为"安部西撒"，而他们的非正式协商会议被称为"安部西巨里"。

在某一地方撒网而不使用周边的渔场，这就自动地实行"圈绳定界"。"圈绳定界"的范围在当地被称为"特以期"。

幸运的是，我当了乌先生的学徒，他从事置网捕鱼的工作。我们一同出海前往该海域，以便得到详细的信息。最重要的是，乌先生已经保存了记录渔船出海捕鱼的日志，还进一步记录了所有鱼的种类和数量。这并不是因为乌先生的一丝不苟，而是与糸满的特殊情况有关。那里有一个习惯，即渔民的妻子售卖她们丈夫捕捞的鱼。她们用桶或竹器装鱼，头顶运输。她们不仅在小镇中卖鱼，甚至从糸满步行约 12 公里到那霸去卖鱼。卖鱼赚到的利润部分返还给她们的丈夫作为本钱，剩余部分作为她们的纯收益储存起来。在糸满，这种交易行为被称为"瓦达库萨"，是接近"私人财产"的意思[1]。

乌先生过去的捕鱼日志我借来读过，其内容可以分为两年来分析。我十分感谢他和他的慷慨。在此，我使用了大约 10 年前我在所罗门群岛所使用的确定渔场的类似方法。这次使用彩色航拍照片，有可能以更清晰的图像来识别"特以期"的位置。

由于彩色照片的原版小于 25 平方厘米，因此我制作了一张由此放大的大纸印刷地图，记录所使用的渔场的各年、月、日所捕获的数量和鱼类。关于使用渔场，渔场共用的间隙越短越好。我认为这包括其他人使用的可能性。结果，1 年中利用过 5 次的渔场占全部渔场的 80%，累计频率分布也是明显的。

此外，从夏、秋两季冲绳经常受到台风的袭击。虽然有时大海被台风搅乱，但有鱼隐藏在珊瑚岩石里面，在特定的渔场也有捕捞很多鱼的几率。这样的捕捞活动战略可以通过调查台风后期阶段特殊渔场"益西压"的使用频率和使用季节制定出来。如上所述，仅仅根据官方规则是不可能了解捕捞的实际情况的。可以明确的是，置网捕鱼方法中有圈绳定界的存在，而且渔场一般可以分为经常使用的渔场、有限使用的渔场和台风后的专用渔场。这就是生态人类学研究的一个典型案例吧。

---

[1] 陈建明按：从大多数渔业社会的现实来看，男女相对比较平等，女人在生活中扮演了非常重要的角色。男人负责出海捕鱼，女人负责卖鱼（Dona Davis, "Gendered Cultures of Conflict and Discontent: Living 'the Crisis' in a Newfoundland Community," *Women's Studies International Forum*, 23, No.3 (2002):343-353）。渔业社会中女性较多地参与市场和买卖，因此在经济上相对于农业社会女性来说比较独立，也更有责任心（Richard B. Pollnac, "Peoples of the Sea and Coastal Zone: An Anthropological Perspective," *Marine Science Information: An International Commodity*, 1986:37-53）（以上引自王利兵：《海洋人类学的文化生态视角》，《中国海洋大学学报》2014 年第 3 期，第 28 页）。这点就好像云南的傣族妇女从事农产品买卖一样。

再其次，珊瑚礁地名调查和渔民的行动战略。

1971年至1972年从对八重山群岛的调查开始，我就想在海外对珊瑚礁海域的渔民进行调查，地点定于毗邻日本的密克罗尼西亚。我认为即使没有成行，阅读有关地域信息的书籍和论文是必要的[1]，而且听一听到过现场的研究者的谈话也是重要的。因此，我拜会了民族学博物馆的石毛直道老师和金泽大学的畑中幸子老师，聆听了他们的故事。我得到了各种建议，其中畑中老师建议我去巴布亚新几内亚，而不去密克罗尼西亚。我请教过她好几次，其中一次曾经直追到她在新干线的家中。我毕竟是研究生，没有钱买飞机票，于是在1974年12月，从横滨出发，乘客船一周后，于早上到达新不列颠岛拉包尔港，从那里入境巴布亚新几内亚。当时的巴布亚新几内亚虽然自1964年以来就有了自治政府，但是基本上是澳大利亚的托管地。我在海关收到电报，说尽快去莫尔兹比港的巴布亚新几内亚大学。我乘飞机从拉包尔飞到莫尔兹比港，见到了巴布亚新几内亚大学人类学讲座主任A.苏托拉森教授。他说，该国明年秋季将独立，外国人不能在此进行调查。我一时不知如何是好，最后还是放弃了在巴布亚新几内亚的调查，在马当短暂停留后，离开了这个国家，前往邻国所罗门群岛。

所罗门群岛当时是英国的保护领地，因此有关方面就调查地点和调查目的问了我很多问题。所幸的是，由于持有畑中老师的介绍信，我被允许在当年12月到次年3月进行调查。因此，我开始调查拉乌人的村寨。他们住在马莱塔岛东北的拉乌潟湖。

细节不再赘述，我只详细地说观察捕捞活动，每天出海捕鱼是唯一的方法。我每天在野外帐篷里不断记录详细观察到的出海捕鱼和捕鱼归来的时间、成员的配置、渔获物种类和数量、渔场的名称及其特征。

我的日常饮食是芋头、薯蓣等薯类和海鲜。那里没有卫生间，只有岩

---

[1] 陈建明按：今西锦司在第二次世界大战前对太平洋中西部卡罗利纳群岛波纳佩岛的生态人类学实地调查，其成果见《波纳佩岛的生态学研究》。(今西锦司:《ポナペ島:生態学の研究》，东京：彰考书院，1944年)。

石海岸供方便使用。除了一点点地学习拉乌话，我还完全掌握了洋泾浜英语乃至蹩脚的英语。

拉乌人生活在由珊瑚堆积而构建的人工小岛上。数十个人工岛面积不大，但是人口密度非常大。有为了逃避马莱塔岛的疟疾、方便捕鱼、避免与内地农民战斗的多种说法，我不知道真相。

在观察每天的出海捕鱼中，我逐渐认识到驱赶围网中，确定最终撒网的地方是首先要决定的事情。夜晚捕鱼，在漆黑一片中确定捕鱼的地方是很不容易的。有一次，岛上的行政长官 K 先生就未能在夜晚捕鱼中确定好适合的渔场，结果一条鱼也没有捕捞到。夜晚捕鱼，也禁止使用带来的手电筒，也就不能记笔记。

除了驱赶式围网捕鱼，我还尝试了不同类型的捕鱼方式，包括钓鱼、采贝、钓锯缘青蟹、使用虾蛄大前夹在虾洞里钓虾蛄等，共计 96 种。椰子的叶子切成短条状，重叠后固定在竹签上，做成风筝，加上鲨鱼皮等，即为钓鹤鱲鱼（又称颌针鱼）的放风筝捕鱼法。我把风筝的标本材料带回了日本。

最有趣的是，在使用驱赶式围网捕鱼的时候，要分别给所使用的渔场命名。与此同时，这里共有 120 多个地方是由特定的氏族拥有的。换句话说，通常是划禁渔区的，如果需要的话可以解禁，捕鱼结束后再次封闭。这些地方从 1974 年直到 1975 年调查中，我没有听到这样的细节，因此在 1990 年进行的再调查就收集关于禁渔区具体如何解禁的资料。禁渔区被解禁的原因是有独木舟的建造仪式、岛上重要的祭司和长老去世，或者基督教教堂的落成典礼、许多人集会的场合、必须制备大量的芋头和鱼的时候。住在马莱塔岛丘陵地带的农民在旱地里收获芋头等作物，但不可能收获大量的鱼；而渔民因为没有旱地，则不具有捕获鱼那样的机会去收获芋头。

这里，贝币是重要的交换物，他们对山羊海菊蛤、半圆粗衣蛤、黑旗江珧蛤等各个双壳类进行打制研磨，成为小圆状，在中央打孔，连接为珠串，为数达好几百、好几千。这是一个非常耗时的活儿。贝币分为红色、粉红色、白色和黑色。被称为"塔乎里阿埃"的贝币长 1.5 米，可换 1000

个芋头或100条中等的鱼。在人数众多的重要仪式和集会，如果你需要大量芋头和鱼招待客人，就要支付必要的贝币，进行交换，以获得其要求的食物数量。此外，1串贝币、1头成熟的母猪、1条由500颗海豚牙齿制成的项链被用作新娘的聘礼。

  话题回到有关海洋名称的故事。凭借镇上卖的那种地图，你看不到珊瑚礁细微的地形。因此，岛上的酋长及其男性的得力助手需要坐船去霍尼亚拉，准备将以前在政府办公室得到的航拍照片放大。在放大的照片里，分辨率达到能够识别1间房子的程度。此外，虽然是黑白照片，但是可以读取珊瑚礁浅海区的白色沙滩、呈补丁形状的珊瑚礁、被外海波浪打碎的海礁边缘梳状地形。

  我通过使用该照片，来收集关于海的权属方面的信息，有关概述已经于1975年和1976年用日文和英文论文的形式发表。有关拉乌人利用渔场的调查结果，已经成为有关大洋洲海洋人类学有价值的资料。文章得到4名国外研究人员的评审，《波利尼西亚学会杂志》接受投稿，于1978年发表。

  根据拉乌人的案例，珊瑚礁渔场拥有预先设定的所有权，未经允许是禁止使用的。拉乌人语称与海有关的事物为"阿斯"。潟湖宽宽的浅水海域被称为"阿斯哈拉"，即相当于陆地农耕用地"海上旱地"。"阿斯哈拉"的重要组成部分平常都是禁渔的，禁渔区通常被称为"阿斯阿布"。阿布也有"红色"的意思，但是这一波利尼西亚语词汇表达了与后来在英语中转写为"塔不"（tabu，taboo，禁忌）的相同意思。然而，"阿斯哈拉"中浅海藻床和沙地被划为任何人在任何时候都可以捕鱼的海域。这个海域被称为"阿斯莫拉"。莫拉是"自由"的意思，因此可以看出，这里划为自由海域。有人问为什么要进行这样的划分，因为据说需要存在一个没有珊瑚礁所有权区域的集团，为他们提供可以自由地捕鱼的地方。这也可以称为一个族群的食品安全保障系统。

  陈建明：秋道先生，您的海洋调查经验和成果，可以成为中国海洋人类学的重要参考，因为中国的海洋人类学研究仍然是薄弱的。在此，我还

亚洲、太平洋的海洋和森林：生态人类学的足迹与前景

要感谢您 2009 年寄给我的您的大著《插图本湄公河流域生态史》，据此我写了一篇书评[1]。在这个写作过程中，不免回忆起我在老挝、越南、柬埔寨、泰国以及在云南的田野考察。能否谈谈您和您的同事们在云南和东南亚的田野调查？

秋道智弥：是的，我一方面调查了海洋，另一方面调查了中国、老挝、泰国和柬埔寨的森林、河流、湖泊。为了明确地与水域进行对比，让我们看一看在中国云南省、老挝和泰国对野鸡进行的生态人类学调查结果。

野鸡与少数民族之间关系的调查，是在中国云南省、老挝和泰国进行的。被调查的对象是中国云南省的水傣、花腰傣、汉傣（旱傣）、基诺、哈尼、布朗，老挝的老龙、白苗、克木、白泰、泰叻，泰国北部的鲁阿、比斯[2]、阿卡、红拉祜、瑶、泰叻、傈僳。

野鸡有许多民俗称谓。泰傣语民族称鸡为"盖伊"，野鸡为"盖伊巴"或者"盖通"，家鸡为"盖班"。"巴"表示"森林"，"通"表示"山林""班"表示"村"。老挝的白泰称家鸡为"盖班"，野鸡为"盖索多"。"索多"的意思不明。苗瑶语族的瑶族称鸡和家鸡为"其艾"，野鸡为"诺其艾"。藏缅语族的基诺族称鸡为"雅"，野鸡为"培雅"。"培"是野生的意思。哈尼族一般称鸡为"雅"，野鸡为"雅尼"，家鸡为"雅其"。"其"是家的意思。拉祜族称鸡为"嘎"，野鸡为"黑嘎"，家鸡为"嘎"。"黑"是"野生"的意思。傈僳族统称一般的鸡和家鸡为"阿雅"，野鸡为"阿雅可乌"。鲁阿族统称鸡和家鸡为"埃鲁"，野鸡为"埃鲁库里"。克木族称家鸡为"伊埃鲁"，野鸡为"伊埃鲁布里"。

---

[1] Chen Jianming, Book Review of Tomaya Akimichi, ed, An Illustrated Eco-History of the Mekong River Basin, Bangkok：White Lotus, 2009, 211p. *Southeast Asian Studies* (published by Center for Southeast Asian Studies, Kyoto University, Japan), Vol.48, No.2 (2010)：219-223.

[2] 陈建明按：该民族集团由日本学者首次在泰国识别，因此用日语音译命名为"Bisu"，泰国学者从之（Dr Damrongphon Inchan, Dr Paritta Chalermpow Koanantakool, 个人通讯，2017 年 3 月 14 日、15 日）。汉语"比斯"为日语的音译。

如上所述，一般来说，鸡的统称、野鸡和家鸡的民俗名称互有区别或者相同的现象是存在的。可以看出，野鸡被广泛地称为"森林里的鸡"。

此外，在狩猎中使用的囮子鸡有盖坦、盖恩、盖下、亚里达乌（阿卡族）、黑嘎米（拉祜族）、雅凯当（比斯族）、埃鲁当（鲁阿族）、阿雅可那多乌（傈僳族）等称谓。

野鸡的狩猎方法是什么呢？可以使用扣子、弩、枪等狩猎工具。老挝的老龙人有一种叫作"基约内盖伊"的捕鸟方法，即在夜晚，用网猎捕栖息在树上的鸡。他们特有的方式是用囮子鸡引诱野鸡。水傣称这种囮子鸡为"盖坦"或"盖恩"，因为身材短小，其脚具有短小的特征。"盖坦"或"盖恩"关在笼子中放到山里，用带子系上挂在树枝上，用枪捕获被该声音吸引来的野鸡。此外，也有使用竹子或金属哨子和用树叶、手指吹哨声的方法来呼唤野鸡。

扣子有两种类型，一种是绳索扣子，它的一部分被设置在离地面1米左右的地方，在山坡上约200～300米的一条直线上，放置像多钩钓鱼绳那样的绳索扣子。小鸡套头，大鸡套脚，需要不同的扣子。此外，用绳索扣子的时候，在地面上插若干竹棍，开出野鸡会通过的诱导路。另一种是反弹扣子，在反弹扣子里，将竹子内部蛾的幼虫、树上栖息的蚂蚁的幼虫用作诱饵。

虽然狩猎季节通常是4月至6月的繁殖期，但是因为树木长得浓密，所以，自6月以来野鸡（盖通）很难找到。10月至12月水稻收获的时候，山里来的野鸡会瞅准这个时期来觅食。狩猎的时间区间是在黎明和日落之前，白天在水田里确认粪便，日落时去狩猎。过去使用由马尾巴毛制作的呈圆形的绳索扣子狩猎。此外，在中国，也用枪狩猎，但是1999年签发禁猎令，枪由国家没收。

还有与野鸡的生态相关的民俗知识。以基诺族为例，野鸡会来吃刀耕火种旱地里的稻米和玉米。此外，3月到5月无花果科植物果实成熟期间，野鸡有时会七八只成群结队来吃果实。人们有时使用竹制口哨"阿培"。野鸡从初春到大约4月到山下去，5月以后到山上来，而且分散开来。

大约在 9 月，野鸡来到刀耕火种旱地收获时节的旱稻脱粒的场地。到了 11 月、12 月，森林里的视野好起来，利于捕猎。野鸡不怎么出窝。虽然野鸡晚上栖息在树上，但其栖息的地方在树枝上，通常位置较低，因此可以观察到。

哈尼族各村寨村口一般都有一个门，野鸡从门进入村寨，人们认为会在村寨里引起火灾和疾病蔓延等不幸事件。因为野鸡被认为是养"鬼"的鸡，鬼通过鸡殃及村寨。然而，野鸡进入旱地和水田并没有引起灾难。野鸡喜欢的野果有哈尼话说的"罗多阿西""阿培帕罗阿西""阿期埃阿西""罗皮亚阿西""压期波多乌"等。每个野果都有自己特定的挂果期。

老挝的老龙人说，4 月至 11 月，野公鸡的羽毛脱落，鸡冠也变小，像乌鸦一样黑。11 月至 12 月，野鸡的羽毛变得好看，尾巴毛变长。到 1 月和 2 月，羽毛是最美丽的。这个时期，野鸡在人们收获后来到水稻田和刀耕火种旱地觅食（在旱地里寻觅旱稻、玉米和芝麻）。

有关野鸡和家鸡的杂交，有不同说法。在靠近山的平坝村寨里，没有野鸡和家鸡的杂交。因为，野鸡和家鸡的杂交被认为会引起灾难。到了 2 月、3 月，周围的山里野鸡开始发出叫声时，傍晚时分，人们到山里狩猎。没有野鸡和家鸡的杂交。因为这里也有野鸡进入村寨会在村里引起火灾的传言。然而，在新平县腰街镇磨刀中寨社的水傣村寨里，据说有时野鸡来到村里，与家鸡一起栖息，第二天早上返回山上。

另一方面，人们认为，在靠近山的村寨里，在收获期，家鸡会到山里去，其与野鸡杂交是有可能的。据说，在沿河岸的村寨有人见过野鸡与家鸡的杂交。在这种情况下，也有称野鸡与家鸡交配的杂交种为"盖巴索托"的案例。

据说在老挝北部霍赛村居住的老龙人，在老挝日历的 3 月至 4 月，把用扣子捕获的公野鸡与母家鸡交配，生了 10 到 12 个鸡蛋，仅仅孵出 1 到 2 只鸡。一般来说，杂交是困难的。

老龙人捕猎斗鸡"盖伊特伊"和外来物种"盖伊拉托"、囮子鸡"盖伊托乌"，是在适逢作物收获期的老挝日历的 2 月至 3 月间，野鸡成群结队来的时候进行的。

陈建明：真有趣！我听说1998年您陪同秋筱宫文仁殿下到过西双版纳，考察了当地原鸡，后来还出版了一本民族生物学著作，是吗？

秋道智弥：是文仁殿下编著的《鸡与人》那本书[1]。

接下来，我想谈谈森林、刀耕火种旱地与人的关系。

从中国西南部西双版纳到泰国、老挝的亚热带季风区广泛分布着的红野鸡，与该地区居民有着各种各样的关系。过去红野鸡被人家禽化是有可能的。过去姑且不谈，现代族群与野鸡是怎样的关系，已经在少数民族的案例中得到记述。在此，基于这些结果，我想总结一下与野鸡有关的民间知识和狩猎的关系以及与森林和刀耕火种旱地的关系。

首先是有关野鸡的民俗分类与民俗知识。从以上提到的各种案例来看，泰语民族、孟高棉语民族、藏缅语民族等，有把鸡分为野鸡和家鸡的倾向。从词汇的意思来看，野鸡有"山鸡"或"林鸡"，家鸡是"家里的鸡""村里的鸡"多种意思。

与野鸡有关的民俗知识涉及野鸡的生态和行为、鸣叫、形态的特征等。其中，根据民族而对有关野鸡的食物进行过很详细的解释。这表明，野鸡在特定树木的果实成熟时会聚集在该树木周边觅食，因此该树果实的成熟期对于狩猎来说是非常重要的。

其次是狩猎与害鸟。野鸡是很多少数民族的狩猎对象。野鸡作为狩猎对象的要因，一方面是它的肉质鲜美，另一方面是野鸡出现在旱地播种时期和收获时期，被认为是夺取种子和收获物的害鸟。人们当然在旱地周围用扣子作为自卫的手段进行捕猎。但这不能成为人类对敌对野鸡家禽化的理由。

猎捕野鸡的意义在哪里呢？目前在中国、老挝和泰国，捕猎野鸡是被禁止的。但是，也许是获得美味肉类的动机，也许政府禁猎政策还未渗透到该地区的每一个角落，野鸡狩猎仍在进行。在禁猎以前，野鸡肉仍然作

---

[1] 陈建明按：秋筱宫文仁编著：《鸡与人：民族生物学的视点》，东京：小学馆，2000年（秋篠宮文仁编：《鶏と人：民族生物学の視点から》，东京：小学館，2000年）。

为自给自足的食品和商品在市场上贩卖。

说到狩猎，有使用枪的场合和使用扣子的场合。获取野鸡，可以与家鸡自然交配而得到。特殊类型的家鸡，作为囮子加以利用的习惯看起来是重要的。但是，像在中国和老挝那样，猎枪被禁止使用，用扣子捕猎取代猎枪成为重要的捕猎方法。由于中国和老挝以外国家没有禁持猎枪的规定和对刀耕火种旱地的限制，扣子捕猎法今后可能会式微。

还有一个更重要的问题是，野鸡靠近居民居住地这一行为的意义。在基诺族和苗族等民族中，野鸡与家鸡争夺居住地，并不被认为是一种不正常的现象。然而，傣族认为野鸡进村会带来灾难，会发生火灾，而哈尼族认为养"鬼"的野鸡从村口进来会引起灾害。野鸡被认为在居民的生活方面会带来负面影响。

然而，野鸡接近作为生业空间的刀耕火种旱地被认为没有什么负面影响，这可以从中国云南勐海县哈尼族的案例中得到清楚的说明。从举行刀耕火种收获仪式的地里把刚收获的粮食运送到居住地谷仓里面的时候，杀鸡后把鸡血涂在鸡毛和谷仓的四角柱子上。通过这个仪式，野生空间里的稻谷被收进作为人类空间的谷仓，鸡作为祭品奉献给了山神。

再次是森林、刀耕火种旱地、国家政策与居民的生活文化。

从时间和空间来看，野鸡贴近刀耕火种旱地这一个人们的生活空间和生业场所，变得明显起来。从中国开始，老挝、泰国也已经提倡将森林保护和野生动物保护作为最近的国家政策。在中国，1998年长江中下游大洪灾以来，开始实行上游森林保护政策，实行退耕还林政策，提倡禁猎野生动物。用猎枪捕获野生动物的行为被禁止，猎枪也被没收，到目前为止，居民从事的狩猎活动事实上已经被取缔。

也许有评论认为，挤压了居民的生活的、尽量保护野生动物的国家政策是世界上所见的保护生物多样性和森林生态系统的一个明智的决定。然而，这并没有考虑到这种情况下居民的生活，因此仍然是一个问题。

目前，野鸡栖息的森林正在不断迅速消失。砍伐森林给环境带来了很多影响。森林是许多生物的栖息地，具有保湿保水功能。一旦森林被采伐，其保水功能降低而导致土壤侵蚀、生物多样性减少、下游洪水泛滥。为此，禁止毁林开荒、将刀耕火种旱地作为破坏森林的元凶，对居民的刀耕火种行为要加以限制。在这种情况下，如果你试图保护森林而忽视或否认通过刀耕火种耕作和狩猎采集活动而与森林相关的当地居民的生活和文化，就有可能导致当地居民的强烈反对，生活窘迫的居民不一定会停止密集采伐森林和偷猎野生动物。让步的政策很可能是避免政府与当地居民之间冲突的有效办法。具体地说来，应该采用一个灵活的政策，就是说一方面允许采伐部分森林，提供自给自足生活所需的刀耕火种旱地，另一方面禁止大规模的商业采伐和公路建设带来的毁林行为。

以上通过来自东南亚和中国西南地区少数民族的事例回顾了鸡和人类之间的基本关系。野鸡是该地区居民的重要食物，与森林和刀耕火种生计有着明显的密切的联系。以狩猎为目的的各种知识得以开发，野鸡不仅作为一个狩猎目标，还有作为害鸟的意思。已经被证实的是，野鸡在播种和收获时节被作为特别的狩猎对象。树木的挂果期，特别是无花果的挂果期恰恰是野鸡觅食的季节。问题是刀耕火种旱地与桑科植物的生态关系。在过去的调查中，我们确认了桑科植物在刀耕火种旱地周边和村寨周围的存在，有必要详细阐明从古到今围绕桑科植物的人对野鸡的利用及其相互作用。我认为，要解决这个问题，可以根据鸡的家禽化和狩猎、刀耕火种旱地理论采用有效的方法。

陈建明：说到生态人类学，如何考虑自然与文化之间的关系才好呢？

秋道智弥：我记得，生态人类学经常被嘲笑为一只蝙蝠，即可以说位于研究人类骨骼、肌肉和血液的体质人类学与研究民俗传承、社会结构和神话、宗教和世界观的文化人类学、民族学两个领域之间。体质人类学认为生态人类学还不是科学，而文化人类学则非常反对量化人类的行为和思想。我认为，即使现在，自然和文化的不同方法之间看起来并没有一道鸿沟，但二者还是相互独立的。

亚洲、太平洋的海洋和森林：生态人类学的足迹与前景

自然科学与文化科学的融合一直受到各个学术领域若干科学家的挑战，其努力和尝试并没有见效。为什么没有见效？相反，何谓文理科学的融合？如何能达到所谓的综合目标？我想以人类学的观点来考虑一下这个问题。

第一是"自然与文化"理论。简单说来，人类改变自然，使之方便自己的革新行为及其结果就是文化。自然和文化就这样处于冲突的关系中。如果把自然界定义为处于野生状态中，那么从野生向文化转换的典型例子就是驯化。这包括野生植物的栽培化和动物的家畜化和家禽化。正如以上所述，我在20世纪90年代中国的云南各地开展了对红色野鸡家禽化的调查。

驯化的过程并不是革命性的。从最初始阶段向按顺序的、正式的连续变化的假说被呈现出来。例如，如果看一看绳文时代的板栗，就有"修剪野生栗子树下的草"或者"选择种植大坚果树"这样阶段的假设。美国民族植物学家康克林在菲律宾民都洛岛的调查也假设过一个栽培化的阶段性变化[1]。植物学家中尾佐助把这些半栽培或半驯化解读为野生种和栽培种的中间阶段。我已经介绍过了在中国云南省和老挝、泰国进行的有关野鸡的家禽化调查概况。

第二是人类中心主义与拟人主义。在整合自然和文化的跨学科研究中，总的解释最后都归结为来自遗传学和选择论研究的科学决定论，其基础是以人类为中心的方法。人类中心主义就是英语单词anthropocentrism，即人在世界的中心，其特点是从世界的一个中心点来操纵自然界的生物。以人为中心的思想假设了一个同心圆模式来安排各种动物（如宠物、家畜、野兽和其他不明野生动物）与人的关系。根据今西锦司的自然主体性的世界观和法国哲学家A.贝格的主张，动物是不能考虑到居于中心位置的。也许有人不能忍受动物处于中心、人类处于边缘的定位。对于给予自然界的动物类似于人类的属性，即拟人主义（anthropo-morphism），毫无疑

---

[1] 陈建明按：哈罗德·科伊勒·康克林：《哈努诺人文化与植物世界的关系》，博士学位论文，1954（Harold Coyler Conklin, "The Relation of Hanunóo Culture to the Plant World," A doctorial dissertation, 1954）。

问是一个解决办法。超越人类中心主义的思想仍然是人类学的一个大课题。

在西方话语中，自然和文化的二分法基于这样的假设，即物理实体和生态实体组成的自然不同于认知到的自然。英戈尔德援引了英国人类学家斯特拉森在巴布亚新几内亚高地对哈根人进行研究的案例，在那里，文化被认为是非自然的和非文化的。正如这个例子也可表明，如何定位"自然与文化"之间的关系是被该文化相对化了。然而，人类能否识别自然本身是另一个问题。中国的研究人员，请你们一定要考虑包括日本在内的亚洲自然观。

第三是行为与环境。连接自然和文化的研究有两个核心点。首先，第一次强调与人和自然相关的具体的活动实现的人是生态人类学家、我的恩师、东京大学的渡边仁老师。对于任何以获取食物为目的的狩猎、采集、渔业、牧业来说，只有通过具体的活动才能与环境建立直接的联系。通过仪式与神的世界交流的时候，具体的行为是不可或缺的。通过艺术和音乐与神的世界进行超自然沟通，感谢诸神带来的丰收的行为活动是全村的祭祀。换句话说，人类采用怎样的场景作为媒介与外界沟通，活动是否有被可视化的现象，成为定量化和定性化的重要指标。然而，要解释其行为和背景，需要新的研究方法和方法论，如参与式访谈、日记、文献和问卷等，来把握年龄和性别方面的趋势。为了探索人类和环境的关系，理解和考察环境本身是不可或缺的。不用说，把环境中的自然和超自然方面作为理解的前提是必要的。

德国的 J.冯·于克斯屈尔认为，所有的生物都不能把握它们的外部环境。蝴蝶认知的世界不同于人类所见到的世界。例如，雄蝴蝶飞过白菜地，其目的是寻找一个交配的伴侣。蝴蝶知道使用紫外线雌雄感应的差异来识别雄性和雌性，使用紫外线的识别能力是人类所不具备的。

"环境"这一术语，作为汉语首次出现在北宋嘉祐六年（1061）修成的中国唐代正史《新唐书》中。日本明治时代（1868—1912）以后，作为英语 environment 的翻译词汇，"环境"以主体的人类和客体的周边世界相区别而被引入。这个英语单词的前身是法语 mileu（环境）。法国哲学家孔德将 mileu 定义为与生物学有关的"所有有机体生存所必需的全部外部条件"。这就成了英语单词 environment 和德语单词 Umgebung。被引入日本的主要是英语和德语的"环境"概念。虽然"环境"概念取决于学科领域，但"环境"这一术语在 20 世纪初，在地理学、人种学、动植物学、历史学等学科中逐渐使用开来，就像今天一样普及。

德语中表示环境的词汇首先是前面列举的 Umgebung。Um 是"围绕"的意思，Gebung 是"给予东西"的意思。前面提到的于克斯屈尔认为，作为环境，其重点不是身体周围的环境（Umgebung），而是各个动物被赋予作为有意义的东西而构筑的世界（Umwelt）。Welt 是"世界"的意思。所有生物共同的 Umgebung 是不存在的。换句话说，为所有生物共同认知的环境是不存在的。最重要的是每个生物的环境。京都的综合地球环境学研究所首任所长日高敏隆将它解读为"环绕的世界"。

日语的"环境"一词是依据汉语，同时又结合了西方的思想而创造出来的。德语的"周围的世界"或"有意义的外界"，前者为客体论，后者是主体论，二者有很大的差异，这在汉语中没有得到反映。

以上环境论是一个话语，适用于文化人类学领域中各个价值观相异的民族的定式，告诉我们人类是戴着有色眼镜认识世界的。可以不夸张地说，如何捕捉行为和环境这两点，成为涉及生态人类学基础的关键词。

陈建明：能否谈谈与生态人类学关联紧密的生态史研究？

秋道智弥：英语中，生态史被称为 ecological history 或 eco-history。不同的人使用这个词的方法是有差别的。生态史如果被解释为"生态的历史"，那也可以解释为"自然的历史"。然而，在"自然的历史"里面有 natural history 这个术语，意为自然史。与此相对，有表示"文化的历史"的文化史，即 culture history 这一术语。它们已经是固定术语。

与自然史和文化史都不相同的是，生态史具有重大的意义。我将自然与文化相互作用的历史定位为生态史。自然和文化都有各自的历史。然而，自然和文化乍一看是独立存在的，认为各有自己的历史，坦率地说，这在现实中是不存在的。文化，就是说，人们作用于自然而自然因此产生改变。

如果以人类中心角度来思考，对自然的人为改变，现在反过来从自然界来对人产生影响。

我还想谈谈生态史与生态关联。我在京都的综合地球环境学研究所进行了5年的课题研究。这个课题的题目是《亚洲热带季风区域生态史综合研究：1945—2005年》。该范围是从中国西南部的云南到东南亚大陆泰国和老挝所在的季风区，计划以中华人民共和国成立以来直到课题实施时点的生业和历史为中心和对象，综合地了解该地区的生态史。课题进行了5年，于2006年3月底结题。

研究过程中，集中了人类学、历史学、民俗学、地理学、农学、林学、水产学、遗传学等众多领域的研究者，他们是各自领域的专业人员。在中国，云南省被作为研究对象，遴选了云南大学20多个青年研究人员，我通过课题代表尹绍亭教授做长期的调查。在老挝，我与国家农业林业研究所和老挝国立大学合作。在泰国，我与清迈大学签订了合作协议。

因此，我实施了一个国际合作研究，但大规模合作研究往往成为个人研究的大杂烩。为了避免个人研究的陷阱，我考虑了两种方法。首先，为了突出该地区的生态史，要重视历史的变迁，在时间轴上审视发生了怎样的变化的生态史视角。其次，国际社会、国家、当地社区和生态系统中动植物的多种关系（生态关联）应该得到详细的、不可分割的审视。因为有各种各样的因果关系，所以可以参考下面的"风桶论"。

何谓"风桶论"？"风桶论"认为"起风时候桶匠铺就利润丰厚"的因果关系，各种事件一个接一个地起连锁反应，结果桶匠铺赚了大钱[1]。更精确地说，假定了以下情形：

一起风，吹起地面的尘土。

这种尘土进入人的眼睛，伤害了眼睛。

---

[1] 陈建明按：类似于"蝴蝶效应""涟漪效应""一叶知秋"或"风起于青蘋之末"等说法。

> 进入人眼的尘土使盲人数量增加。
> 人们于是销售盲人使用的三弦。
> 制作三弦的材料猫皮是必需的。
> 因此猫减少了，老鼠就增加了。
> 老鼠增加的结果，木桶被咬坏不能使用。
> 因此，桶匠铺的生意就兴旺起来。

虽然上述情形看似有理，但是事实上起风与桶匠铺赚钱连锁发生的概率是相当低的。这是因为，尽管通常认为风吹起的、在空中飞舞的尘土进入人的眼睛概率应该是高的，但盲人并不很多。此外，盲人弹奏三弦的比例也不能说是高的。大量的猫被杀死，老鼠增加，但不能说老鼠咬坏木桶的概率也特别高。换句话说，起风后木桶被老鼠咬坏的概率仅仅为1%强，这是非常罕见的事情。

我在此提出"风桶论"，不是因为我想说全球环境问题是由概率低的连锁事件所引起的。除了各种事件作为连锁而发生的概率，它还具有非常高的发生概率是连锁反应涉及多方面、多地域的全球现象。

"风桶论"是关注特定事件或事物，揭示围绕它的变化的方法，是以抓住事件为中心的方法，可以称为代理法（proxy approach）。代理虽然通常被翻译为"××介质"，但在这里是指关注一个广泛而特定的事件的分析介质。与此相反，起风的结果对人类产生的影响以及其影响的广泛性，都要加以扼要地说明。除了概率问题，任何领域会有怎样的变化，都是完全无法估计的。这是关注变化及其"涟漪效应"的一种方法，在考虑全球环境问题方面给予了重要的启示。换句话说，现代环境问题可以说是一种方法，用以关注和抓住什么样的领域里给予了怎么样的影响。让我们把它称为关联方法（linkage approach）。这个 linkage 指关联，指要澄清事件之间的生态关联。

陈建明：能否列举若干事例来说明？

秋道智弥：我们在中国云南省、老挝和泰国北部就亚洲季风地区人与环境相互作用的环节进行了研究。这项研究注意到自然的和地域的文化、政治领域和经济领域发生的各种事件。这里，在上述领域中选择了多个事项作为"代理"，采用各研究者用以分析相关生态关联的方法。其中，分为生业复合、营养与健康、资源管理三大类，决定各个要审查的项目。然后，对于每个项目，进行了历史上国际关系、国家、地区、生态系统中发生的各种事项及其生态关联的分析。在此，让我们来谈谈在中国种植橡胶和在老挝种植罂粟的生态史研究。

首先是橡胶种植与中国变迁。橡胶原本是中美洲和南美洲的原产树木。中国的橡胶种植的历史始于20世纪以后。云南省盈江（当时称"干崖"）的傣族第24代宣抚使刀安仁，于光绪三十年（1904）经停新加坡访问日本。在那里，他见到了橡胶树（hevea brasiliensis）和榕树（ficus spp）的同属植物。榕树和印度橡胶树（橡皮树）是同属树木。刀安仁受到榕树在云南德宏茁壮成长的启示，将约8000棵橡胶树种植在盈江县新城的凤凰山上。这是橡胶树引入云南的开端[1]。

然而，由于清政府的干涉和破坏，橡胶树减少了。又由于战乱管理不善，橡胶树消失了。现在只残留一棵橡胶树，被记载为"中国橡胶第一树"。

就在刀安仁当时去英属马来亚之前，华侨陈齐贤已经在1898年率先在英属马来亚开始经营大型橡胶种植园。橡胶树从此作为初露头角的汽车产业中的轮胎材料引起人们的注意。福特汽车公司就是在1903年成立的。

1949年中华人民共和国成立后，中国开始走上社会主义道路，受到第二次世界大战后世界体系之中的西欧经济封锁，不能从国外进口橡胶。因此，有必要把橡胶生产作为中国的新产业来推进。虽然云南省南部并不适合种植低纬度橡胶树，但还是开始了在云南的橡胶种植。1948年，泰国华

---

[1] 陈建明按：参见曹成章：《民主革命先驱刀安仁》，北京：中国社会科学出版社，2010年；2017年3月30日，大型少数民族传记电影《刀安仁》在昆明理工大学呈贡校区红土会堂举行首映式。

侨钱仿周从泰国购买橡胶树种子和树苗，种植在云南省南部，后来的西双版纳傣族自治州，建立了农场进行经营管理。这个农场于 1953 年移交给了政府机构。

20 世纪 60 年代西欧对中国的经济封锁缓解，中国从马来西亚和印尼引进了抗低温寒害的优良品种。此外，选择阳坡种植，改进栽培管理技术，如混农林和割胶技术等。云南橡胶种植最北端已经达到了北纬 25 度。

从 20 世纪 50 年代初开始，为了种植橡胶，来自四川省和湖南省的几十万汉族工人进入西双版纳州、红河州、德宏州等地。橡胶树的种植在海拔 500 米的盆地到海拔 800 米的山坡之间。

就像 18 世纪的情况一样，20 世纪流入云南的汉族并不是在傣族占有的坝区自由地种植橡胶。因此，人们不是在坝区而是在傣族管辖权难以到达的山坡上开始种植橡胶。然而，为了生活的便利，他们的聚居地在傣族生活的盆地和坝区，聚居区人口有 1000 ~ 2000 人。那里配备了供电、供水和学校等设施，引入了云南各地的城市景观和生活方式。橡胶树幼苗种植大约 7 年之后，就可以采集胶水。采集来的胶水在当地橡胶加工厂进行粗加工。

到了 20 世纪 80 年代改革开放之后，移居云南的汉族大举迁回家乡。因此，当地的少数民族成为橡胶种植的承担者。水田和刀耕火种旱地也相继转为橡胶种植园。橡胶种植取代了以前自给自足的生活，增加了现金收入来源。

种植橡胶不仅对当地居民的社会生活，也对周边环境造成很大影响。特别是自 20 世纪 80 年代以来，稻田和刀耕火种旱地被橡胶林所改变，环境被单一化了。利用山地环境中各种野生资源的人们的生业也被单一化了，受到商品经济的强烈影响。另外，从橡胶加工厂排出的废水，尤其是处理生橡胶所需的醋酸废水，污染了水环境，使之成为一个重要的不利因素。最后，西双版纳傣族自治州政府在 20 世纪 90 年代决定停止扩大橡胶林，停止醋酸的使用。

进入 21 世纪之初，中国对天然橡胶的需求逐渐增加了，仅靠国内产量还达不到需求的三分之一，不可避免地被迫依赖进口。另一方面，中国人进入邻国老挝,在老挝北部建立橡胶种植园,然后向中国出口橡胶,已经成为一个令人瞩目的运动。再者,建立橡胶种植园造成了各种问题。在我们所调查过的地区中,中国橡胶栽培的影响也是显著的。

举一个例子。老挝北部琅勃拉邦省南巴县南娘泰人村寨,是泰叻的古老村寨。泰叻人之外,还有从2000年起分别从其他省份迁移的苗族来共同居住。村民种植水稻、玉米、芝麻、棉花等旱地作物。每个家庭的水田设有围栏,水稻种植后散养水牛。

在这样的生活中,自2005年起,中国商人在村子周围的山上开始种植橡胶。重要的是,老挝橡胶种植并不是中国经济推进的结果。这是因为老挝政府在引进橡胶中也发挥了主导作用,其目的在于罂粟替代种植政策。

陈建明:看来这是一个资源,特别是共有地资源管理问题。经济学上也讨论哈丁的共有地悲剧问题[1]。那是从市场失灵与矫治即政府管制角度来谈的。市场失灵即市场在调节经济、配置资源等方面的失败,需要政府来提供必要的供给,如公共产品,引出灯塔及灯塔经济学之类的研究。公共产品分为三类,即纯公共产品、准公共产品和公共资源。公共牧地和公共渔场是典型的公共资源,具有非排他性但并不具备非竞争性。秋道先生,您能从生态人类学角度对此谈谈您的看法吗?

秋道智弥:我概括地称之为共有地研究与资源问题。

大约15年前,我出版了一本著作,叫《领地的文化史》。其中,论述了三大主题,即边界与支配、共有与共同使用、禁猎(渔)的历史与神的世界。共有与共同使用的问题,其后作为《共有地人类学:历史、文化和生态》和论文集《资源与共有地》出版。

我认为,资源获取权具有三极结构。

为了讨论资源和共有地,我建议,将"资源获取权"作为核心模型。哈丁的"共有地悲剧"理论有一个前提,即共有的草场资源,谁都可以获

---

[1] 陈建明按:Garret Hardin, "The Tragedy of the Commons," *Science*, 1968 (162):1243-1248。这里的"共有地"汉语又译作"公共牧地""公共牧场""公地"等。

取。问题是它的内容：相关的多个牧人为了自己的利益最大化，喂养家畜的草料——牧草得到最大限度的利用。从这一事实出发，牧民之间产生竞争，结果牧草没有了，谁也不承担责任[1]。在这种情况下，牧民在共有草场里的自由竞争是理所当然的。那么，共有地就像资本主义盈利那样导致竞争的这一前提是合理的吗？

哈丁论文发表后的 22 年来，已经有了许多世界各地共有地利用方面的案例，我发现其中即使是共有资源，与资源量和经济、社会情况对应的利益相关者只考虑自己利润的自由竞争案例不多[2]。换句话说，对于资源共享，利益相关者一般都会考虑制定政策和规定，以避免围绕获取资源而发生的竞争合作。基于这个前提，那么它就会与哈丁所主张的将竞争主义作为前提的立场针锋相对。哪一个会被认为是"合理"的行为呢？

对资源的获取形态，可以大致分为谁都可以利用的场所和加以一定限

---

[1] 陈建明按：犹如英语谚语所说的，"人人都管，人人都不管"（Everybody's business is nobody's business）。

[2] 陈建明按：共有地悲剧案例之所以不多，很可能与制定的自然资源管理法规（如习惯法和成文法）有关。后者是对这类悲剧的事后补救或提前预防措施，就像乱伦禁忌、禁止近亲结婚等制度用以预防婴儿缺陷一样。如果没有这些法规，共有地悲剧很可能发生，"人不为己，天诛地灭"的古训和理查德·道金斯所说的"自私的基因"就会起作用。公共物品比私人物品坏得快，已经是历来不争的事实。"爱护公物""保护国家财产"之类口号在新中国已经流行了半个多世纪，中国村寨相继订立或重新订立乡规民约，应该是有针对性的和有的放矢的，这就是"共有地的悲剧"。即便有这样的法规，公共物品（包括公共资源）的保护仍然困难。例如，中国很多城市的刷卡公用电话亭大部分是坏的；不少人在公共场所（如高速公路、旅游点）随便扔垃圾，乱写乱画（甚至到了国外），但自己家里总是干净的；日本美丽的富士山旅游垃圾成堆；云南省前省长李纪恒多次敦促，要使高速公路服务区的卫生间干净起来；许多提示警告，国家电缆不得破坏；昆明滇池至今未摆脱污染，而且仍然有偷渔现象；大理双廊镇过量的旅游者和客栈已经严重地使洱海富营养化，造成蓝藻的发生和增生；非洲的大象和犀牛不断遭遇偷猎，等等。秋道先生上述系满"密拜"鱼的过度捕捞也是一例。现在的这些案例很可能会成为今后写作生态环境史的案例。反过来，我们期待通过生态环境史来了解"利益相关者只考虑自己利润的自由竞争案例不多"之前可能多的案例。正是在共有地悲剧这个意义上，15 世纪末至 19 世纪中叶英国的圈地运动尽管发生了"羊吃人"的非道义悲剧，但是对于英国经济社会却在客观上产生了进步的推动作用，促使了产权制度的确立。2007 年，中国政府制定了《中华人民共和国物权法》。

制的场所。然而,实际的资源利用的场景只有这两个区分还是不充分的。例如,国家公园就有一个不能侵扰的神圣地方。外部企业进入澳大利亚土著的一个"圣地"领地,"圣地"受到侵害,就会引起诉讼问题。

鉴于上述观点,我想把进入某个领域的获取权分为三个部分。首先是自由的、开放的获取;其次是有条件的或有限的获取;最后是圣域或禁域的保护区。尽管这三个要素处于彼此对立的关系中,但是还有根据情况由一方向另一方相互转移的情形。重要的一点是,共有地的思想作为基础原则植根于这三个要素中。下面,我将要留意的各点分成三个部分加以说明。

陈建明:能否对这三个部分加以说明?

秋道智弥:可以,同时也可以了解共有地的理论动态。

第一,关于共有和"自由使用"的区别。在哈丁的"共有地悲剧"中,如果牧民自由地将家畜引进共有牧草地,过度放牧将导致草场枯竭,所有的牧民将无法生活。为了避免这种悲剧,共有地私有化或国有化的方案被提出来了。但是,悲剧的根源不是"共有地",而是牧场的"自由使用权",自由地获取资源导致牧草耗竭。如果是共有地,利益相关者就会提出防止资源耗竭的各种策略和意见。"共有地悲剧"事实上是"开放性获取的悲剧"。此外,并不是所有的个人都持续地使用资源。个人也拥有消费资源的自由。从这一观点来看,审视开放性获取的场合和有限制进入的场合中的资源利用是非常重要的,但是具体到某个社会的背景到目前为止还没有进行过探讨。换句话说,共有地不限定社会,而社会确定共有地的方式。

第二,除了哈丁提出的草场模式,还绝对有必要用生计和自然资源来检验其他类型的模式,如漂流的资源、候鸟、迁徙鱼类、季节变化显著地区的资源利用等。资源是多样的,共有地的议论也被认为是多样化的。

第三,我们所注意到的是,生态资源被利用的时候,其所有权和使用权随时间而改变。我主张,共有地、共有资源的利用形态、用益权都随地点和时间而变化,探索这一变化的要因应该成为今后共有地理论的大方向。

陈建明:秋道先生,您回顾了您的生态人类学研究足迹。最后,能否为我们展望一下您在这方面研究的前景？

秋道智弥：这是一个面向未来的话题。

从我最初的调查至今，已经46年了。被吸引到冲绳岛珊瑚礁海洋以来，我进行了大洋洲的调查，继而在日本和东南亚的大海继续调查。我一直怀着与对鱼一样的兴趣致力于鲸鱼的问题研究，将它作为研究主题。此外，云南内陆的调查并没有导致纯海洋研究结束，反而是扩大生态人类学视野的大好机遇。我研究了云南的野鸡和蝴蝶的商品化、刀耕火种旱地的变迁、水的分配、宝石珊瑚等多个主题。

此外，在东南亚大陆，我还研究了湄公河自然资源利用、湄公河巨鲶的民族鱼类学、池塘的共有地理论、湄公河鱼类资源管理、红树林保护、礁石活鱼的商业化等。在一个大的框架里，许多研究聚焦于"圈绳定界"理论和渔场使用的生态、民族鱼类学、资源管理、饮食文化等等。我就职后不久，于1988年出版《海上渔民民族学》，计划将于2017年出版《鱼类人类学》[1]。虽然一生追求的中心主题或支柱是必不可少的，但同时进行多样性的研究也是可以挑战的，这也许会在长远的将来带来更加丰硕的成果。作为对担当未来的后辈的建言，我希望你们作为专家和知识人，就像作为车辆的两个轮子，来钻研学习、开阔视野。

最后，我还有一点感言。我立志从事人类学研究已经46年了。此前，我对活到哪年多少有点不安。2016年11月在上海大学见到数年不见的云南大学尹绍亭教授的时候，他请我写一篇稿子。我欣然同意，这是带着许多想法来执笔的。我相信，越写生命就越长。我认为生命还长，还可以写作。

陈建明：好建议！谢谢秋道先生，我从这次与您的访谈中学习到了很多东西。下次再见。

采访者：陈建明，昆明理工大学管理与经济学院副教授，从事生态经济学研究。

---

1 秋道智弥：《与海共生：海人的民族学》，周艳红译：上海：上海译文出版社有限公司，2019。

两岸猿声啼不住,轻舟已过万重山
——尹绍亭教授访谈录

尹绍亭,曾任云南省社会科学院助理研究员,云南民族博物馆副馆长、研究员,云南大学人类学系主任、人类学博物馆馆长、教授、博导,云南省文史馆馆员。国务院特殊津贴专家。先后受聘日本国立民族学博物馆客员研究员,京都大学、东京外国语大学和东京立教大学客员教授。从事人类学、博物馆学、文化遗产保护教学研究。出版《人与森林——生态人类学视野中的刀耕火种》等中、英、日文专著和《生态人类学》译著以及主编《当代中国人类学、民族学文库》等丛书多种,发表论文和调查报告若干。

一、出身与求学

徐杰舜:早就想和您聊聊天,把您的学术成果和经历向我们学界介绍。您是云南人吗?

尹绍亭:我父亲是云南腾冲人,母亲是西安人。

徐杰舜:您是在哪里出生的呢?

尹绍亭:我1947年12月28日出生于云南省永平县。当时我父亲在那里做事,1950年我家迁往大理,现在对大理古城、苍山还残留着儿时梦幻般的记忆。1953年迁回故乡腾冲县，住在县城。腾冲位于靠近缅甸的"蛮夷之地"，那里杂居着傣、景颇、阿昌、德昂、汉等民族，文化形形色色，风俗迥然各异。家乡叫孟连村，数十座土墙瓦房聚集在田园中一条清澈的小沟周围，一半是汉人，一半是傣族。汉人奉祖先规制，傣族行夷人传统，各行其是，和睦相处，可谓典型的"民族团结村"。从这样的地方走出来的人，自有所谓"族群"的情结和对文化差异的朦胧的感知。孟连村距县城约40公里，原属腾冲县。1961年该区划归德宏傣族景颇族自治州新成立的梁河县。

徐杰舜：您父亲是腾冲本地人吗？

尹绍亭：是的。家谱记载，祖上是明代从军来到云南的。明正统年间，麓川（今中缅边境德宏一带）土司起兵反对朝廷，1441年至1449年，明英宗三次派兵平叛，史称"三征麓川"。战争结束后，军屯于当地，大部分军人留了下来，使这一"极边之地"成为汉夷杂居之地。

徐杰舜：那您母亲是西安人，与您父亲是怎么认识的呢？

尹绍亭：父亲早年在国立北京大学读书，时值五四运动，作为热血青年，他积极参与反封反帝爱国运动，并在他们创办的名为《新腾冲》的杂志和其他刊物上不断发表文章抨击帝国主义侵略我国的罪行，至今我还保存着他充满忧愤犀利揭露日本军国主义侵略罪行的几篇文章。大学毕业后时逢七七事变，感到国家兴亡，匹夫有责，于是毅然投笔从戎，进入军界投身抗战工作。先后在西安行营、第十战区政治部、陆军特种兵联合分校政治部等军中担任文官和教官。与母亲认识、结婚，就是在任职西安行营政治部官员那一时期。很多人说我像北方人，就因为我有母亲的遗传。

徐杰舜：那你们家可是书香门第啊。

尹绍亭："书香门第"现在听起来感觉不错，但在改革开放以前却很不中听。那时奉行"唯成分论"，凡事必先查家庭成分，并以"红""黑"区别。我家虽然没有被正式划过成分，然而尹家是当地大户，众人皆知，出身不填地主好像不行，稀里糊涂一填，便背了几十年黑锅。每当苦闷绝望之时，便想到毛主席在《矛盾论》中所言"外因是条件，内因是根本"的教导，并以领袖们所言"出身不可选择，革命道路可以选择"自勉。顺便说一句，父辈三兄弟虽为地主官僚，然而远不是土豪劣绅、贪官污吏。父亲在西安时曾参与国共合作事宜，曾经多次参加抗击日寇的战斗，对抗战做过贡献。2015年纪念抗战胜利70周年，父亲荣获纪念章一枚，纪念章证明书写道："前陆军上校尹文德曾参与对日抗战，牺牲奉献，功在国家，特颁发抗战纪念章一座，以昭尊崇。"自称为"抗战老兵"的原国民党陆军一级上将郝柏村将军也为父亲题词："腾越英灵。"二伯为人宽厚大度，热心家乡公益事业，常有公益慈善之举，深得乡亲敬重。晚年客居台湾，念念不忘祖国统一，百岁临终前所言遗憾是不能回归故土。大伯父大半辈子从事中缅边界事务，早年留学日本早稻田大学，其间因愤恨日本对中国的侵略而毅然弃学回国。其时英国殖民军侵占缅甸并不断蚕食我国领土，边境问题十分严重，大伯父对中缅边境素有研究，所发评论引起南京政府注意，于是被外交部聘用为专职中缅界务的外交官员。20世纪二三十年代，他曾冒着生命危险带队深入英军控制的中缅边界详细踏勘，并多次参加与英人交涉，为捍卫祖国领土完整做了很大贡献。由于熟悉边政，滇西抗战时又临危受命，作为南京政府特使深入敌后宣慰各民族土司团结抗日。抗战胜利，担任腾冲善后委员会主任。20世纪60年代中缅边界谈判，周恩来总理聘其为顾问，参加了中缅谈判全过程，发挥了重要作用，为其人生画上了圆满的句号。

徐杰舜：那是做了很大的贡献啊。

尹绍亭：这些话只有现在才能说，过去哪里敢讲，稍不小心，就会被戴上"反动阶级孝子贤孙"的帽子。

徐杰舜：那您年轻时岂不是很苦恼？

尹绍亭：确实如此。腾冲地主多、资本家多、大户人家多，即"黑五类"多，其子女大多小学毕业就考不上中学，我即为其中之一。腾冲有个大资本家王少岩，作为统战对象当了云南省副省长，他回家乡一看，孩子们读不上书，感觉不是滋味，于是带头捐钱，海外华侨随之响应，县里用捐的钱建立了一所民办中学，名为"来凤中学"，主要解决"黑五类"子女读书的问题。入学考试成绩张榜于闹市，初中部我考了第一名，终于又圆了读书之梦。读书如此周折，时在缅甸的二伯父希望我到缅甸去，母亲再三考虑，虽然去缅即意味着生离死别，但是为了儿子的前途，母亲还是决定让我出走。临走之前写信报告在昆明的大伯，不料大伯坚决不同意，言无论如何必须爱国，无奈只好放弃了出国计划。现在看来大伯的主张是正确的，中国人只有立足故土，才感觉心安，过得踏实；尤其是没有离开母亲，虽然日子艰辛，然而能够相依为命，避免了长久离别思念之痛苦。

徐杰舜：要是您去了，那么您的人生肯定是另外一回事了。

尹绍亭：嗯，那是肯定的了。那时候出去的年轻人通常有两条路，一是经商，可能做一辈子商人；二是读书就业。不过，去国怀乡的滋味不好受，现在我只要出国几个月就感觉落寞，盼望归期。

徐杰舜：现在到美国的多得不得了，我认识的一大批学者都是从美国回来的。

换个话题。日本学者的《稻米之路》一书很有名，您是怎么想到要翻译的？

尹绍亭：我到昆明读书毕业后先是分到云南汽车厂工作，后来调到云南省机械研究设计院。在机械院工作期间，偶然的机会认识了云南农业科学院院长程侃声院长，与他的交往，对我的人生产生了很大的影响。程先生是我国著名水稻研究专家。1979年，他看到时任日本京都大学东南亚研究中心主任的渡部忠世教授写的《稻の道》一书。此书从农学、植物学、考古学、民族学等不同角度进行综合研究，提出亚洲栽培稻谷起源于阿萨姆和云南的论断，与我国学界历来主张稻谷起源于长江下游的观点不同。程先生认为值得重视，于是找到我协助其翻译此书，于1982年由云南人民出版社出版。

徐杰舜：您何时学习日语的啊？

尹绍亭：那是在汽车厂当工人的事。其时伯父、岳父居住在昆明翠湖边武成路铁局巷 61 号，邻居均非等闲之辈。光说曾经留学日本者，就有伯父、岳父和名为蒲清泉的文史馆员。蒲是中共早期党员，陈独秀的表弟，"文革"期间由周恩来总理点名进入省文史馆工作。蒲老工作之余，曾在家里开办了一个日语班，我有时也去听课。不过由于岳父曾两次东渡日本，且为日本士官学校毕业生，在日时间较长，所以日语是靠岳父引领入门的。

翻译《稻之路》，学到不少知识，更重要的是得到了程侃声先生的关怀和提携。与程侃生先生的交往一直持续到 20 世纪 90 年代中期他去世之时。晚年他想付印自己所写的诗集，与亲朋好友分享，有关方面热情张罗，但他一一拒绝，自费让我经办印刷装帧事宜，书名题为《野花野草集》。程先生认为在云南从事生物学和民族学研究有资源优势，希望我重新选择治学方向。为此他曾引荐我认识了江应樑、汪宁生等前辈人类学家。汪宁生先生治古代史、考古学和民族学，是国内民族考古学的先驱者。先生为人耿直，广博严谨，学问独树一帜。认识之后数年间常往府上求教，受益良多。而我真正实现专业转换，从工科转向文科，却是云南省社会科学院民族学所王树武先生热忱推动的结果。王先生是民族史大家方国瑜先生"文革"前的研究生，他熟悉我大伯的业绩和著作，所以极力劝说我从事前辈的事业。1982 年中秋节前几天，王先生突然告诉我，云南省社会科学院面向社会招考研究人员，他不经我同意就为我报了名。盛情难却，报了名不去不好，于是匆忙前往应试，结果获得专家认可，被正式录取了。这又是一个艰难的决策，经过再三考虑，我辞别了机械研究设计院，转行去了社会科学院。

在社会科学院工作了一年多，做了一些调研，感到有必要补基础再学习，于是报考研究生。导师是杜玉亭、王树武、颜思久三位研究员。杜先生是识别、研究基诺族的权威，且在民族学理论、社会发展史以及云南蒙古族和元史等研究领域均有突出建树。杜先生治学严谨，视田野为生命，对学生要求极为严格，当年受他指导、提携的一批青年学人，如今都成为活跃在云南民族学界的骨干力量。杜先生现在已是"80 后"，每年仍然坚持田野调查，且笔耕不辍，孜孜以求，堪称我辈学习的楷模。当时社会科学院研究生部的负责人是袁任远老师，他为培养学生真是不遗余力，费尽心血。所聘授课教师皆为一流学者。我们从经济学家朱应庚教授、考古学家张增祺研究员、民族史学家木芹教授、现代史学家谢本书教授、民族理论学家熊锡元教授、语言学家常宏恩教授及诸多国内外民族学、人类学家学到的知识和治学态度，终身受用。此外，导师根据每个学生的研究方向，还特意聘请专门的指导老师。例如时任中国科学院热带植物所所长的裴盛基教授就曾受邀作为导师，与杜玉教授一道对我进行指导。裴教授为国际知名学者，是中国民族植物学的开创者，我能从事跨学科的生态人类学的研究，与裴教授所具有的前沿学术眼光和丰厚的学术资源有很大关系。2017年7月13日，中国科学院植物所举办第二届民族植物学培训班暨裴盛基先生八十诞辰祝寿会，我做了"刀耕火种生态人类学研究"讲座。选择讲这个青春年代做的课题，意在感恩。为表达对裴先生崇敬之意，曾书写了一首小诗：风光阅尽迎伞寿，雨林踏遍写春秋。植物天地创新学，桃李花开春满楼。研究生三年过得比较辛苦，又当爸又当学生，大量时间读书做田野，同时完成了导师布置的"日本文化源流与云南民族文化的比较"课题和"前资本主义社会诸形态研究"子课题，编写了《云南与日本的寻根热》一书；发表《民族地理学的学派及学说》等译文3篇；发表了《试论云南民族地理》等论文10篇，有的获了奖，有的发表在国外杂志上。不过，后来反思，读书时忙于写文章是错误的，其实就是现在大家喜欢批评的"浮躁"的表现，耽误了学习读书得不偿失，影响深远！

硕士研究生答辩，由林超民博士安排，请了江应樑先生出面主持，汪宁生先生和裴盛基先生等做评委。毕业后回云南省社会科学院工作。其时社会科学院准备新建社会学研究所，我毕业正好派上用场，被任命为社会学所筹建负责人。开始踌躇满志，想干一番事业，从院内外调来一批青年学者，让大家去各地考察，还专门前往北京请教费孝通先生。正在我们专注学科理论建设之时，院领导从省政府的需要出发，要求社会学所将社会发展战略作为研究重点。战略研究非我专长，一时难以适应，恐有负领导的重托，一年后遂萌生去职的念头。当时汪宁生先生在云南民族学院做历史系主任，筹划发展民族学，希望调我去做副系主任；无独有偶，此时云南省民族事务委员会准备筹建云南民族博物馆，也希望我过去参与筹建。从有利于从事田野调查考虑，我选择去了博物馆。调到云南民族博物馆以后，一方面做筹建工作，另一方面继续我的研究课题，田野调查时间多，大半年在乡间，其时孩子读小学，很苦了我的妻子。

徐杰舜：现在民族博物馆在哪里呢？位置还可以吧？

尹绍亭：在滇池国家旅游度假区，规模较大，占地200亩，当时是全国最大的民族博物馆。1989年调到博物馆，先后担任筹备组副组长、副馆长，历时10年。这10年也算是我的宝贵时期吧，除了博物馆日常工作，还主持了一些很有价值的科研项目，建立了一些稳固的国内外学术交流关系，出了一些成果，而且出国访问了几年。

1999年，是我人生的又一次重要转折。应时任云南大学副校长的林超民教授的邀请，从云南民族博物馆调到云南大学，担任新成立的人类学系系主任。林教授于20世纪80年代力主恢复云南大学中断了30余年的民族学，并在历史系设置该专业招收本科生，继而创办了人类学与社会工作系。该系系主任是林教授引进的留美博士王筑生，王博士不幸身患疾病英年早逝，林教授只好重新选择与社工分开单独成立人类学系的系主任人选。当时应聘者不乏其人，且大都具有海外学历，不过据说他们比较看重"引进"的条件，要求职务钱财两不误。我曾在日本做客座教授数年，按说也有一定资历，只是生性愚鲁，没有想到要提什么条件。不仅如此，还放弃了民博副馆长的行政级别，对此，调动方和被调动方的组织部领导都曾找我谈过话，提醒我慎重考虑。

徐杰舜：您的经历比我们许多学者都要精彩。

尹绍亭：精彩谈不上，只是曲折比一般人多。不过尼克松曾说"逆境是好教师"，赫胥黎也说过"没有哪一个聪明人会否定痛苦与忧愁的锻炼价值"，都是至理名言。现在想来，我们这一代人确实应该感谢邓小平，如果不是他及时扭转乾坤，恐怕现在还难逃水深火热的处境，要想做学问搞研究、当教授做专家，那简直是天方夜谭、白日做梦了！

徐杰舜：我们这一代人啊，都是不易的。

尹绍亭：徐老师应该会好点吧。

徐杰舜：都差不多，也被开除了，还做了4年的农民，种稻子、种花生、种果树。要不是邓小平出来，那我是很惨的，也就是在那时候我开始研究汉民族的，白天劳作，晚上做研究，就是这样过来的。

二、刀耕火种研究

徐杰舜：以后在口述史里可以让更多的年轻人来了解您的磨难和分享您的经验，对他们是有好处的，同时给我们的人类学史留下宝贵的资料。现在让我们回到您的成名代表作，您的第一部著作是《刀耕火种研究》。

尹绍亭：第一本书名为《一个充满争议的文化生态体系——云南刀耕火种研究》，后来又有包括英文版和日文版的几种。由于研究得早，所以学界较为熟悉，不必多说了。简而言之，20世纪80年代我研究刀耕火种要说有点价值恐怕是这么几点：一是调查了较多的资料，这些资料现在已经难得找到了；二是在田野调查中真正懂得了刀耕火种，并大着胆子批判了社会和学界的种种偏见和错误观点；三是在研究方法上动了脑筋，尝试以系统论进行研究，而且大跨度进行纵向和横向的比较研究；四是整个研究有意突出生态人类学的取向，所以同行说我是我国较早从事生态人类学研究的学者，拙著是我国最早的生态人类学的民族志；五是相信了"有时真理是在少数人手里"这句话，所以即使我的观点遭到绝大多数人的反对，而且不合时宜，被视为"另类"，但还是坚持下来，在当时进化论一统天下的情况下，有它特殊的意义。也许就是因为有那么几点吧，所以著作被美国和日本学者翻译出版，在国内影响也逐渐扩大。

我从事刀耕火种研究已经过去了20多年，现在应该说已经是马放南山、偃旗息鼓了。不过有意思的是这事还常常被人们提起，甚至还不时受到一些特别的关注。最近还不断有国外同行约稿要求写这方面的文章，国内也有不同领域的人要求采访。前段时间美国学者斯科特的大著《逃避统治的艺术》影响很大，该书引用了我的著作。上海大学的马丹丹老师竟然花大功夫仔细研读了我俩的著作，撰写了名为《"生态艺术"与"逃避艺术"——尹绍亭、斯科特关于刀耕火种的"对话"》的长篇评论。其中一段话是这样说的："尹绍亭与斯科特均展现了各自研究的魅力，为人们揭示了刀耕火种不为人知的神秘世界。然而需要指出的是，尹绍亭开拓的云南刀耕火种研究的目的在于彻底批判千百年来主流文化对山地民族及其于刀耕火种的偏见和相应的进化论及中心主义的危害，为此他沉入田野十余载，收获了足以标新立异的翔实佐证，结果颠覆了国内主流的理论与观点；斯科特激情建构的是赞比亚民族的宏大新奇的'逃避艺术'政治学理论，为此他不遗余力地收集选择包括刀耕火种在内的适于'逃避'的详尽资料，结果一鸣惊人，搅动了国际学界。两人研究的差异和比较：生态取向与政治取向，地域视野与国际视野，微观探索与宏观叙事，力排争议与引发争议，颇多刺激和启发，值得深入探究。"看到马丹丹的文章有些意外，时隔多年，老著作还有人读、有人用、有人评论，理论观点、方法资料还被不同领域的学者关注，算是没有白费功夫吧。

徐杰舜：您的著作有中文版、英文版和日文版？那我们此辈学者能够出版好几种文字的著作只有您啊。

尹绍亭：不会的，学界许多同人比我强多了，与老一辈学者相比差距更大。作品被翻译到国外自然会产生影响。例如英文版的 *PEOPLE AND FORESTS——Yunnan Swidden Agriculture in Human-ecological Perspective* (Translated by Magnus Fiskesjo)，是东南亚学者和欧美研究中国的同行熟悉的著作，并被他们指定为学生学习的读物，日文版的著作在日本学界有不少知音。就我所知，国外迄今为止英日文的书评已有10

余篇。而且，国外许多学者与我交往，便是通过拙著认识、联系我的。例如最早与日本，后来与联合国大学、法国、澳大利亚、东南亚、韩国等国学者的交往便是如此。此外，后来的一些国际合作课题，也是在刀耕火种研究的基础上拓展开来的。例如"亚洲季风区生态史的研究""澜沧江—湄公河流域自然与文化相互关系的生态史综合研究"等等。

徐杰舜：湄公河课题是您负责的吧？

尹绍亭：我负责的是云南的部分。湄公河下游的东南亚就是其他国家的学者负责了。

徐杰舜：湄公河的这个项目做完了？出了成果吗？

尹绍亭：合作出了4本书：《雨林啊胶林——西双版纳橡胶种植与文化和环境相互关系的生态史研究》（云南教育出版社，2003）、《民族生态——从金沙江到红河》（云南教育出版社，2003）、《人类学生态环境史研究》（中国社会科学出版社，2006）、《生态与历史——人类学的视角》（云南大学出版社，2007）。

徐杰舜：刚刚尹老师您提到了湄公河，我们明年的人类学年会的主题是"人类学与江河文明"，明年能不能请您去做主题讲演？

尹绍亭：可以啊。

徐杰舜：不是与您客气。生态文明本来就是一个大的话题，我不仅想邀请您到年会上做主题讲演，还想邀请您到人类学高级论坛讲习台上做讲演，得三四个小时。

尹绍亭：美国、日本等国学者很关注湄公河流域，我们目前只做了澜沧江流域。我组织了30余位老师和学生从事澜沧江流域的生态史研究，此研究与我当年做刀耕火种研究不同，那时是自己下去待几年，还有10多年的跟踪调查研究。现在做的时间短，课题成员水平也有参差，所以成果不够理想。不过，通过我们团队五六年时间的探索，在人类学生态环境史研究方法方面也积累总结了一些经验和方法，具体说来主要有以下几点：第一，作为人类学角度的研究，不同于历史学，历史文献当然应该重视，但是资料的收集主要还必须依据田野调查；第二，采取以某种重要的自然资源为对象进行研究，从而达到表现一定时段生态环境史的方法；第三，采取以某种植物或农作物为研究对象，以达到表现特定生态环境史的方法；第四，采取以传统农业变迁和土地利用变迁为对象，以达到表现一定时段生态环境史的研究方法；第五，采取以某地特殊的自然条件（如气候等）或地方病等为对象，以表现该区的生态环境史。以上总结的五点生态环境史的研究方法，国内外学者均表示认同。我和一些历史学者的交往，可以追溯到二三十年前，他们中的一些优秀学者后来对环境史研究产生了浓厚的兴趣，并成为该领域的重要开拓者。最近几年多次受邀参与环境史学术研讨，颇受鼓舞和鞭策。至于你所说的江河文明，这个问题我也考虑过，国外学者也希望对此进行合作研究，但是有些问题还没想清楚，所以还有待时日进一步考虑。

三、博物馆与物质文化研究

徐杰舜：您在博物馆建设和物质文化研究方面也做了不少工作。

尹绍亭：迄今为止，我参与主持和主持建设了省、校及社区的5个博物馆。建设人类学民族学博物馆，是人类学者的一项重要的工作。民国时期中央研究院的许多学者，在极其艰难的情况下收集了大量民族文物，并留下了若干物质文化研究的优秀成果。可是现在这一优良传统似乎没有得到很好的继承，对博物馆不重视，认真研究物质文化的学者也很少。不知道徐老师对此有无同感。我为什么要从社会科学院调到云南民委去？因为当时中国还没有一个省级民族博物馆，如果云南民族博物馆能够建成，那将是第一个，是很大的贡献。当时很多人反对建设云南民族博物馆，认为已经有云南省博物馆，不必重复建设，其实这只是一个借口，实际上是对少数民族文化存在偏见，认为原始落后、封建迷信，不值得展示。在文物界，向来不把少数民族的文物当作文物，传统文物的定义之一是"不可再生"，且必须"具有历史、科学、艺术的价值"。而民族文物大多是可以再生的,所以被认为达不到文物的标准。经过坚持不懈的努力,我们排除了种种困难和阻力,在省政府的支持领导下,云南民族博物馆终于建立起来了。

徐杰舜:现在规模如何?

尹绍亭:规模还是大的,当时投资了1.4亿元,现在是国家级民族博物馆。

徐杰舜:我们广西也建了民族博物馆,您知道吗?

尹绍亭:我去过,我与广西同行保持着很好的交流关系,并考察过他们创建的几个生态博物馆。关于物质文化的研究,做了10多年,1993年在日本京都大学做"客员教授",抽时间写了《云南物质文化——农耕卷》(上下)。这本书一开始有的出版社不愿意出,认为"原始落后的东西不值得搞",不料出版后农史、博物馆等领域学者以及社会上一些人还蛮感兴趣,在北京一度成为畅销书。日本、韩国、东南亚学界也有积极反应,日本东京著名学术出版社"第一書房"立即与我方联系,其社长亲自带领两位译者到昆明与云南教育出版社商谈翻译出版事宜。1999年5月,此书日文版以《云南农耕文化の源流——少数民族农耕具の研究》在日本出版。2011年我受邀访问法国汉学中心,在那里看到中心主任案头也摆着这本书。此书之所以有点"卖点",主要是田野资料较多。我国古代农书多达500多种,许多因袭重复,综观我国50年来的农业生产工具及其技术的研究,也多是古人资料的抄袭。我认为这是重大的缺陷,所以断断续续花了10余年时间跑遍云南收集资料,并注意和中原、江南、西北、东南亚、南亚进行比较。

徐杰舜:是哪个出版社出版的呢?

尹绍亭:是云南教育出版社。为什么会在云南教育出版社出版?因为该社当时的社长何学惠编审是一位高瞻远瞩、眼光独到、干练谦和的出版家。拙著当时并不被其他出版社看好,有的编辑甚至认为没有价值。一个偶然的机缘,见到何学惠社长,短时间交谈她便十分感兴趣。我于是提出三点要求:一是扩大题材,共同主编一套包括拙著在内的《云南物质文化》

丛书；二是尽量使用田野图片，力求给后人留下直观清晰的资料；三是保证装帧、印刷质量，做出精品。何社长二话没说，一口答应，使我很是敬佩和鼓舞。正是由于她的人格魅力和行事作风，加之编辑们的敬业和素养，此套丛书才能如此成功，不仅为国外所重，而且分别荣获第十一届中国图书奖和第五届国家图书奖提名奖等多种奖项。

徐杰舜：那么后来重印了吗？

尹绍亭：重印过。此书最近又被收入《云南名家丛书》出版。

徐杰舜：您现在是在云南大学民族博物馆？

尹绍亭：我先是在云南民族博物馆，后来到了云南大学，做了几年系主任，因为成立人类学博物馆是云南大学几代学者的愿望，后来林超民副校长筹措到部分资金，学校积极配套，博物馆建设列上日程，我又去负责筹建。

徐杰舜：那您现在是这里的馆长？

尹绍亭：我是首任馆长，现在退休了。由于资金问题，原来设计的5个展厅只完成了3个，原来的设计方案没有完全实现，令人遗憾。

徐杰舜：中国人类学博物馆这块非常薄弱，像您这样有心地在做，可能真的是一个范例了。

四、民族文化生态村建设

徐杰舜：您还做了民族文化生态村？

尹绍亭：是的。为什么要建设民族文化生态村呢？是这样的，20世纪90年代去田野，变化很大，传统文化流失严重，文化遗产没有得到应有的重视和保护，我觉得有责任做一些抢救保护工作。其次，现在大家对西方理论感兴趣，但是有些东西与中国的现实太脱节，致使人类学研究边缘化，这是值得反思的，加强应用研究，应该是正确的方向。最后，文化的传承不是独立的事项，还必须与经济发展、环境保护等相结合，即必须寻求整体和谐可持续发展的途径。为此我们提出建设民族文化生态村，在理论方法方面积极探讨，并选择了5个不同民族的村寨作为试点，进行了长达10年的田野工作。

徐杰舜：5个试点一共投入多少资金呢？

尹绍亭：此项目是"云南民族文化大省建设"重点项目，省财政厅有专门拨款，但是经费没有到学校，而是由省委宣传部管理使用。我们课题组使用的是美国福特基金会为项目提供的调查研究和能力建设等经费，福特基金会不提供硬件建设的经费，所以项目并不像国内建设项目那样动辄几百万上千万元，我们的项目听起来很大，实际上经费十分有限。在中国乡村不搞硬件建设，而要让当地人认同你的理念和所做事情的意义，其困难之大，不言而喻。这里不多讲了，10年的时间，故事太多，情况之复杂、困难之大，均远远超出想象。然而令人欣慰的是，我们的工作得到了多方的认同，为试点群众谋到了利益，促进了他们的发展。同时，通过实践，我们也获得了一些宝贵的经验，国内外同行也比较关注，对于学科理论和方法的探索是非常有益的。

徐杰舜：你们在建设过程中不仅是参与者还是组织者。

尹绍亭：是的。通过长期的实践，我们更加清楚了作为学者的角色，更懂得了老百姓真正的需求。同时，诸如如何处理与学者、官员、村民的关系，如何处理官方与民间的关系，如何处理发展与保护的关系等等，都有了新的深切的认识，这些认识是我们在书斋里学不到的。

徐杰舜：那么做的事情有了一些成果吗？

尹绍亭：文字成果有多种报告和一套名为《云南民族文化生态村建设——中国应用人类学的开拓》的丛书，没有很好总结上升，不够水平，不过承蒙学界鼓励，成果荣获了国家民委社会科学优秀成果一等奖。国外学者对我们的工作很感兴趣，许多国外的学者和学生前来考察、研究，我也多次应邀赴日本、韩国、法国等地交流。

徐杰舜：课题做了那么长时间，结果满意吗？

尹绍亭：如果从原先设定的目标看，不能说满意。从研究方面看，还只是初步的探索，还需要较长期地跟踪观察思考。从实际效果看，5个试点村均有成效，不过差距很大，很不平衡。我感觉最大的收获、最令人感到欣慰的并不是著作和论文，也不是具体的建设成效，而是课题理念的传播和影响。此外，几个试点村的村民以及当地政府对我们的认同信任也值得欣慰。现在课题虽然结束了，但是我们依然被尊重，依然经常被要求参与他们的事务，双方就像走亲戚一样经常来往，这是通常的研究课题不会有的。2018年2月6日，应邀参加了基诺族新年特懋克节日庆典，顺便去了两个村子，见了几位交往了30多年的基诺长老和文化传承老人，写了"基诺山随想"两首，可以代表我现在对生态村和村民的心态：

一

刀耕火种成往事，生态村建有新篇；
山乡留得情谊在，入夜把酒忆华年。

二

四十载情系基诺，三代人苦乐其间；
千古事尚需筹谋，古稀年还得加鞭。

徐杰舜：您刚才说到民族文化生态村，我们的旅游高峰论坛每两年开一次，第一届开了，主题是"旅游与景观"，这次主题是"好客中国"，主要是讨论旅游与游客，第三届讨论"旅游与非物质文化保护"，开会地点定在四川乐山。

尹绍亭：很有意义，届时希望参会。最近在上海大学对于旅游和乡村建设等发表了一点意见，主持人将意见命名为"尹绍亭教授论核心文化"，主要是讲人类学、民族学学者在当前异常热闹的乡村旅游和乡村活化的潮流中应保持何种立场、能做何种独到的贡献。

徐杰舜：旅游与乡村活化是当前的热门话题，您能否多谈谈？

尹绍亭：那就引用上海大学学者整理的我所说的"核心文化"吧。文章说：冯骥才反对盲目提倡"乡村旅游化"，就旅游对乡村的负面影响进行批评。旅游确实是现在的热潮，旅游当然不完全是坏事，但是在旅游大潮中，我们应该做什么，我们应该考虑什么问题。我认为最为紧迫的问题是不是应该有个核心文化的研究与传承。当人们不注意乡村文化生态保护的时候，我们向全社会呼吁，希望大家都来关注、参与这件事情。当各个方面都积极参与的时候，人类学民族学者还是要回到我们的角度，即文化的角度。现在很多人所说的村落保护，多半是关注表象的事物，如民俗、建筑、歌舞等。但是在中国飞速巨变的情势下，乡村的保护传承，最重要的应该是"核心文化"的保护与传承，而非一些视觉、听觉容易感受的表象的事物。有些事物变化了，就像村落的面貌变了，也许不值得大惊小怪，而如果村寨的根和文化的魂丢失了，那问题就严重了。那么核心文化是什么概念呢？简单说，就是一个民族、一个地域或一个村庄的文化的独特的源泉，或者说是一种文化的根基。根据我们做的这几个村子，我想，虽然说文化是一个整体，是有密切关联的大系统，但是当各种角度都有人切入，不同的套路各显神通的时候，我们只有退回来，退到文化的立足点，守住核心文化。举例而言，如基诺族，脱贫、发展、建筑、音乐、舞蹈、节日等都有人做，但是都没有做到它的根子上。通过大量的文化事象的分析，我们把基诺族名为"特懋克"的节日文化视为核心文化。"特懋克"原意是打铁备耕的节日，等同于新年。它是基诺族最为重要的象征符号，它浓缩了基诺族几乎所有重要的文化要素和文化事项，高度凝集了基诺族的民族情感和认同，具有极强的文化展示和传承的功能。"特懋克"传承得好，不被淡化简化异化伪化商业化，就保住了基诺族的文化根基。仙人洞村也同样，别的不需要我们花大力气去做，歌舞他们自己会组织，政府、旅游部门也会大力支持，我们看重的是作为该村核心文化的神圣空间，这个神圣空间由各路神灵、神山、神林、神树以及毕摩主持的整套祭祀仪式组成。只要这个神圣空间还很好地存在，村民还保持着神圣的信仰，撒尼人优良的传统伦理道德、礼仪风俗村、村规民约、民风家风的传承就有了保障。人类学、民族学能否在文化保护、乡村保护的事业中有所作为、有所贡献，我想就是要研究提倡核心文化的保护传承。总而言之，每个学科都有各自的角度，学科间要开展交流，更要坚持科学的态度，不追风，不媚俗，不投机，只有这样，才能体现学者和学术的价值。

徐杰舜："核心文化"论很独到，很重要，很受启发。下面请说说云南大学人类学的情况。

尹绍亭：我做人类学系主任时，主要抓两点：一是教学，一是突出我们的学科优势。那一时期，是我校人类学学生最多、质量最好的时期，也是生态人类学、象征人类学、女性人类学、影视人类学和经济人类学这些优势学科发展势头特别好的时期。2000年我们获得国家一级学科，2002年获得国家重点学科。2005年我离开人类学系去筹建人类学博物馆，两年后人类学系被取消。令人遗憾！

徐杰舜：早先厦大好好的人类学系也被撤掉了，当时在台湾的时候，李亦园先生问我为什么会被撤掉，我说我也不知道真正的原因。李亦园希望能够恢复，当时与他的访谈记录在案。

尹绍亭：云南大学人类学系被撤销据说是因为学生分配困难，不过也有人事方面的原因，这是值得思考的问题。

徐杰舜：那您对云南大学人类学系学科的建设与发展，有什么想法呢？

尹绍亭：现在我退了就不再考虑了。现在的学校特别重视民族学，本科教学也恢复了，科研工作也抓得很好，不用担心了。

徐杰舜：我来做采访、论坛等，完全是义务的。王铭铭曾说，现在的很多做论坛都是学习我的模式，话不能这样说，只能说这样的形式还是不错的。

尹绍亭：是的，有目共睹，你为学界、为大家做了大量工作，开创性的工作。学界少不了专心教学科研的学者，而不计名利、无私奉献的组织者和活动家也十分难得。你集专家、组织者和活动家于一身，奔波操劳，成果丰硕，业绩卓著，难能可贵！

徐杰舜：尹老师，很感谢啊，我以前对您的了解太少了。我简单地总结一下，今天听您的谈话，觉得很感动，很受教育。因为我之前对您不是很了解，只知道您是做生态人类学，并且做得很好。也知道您到国外去讲学，到日本去了很长的时间，尽管之前也认识，开会的时候也碰到，但我们一直没有机会长谈，今天的谈话我觉得特别受启发，非常感谢！此次采访录起名为"大器晚成"如何？

尹绍亭："大器"实不敢当，不如借用李白的家喻户晓的一句诗"两岸猿声啼不住，轻舟已过万重山"，以表达我们作为过来人的心境吧。

采访者：徐杰舜，广西民族大学教授。
此文原载《民族评论》2014年第1期，题目为《大器晚成——访云南大学尹绍亭教授》，收入本文集做了修订并改换了题目。

积沙成塔，跬步前行
——方铁教授访谈录

方铁，蒙古族，1949年生于昆明。1969年下乡插队，后到工厂工作。1978年考入云南大学历史系，毕业后留校从事民族史、边疆史的教学与研究。父母均为教师，深受父母的影响，喜爱读书、教书与研究写作。在父亲方龄贵教授的教育与指导下，掌握历史学的知识与研究方法，从事教学、科研30余年，2009年办理退休手续，至今问学不辍。现为云南大学西南边疆少数民族研究中心教授、博士生导师，复旦大学民族研究中心特聘研究员，四川大学等高校客座教授，国家社科基金学科规划评审组专家，享受政府特殊津贴。注重教书育人，桃李满天下。出版著作10余种，发表论文160余篇，研究成果获国家及省部级奖励多项。多篇论文被《新华文摘》《高校文科学术文摘》《人大报刊复印资料》转载。

尤佳：您研究民族史、边疆史数十年，可说是著作等身，桃李遍天下。大家都想知道您工作和治学的经历。

方铁：1969年我在昆明师院附中读高一，同年下乡到瑞丽县弄岛乡插队，以后担任生产队的记工员。1971年招工至云南燃料二厂，分配在技术科管理产品的原材料消耗定额。经刻苦自学并虚心向师傅请教，逐渐参加重要产品的技术管理。我负责管理的军用导爆索因性能优异，在实战中深受参战官兵赞誉，获得国防部通令嘉奖。1975年入党。1977年恢复高考，因地处山沟消息闭塞，不知道高考恢复而错失机会。1978年我参加高考，以楚雄州文科总分第二名的好成绩考入云南大学历史系。入学后连续4年被评为云南大学三好学生，1981年获云南省高校三好学生称号。1982年毕业留校，在马列主义教研室从事党史教学。1986年调到西南边疆民族历史研究所，先后任讲师、副教授、教授，从事民族史、边疆史等学科的教学与研究。

1999年教育部建设人文社科重点研究基地。云南大学党委决定，以西南边疆民族历史研究所为基础组建西南边疆少数民族研究中心。2000年，该研究中心被教育部批准为教育部人文社科重点研究基地，云、贵、桂三省高校仅此一所，学校任命我为基地主任。2015年10月学校进行机构调整，因基地建设条件改变，我辞去主任职务，仍继续担任教授、博士生导师。2009年办理退休手续，仍继续从事科研并指导博士生。

方家子女共四人。姐姐方慧、弟弟方钢和我，"文革"中下乡到瑞丽县插队，以后招工到工厂工作。1977年恢复高考后，我们三人和毕业后辍学在家的妹妹方敏，先后考取云南大学或云南师范大学。1978年，方家的四个子女、我的女朋友和方钢的女朋友以及方慧上幼儿园的孩子，聚集在照相馆围绕父母合影留念。在这张照片中，考上大学的六位年轻人佩戴闪亮的校徽，表情喜悦而自豪，堪称是改革开放时代的生动写照。2007年，为庆祝恢复高考30周年，《南方周末》杂志社派记者来采访我和几位昆明知青，主要谈下乡、进厂及参加高考的经过。成文后以"我们要上学"为题在《南方周末》发表，该照片与其他照片同时刊出。文章和照片被多家网站转载，引发网友围绕"知识是否改变命运"问题展开热烈的讨论。大学毕业后，我和方慧在云南大学教书，方钢在云南师范大学数学系任教，方敏在昆明二中任教师。我家三代人及配偶大都投身教育事业，分别在云南大学、云南师范大学、昆明理工大学、云南民族大学等高校和两所中学任教。方家三代人及配偶中有 8 位教授、副教授，有 4 位博士及 1 位博士后，有 1 位硕士，有 2 位博士生导师，《云南日报》曾以"教授之家"为题采访介绍。在 2007 年拍摄的全家福照片中，方慧的女儿周芳还是幼儿园的小朋友，现已成长为云南大学的副教授、博士。

尤佳：您的父亲云南师范大学方龄贵教授，是国内外知名的蒙元史泰斗。您继承父亲研究的事业并有所拓展，大家都说您有深厚的家学渊源，能否谈谈这一方面的情形？

方铁：父亲方龄贵教授，1918 年出生于吉林省前郭旗一个贫苦农民的家庭。为摆脱贫困，祖父支持他外出读书。高中毕业后，他报考时在昆明的西南联大历史系，本科毕业后考入北京大学研究院，师从著名的元史专家姚从吾、邵循正两位教授，1946 年毕业获硕士学位。因与母亲结婚留居昆明，在云南大学文史系任教一年，1947 年转入昆明师范学院（现云南师范大学），先后任历史系的副教授、教授，兼任过系主任与校图书馆馆长，以及中国蒙古史学会理事、云南省史学会副会长及顾问、云南孔子研究会顾问等职。他在《历史研究》等刊物发表论文数十篇，出版《元朝秘史通检》《元明戏曲中的蒙古语》《古典戏曲外来语考释词典》《通制条格校注》《大理五华楼新出元碑选录并考释》《元史丛考》6 部著作，在学术界有重要的影响。2007 年 8 月，云南师范大学与元史研究会、中国蒙古史学会在昆明举办"中国蒙元史学术研讨会暨方龄贵教授九十华诞庆祝会"，来自全国的知名学者数十人参加会议。一些多年不出门的老前辈也参加了，时称学术界的一大盛事。会后编辑出版《中国蒙元史学术研讨会暨方龄贵教授九十华诞庆祝会文集》，由各地书店发行。父亲于 1987 年退休，2011 年去世，享年 94 岁。母亲是云南大姚县人，毕业于云南大学生物系，在昆明七中教书至退休。

父母对我有极大的影响。父母均是教师，他们对教育事业的执着与忠诚，对学生的衷心热爱和无私关怀，深刻影响了子女。父亲的自传说："教书不但是我的职业，也是我的乐趣，所谓'得天下英才而教育之'，一乐也。

我觉得我的生活很充实、很满足、很幸福、很自豪，可以说，我并没有虚度年华。我常讲，人如果有第二次生命，我将毫不迟疑地仍然选择教书这个行当，不离开三尺讲坛。"改革开放后，我们四个兄弟姐妹均投身于教育事业，为之兢兢业业辛劳终日，与仿效父母树立的榜样有关。我的女儿方悦萌与两位侄女，也分别在云南民族大学、云南大学、云南师范大学任教，接过了方家教书育人的接力棒。女儿获得专门史博士学位后，赴复旦大学从事博士后学习。

父亲对教学十分看重。他长期讲授元史、蒙古史、辽金元史、中国史学史、史学概论、中国通史等课程。父亲说上课繁忙之时，曾同时讲授中国通史、蒙元史、中国史学史、史料踏勘学等几门课程。听过父亲讲课的学生说，方先生讲课准备充分，条理清楚，往往是总结性的话刚讲完，下课铃便响了。父亲退休时未赶上实行学位制度，未直接指导过研究生。但经常为后来学校招收的研究生上课，毫无保留地把知识传授给学生。母亲对教学也很认真，学生的评价甚佳。改革开放后，有几位20余年前母亲教过的学生，相约到家中看望敬爱的董老师。

受父母的影响，方家子女也以教学为重。姐姐方慧任云南大学法学院教授、博士生导师，是1949年后云南省培养的首位女博士。她为本科生讲授中国民族史、中国法制史、法理学、民族政策与法规等课程，为硕士生讲授人类学、南亚语系民族研究、民族理论、民族法学等课程，为博士生讲授少数民族法制史、元代云南史研究、元代云南古籍碑刻研究等课程。她备课认真，因材施教，取得良好的教学效果，曾获云南大学优秀教学成果二等奖，三次被评为云南大学优秀党员，荣获教育部表彰的全国优秀教师称号，以及全国师风师德标兵、云南省十佳师风师德标兵等称号。方钢担任云南师范大学数学系的教授、副系主任与工会主席，他以教学经验丰富、教学效果良好著称，多次获得学校颁发的教学优秀奖，退休后担任云南师范大学的教学督导。

父母对知识的渴求、对师长的尊重和对书本的热爱，都对我们产生深刻的影响。从幼年时起，我们便经常看到父亲与上门求教的学生研讨学问。父亲经常与我们谈他的治学与师友的近况，言及琐事的不多。父亲对我寄予很大的期望。凡有重要学友来访，他必定让我坐在一旁聆听谈话，从中汲取知识，增长见闻。在父亲狭小的书房，我见过翁独健、杨志玖、韩儒林等史学大师和中国社会科学院历史所、民族所的一些知名学者。1975年我到北京出差，时在京参加《中国通史》编写工作的父亲，携我看望《中国通史》主编、著名学者白寿彝先生，并探访中央民族学院的诸位师友，他们笑谈切磋，我深受教益，如沐春风。考上云南大学历史系后，父亲携我登门看望方国瑜、李埏、江应樑、张德光、尤中等知名学者，实则是行拜师之礼。目睹前辈学者儒雅的风度与辉煌的成就，我深为叹服，立志不懈学习并终身追随。

父母对子女的教育十分重视。他们的收入虽不宽裕，但订阅书刊、购置书籍却从不犹豫。家中长年订阅《小朋友》《少年文艺》《中国青年》《边疆文艺》《民间文学》等刊物，以及《人民日报》《光明日报》《春城晚报》等报纸，父母还支持我们购买各类书籍，父亲经常从师范大学图书馆借书给我们看。父亲的藏书十分丰富，国学典籍大致收集齐全，还经常购买补充。这些书籍也成为我们读物的一个来源。父亲珍惜自己的藏书，留下遗嘱："书不能流散，要永远保存下去。"父亲手书的"书不出室"字条今天仍贴在书架上。但凡子女阅读他的藏书，父亲都热情鼓励，并讲述书籍的价值与版本等知识。小女方悦萌自上小学，在祖父家等待吃中饭时，便习惯从书架上取书浏览，家父十分赞赏，多次对我言及此事。"文革"中有人贴父亲的大字报，说父亲当校图书馆馆长时，花3000元钱购买一部《四部丛刊》，父亲说该书买得值得，此书现成为校图书馆的镇馆之宝。"文革"中，父母不让我们随便外出。阅读家中丰富的杂志和藏书，便成为我们打发时间的方式。如果说我见识未落浅陋的话，很大程度上得益于饱览家中所藏的杂志与藏书，并养成博览群书、坚持读书学习的习惯。1978年考上大学赴昆明报到，我乘坐拉货的卡车离开供职的工厂，携带的东西除行李外，便是常年陪伴我、装满十几个纸箱的各类书籍。可以说，从下乡插队到进工厂，只要有空闲，我便手不释卷读书学习，这一习惯沿袭至今。

上大学后，父亲有计划地给我和姐姐方慧（时在云南师范大学历史系就读）上课，系统讲授中国史尤其是蒙元史的知识与治学方法，我们认真做了笔记。讲到一些历史记载，父亲从书架上取下史籍翻开给我们看。谈到自己的研究，他取出手稿让我们浏览。这些讲授使我和姐姐受益匪浅，是极其难得的学习机会。1979年，《中国历史大词典》的编纂接近尾声，但云南计划完成的辞条尚缺少一部分。经《中国历史大词典》编委会与云南辞条编写组商议，决定吸收我参加剩余辞条的撰写。因时间紧迫，我除完成学业外，将剩余精力全都投入紧张的撰写，经常深夜才得休息。我写出初稿，父亲必亲笔修改，指出不足之处并说明修改的方法，一条辞条反复数次才能定稿。如此工作近一年，对我的锻炼很大。父亲还指导我系统阅读史籍并写作多篇论文。1980年我写的论文《赛典赤治滇评述》，荣获云南省首届大学生论文竞赛一等奖。次年我持该文参加在昆明召开的中国蒙古史学会年会，会后出版的《中国蒙古史学会论文选集》收录此文。毕业以后，父亲仍关心我们的工作与科研，但凡发表论著他必细读，指出不足及有待改进之处。在父亲的精心培养下，我掌握了史学的基本知识与研究方法，尤其在史料学、踏勘考证、学术规范方面经受严格的训练，为以后登堂入室奠定了基础。父亲将我引上治学的道路，正如由我口述整理发表的一篇文章所言："方龄贵先生：我的父亲与导师。"

尤佳：听说您和父亲把族籍改为蒙古族，能否介绍一下相关的情形？

方铁：父亲出生于吉林省，同时对云南怀有深厚的感情，视云南为第二故乡。父亲退休后经常怀念祖母，祖母是蒙古族。父亲获得家乡政府开具的证明后，通过民政部门把族籍改为蒙古族。云南蒙古族研究会得知此事，上门动员父亲和我参加云南蒙古族历史文化的研究，我们愉快地答应了。以后经民政部门同意并办理手续，我和女儿的族籍也从汉族改为蒙古族。2003年，云南大学、内蒙古大学与云南蒙古族研究会，在玉溪市通海县蒙古族乡召开蒙古族历史文化研讨会,同时纪念蒙古族进入云南750周年。父亲饱含深情为纪念碑撰写碑文,由内蒙古大学副校长胡格吉勒图译为蒙古文,用两种文字镌刻于碑,表达祝愿民族和睦、云南蒙古族兴盛的愿望。我则担任云南蒙古族研究会副会长,积极参加云南蒙古族历史文化的研究,为增进云南的民族团结做了一些工作。

尤佳:同学们都喜欢听您讲课,认为您讲的课内容丰富、信息量大;观点新颖,令人颇受启发。另外您讲课条理清晰,表述流畅幽默;聆听您的教诲如春风化雨,滋润心田。请您谈谈教书育人方面的情况。

方铁:教书育人是教师的神圣职责,教师应首先把课教好。1982年毕业留校,我到马列主义教研室担任中共党史教师。报到第二个月便奉命登上讲台,给两个系的文科混合班上课,面临的压力很大。经认真思考与探索,同时虚心向老教师请教,逐渐摸索出一些有效的方法。主要是备课时下足功夫,将教材内容熟记于心,同时大量阅读相关材料与研究成果,拟定讲课大纲,结合大纲再做发挥性叙述。这样讲的优点是既不脱离大纲与基本要求,讲述的内容又可灵活掌握,并有概括、比较及分析的空间,可避免照本宣科或漫无边际的乱聊。前提是必须有丰富的知识储备及良好的分析归纳能力。几个学期下来,同学们反映不错,我对讲课也产生浓厚的兴趣。于是收集讲课、演讲方面的书籍,研究备课、记笔记、板书、讲课的语速与节奏等相关环节,并与同学们加强课下交流,希望进一步把课讲好。据听课的同学说,听方老师讲课的遗憾,是至高潮处下课铃响了而意犹未尽,于是期待下次上课。

担任硕士生、博士生的导师以后,感到本科生、硕士生、博士生的课程在讲授的内容、深度与方法方面有明显的差别。尤其是给博士生上课,对导师的要求很高,导师的责任是引导同学们进入学术前沿,分析深度和复杂的问题,同时介绍新的研究思路与方法,还必须重视与同学对话及答疑等环节。我给博士生上课,经常有其他专业甚至其他系的同学来听课。经过数十年的实践,我对"教学相长"也有深切体会,尤其体现在介绍我正在进行的研究、听取同学们的驳议方面。我还鼓励研究生树立远大的学术理想，培养他们独立思考、另辟蹊径的意识与能力，也取得较好的效果。研究生与我建立了深厚的感情。但凡学习、工作乃至生活上之事，经常向我通报并希望得到指教。研究生找工作、谈对象通常都征求我的意见。我与他们不仅是师生，同时也是良友。研究生毕业到外地工作，我借参加学术会议的机会去看望他们，为他们开展工作出谋划策，并与工作单位的领导交换意见，介绍研究生的情况，为他们的顺利成长助一臂之力。

毕业留校至今，我讲授过中共党史、中国民族史等10余门本科生课程，教过的本科生有上千人。一些同学参加工作多年，与我相逢随即忆起当年听课的情景。我担任过少数民族史、历史地理学两个专业的硕士生导师，培养硕士10余人。先后担任少数民族史、历史地理学、中国边疆学3个专业的博士生导师，独立培养博士18人、博士后1人，合作培养博士6人，他们分别在云南、四川、重庆、广西、贵州、浙江、山东的高校和党政机关工作。研究生毕业后大都成为工作单位的骨干，一些人在学术界崭露头角，其中有云南省、贵州省文科最年轻的教授与博士生导师。有16人承担了国家社科基金或教育部社科基金的项目，有数人获得国家级、省部级的研究生基金资助，一人的学位论文被评为云南省优秀博士论文。数人的研究成果获得国家级、省部级的奖励。我指导的研究生中现有正教授11位，主要在高校供职的处级以上领导干部（含双肩挑干部）13位。我为他们而自豪，为他们的进步感到欣喜。

尤佳：您还经常举办学术讲座，可说是乐此不疲。对此您是怎样考虑的？

方铁：我认为学者的职责是探索真理，并把研究的心得告诉大众。流连于象牙塔，与三五好友沉溺其中的做法为我所不取。因此，我愿意通过讲座的方式，把自己的成果贡献给社会，同时听取他们的意见，这是学者具有社会责任感的体现，某种程度上来说，也是"教书育人"职责的延伸。近10余年来，云南省社科联等单位主办"云岭大讲坛"，聘请一些学者向大众讲述人文社科研究的最新成果，受到各界的欢迎。一些优秀的讲座，经录像整理后在网络上播放,据统计观看录像者达百余万人。受邀学者在云岭大讲坛昆明主场演讲后,还到省内各地巡回讲演。据说组织者经网络调查,认为我的讲座粉丝众多,听众评价甚高。自2010年以来,我连续8年在云岭大讲坛开展西南古代史方面的讲座,包括历朝经营云南的得与失、南诏、大理国的历史地位、古代云南与周边地区的关系、北方游牧民族两次南下西南边疆、元明清三朝对云南的经营、丝绸之路的历史变迁、西南边疆的形成及历史特点等选题。2017年演讲的题目,是古代滇东北发展的三次高潮。只要听众欢迎,我还将讲下去,并把讲座的内容整理成文发表。

除云岭大讲坛、云南大学东陆讲坛等讲座外,2015年,我应邀担任"部级领导干部历史文化讲座"的主讲嘉宾,赴京做了"西南边疆的形成及历史特点"的讲演。"部级领导干部历史文化讲座"为国家图书馆、中国社会科学院等单位受中央委托,"邀请某一领域国内外的学术权威,向在京的部级以上领导干部介绍该问题的最新研究状况"。邀请之前国家图书馆在国内外做了一年的调研,确定人选后到昆明与我商谈,后经上级部门批准发出邀请。100余位在京的部级以上领导干部聆听讲座并做笔记,并接受由国家图书馆赠送我的著作《方略与施治:历朝对西南边疆的经营》。演讲后国家图书馆向我反馈听讲领导干部的意见,普遍认为讲演者视野开阔,讲述有分析与深度,提出一些有启示的看法,给予充分肯定。按照惯例,国家图书馆将"西南边疆的形成及历史特点"演讲的内容整理后编入《部级领导干部历史文化讲座》系列书籍,正式出版发行。经国家图书馆推荐,2016年,贵州省邀请我为"贵州省领导干部历史文化讲座"做了"西南边疆的形成及历史特点"的讲演。

"西南边疆的形成及历史特点"的讲演,主要是介绍西南边疆形成的过程,以及西南边疆具有的历史特点。指出云南地区开发早,地位十分重要,在西南边疆形成的过程中起到核心的作用。西南边疆的形成演变较为典型,是中国边疆地区形成过程的缩影。西南边疆的形成受到以下因素的影响:历朝经营西南边疆的思想、方略与措施;历朝对西南边疆的经营与开发;

西南边疆的地缘政治关系及其演变；历朝与西南邻国的关系、西南边疆居民的构成与社会状况。西南边疆的形成具有以下特点：以蒙元时期为界，西南边疆的地缘政治格局发生了重大改变；西南边疆长期处于中原王朝可控的范围；中原王朝对西南边疆的统治，经历了从羁縻之治到土司制度的演变；中原王朝对西南边疆的深度经营与认真开发始于蒙元时期；西南边疆的民族关系有渐进融合的特点；中原王朝在西南方向的对外关系，经历了从蛮夷到邻邦关系的变化；随着时间的推移，西南边疆的战略地位日趋重要等。

尤佳：您的科研成果质量较高，发表论著的数量亦多。从中国知网的统计来看，您撰写的论文无论是数量还是读者的转载量、下载量均颇可观，表明产生了可观的学术影响。请介绍一下您在科研方面的情形。

方铁：我的科研成果主要是著作与论文。代表性著作有：

《中国西南边疆开发史》（与方慧合作，30万字，云南人民出版社，1997）。研究范围包括今云南、广西，以及历代进入中国版图的滇、桂以南的一些地区，主要探讨远古至1840年历朝对上述地区的经营与开发。阐述以下内容：秦汉以前边疆居民的早期开发；隶属中央政府后边疆各族在开发边疆中的作用；南越国、南诏、大理国对西南边疆的经营与开发；历代移民开发边疆的贡献，交通业在边疆开发中的特殊地位；中原王朝的边疆治理政策；民族统治政策在西南边疆的实施及评价；各个时期西南边疆社会生产的各个部门，如农业、畜牧业、手工业（含矿冶业）、交通业、商业在各个时期发展变化的情形；边疆文化在不同阶段的进步；边疆各民族在开发边疆中的贡献等。本书为国家社科基金项目研究成果，出版后获得普遍好评，《云南日报》《中国史研究动态》《思想战线》等报刊发表文章，予以较高评价。2001年此书获云南省社科优秀成果三等奖。

《西南通史》（与古永继教授合作，100万字，中州古籍出版社，2003）。为马大正先生总主编《中国边疆通史丛书》之一种。该书阐述远古至1840年西南边疆（包括今滇、桂、黔诸省、川西南与中南半岛北部）发展演变的历史，涵盖各时期西南边疆的政治状况、社会经济、民族关系、对外关系、文化交流、社会生活等方面。所写的 8 篇综论，叙述历朝治理西南边疆的思想与治策方面的重大问题。该书大致能反映学术界研究的前沿水平，促使人们从全国的视野与中长历史时段的视角进行审视。该书系统阐述西南边疆发展演变的历史，也注意勾勒历史发展的线索，刻画历史的场景与人物。其中既有波澜壮阔的历史场面，对事态演变内在因素的探索，也描述让人会心一笑的细节，基本上实现了微观研究与宏观探讨相结合、让作品清新可读、雅俗共赏的最初设想。本书因观点新颖、内容丰富、文笔清新受到读者欢迎，第一版印刷 3300 册，不久销售一空。美国几家大学的图书馆派人到中国来寻购此书，但书店销售无存。以后经人指点，在旧书网购买得了其心愿。本书为国家社科基金项目研究成果，2003 年获第六届国家图书提名奖、河南省优秀图书一等奖，2005 年获云南省社科优秀成果一等奖，2006 年获中国高校社科优秀成果三等奖。我到外地参加学术会议，与一些同道和研究生交谈，据称大部分人看过《西南通史》。

《方略与施治：历朝对西南边疆的经营》(50 万字，社会科学文献出版社，2015)。本书为国家社会科学基金项目研究成果，为继《西南通史》之后的又一力作。如果说《西南通史》较注重内容、结构方面的均衡，写法类似百科全书，《方略与施治》则重点探讨中原王朝、边疆政权经营西南边疆的理论、实践方面的问题，学术性与理论性较强。该书汇集《西南通史》面世之后，我所进行的艰苦探索与深入思考的研究成果。本书大致有以下特点：一是视野宽阔，研究的难度甚大。突出表现在研究的时段长，探讨的地域范围广，涉及的问题多且复杂。二是注重研究视角与方法的创新，综合从内地看边疆、从边疆看内地的两种视角，并较多应用历史时段、整体史、比较研究等较新的研究方法。三是在前期发表 80 余篇论文的基础上提炼完成，具有持续深入、厚积薄发的特点。四是勇于探索，提出一些有启迪意义的观点。该书还阐述西南边疆民族关系的形成与特点。认为受自然环境、历史发展等因素的影响，西南边疆的民族融合，经历了边疆民族长期受内地文化浸润，民族融合呈现渐进式发展、相嵌式融合的过程。秦汉在西南边疆始设郡县，内地汉人陆续迁入。南北朝时期西南边疆与内地的联系相对松弛，外来移民逐渐被本地民族融合。唐代出现汉人迁入西南边疆的又一高潮，移民与本地民族融合形成新的民族群体白蛮。明清时期通过驻军、流徙等途径，内地汉人大量迁入西南边疆，融合白蛮等群体形成本地汉族并发展壮大，在边疆各民族中起到黏合剂与稳定核心的作用。《中国边疆史地研究》2016 年第 2 期发表书评，对该书予以充分肯定。

《中国历代边事边政通论》（与厉声研究员等合作，160 万字，黑龙江教育出版社，2015）。本书为中国社会科学院重大项目研究成果。中国边疆史地研究中心组织本所人员与全国的知名学者，历时 8 年完成此书。本人撰写西南部分，共 24 万字，包括历代中原王朝和南诏、大理国等边疆政权对西南边疆的统治与开发，中原王朝治边的理论与实践，中原王朝经营西南边疆的方略与措施，边疆政权的治理方略与施治措施等内容。该书按发展顺序分为四卷，以专题研究的形式，叙述秦汉至 1949 年历代重要的边事与边政方面的问题，是迄今系统阐述该方面状况的专门著作。边疆史地研究中心前主任吕一燃，在序中对此书予以高度评价："对作者严谨的学术态度、精湛的论述、独到的见解和写出这样一部鸿篇巨制所具有的扎实的理论功底，我深感钦佩。""这部学术水平较高的著作，基本代表了目前中国边疆史地研究的前沿水准。" 2017 年 6 月，《中国历代边事边政通论》与我参撰的另一著作《西藏通史》（与张云研究员等合作，中国藏学出版社，2015），双双获得第四届中国出版政府奖。我的又一著作《中国饮食文化通史·西南卷》（与冯敏教授合作，中国轻工业出版社，2013），获得该奖项的提名奖。

除上面提到的著作外，我还撰写并出版以下书籍：《边疆民族史探究》（中国书籍出版社，2013）、《边疆民族史新探》（知识产权出版社，2013）、《方铁学术文选》（云南人民出版社，2015）、《中国少数民族科技史·地学水利航运卷》（与诸锡斌教授等合作，广西科技出版社，1996）、《中国边疆史地研究综述》（与厉声研究员等合作，黑龙江教育出版社，2002）、《中国边疆治理研究》（与周平教授等合作，经济科学出版社，2011）、《云南跨境民族文化初探》（与和少英教授等合作，中国社会科学出版社，2011）、《20世纪中国西部开发史》（与马大正研究员等合作，黑龙江教育出版社，2005）、《云南文史博览》（与谢本书教授等合作，云南人民出版社，2003）。此外，还主编《中国边疆研究通报》《传统文化与生育健康》《西南边疆民族研究》（一至三辑）、《亚洲民族论坛》《民族文化与全球化》《中国蒙元史学术研讨会暨方龄贵教授九十华诞庆祝会文集》等文集。

除著作以外，至今发表学术论文160余篇，其中60余篇发表于核心期刊（CSSCI）刊物。《中国社会科学评价》2017年第1期刊载署名文章，根据文献大数据，分析2006年至2015年我国哲学社会科学研究的状况，文章作者以论文发表的篇数、读者对论文的下载量、论文的转引量等为衡量标准，提出历史学突出之全国的十名核心作者，我名列第四。我的代表性论文有：

《论中原王朝治边的文化软实力》（与黄禾雨合作，《中国边疆史地研究》2013年2期）。中原王朝治边有无文化软实力？经过认真研究，我提出中原王朝治边文化软实力的概念，并进行了详细论证。认为中原王朝的统治制度、政治理念与文化传统，升华为以儒家文化为基础的华夏文化并应用于边疆治理，便形成中原王朝治边的文化软实力。治边文化软实力的基础是夷夏有别观与用夏变夷观。治边文化软实力的内容，主要是彰显中原王朝的文化、实力与制度。传播载体是封贡制度，传播机制是文化传播。宋代以后，先后出现元、清两个以边疆民族为主体的统一王朝。元明清诸朝的治边文化软实力，其内容、传播载体、施用方式等也相应发生变化。该文发表后引起学术界的普遍关注。《新华文摘》2013年第19期转载此文，2014年此文获云南省社科优秀成果一等奖，2016年获云南大学老教授协会科研成果一等奖。

《试论中国边疆学的研究方法》（《云南师范大学学报》2008年第5期）。

提出中国边疆学研究中国边疆的历史与现状问题，具有基础研究与应用研究并重、边疆理论与治边实践并重、历史与现实问题并重、研究视角与研究方法存在多样性、边疆史地和人文社科其他学科以及自然科学学科相结合、研究成果不仅有学术意义还有应用价值等观点。认为有关研究应继承和发展历史学的传统方法，同时借鉴包括地理学、人类学、社会学、政治学、国际关系学等学科的方法。《新华文摘》2008年第23期转载此文，2010年此文获云南省社科优秀成果二等奖。

《深化对土司制度的研究》（《云南师范大学学报》2014年第1期）。土司制度是元明清王朝在西南边疆及其他南方类型民族地区实行的统治制度。土司制度存在600余年，产生广泛而深远的影响。1949年以后我国对土司制度的研究持续升温。目前进行的研究，涉及中原王朝统治边疆和少数民族的制度及其发展演变、土司地区社会与南方少数民族性格的变化、土司制度对少数民族文化的影响等诸多方面。论文回顾近百年来的研究，总结学人对土司制度的认识，提出今后拓展的方向，并就深化研究提出了具体建议。《新华文摘》2014年第7期、《人大报刊复印资料·明清史》2014年第4期转载此文。

《抓住重点问题推进中国边疆史研究》（《人民日报·学术版》2016年16日）。本文应《人民日报》理论部邀请撰写，与中国边疆学领军人物马大正先生的文章《不断深化中国古代边疆治理研究》同版发表。我的文章提出在中国迅速发展的形势下，实现边疆地区稳定发展，妥善处理中国与邻邦的关系，需要抓住重点问题进一步深化边疆史的研究。汉、唐等元代以前的中原王朝，并未明确区分边疆与邻邦并分别施以不同的治策，而是通过推行以朝贡、封赏为基本内容的封贡制度，将自身的观念、制度、文化等传播到华夏以外的区域，企望形成以华夏为中心的文化圈。元朝则对南部边疆与邻邦分别施以不同的治策，以制度的形式肯定宋代以来中国历史疆域趋于形成的事实。清朝在元、明两代的基础上，将在边疆、邻邦采用不同治策的做法发展到更高的水平。论文提出基于边疆地缘政治观，中原王朝形成以下的治边方略:"守在四夷"的方略,对蛮夷施行德治、教化的方略;通过封贡制度对外施用文化软实力的方略,还认为中原王朝逐渐形成博弈谋胜的方略,具体包括注重长远和全局的方略、善于造势和用势的方略等内容。指出这些领域有很大的探讨空间,亟待进一步研究。《人民日报》在该文的题头添加"学科走向"的强调语,肯定文章具有的价值。

《论中国古代的治边方略》(《思想战线》2017年第1期)。论文以近两万字的篇幅,阐述中原王朝与边疆王朝治边方略方面的问题。认为中国古代的治边方略,包括中原王朝的治边方略、边疆王朝与边疆政权的治边方略两个部分,是历代王朝及政权在边疆治理方面,经过长期的实践而形成的基本谋略与传统。古代治边方略是历史经验的结晶,具有鲜明的中国特色,影响十分深远。在中原王朝的治边方略中,较为重要的是经营边疆与应对外邦的方略、地缘政治方略与博弈谋胜方略。论内容充实及完善的程度,中原王朝的治边方略领先于边疆王朝与边疆政权。除阐述中原王朝治边方略的内容与特点外,文章还探讨边疆王朝治边的方略。认为中原王朝与边疆王朝的治边方略,存在彼此对立、共存、逐渐交融的关系。前期两者的差异较明显,后期边疆王朝的治边方略趋于成熟。元、清两代,边疆王朝的治边方略发展为中原王朝的治边方略,推动中国统一多民族国家后期的形成。《新华文摘》2017年第9期转载此文,这是《新华文摘》第四次转载我的论文。

学术界评价较高,被《高校文科学报文摘》或《人大报刊复印资料》全文转载的论文,还有《历代治边与云南的地缘政治关系》(《西南民族大学学报》2011年第9期)、《蒙元经营西南边疆的统治思想及治策》(《中国边疆史地研究》2002年第1期)、《唐宋两朝至中南半岛交通线的变迁》(《社会科学战线》2011年第4期)、《土司制度与元明清三朝治夷》(《贵州民族研究》2014年第10期)等。

尤佳:请介绍一下您承担科研项目的情况。

方铁:我先后承担并完成了国家级与省部级的一些研究项目,主要有:

国家重大文化工程子项目《清史·典志·南方少数民族篇》，国家社科基金西南边疆历史与现状综合项目《历代治理西南边疆的理论与实践》，教育部"九五"规划项目《古代南北方民族关系比较研究》。目前承担国家社科基金项目《中国边疆治理传统战略研究》。参加并完成以下项目：教育部重大课题攻关项目子项目《西南民族地区构建和谐社会研究·历史与民族部分》、国家社科基金项目子项目《西部大开发与文化多元化研究·跨境民族》、国家社科基金新疆历史与现状项目子项目《当代边疆民族地区基层社会与经济发展典型调研·云南部分》、国家社科基金东北历史与现状项目子项目《中越历史关系研究》、国家社科基金西南边疆历史与现状综合项目子项目《云南边疆治理研究·历史部分》、中国社会科学院重大项目子项目《中国封建边事边政通论·西南部分》、国家社科基金重大项目子项目《中国边疆与边疆治理理论研究·历史部分》、国家社科基金重大项目子项目《中国土司制度史料编纂整理与研究·云贵等地部分》。

　　在以上项目中，研究难度最大的是国家重大文化工程子项目《清史·典志·南方少数民族篇》，由我与云南大学的古永继教授共同完成。该项目的任务是撰写清代南方35个少数民族的民族志。所写民族数量众多，情况十分复杂，而且基本上无前人的成果可资借鉴。经过国家清史委员会在全国招标，我获准承担该项目。据发表于《光明日报》的国家重大文化工程《清史》项目中标情况公示，西南四省区仅承担了两个项目，还有一个项目为四川大学承担。为撰写30万字的书稿，我们前期收集、整理的史料便达200余万字。经认真研究与撰写，《清史·典志·南方少数民族篇》的成果顺利通过验收，并获得充分肯定的评价。

　　尤佳：您长期研究民族史与边疆史，断代史、专门史均较熟悉。还涉足历史地理学、人类学、民族文化等研究领域，参与的学术活动也不少。请介绍您学术兼职与社会评价方面的情况。

　　方铁：我现任云南大学西南边疆少数民族研究中心二级教授、博士生导师，兼任复旦大学民族研究中心特聘研究员、四川大学客座教授、国家社科基金学科规划评审组专家。先后任中国中外关系史学会副会长、中国蒙古史学会副理事长、云南民族学会副会长、中国人类学学会常务理事、中国元史学会理事、中国民族史学会理事、中国西南民族研究会常务理事、云南蒙古族研究会副会长等职，以及《中国边疆史地研究》《社会科学战线》《元史及民族与边疆研究集刊》《西北民族论丛》《区域文化研究》《中国方舆研究》等刊物或集刊的特邀编委。此外，还应邀担任云南师范大学、云南民族大学、西藏民族大学、大理大学、昆明学院、玉溪学院、楚雄学院、文山学院、昭通学院等高校的客座教授。

我先后获得国家级、省部级的多项奖励。著作（含合著）获中国出版政府奖3项，国家图书奖2项，中国高校社科优秀成果三等奖2项，省级社科优秀成果一等奖2项、三等奖3项。论文获省级社科优秀成果一等奖1项、二等奖2项、三等奖2项。2003年，我被中共云南省委高校工委授予"云南省高校优秀党员"称号，还获得云南省优秀博士学位论文（指导）奖、云南大学老教授协会科研成果一等奖、伍达观教育基金优秀教师奖、红云教育功勋奖等荣誉。2016年荣获云南省政府特殊津贴。此外，个人简介及代表性论文在中国社会科学网（历史学·史家集林、中国史·史家）发布，学术简况被《云南日报》《大观周刊》等刊文介绍。

尤佳：在承担繁忙的教学与科研任务的同时，您还主持过一些管理工作。请谈一谈这方面的情况。

方铁：在本科学习期间，我4年担任历史系七八级党支部书记。在马列主义教研室任教师时，兼任教研室党总支副书记。调到西南边疆民族历史研究所后，先后担任副所长、所长。学校委托历史系管理该研究所，在从事科研的同时，我还在历史系承担繁重的教学与管理任务，除主讲中国民族史基础课外还讲授多门选修课，并先后担任民族史教研室主任、学生党支部书记以及两届班主任。

1999年11月，云南大学党委决定组建西南边疆少数民族研究中心，提出举全校之力建好西南边疆少数民族中心、申请教育部重点研究基地的目标，责成由我主持组建。申请重点研究基地的门槛很高，各个学校尽力而为，云南大学也不例外。以后，西南边疆少数民族研究中心成为教育部重点研究基地的愿望得以实现。学校任命我为基地主任，经我提名，李杰、林文勋两位教授担任副主任。学校文件明确规定西南边疆少数民族研究中心与学院同级，配置13名专职研究人员与管理人员，以及不少于200平方米的研究和工作用房，配备图书室与专家用房。作为教育部的人文社科重点研究基地，西南边疆少数民族中心承担的任务，是构建高层学术平台，并组织国内外的学术力量，开展西南民族、西南边疆历史与现状方面的研究，体现出在西南民族、西南边疆研究方面的权威性与不可替代性。在学校的大力支持下，基地的建设进展顺利，经过3年的建设，教育部组织评估，在全国民族学类的5个重点研究基地中，本基地名列第二。至2005年10月我卸任主任的职务，西南边疆少数民族中心共主办重要会议11届，其中国际学术会议3届，全国学术会议8届；出版专兼职研究员著作69部，获教育部重点研究基地重大项目11项，教育部重大攻关项目、国家社科基金重点项目各1项。西南边疆少数民族研究中心还与本省的一些地州，以及西南、中南五省区的一些高校合作，建立21处调研工作站，初步建成全国性的学术交流平台，在民族学领域拥有较高的声誉。我们卓有成效的工作，获得学术界同行普遍的赞誉。

尤佳：您已退休数年，仍指导博士生治学不辍。今后有何打算？

方铁：今年我指导的最后一位博士生毕业，在教学方面大致画上句号。以后，做学问的时间当随之增加。2014年我获准承担国家社科基金项目"中国边疆治理传统战略研究"。较之过去关注较多的历朝治边的思想与治策，传统治边战略有注重应对策略与实践环节等特点，可以说是进入了一个新的研究领域，也使我得到进一步学习与提高的机会。圆满完成"中国边疆治理传统战略研究"的研究任务，是我的一个心愿。另外，我还将继续探讨古代治边、中国古代文明、土司制度与边疆治理、区域历史与文化、南诏大理国兴衰、云南历史变迁等方面的问题。将来还准备以灵活多样的笔调，写作史学随笔一类的文章。正所谓："学术未有穷期。"时间不早了，今天的谈话就到此吧，以我写的一首小诗作结：

七律·问学

吾生有幸与书逢，卅载矢志问尘封。
意境流连时驻筷，昼思难解常入梦。
倾心浇溉多桃李，不辍笔耕望文工。
诸生辩诘喧笑语，师友切磋坐春风。
跬步登山未及顶，玉石在地任择用。
来日方长细打理，踱入宝山不空回。

尤佳：感谢您接受我的访谈！祝您心想事成，获得更大的成就。同时，也建议您张弛相济，不要太过劳累。

方铁：谢谢！

采访者：尤佳，云南民族大学历史系副教授，博士。

扬长不避短：我的医学人类学实践
——张开宁教授访谈录

张开宁，昆明医科大学二级教授、博导；专业为社会医学与卫生事业管理、流行病学。现任云南省健康与发展研究会秘书长。1998—2006年，任联合国开发计划署／联合国人口基金／世界卫生组织／世界银行生殖健康特别项目专家组成员。原卫生部改善生育健康服务项目专家。原国家人口计生委中西部生殖健康优质服务项目专家组组长。退休后继续担任联合国人口基金和联合国儿童基金会专家和顾问，并任中山大学人类健康与发展中心副主任及客座教授、昆明医科大学老教授协会副主席。

一、启蒙：刻骨铭心的知青生活

李福仙：张老师，您好，我们在研究会听说您在医学人类学领域做了很多工作，但据了解，您之前一直带领着团队在做生殖健康等公共卫生领域的研究，您是什么时候与民族学、人类学这样的社会科学结缘，并走上这一条道路的呢？

张开宁：1969—1971 年的下乡经历，使我对一种截然不同的文化有了初步认识。和傣家人同吃同住同劳动，真正做到了和傣族群众朝夕相处、共同生活，这应该算是一次真正"跨文化"的人生阅历。这段经历可以说是对我多元文化认知的启蒙，它对我的整个学术生涯影响深远。1968 年底，毛主席号召"知识青年到农村去，接受贫下中农的再教育"。我们年轻学生都被卷入上山下乡的历史潮流中，我也毫无例外地成为其中一员。1969 年 2 月 9 日，不满 20 岁的我和一大批知青同学一同坐上了开往云南省盈江县的解放牌货车。当时整个云南的交通条件很不好，经过 6 天的长途跋涉和颠簸，我们才到达盈江县旧城镇。然而，旧城镇还不是我们的目的地。我们要去的是一个位于半山区的傣族小寨子，叫作"杏丁寨"。后来才知道，这个寨子名傣语意思是"在石头上跳的寨子"，从字面上就可看出这是个石头很多的闭塞小村寨。用今天的话来说，我当时去的是一个很小的自然村或村民小组，它上面的行政村名叫芒胆，是一个"三不通"（不通电、不通水、不通公路）的行政村，而我落脚的"杏丁"更是一个闭塞小寨子。

到达盈江县后，我们这些从小在省城长大的年轻学生，在盈江县中学的教室里住了一晚。第二天，傣家乡亲父老把我们接到了寨子里。一路都是靠两腿步行，坐竹筏过了大盈江，再往山坡走上几公里，才到杏丁寨。

那时，我们大多数人都认定自己一辈子都会在这里扎根了。大家就抱着"既来之，则安之"的心态融入当地生活中，我也很快学会了犁田、耙田等农活。我们一批知青都被分到了一个个傣族老乡家。我一个人被分到一位孤寡老人万大爷家，寨子里的人都称他为"隆"，就是大爷的意思。他孤身一人，没有儿女，寨子里有一家是他的亲戚，当家人名为"老孔"，是万老人的侄儿子。"隆"对我非常好。到他家的第一天，老人家便用竹片给我搭了一张简易床。从此，我就像他的孩子一样和他朝夕相处。他只会讲一点点汉语，平常都讲傣话。于是，我便从零基础开始学习另一种文化，从傣语中最简单的"你""我""他""吃饭""喝水"开始。没有任何语法讲解，也没有任何教科书翻阅，完全是一对一"教学"。不懂的地方，万大爷就很耐心，一遍一遍地教我。在半山坡上放牛时，偶尔看到坡脚下有人路过，自己就会飞奔下去，用刚学的傣语打招呼："某金豪艾？（你吃饭了没有？）"如果对方听懂了，回应了，我就会兴高采烈地跑回到半山坡上。三个月后，我基本上就能用傣语和当地群众流利地交流了。

在傣族寨子的这段时间，大部分时间我都在学习做农活，包括犁田、耙田等。每天早上出工前，我都会帮万大爷挑水、种菜，帮着他做一些力所能及的事。回想往事，令我印象最深的还是家里的火塘。火塘一年四季都不熄灭，出工前会用热灰把它盖起来，收工回来后，又把它扒开，放一些竹片或柴火，吹一下，火就生了起来。接着就在火塘上烧水、煮茶喝。

对于一个不到20岁的青年来说，这是非常有意义的启蒙。通过这些经历，我了解到和自己过去全然不同的一种文化和生活方式——傣族文化。在体验中，对这种文化从生疏到熟悉，最后变为热爱。同时，我也学到了对他者文化应有的敬畏和尊重。这种观念影响了我后来几十年的生涯。后来，我陆续在几十个国家工作过。对待不同的语言、族群、文化，我都能以一颗好奇、包容、接纳和关切的心，与当地人自然而融洽地相处，并能很快地适应环境。这与当年的文化启蒙和洗礼应当是分不开的。

下乡的这三年，我没学过任何理论，但是，傣族乡亲让我明白了另一种语言和文化的魅力。例如，在对"森林""昆虫"等的表达上，傣语的词汇量远比汉语丰富得多。你要形容一片树林非常茂密时，用傣语就讲"拥飘"。很多事物用傣语表达出来特别顺，翻译成汉语就非常别扭。比如犁田、耙田的时候吆喝牛的傣语，翻译成汉语就是丑话，"很脏"，而在傣话犁田、耙田的语境里面却非常正常，这种只有我们那一批的知青才能体会、理解。刚下乡时，我们的审美观念还是城里人的那一套，以白为美。在傣族寨子里生活了一段时间后，我们完全认同了傣族人的审美，觉得近乎黑色的肤色才是最健康、最好看的。城里的干部来寨子里歇脚，晚上洗脚时，我们就会用傣语说："呀，他们汉人的腿怎么那么白！"不知不觉，我们已经把自己当成了傣族人和寨子的一分子。

二、起航：逐渐走上学术道路

在农村做了几年知青以后，意想不到的回城机会突然到来。1971年底，昆明汽车运输总站到盈江县招工，由于我下乡后就从来没有停过一天农活，也没有请假回昆明探过亲，所以傣族贫下中农就把我推荐到回昆明的第一批队伍中，而我后来就在昆明汽车运输总站当上了工人。

日月如梭，1977年，恢复高考又给我们这一代知青带来了来之不易的机会。记得当时很多人都喜极而泣，我也激动得掉下了眼泪。在昆明汽车运输总站，年龄相差整整13岁的工人都在一起复习功课。而且，很多青年工人都想了各种办法购买到了很多复习资料，其中最好的就是上海和北京出版的高考备考书籍。我的教科书在下乡前就全都丢掉了，因为从来没有想到会有读大学的一天。我是高中二年级的老知青，离开教室12年了，数理化核心知识居然还历历在目。身边的小知青和青年工人都会时常来问我一些问题，我的高考备考完全是在回答问题中完成的。大家都称赞我"没有做不出来的数理化题目"。当时，名声不胫而走，就有越来越多的人找我问各种数理化难题。我也就在不花一分钱的情况下，完成了复习，并参加了高考。

我被录取到了（上海）华东师范大学数学系数理统计专业。记得当时就读我们这个专业的还有若干省的高考状元。例如，黑龙江高考状元，在黑龙江插队的上海老知青。我中断学习10多年之后，刚进入大学，攻读数学感觉还是有吃力的地方。相比数理统计等要全力以赴、用心学习，我的教育学、教育心理学等学科就相对轻松得多，成绩特别优异。

1982年7月，毕业后我被分到昆明医学院教医学统计学。这是一个交叉学科，最理想的是既需要有数理统计坚实的基础，同时还应当对医学有系统学习。我便一边教书，一边自学医学常识。

1986年，我选择继续深造，考入上海第二医科大学（现在的上海交通大学医学院），师从史秉璋教授攻读医学统计学硕士。史老师是上海市政协委员，学养深厚，平易近人。他在做人和做研究方面都对我产生了重要的影响。应该说，我的本科教育为自己的数理统计和概率论奠定了坚实基础。在昆明医学院工作几年，我轻轻松松连续发表了数篇论文。实践证明，在医学统计学科研方面，我不需要和任何人合作，凭着自己数理统计的基础，在医学统计学的领域内一个人单兵作战，做"个体户"是毫无问题的。但是，受史秉璋教授的影响，我对医学领域有了更多的兴趣。当时，我学有余力，就从解剖、生理、生化、病理生理等方面系统学习了医学知识。同时，我还跑到上海第一医学院（现在的上海复旦大学医学院），听更多的社会医学与卫生事业管理的课程。这些又为我后来的学术生涯发展埋下了伏笔。

三、留学：再次体验跨文化的震撼

李福仙：我们常常听到您用流利的英语和国外学者交流，知道您曾留过学，那老师留学攻读的领域是什么呢？

张开宁：1991—1993年，我到英国的剑桥大学和利兹大学留学，最先是做访问学者。后来导师看到我短时间内就在英国发表了论文，破例给了我奖学金，让我在剑桥大学攻读博士，学的是社区医学（community medicine）。在英国这三年我又完全进入另一个崭新的"他者世界"，语言、文化、生活各方面都与中国大相径庭。这也是一种跨越很大的生活体验。我的英文主要不是按照英语教科书来学，而是在生活中不断地观察、练习和使用。我对英文口语的时间投入较少，但交流上没问题，自认为这也得益于我的知青生涯。同时，它也让我再次体验了一种跨文化的学习。

对我而言，在英国留学的这几年是第二次感受他者文化。出国前，中国还没有高速路。到了英国第一天，发现从伦敦希斯罗机场（Heathrow Airport, London）到伦敦市区的整条马路上都没人，就只看到有车在高速行驶，令我特别惊讶。看，这根本就是不同的文化啊！但是我在这次文化不同、生活不同、什么都是陌生的环境中很快就适应了。刚到英国，很多老留学生都告诉我们这批新生，现在你们是彻底换了个完全陌生的环境,肯定需要有很长的适应阶段,会感受到一种"文化休克"(cultural shock)。但是,我很自豪地说我没有。回头想想,这应该是得益于我的知青生涯。去傣族农村的那段经历教育了我,它让我知道,一个完全不同国度里的人们是怎么看世界、怎么思维、怎么说话的,你都必须谦逊地学习,用他者的眼光看世界。在英国,我再次体验到了跨文化的震撼和美。

在剑桥留学的日子里,引起我浓厚兴趣的是每天清晨直至夜晚的活动。校园当然是我活动最多的地方。大学根本没有围墙。剑桥大学古老的教堂、图书室、学生阅览室等都在无声地诉说着厚重的历史。在剑桥,诺贝尔奖获得者未必就是系主任,因为说不准在同一个系的教授里,就有两次获得诺贝尔奖的学者。此外,校园内还有很多历史遗迹和传说故事,比如据说引发牛顿发现万有引力的苹果树等。刚从国内出去,我对剑桥大学各学院图书馆的数量和藏书量惊叹不已。图书馆的电子化管理也让我大开眼界。周末,我的最爱就是离开中国留学生群体,独自一人走路或去坐公交车,在嘈杂的露天农贸市场听各种身份的人对话,观察各种人在买什么、怎么买,就如同观看一幕幕活生生的电视剧。坐公交车虽然花去了一点英镑,但是作为一个外来人,你可以静静地坐在一个不显眼的位置,观察英国人日常生活的点点滴滴。通过这样的零距离观察和体验,不经意地就和自己所熟悉的社会做了个对比。你可以注意到英国的公交车没有专门的售票员在售票,而往往是上车后自己在司机那里买票。而且,英国公交车都有严格的时间流程,在每一个公交站都有一个时间表,一般公交车都会准时到达,和我当时所熟悉的昆明、上海、北京的公交车截然不同。每天我几乎都沉浸在体验不同文化的兴奋之中,可以零距离地和英国的男女老少进行对话,静静地体验一种英国式的生活。比如在公交车没来之前,几乎所有人都在安静地看书,耐心地等待。等到公交车来临,大家会按照到车站的先后顺序,很自觉地排成列,有序而安静地上车。对于我这个外来的留学生,大家显然能够看出我的外国人身份,但是没有任何人盯着我看,唯恐引起我的难堪。通常,在英国式的人际关系中你很容易感觉到人与人之间有一个距离，大家并不很热情，也不相互打招呼。可是，当我试着故意问问路或是询问公交车的路线时，很快就体会到别人对你真心实意的帮助。英国人平时表面看起来比较冷淡，不主动与陌生人交往，但只要你能够开个头，打开话匣子，完全可以与其非常坦诚和友好地进行交谈。我对英国文化的理解，也就在这种"练习"以及点点滴滴的日常生活当中一步步入门、一点点深化。

四、健康社会科学：值得追求的远大目标

李福仙：请问老师在您的留学经历中，最大的收获是什么？

张开宁：在剑桥，我有一次偶然的机会接触到了健康社会科学（health social science），并从中得到了重要启发。当时，健康社会科学在全球也还是一个较新的学科群，其英文为 Health Social Sciences，其中的 Social Sciences 是西方广义的社会科学，包括 Humanity Sciences。事实上，健康社会科学非常强调人类学、心理学、伦理学等学科与医学科学的结合。Social Sciences 被我国学者译为健康社会科学，它的实质却是"健康人文社会科学"。由于翻译的约定俗成，以及表述上的简洁，我国学术界也就只有"健康社会科学"这个名称了。

随着人文社会科学应用于人类健康的研究，社会科学与医学等自然科学有机地结合，一门崭新的学科——"健康社会科学"（Health Social Sciences）迅速崛起。从 20 世纪 80 年代以来，全球医学与人文社会科学相结合的尝试方兴未艾、备受重视，国际学术界先后建立了国际性的网络"健康社会科学国际论坛"（the International Forum for Social Sciences in Health, IFSSH），及其在亚太地区的组织"健康社会科学国际论坛亚太网络"（the Asia Pacific Network of the International Forum for Social Sciences in Health, APNET）。IFSSH 和 APNET 每两年召开一次全球或亚太地区的学术会议，出版在国际学术界具有重大影响的杂志《医学与社

会科学》（Social Sciences and Medicine：International Journal）。

健康社会科学虽然是自己在剑桥大学偶然知道的学科领域，但是由于知青的经历使我对他者文化有着深刻的印象和敬畏，所以在内心深处产生了共鸣和冲动，愿意做在医学和人文社会科学之间跨界研究的沟通者和组织者。同时，我也愿意做一位实践者，并乐此不疲，一发而不可收。从剑桥回到昆明医学院，我组织团队在和哈佛大学及上海第一医科大学合作的公共卫生传统研究中，不断努力与人文社会科学结合。

国外教育学界近几年来非常强调一种新的理念：Grit。Grit 这个词在古英语中的原义为沙砾，是沙堆当中特别坚硬耐磨的颗粒。有人把 Grit 译为坚毅，但其实它的含义远比毅力、坚强和勤勉都丰富。可以说，Grit 是指对长期目标的持续激情及持久耐力，是一种坚持不懈和始终如一的投入。从教育心理学的视角看，Grit 是一种性格特征，它强调为了一个远大目标，必须不断地进行自我激励、自我约束和自我调整，不忘初衷，始终前行。对于健康社会科学的追求，我似乎表现出了一种近乎 Grit 的特质。在朋友们的支持下，我在健康社会科学相关领域主编出版著作 7 部、发表核心期刊论文 28 篇。同时，因为有一批知青好朋友在云南省社会科学院和云南高校进行人文社科的教学和科研，我又发起和创办了云南生育健康研究会。基于这个民间研究团体，我和一批好朋友围绕着健康和医学与人文社会科学结合这一主线，不断寻找机会进行跨学科的合作，尝试着各式各样的实践。

五、研究所：体制内的初步探索

李福仙：老师把健康社会科学作为自己的追求，我知道老师为了这个目标进行了很多实践，您能具体讲一讲吗？

张开宁：由于与哈佛大学和上海医科大学的一个重大国际合作项目，我在剑桥大学并没有读完博士，就提前回到了国内。当时，国家教委给了我一笔留学回国人员研究经费，我领衔很快完成了"社会医学研究生培养模式研究"课题，获国家教学成果二等奖。在短短几年内，我的职称从讲师到副教授，再到教授，都是破格晋升。行政职务也从教研室副主任到主任，再到公共卫生系的系副主任。有的同事说我这些年顺风顺水，可喜可贺。然而，回头看自己的经历，我认为真正有意义的，还是我领衔创办的昆明医学院健康与发展研究所，以及后来牵头申请了省级健康社会科学研究基地。为了集中精力于我钟爱的健康社会科学研究，我于1995年辞去了昆明医学院公共卫生系的系副主任职务，带领一支很小的团队"创业"，不断地在医学与社会科学结合的艰辛道路上探索。最后力排众议，成立了昆明医学院"健康与发展研究所"。2007年又牵头申请了省级健康社会科学基地，致力于与社会科学工作者的合作。健康研究所后来成了世界卫生组织的卫生服务研究合作中心、世界银行全球卫生改革合作中心，和若干国家的名校建立了长期合作关系。这应该算是自己在体制内为实践医学与社会科学相结合这一梦想的努力吧。

李福仙：老师刚刚提到您因为与哈佛大学和上海医科大学合作的一个重大国际项目而没有读完博士就回国了，这个国际合作项目具体是怎么样的呢？

张开宁：这个哈佛大学和昆明医学院以及上海医科大学合作的国际合作项目，本来完全是一个纯粹公共卫生范畴的研究课题，研究内容是中国农村的生殖健康服务，包括妇幼保健、计划生育、性病艾滋病防治、青少年性健康方面的服务，重点是服务的需求和提供，包括服务质量以及它的可及性、可负担性等。但是，人类学的方法和视角给了我更多的启发，如为什么民族农村地区的孕产妇产前检查很难做到？当时从我们公共卫生的角度来看，认为问题的根源是缺乏女村医。后来与社会科学院的几位好朋友再次去到村里调研，我发现他们用的方法和我很不同，不是做问卷、开座谈会，而是到处跑、到处看，甚至聊天。讨论的时候他们告诉我："老张，农村基层需要女村医的事情很早就明确了，其实也已经培训了很多女村医。

可是培训出来的女村医却很不容易在村卫生室生存下去,这里有很多社会问题。同样是村医,女村医需要面对比男村医更多意想不到的问题。所以,核心问题不是你们公共卫生看到的缺女村医,要赶快培训。而应该进一步访谈留下来的少数女村医,听听看看她们在开展工作当中的苦辣酸甜,在下次女村医的培训中,让少数成功的女村医分享自己的经历。这样才能找出留不住女村医的原因,才能真正解决问题。"那时是1994年,我刚从剑桥回来不久,人类学家的解释使我大开眼界、心服口服。就像女村医的这个问题,我最初其实只看到了问题的第一层,而人类学的视角和方法却能发现更深的问题根源,这使我对人类学的方法有了初步的认识。经过多项目的人类学实践,我体会到了在公共卫生领域人类学研究理论和方法运用的必要性。

云南省是多民族聚居的省份。民族文化肯定会直接影响到生殖健康服务的可接受性、可及性和服务质量等。这样的观点,使我们与哈佛大学和上海医科大学的国际合作研究,设计有了更广的视角,实施也有了更丰富的内容,最后就产生了意想不到的成果,即民族文化是怎样影响到各民族生殖健康服务本身和服务效果的。

李福仙:老师前面还提到在昆明医学院创办了一个健康与发展研究所,可以讲一下这方面的情况吗?

张开宁:1996年,我在昆明医学院创办了健康研究所,其宗旨是在公共健康领域开展科研,努力实现医学和人文社会科学的结合。为了做好健康社会科学这个学科建设,我有计划地从云南民族大学招进了民族学年轻学者,从华西医科大学等院校招进了医学博士。当时我意识到自己离退休只有10多年时间,所以更加竭尽全力培养年轻的研究者。我特别注意到他们的学历背景中有基础医学和临床医学,也有民族学、人类学,希望在我退休前多带几年这个团队,使他们能够在医学与人文社科结合的路上飞得更高、走得更远。

健康研究所的特点之一是学科优势和补齐短板的种种努力。在现代医学中，医学统计学、流行病学是举足轻重的分支，它们专门研究健康或者疾病在时间、空间和人间的分布。这些分布有什么特征，一种新的医疗方法和药物有效还是无效，如果有效，效果有多大，这都要通过医学实验加以证实。这里面都离不开大量医学数据的收集整理和分析，医学统计学和流行病学很重要的功能之一就是针对上述重要的现代医学问题设计实验，比如临床随机对照实验，通过数据获得确凿的证据来说明药物或者治疗方法效果如何。现代医学往往在社会上给人的印象是科学、权威、一言九鼎、斩钉截铁。其实，现代医学本身也一直在发展之中，人们对人类健康、疾病或者死亡在科学上的认识还远远不够，很多疾病的病因都还没搞清楚，更多的健康问题是多因多果，由复杂的"因素网络"及其相互作用导致。就说一个最简单的治疗吧，比如药物和手术的可能性有哪些，比如说药物给药的方案（时间、方式、剂量等），所以说各种可能性非常复杂。而流行病学和医学统计学要研究的重要内容之一，就是当前的各种医学实验，设计得怎么样，结果如何阐释，等等。在医学界，流行病学和医学统计学往往会告诉我们现有的各种医学实验的局限性甚至是问题在哪里。这些讨论激动人心，科学客观，令人脑洞大开，让人们看到了现代医学的另外一面。也就是说，由于种种条件限制，很多医学实验的结论只能是相对的。此外，主要是由于生物变异性和人体的个体差异，很多医学实验的结论只能基于概率（可能性的大小）来做决定，这是实话实说。因此，医学统计学和流行病学在现代医学领域中举足轻重。这两个学科的很多内容涉及医学科研和实验的思维、方法、数据的分析和阐释，里面的很多技术又是大多数医学工作者，特别是临床医学工作者不熟悉的或不够熟悉的。

我自己恰恰在这样的两个学科上受到过系统训练，也做了很多实际工作。所以，如果要说健康研究所在现代医学领域特别是在公共健康领域有任何长处的话，医学统计学、流行病学是我们相对熟悉的学科，而它们恰恰也是现代医学赖以设计科研、阐释规律、解释现代医学知识的重要依据。其次，我在剑桥大学所学习的是社区医学（Community medicine），这在

20 世纪八九十年代还是比较新的分支。这使健康研究所有了一个比较好的起点。

李福仙：老师刚刚讲到了研究所的一个特点：学科优势和补齐短板。确实，研究所非常重视跨学科的研究，那这个短板是什么，又是怎么补齐的呢？

张开宁：健康研究所的短板也非常明显：公共健康领域的主体是人。无论是公共卫生服务的对象还是提供者都是活生生的人，人的行为及其背后的文化，应当得到充分的重视和研究。而社区医学、社区健康必须要了解个人、社区、家庭、个人的行为以及行为背后的思维，这些都离不开社区的文化、族群的文化。另外，社区健康和一个国家宏观的卫生政策、卫生服务的机构关系密切。人类学、社会学等人文社会科学是我们最需要和最重要的支撑性学科。没有这些方面最起码的训练和基础，成为健康研究所明显的短板。

科研不可能停步。我们补短板的努力，只能在科学研究的过程中进行。我们从项目的研究设计、实施、总结环节等，都特别注重向人文社科专业的朋友们虚心学习，和他们反复讨论，甚至争论，最后再总结提炼。这个过程其实也体现了我"扬长不避短"的核心思想，不管多难或者多容易的项目，我们都是取长补短，相互学习合作，一步一个脚印走出来的。

记得 1997—2000 年，由云南省卫生厅妇幼处组织，昆明医学院健康研究所领衔，与云南省妇幼保健院、昆明医学院第一附属医院及大理州南涧县、楚雄州南华县和曲靖市会泽县合作实施了世界银行—云南省卫生厅合作课题"贫困农村妇幼卫生扶贫资金的运作式研究"项目。针对自己的致命缺陷，健康研究所在课题的进一步细化设计，现场调查研究和妇幼卫生扶贫资金的运作实施、直至督导总结各个重要环节都专门邀请了人文社会科学界的专家学者共同反复讨论。一方面保证了课题有人文社会科学视角和方法指导，另一方面又培养了自己的骨干研究队伍。

设计这个项目的时候，我们先在项目县召开了省、县、乡和村共四级的参与性规划讨论会，最后采用了参与性社区诊断的方法。卫生厅主管妇幼卫生的杜克琳副厅长非常同意我的意见，她带着几位处长以及业务骨干人员深入群众，和来自最基层的农村妇女以及村、乡、县的妇幼保健人员一起商量关键问题在哪里，应当怎么解决。我们团队在几个县进行了县、乡、村不同层面的访贫问苦。我们尽可能地走村入户，追求感同身受，极力探索导致当地孕产妇和婴幼儿死亡的因素。之后，大家聚集在一起讨论。在随后的时间里，推动县、乡、村和省共四级的参与性对话和大讨论，设计出了方案，并不断地改善和推进。

通过这样深入村寨农户家聊天谈心，确实了解到了一些想不到的困难和问题，针对这些问题就可以做出一些实事求是的设计。例如，这个课题设计有一笔扶贫经费可以用到"刀刃"上，让群众能够通过绿色通道，把危重的贫困的孕产妇和急重症婴幼儿送到医疗卫生系统得到救治。容易想到的是要防止有一些村干部把自己并不是真正贫困而需要帮助的亲属当作救助对象，从而影响项目的科学性。通过和乡亲父老促膝谈心，我发现有一些村干部由于"顾面子"，居然把本可享受救助的自家一贫如洗的姐姐、妹妹家庭故意排除在享受范围之外！后来我在UCLA（加州大学洛杉矶分校）公共卫生学院讲学时，分享了类似的例子，得到了来自不同国家的老师和研究生的好评。他们同意：在发展中国家的农村地区做项目时，应当真正深入群众当中，敏感地发现和文化密切相关的信息和事实极其重要。后来，我们把这个3年研究的过程和产出写进了一本书——《贫困人群医疗救助——理论、案例及其操作指南》里，在人民卫生出版社出版。另外，我还带着自己的第一个研究生唐松源到世界银行研究所进行了交流。世界银行专家说，这个项目的设计、实施及评估均有详尽、严谨的记录，其丰富数据有科学而规范的处理，项目关键问题的识别与阐述，重要措施的设计及操作均经受住了实践检验，可作为发展中国家和地区开展贫困人群医疗救助的成功案例进行推广。

李福仙：老师还在昆医建立了基地，这个基地也体现了您倡导健康社会科学的思想，能介绍一下这是一个怎样的基地吗？

张开宁：2006年，云南省哲学社会科学办公室做出一个重要决定：将要在云南省创建一批省级哲学社会科学的研究基地。我决定牵头申请云南省健康社会科学研究基地。说做就做，我带领团队夜以继日不断起草和修改申请书。记得当时主要把国际和亚太地区健康社会科学发展的历史，以及该学科群的重要意义进行了梳理和描述。在申请书中我指出，10多年前中国有三支主要的团队在进行健康社会科学的研究，分别在北京大学，上海医科大学以及昆明医学院。经过10多年的跌跌碰碰，北京和上海的老一代学者已经陆续退休，后面的中青年学者没有跟上。此时，云南省正好有一批以老知青为骨干的研究队伍。我们建议云南省在创建的哲学社会科学研究基地当中，专门设计一个健康社会科学基地，以便用好云南省的人力资源，在健康社会科学这个非常有前景的领域继续拓展研究，并培养人才。申请的基地通过了规划办的批准，最后由云南省宣传部审批正式挂牌成立，我则作为这个基地的首席专家。此后，我每年提出基地研究课题，由规划办向全省公开招标。之后经过严格的评审正式立项，由哲社办核准研究经费。

2007年在我们基地提出的重点研究课题中，有一个是针对云南省当时艾滋病传播非常严峻的现实，提出了"艾滋病防治的健康社会科学研究"。除了公开招标外，我专门找到云南省社会科学院的杜娟老师合作，共同来牵头申请艾滋病防治这样一个健康社会科学的研究。我们设计的主线是：围绕医学心理学、社会医学、医学人类学等六个子学科开展研究，再进行综合研讨。杜娟老师带着一个民族学研究团队，在中缅边境一个佤族村寨，运用人类学方法进行了艾滋病污名与歧视问题的调查研究。该团队运用了人类学田野调查方法，和村民一起生活，在建立信任关系的基础上，通过参与观察、深入访谈等方式进行信息收集。在获得第一手田野资料的基础上，通过分析语言、媒体资料以及案例，以污名理论为主要理论分析框架，结合人类学的文化研究视角，找到了莱卡佤族农村社区艾滋病污名与歧视产生的社会文化根源，以及艾滋病感染者采取的污名应对策略。我本人则带一支以昆明医科大学公共卫生的研究者为主干的团队，开展艾滋病防治的社会医学研究。我和杜娟老师合作的这种模式，可称为"拼盘式合作"，也就是结合人类学、社会医学、医学心理学等学科，大家先有一个统一的设计，对整个研究的目的、方法学以及观点阐述方式等达成共识，接着就分别在自己的领域，按照自己熟悉的方法和学术规范进行研究，如同瞎子摸象，大家在自己的学科里摸到的是象鼻子、身子、尾巴等。而后，我们再一起进行综合和整合性的研讨，并得到结论。最后拿出来的成果相当一个"什锦拼盘"。虽然这种合作方式有明显的局限性，但也不失为一种健康社会科学的研究模式吧？

六、研究会：体制外的不懈努力

李福仙：老师进行了这么多尝试，您自己也称这些尝试为体制内的探索，那么，想必研究会这一民间组织的创立就是体制外的实践了，请老师也讲一讲研究会。

张开宁：在剑桥大学留学期间，我为了昆明医学院医学统计教研室的长期发展，寻找全球医学科研新的方向，锁定了（reproductive health）这个前沿领域。reproductive health 当时在英文世界里也算是一个全新概念，它包括妇幼保健、计划生育、性病艾滋病防治、青少年性健康等方面，得到世界卫生组织的高度重视。我国医学界把它翻译成"生殖健康"，颇有一些"生殖医学"的韵味。

1993年初，我从剑桥大学带回到国内一个与哈佛大学和上海医科大学合作的项目。在这个基础上，为了促进医学与社会科学的合作研究及结合，1994年3月，我与邓启耀等一批朋友还产生了创立一个民间研究机构的想法，1994年3月7日，云南生育健康研究会（Yunnan Reproductive Health Research Association，YRHRA）就在昆明医学院一间普通教室里正式成立。我们为了突出社会科学，去医学化，把 reproductive health 翻译为"生育健康"，所以也把创立的这个民间研究机构取名为"云南生育健康研究会"。

1998年，我牵头向世界卫生组织（WHO）提交了一份成为其全球生殖健康培训中心的申请。通过严格筛选后，在全世界确定了6个WHO全球合作中心，而云南生育健康研究会就是其中之一，也是亚洲唯一的培训中心。当时菲律宾的国立大学和泰国的玛海多大学等多所著名大学也都向WHO提交了申请。研究会可谓是通过艰难的竞争，凭借着一股韧劲和一遍遍的沟通交流，最后成为联合国系统批准的一个重要培训合作机构。由此，YRHRA就有了很多可以派骨干到瑞士日内瓦、德国海德堡等地学习的机会。当时到国际上学习的机会还是非常难得的。这个培训是全英文进行，内容分为六个板块，包括生育健康服务方面的研究、生育健康权益等。商量后，决定每个板块选择两个人作为骨干师资培养，到国外学习，一位具有医学背景的，一位来自社会科学的，推选时也注重性别的均等，可以使女性和男性在视角上相互补充和支持。从日内瓦和海德堡等地学习归来后，这批骨干师资继续相互帮助，取长补短，精心备课，所提供的生育健康服务培训得到国内外广泛认可。来自北京的学员包括原国家卫生部、国家人口计生委的干部及全国妇联研究所的骨干。作为WHO培训班的学员，他们对云南生育健康研究会把社会科学和医学密切结合，同时考虑到社会性别（gender）平等的做法非常认同。此外，我们还多次培训了越南、缅甸、老挝等国的国家级生殖健康服务相关的政府官员、民间组织和技术服务机构的骨干，为健康社会科学在亚太地区的传播写下了历史性的一页。

说到我和邓启耀等人"朋友式的合作"，还不得不谈几本书籍，它们形成了一套"生育健康与社会科学丛书"。丛书包括《以妇女为中心的生育健康》《以社区为基础的生育健康》《传统文化与生育健康》等论文集。丛书在中国社会科学出版社出版，产生了重要影响。其中《传统文化与生育健康》一书特别得到国际学术界的重视与好评。

邓启耀和我除了做组织工作外，还专门做了综合性的研究。比如《多学科视野中的健康科学》这本书是由邓启耀和我主编的。在这本书的框架设计中，我们考虑了健康社会科学国际研究的新动态，决定先从人类学、社会学、经济学、社会学和医学等不同学科视角分别审视，最后再综合起来讨论健康社会科学是怎么一回事，其研究方法论是什么，等等。本书的副主编倪慧芳来自法律学专业，刘伟有公共健康（学术）背景，而赵旭东则来自精神健康领域。这几位副主编后来也都成为国内有名的健康学者。

2002年召开亚太地区第六届社会科学与医学大会。在全球有一个健康社会科学的学术组织（International Forum for Social Sciences in Health，IFSSH），其指导委员会成员包括哈佛大学及全球各大洲的学者。我曾经被授权把IFSSH的一本著作翻译为中文，在泰国玛海多大学出版社出版。20世纪八九十年代，上海医科大学顾杏元教授、北京大学郑晓英教授和我本人成为IFSSH在亚太地区的学术圈子APNET（Asian and Pacific NET of Social Sciences in Health）的指导委员会委员。21世纪来临，APNET决定委托中国主办每2年一次的亚洲和太平洋地区社会科学与医学大会（6th Asian and Pacific Conference on Social Sciences and Medicine，APCSSM），由郑晓英教授和我本人具体负责。

2002年10月14—18日，亚太地区第六届社会科学与医学大会在昆明召开。这个会议后来被太平洋地区各个国家广泛报道，认为中国不但热情地做好了东道主，而且保证了非常高的学术水准。论文集整整7页的前言和19页的论文综述，都是由邓启耀和我无缝对接完成的。虽然我们俩的学术背景和关注点不同，但是两个人都坚持了不断讨论和坦诚交流。在大会开幕之前，论文集终于付梓。同时，论文集中文版本由中山大学出版社正式出版。书中，邓启耀和我署名的前言和《世纪之交的健康议题——第五届太平洋地区社会科学与医学大会论文综述》得到国内外学者的好评。

多年后，邓启耀去了中山大学任职，成为中大人类学系副主任。由于我们彼此非常珍视亲密无间的跨界合作，就决定发起成立中山大学人类健康与发展中心，邓启耀做主任，我任副主任。该中心的任务，一是联合培养研究生，二是开展合作科研。

邓启耀在中山大学培育的是人类学专业的博士和硕士。我自己带的研究生的研究方向比较窄，是社会医学与卫生事业管理领域的硕士。与此同时，我与协和医科大学以及中国疾病控制中心合作，担任其兼职博导，为这两个机构带医学统计学和流行病学博士。在上海医科大学，我与其他导师合带生殖健康方向的博士。在中国医学界，上述几个机构的博士培养应该算是一流的。中山大学的部分人类学系的博士和硕士，在中山大学接受了系统的人类学培育之后，来昆明医学院加入 YHDRA 团队，参与了和健康与发展研究直接相关的田野工作，促进了跨学科的交流。

例如，当时我领衔一个叫作"保龙公路建筑工地艾滋病防治项目评估"的课题，其背景是亚洲发展银行（ADB）资助云南省修建从保山到龙陵的保龙高速公路，同时在公路的建设工地和相关的农村社区进行艾滋病防治的干预。当时艾滋病防治的健康教育等干预活动是由玛丽斯特普国际组织中国代表处团队设计和组织实施，我受 ADB 委托进行该项目的评估。我本人带着一批昆明医学院的研究生，在建筑工地和周边的农村社区摸爬滚打，而邓启耀和我合招的博士研究生高一飞，也专门到云南参加了团队的田野调研。

我的公共健康的功底，体现在为该项目设置了对照组，在另外一条相似公路的建筑工地上进行了严格的平行对照，而且又做了非常专业的基线调研，进行的前瞻性评估就特别有说服力。这个评估后来被 ADB 作为一个典型，在亚洲太平洋地区进行推广。ADB 强调该评估的调研设计科学，数据分析特别有说服力。而我自己最有成就感的则是自己一方面和筑路工人师傅们朝夕相处、促膝谈心，了解当地情况；另一方面，我们在和建筑工地密切相关的周边农村社区以及疾病预防控制机构做了相当系统的田野调研。当时国内的艾滋病蔓延的形势非常严峻，需要回答一个极其重要的问题，即是否要向所有农民工兄弟都发放安全套。那时国内一些很知名的专家认为，农民工不少存在不正常的性关系。他们都建议应大张旗鼓地给所有男性农民工都发放安全套。然而，根据几个月摸爬滚打所做的扎实田野调查，我明确提出应根据建筑工地上不同农民工兄弟群体的现状和需求，特别是不同群体截然不同的文化、思维、行为等，采取完全不同的"干预"策略和方法。记得中央电视台的"朝闻天下"节目专门报道了我们的这个研究。该节目报道：昆明医学院张开宁教授和他的团队通过调研显示，建筑工地上的农民工师傅有截然不同的情况。技术工人收入比较高，也有空余的时间，他们可能存在一些商业性性交易方面的高危行为。相反，土石方工（北方称为"笨工"）每天劳动强度很大，往往收入很低，而包工头为了工地的管理，往往又集中发放土石方工的报酬，使他们口袋里的钱没有多少可用。另外，他们周围的人又常常都从同一个地方出来，叔叔啊，侄儿子啊大家都生活在一起，由于上述种种原因，他们访问性工作者的概率非常小。这样的研究结论，最终影响到了国家对农民工兄弟的政策，即明确：不能不分青红皂白地向所有农民工兄弟发安全套。

云南生育健康研究会从2007年开始更名为云南省健康与发展研究会。从理论上说，研究的视野更加开阔，内容更加丰富，主要是围绕着健康和发展的主题展开科研。从实践看，之前的20多年一直围绕着生育健康（生殖健康），并坚持做各种国际合作课题及国家部委委托的重大项目。自2007年开始，研究会开辟了环境与健康这个新领域，并和洛克菲勒兄弟基金会进行了深入的合作，后来又和日本国立的综合地球环境学研究所进行了合作。这个研究所是日本政府所创办的国家级科学研究机构，强调社会科学与健康科学密切结合，进行跨学科合作。该研究所和中山大学人类健康与发展中心以及云南省健康与发展研究会的理念完全契合，合作非常愉快。YHDRA有一支以年轻人为主体的团队，在环境与健康领域做得风生水起。他们曾经和日本综合地球环境学研究所合作，围绕湄公河流域的环境与健康，从农村社区的角度深入研究几十年来健康与环境的变迁。作为成果，日本综合地球环境学研究所的门司教授和我共同主编出版了《西南少数民族地区村落环境与健康变迁研究》。

2010年初，研究会开始对健康老龄化、积极老龄化等领域进行探索。云南省健康与发展研究会经过20多年的发展，取得了若干学术成果，但也面临着机构老化的问题，特别需要有新的研究领域凝聚大家的智慧，继续做跨学科的研究。研究会再度和中山大学人类健康与发展中心密切合作，云南省社会科学院童吉渝老师也加盟本次研讨的组织。最终，我们组织研究会多学科的专家进行多次研讨，于2014年，在中国社会科学出版社出版了98万字的论文集《健康老龄化的挑战与思考》。2005年，国家人口计生委在藏区开展了一个大型健康扶贫项目，并任命我为专家组的组长。记得那时在香格里拉开了一个项目启动会。国家人口计生委的主任、副主任及北京的很多媒体都来了，规格挺高，声势浩大。会议结束后不久，我独自一人乘坐长途汽车从迪庆州到德钦县，翻越了白马雪山，再乘各种农用车、微型车到项目村，以普通旅游者的身份去悄悄走访，真实地体验着一个普通藏族群众去州府、县上、乡里、村中的过程。那条路处在三江并流的地方，当时交通条件非常差。我不会说藏语。一些朴实的藏族群众，倒是会讲简单的汉语。当时我的样子可能像个教师，也算是零散的汉族旅游者，大家对我照顾有加。一个微笑就有人出来帮你忙，他们就会告诉你现在该坐什么车、怎么买票等。那一次，我坐微型车刚到项目村，州、县计生委的领导不知道从什么地方打听到我到项目村来了，当时正值五一假期，许多藏族干部考虑交通不便，怕我吃不消，又担心我的安全，就丢下家人到处寻我，最后在村里找到了我。他们对我又生气又感动，一方面，我去项目村没跟他们打个招呼，又是在过节期间，因为担心我的安全，自然有点生气；另一方面，他们说你一个汉族人，又是专家组的组长，这么认真地深入藏族聚居区进行调研，难能可贵，令人感动。经过几年项目的来来往往，我们团队与藏族干部群众成为肝胆相照的好朋友。

多年后，我牵头申请了一个国家社科基金的项目，再次到藏区做少数民族群众养老现状调研。曾经任德钦县计生委主任的扎西，是我那时就结下的好朋友。他作为现任老干部局的局长，当即就表态："张开宁教授来我们藏区就是来搞调查研究的。他是一个言出必行的好朋友，深入我们藏族干部群众中，帮助我们做好为老人服务的事情，我们应该全力配合。"扎西主任完全把我当作藏族群众的一分子，不管有什么问题、需求，都和我无话不谈。

2009—2011年，联合国人口基金（UNFPA）邀请我参与他们与中央民族大学和中国妇幼中心合作开展一个项目"具有文化敏感性的少数民族妇幼保健"。其宗旨是在发展中国家妇幼保健中示范民族文化敏感性，并针对不同的民族文化更好地做好妇幼保健工作。我在北京首次见面会上发言后，中国妇幼中心以及中央民族大学的同人都对我表示欢迎。他们说，从发言看得出我既懂得妇幼保健的关键技术和知识，也非常熟悉少数民族文化在妇幼保健中是怎么起作用的，它为什么重要，以及我们应当如何针对这些民族文化的特点设计项目等。因该项目需要，我们后来多次去藏区和彝区做调研。在调研中我注重把握藏族、彝族文化中与妇幼保健服务相关的文化因素。例如，在藏区，孩子出生时往往会有一种仪式，即让孩子舔一点酥油茶或一点糌粑。中国妇幼中心的医生特别强调母乳喂养的定义是除了母乳之外不能喂新生儿其他任何食物或液体，包括水。她们强调新生儿的胃太小，不要让孩子舔酥油茶或者糌粑。我明白这种一次性仪式的重要性，其实它并不影响母乳喂养，而仅仅是藏族同胞的一种民族习俗和仪式，他们相信孩子出生时舔了酥油茶和糌粑，今后会更加健壮。这实际上和妇幼保健强调的母乳喂养没有任何冲突。我的意见得到中央民族大学和中国妇幼中心合作者的首肯和接纳。

七、寄语：年轻医务工作者莫做井底之蛙

李福仙：谢谢老师把您宝贵而丰富的经验成果与我们分享。最后，对我们这年青一代，老师最想说的是什么呢？

张开宁：我们这一代人是一步一个脚印走过来了，但世界上永远是长江后浪推前浪。你们年轻医务工作者应当会做得更好，一代比一代强。但是，做跨文化研究，最基本的就应当是具有人类学的那种精神：尊重、倾听、接纳和体验。希望下一代，特别是从医学的角度去尝试做医学人类学的年轻学者，尤其要注意医学人类学中那些最主要、最本质和最宝贵的东西，用心尊重、倾听、接纳他者文化，甚至细心去体验，千万不要浅尝辄止，才能有真正经得起时间检验的真知灼见。

同时，你的访谈使我回顾了自己走过的道路。应该说，人无完人。我们不必忌讳自己的短板，而要通过学习和合作不断加以弥补。我们这一代人是这样走过来了。星移斗转，社会不断进步。你们年轻人有更好的条件，令我羡慕。希望你们扎扎实实做学问，飞得更高，走得更远。

采访者：李福仙，云南大学硕士研究生。

田野有哲人
——李国文教授访谈录

李国文,男,汉族,1950年生,云南省临沧市永德县人。云南民族大学二级教授,民族学博士研究生导师,宗教学、中国古典文献学硕士研究生导师。致力于少数民族研究和教学40余年,以对少数民族哲学思想研究和东巴教、东巴文化的研究著称于学术界,成绩斐然。为"云南省有突出贡献优秀专业技术人才""云南省有突出贡献的哲学社会科学专家""云南民族大学伍达观教学科研杰出奖"获得者。曾分别担任云南省社会科学院社会学研究所副所长、哲学研究所副所长,云南民族大学科研处副处长、处长,图书馆馆长。

陈燕:李老师,您是一名大学二级教授,是云南省有突出贡献优秀专业技术人才和云南省有突出贡献的哲学社会科学专家。我看过您的有关著作和文章,其中您自喻说:自己做学问其实很笨,"基础很差",只是"愿吃苦,能吃苦,不偷懒"。您写了那么多书。所以我想,李老师在人生和治学道路上一定有自己的特殊经历,也很好奇,很想知道李老师您是怎样走上治学道路的?

李国文:你提的问题激起了我的很多回忆。我出生在临沧永德县(原镇康县，1964 年该县一分为二为镇康县和永德县）永康镇偏僻山区的一个贫苦农民家庭。小时先在村中一座山庙里读小学，后来，小学搬进村里大户人家的大院里。小学没毕业便到县城驻地——德党城读完小，从村里到县城要跋山涉水，要走约 20 公里山路，穿过随时有野兽出没的深山老林。乡下孩子到德党城读书都要住校，自己带柴、米、锅，每天自己煮饭吃。由于家境贫困，小学五年级时，我曾辍学 1 年，在家放牛、放猪、砍柴、割草，帮助家里做些农活。后经老师长途跋涉到村里做家访，他看到我家境非常贫困，便做我父母的工作，让我继续回校读书。那时邻近村寨也有孩子到德党读书。但在读完小期间，当地发生了一件恐怖的事情，即有一种怪物叫"马尾狼"，会吃人，传说专咬小孩脖颈，一口毙命。因为惧怕，后来邻近村寨的小孩都不敢到德党读书，只有我坚持下来了。这就是后来《永德县志》"大事记""1963 年条"里记录的"县内出现马尾狼之祸，21 人被咬伤，10 人被咬死，县委政府因此组织民兵围猎，消除此一兽害"。也正是从这个时候起，让我懂得求学的艰辛。完小毕业进中学，更让我有了强烈的读书愿望，我很珍惜学业。但在读中学时，因为家境贫寒，每月基本上都靠"人民助学金"吃饭，同时，靠帮工维持学业。每到周六日和节假日，我们穷学生都要去帮工，比如到山里砍柴卖给学校食堂，或去卸货车，当搬运工，寒暑假则去脱土坯；到粮食局碾米、扛谷袋；到公路道班挑石头、修补公路等，但凡能挣到一角、两角钱的事都做。从小学开始，我就爱吹笛子，爱自己琢磨、苦练，到初中，我的笛子已经吹出一点小名气。正是这一特长，一个偶然的机会，让我穿上了军装，走进了部队，并在部队文工队吹了 5 年笛子。当兵 5 年，我随部队从保山辗转于昆明、贵州，在贵州驻军遵义、修文、羊艾等地，走遍了贵州的务川、绥阳、赤水等大部分县和苗族、布依族等很多民族地区。部队是个锻炼人的大熔炉，它既让我开阔了眼界，增长了见识，同时又培养了我不怕艰苦、勇于吃苦、自立、自强的精神，训练了团结、合作、求实、守信、严格、严谨的作风。1969 年到 1970 年，我先后加入了中国共青团和中国共产党。我在部队坚持自学，到哪里我都坚持自学，比如，那个弯弯曲曲的五线谱，我就是自学的，其他还自学了很多东西。1973年，我退伍回乡务农——犁地、耙田、栽秧、收割，什么活都做。同年，又是一个偶然的机会，经村民小组、大队、公社到县及专区的逐级审核、推荐，我进入云南大学政治系攻读哲学专业，每月靠国家补助的15元钱维持学业。大学为我打开了知识的宫殿，我如饥似渴地读书，遨游于知识的海洋，从来没有节假日，每天的行动路线就是宿舍、食堂、教室、图书馆。1976年，我大学毕业被分配到云南省历史研究所工作，从此开始走上漫漫学术研究之路。

现在回过头去看这段特殊经历，其实都是那个时代很多人经历过的。我虽然从云南大学毕业，但初中、高中并未完成完整的学业，所以我说自己做学问其实"基础很差"的原因就在这里。但是在后来的治学道路上，我一直认为，学历只证明你有过这个经历，并不能说明你的能力，能力必须靠不断磨炼、积累。做学问，有学历、文凭当然好，但学历、文凭不能代替水平，光有学历、文凭，而不愿吃苦、不能吃苦，是没有用的。人，无论做什么事，都不能偷懒，偷懒没有用，做学问亦如此。所以，总结我几十年的治学道路，体会就是"愿吃苦，能吃苦，肯吃苦，不偷懒"。

陈燕：李老师，您是从云南省社会科学院这个专门研究机构中调入云南民族大学工作的，这在您的工作道路上是一个转折。我很想听听您的这段经历。

李国文：是的，前面我已经提到过，我大学毕业后，就被分配到云南省历史研究所从事科研工作。当时，云南省社会科学省属研究机构只有云南省历史研究所。该所于1956年成立，其前身是"云南省少数民族社会历史研究所"（简称"云南省民族研究所"），1958年改为"云南省历史研究所"，后来人们习惯称为"历史所"。我记得，历史所的研究人员原来住在云南民族学院（现云南民族大学）西院红砖楼，上班也在这里，也就是1976年，历史所在云南大学北院建盖了办公楼和职工宿舍，并搬出了云南民族学院红砖楼。当时，历史所前前后后有50多号人，研究机构主要设有民族研究室、云南地方史研究室、东南亚研究室。我被分配在民族研究室。当时历史所的研究人员，大都是"文化大革命"前毕业的大学生。因为"文化大革命"，中国的高等教育停滞，科研机构里的工作人员实际上也是断代的，我进到历史所，实际上已是隔代了。当时民族史研究室的研究人员都是科班出身，大多数人都参加过20世纪50年代的民族社会历史大调查工作，并且后来都是民族学界各领域研究中的顶尖学者。他们都比我年长一二十岁，都是我的师长、长辈。这个阵势，在我刚进入历史所时，真让我有不知深浅的感觉。尤其是我原来学的是哲学专业，现在要来研究少数民族，更是感到茫然。好在正因为是这个环境，让我一开始便进入一个做学问的良好氛围。正是在这个氛围的熏陶、感染中，在这些前辈的启发、引导、帮助、支持下，既让我看到了他们是怎样做学问，同时也逐渐训练、培养了我做研究的兴趣和勇气。

1980年，云南省社会科学院正式成立，最初办公地点设在云南省委大院内的一个旧楼（后来云南省委宣传部的办公楼）。1981年11月，历史所东南亚和南亚两个研究室单独建立东南亚研究所。1984年，历史所民族学、民族史研究单独建立民族学研究所，同时，还单独创建了宗教研究所。这些所都直属省社会科学院领导。当时我去参加筹建宗教研究所，社会科学院拨给了5万元的开办费，在昆明市弥勒寺附近的清泉饭店租了两间办公室，买了几个书架和一些图书，就这样组建了宗教研究所。建所开始，工作重心主要还是社会调查。在调查、收集资料的基础上，全所同志共同努力，首先出版了《宗教论稿》，接着内部出版了《云南宗教调查研究》，再后来创办了《云南宗教研究》内部杂志。这些研究成果虽是初步的，但它标志着云南有了省一级宗教研究机构，并有了新的起步。

随着历史的不断发展，社会科学院又先后创办、组建了很多研究所，诸如文学研究所、哲学研究所、经济研究所、社会学研究所、文献研究室等。从1976年开始到1994年，我在省社会科学院十八九年间，由于工作需要，曾先后被调到哲学研究所、社会学研究所工作，并分别担任社会学所副所长，哲学所副所长、党支部书记。在这两个所，我们分别创办了《民族社会学》（社会学所）、《哲学与文化》内部杂志。这些不同学科的研究机构，其科研方向都是明确的，至于每个机构、每个阶段和时期的研究重点，直到具体领域的选题、领域建设，都有不断探索、深化、拓展、发展的艰苦过程。现在这些研究机构中都是人才辈出，但他们都是随着这些机构的不断发展而逐渐培养、成长起来的。

1994年，我从省社会科学院调入云南民族学院（现云南民族大学），任科研处副处长（主持工作）、处长，主要工作是配合学校领导，组织科研处工作人员，共同完成学校科研规划的制定，教职工科研课题的申报、立项，科研项目管理，科研成果出版、奖励，以及学校各系（部）科研、学术活动等改革和规范工作。

1999年，我从科研处调到学校图书馆任馆长，以后兼馆党总支书记。在图书馆，除做好本职服务工作外，还鼓励馆内职工多学习，多结合本职工作研究问题，并且创办了《知识、学术、信息》的内部通讯，以兴图书馆学习、科研之风。我在图书馆工作期间，恰好遇到全国大学本科教育水平评估和云南民族学院更名为"云南民族大学"两件重要事情。这两件事对推进图书馆的现代化建设、提升图书馆服务水平和质量非常重要。图书馆电子阅览室，以及具有民院和民族特色并由著名人士伍达观先生以他母亲名义捐赠、命名的"伍谢瑞芝文库"就是这个时期先后建立起来的。

现在回过头去，把你所问的问题串联起来，实际上我的学习、工作道路，如果从部队开始，基本的路线就是：部队—云南大学—云南省社会科学院历史研究所—宗教研究所—社会学研究所—哲学研究所—云南民族学院（大学）科研处—图书馆，最后在云南民族大学民族研究所退休。在这个经历过程中，科研始终是我的追求。正因为这个深深的情结，我在这些工作单位中，由于工作需要我做一定的组织、负责工作，但我始终不忘记我是做科研出身，更不放弃我的科研工作，只不过这样做的结果，是要有更多付出而已，别人休息，我不能休息；别人放假，我不能放假，我几乎就是这样强制和严苛自己的。

陈燕：您这也是不忘初心！李老师，您是硕士生、博士生导师，在研究生培养中一定有一些经验和想法，请您谈谈这方面的经验和体会。

李国文：云南民族大学正式获得民族学一级学科博士点授权单位的时间大约在 2012 年、2013 年。我是 2013 年被学科专家组和学校学位委员会评审认定的民族学博士生导师，但这时我已退休，按有关规定，退休后就不能带博士研究生了。参加培养硕士研究生的时间从 20 世纪 90 年代末开始，直到现在（2017 年）。我主要带的研究生是宗教学和古典文献学（少数民族古籍文献），后来，云南大学也要我参加带少数民族档案学方向的研究生。从开始到现在，培养这些学科的硕士研究生一共 60 多人。对这项工作，谈不上有什么经验。首先，这些学生虽然是我名下的研究生，但每个学生的授业和学习培养过程，都是由很多教师共同完成的，我不过在其中上了几门课。当然，既为导师，就得多做些"导"和"师"的工作，我尽力去做好这份工作。作为导师，结合专业课的授课，我常贯穿这样几点认识：研究生学习不同于本科生学习，研究生必须带有研究性思维方法进行学习，也就是要培养训练善于思考问题、发现问题、勇于提出问题并研究和解决问题的能力。我比较强调做人，即做人、做学问不能偷懒，要勤快，偷懒没有用，不勤快，何来的勤奋和成就？这些其实和我的经历有关。做人和做学问必须统一，要做学问，必须先做人；反过来说，先做人，再做学问；做人要修人德，做学问要修学德。尤其是结合我们的学科专业学习、研究特点，要研究少数民族的东西，凡是你研究的问题，或文章的选题涉及少数民族，无论是社会、政治、经济、文化、宗教、语言、文学、艺术……必须深入少数民族的村寨——火塘边做具体、扎实的田野调查。这个过程，我把它称为"四勤"：腿勤，就是要走山路，做田野调查；嘴勤，就是要善于询问、访问；手勤，要对访问、观察所得做如实、完整的记录、整理；脑勤，要对调查所得做系统、细致、深入的研究分析。所以，研究生的文章凡是涉及研究少数民族或某一具体地方的问题时，调查完了，或文章写出来了，我要看你的田野调查笔记本。我最关心这个笔记本，因为我想知道，你研究这个问题时，去调查了几次，到哪里调查，到县里、乡里还是村民的火塘边？怎样调查，调查了什么？以及你的调查思路、询问方法，直到调查内容的整理、分析、运用，等等。每届新生入学，从第一次见面到授课开始，我还会同学生交流一些个人想法，比如：农村学生和城市学生的关系；内地学生和边疆学生的关系，汉族学生和少数民族学生的关系，老师（导师）和学生的关系，专业知识学习和普通知识学习的关系，资料（史料）收集、研读和硕士论文选题、写作以及研究性思维训练的关系，硕士论文选题、写作和攻读博士的相承关系，社会科学（某一专业、领域）研究方向、领域选择（选题）的辩证思考，等等。我把这些问题戏称为"十对辩证法"，实际是我在与学生交流过程中经常唠叨的口头禅。

陈燕：李老师刚才提到田野调查，我正想提这个问题。在您这一代人中，很多人做学问都要做田野调查，我想请您谈谈这方面的经历。

李国文：是的，田野调查本身就是研究工作的一个部分，而且是非常重要的部分，所以又叫"田野作业""田野工作"。在学术界，无论人类学、民族学、社会学、宗教学、考古学、民俗学、语言学、文字学、文学、生态学，乃至政治学、经济学、历史学以及相关学科、领域的研究，都必须做田野调查。中国的领袖从毛泽东到今天的习近平总书记，都强调要做调查，因为无论做什么事，研究什么问题，首先只有做调查，才能了解、认识事物的本来面目，才能把握事物的本质，并从中分析、探寻出事物存在和发展的规律。这是研究、认识事物的法则。人文社会科学做田野调查，就是遵循这个法则。

至于说到我们这一代人，其实，搞人文社会科学以及相关学科研究的人，在我们的前辈人、近辈人中，他们都做过田野调查，很多前辈都有长期田野调查的经历。在我所认识的范围内，从北京到地方、到国外，很多学者都做田野调查，有的就是从做田野调查开始起步的。今天我们只要打开诸如历史学、人类学、民族学、宗教学研究的著作，就会发现，这些成果没有哪个领域是没有田野调查的。结论只有一个，即做研究，尤其是做民族以及与之相关的研究，田野调查是一个基本功，是一个科研工作者的必备条件，也是一个研究者的根基。如果不做长期、持续、艰苦的田野调查，不到民族社会中获取第一手研究资料和研究营养，就很难获得研究成果和成功。当然，我们说的田野调查，不是走马观花，而是要到少数民族的火塘边，到他们生产生活的场景、过程中做具体的访问、学习、观察的调查。这是锻炼，也是体现一个人综合能力、素质的过程。

陈燕：说到这里，李老师从他的书柜里翻出了一大沓他所保存的过去做田野调查时由单位开具的各种"证明""介绍信""路条""通行证""公函"。这些证明中承载着李老师的很多记忆，他的田野调查工作就从这些"证明"开始讲起。

李国文：我从进入研究单位的那一天起，几乎每年都要到山区民族地区做田野调查，有时也在县城有关单位做调查。下乡调查时间最多的是20世纪70—90年代，有时一去就是两三个月。七八十年代下乡调查，虽然比不上三四十年代到五六十年代前辈们那样艰苦，但也不是很好。那时，云南的交通还很落后，从昆明到各地、州，只有西双版纳才通可以乘坐十几个人的飞机，而且不是人人都能乘坐的，普通大众的长途交通工具是大客车。从省城昆明到地、州、县，都是土石路，没有柏油路；从县到乡，很多地方不通公路，或只有毛坯路；从乡到村，几乎都是山路。从省城到各县，没有直通班车，一般都要到地、州一级客运站转车。到乡里，没有交通车，多数靠走路，遇到好机会的话，可以乘坐马车；从乡驻地到远近各村寨，就全靠走山路了。记得1981年左右，我第一次到丽江时，在客运站下车之后，是乘坐马车经过城中街道到达地委招待所的。至于住宿，那时条件也很差，从昆明出发，沿途客运站附近会有旅店，地、州、县会有招待所，那时不叫"宾馆"，每晚住宿费5角到1元不等。如到乡里，就住在设有两三张简陋床铺的接待室，或住公社的供销社、购销店；到村里，有时就在村民家的火塘边过夜。70年代到80年代初，人们还没有居民身份证。为了社会治安和边境安全,凡出差下乡调查,都要由单位开具"介绍信"或"证明",如果到德宏、西双版纳、河口等地,则要办理边境通行证。从到昆明客运站购买汽车票开始,到沿途住宿,到各单位接洽工作,都要出示你的介绍信。从上一级单位到下一级单位做调查,都要在当地有关部门转换开具一份或到县里、乡里的介绍信或证明。从昆明到地、州,凡通过江桥或检查站,所有乘客必须下车接受检查,然后徒步过桥。

现在翻查我保留的 70 到 90 年代末的部分"介绍信",其中记录我去做过田野调查的地方大约有昭通、镇雄、威信、文山、广南、富宁、丘北、马关、广西百色、红河、河口、屏边、元阳、绿春、金平、新平、景洪、勐海、勐腊、普洱、墨江、澜沧、双江、镇康、永德、潞西、瑞丽、盈江、陇川、保山、腾冲、龙陵、中甸、德钦、维西、丽江、永胜、宁蒗、木里、通海、蒙自等地。这些都是地、州、县一级。

陈燕:说到这里,李老师抬出了二十几本笔记本,当中除诸如"科研题目随记"(随时记录想要研究的科研题目)笔记本、"研究生培养"笔记本等外,其中最重要的是那十几本厚厚的 16 开硬皮田野调查笔记本。在这些笔记本里,除了密密麻麻地记录着调查对象所讲述的各种各类内容(包括调查记录、经典译文、图表、描摹、插图等)之外,每次、每项、每条资料调查的最后落款中,都记录有调查时间、地点,调查对象姓名、性别、年龄等要素。

李国文:现在翻开这些田野调查记录本,可以知道,我绝大部分的田野调查是在前面所提到的那些地方的乡村、在老百姓的火塘边进行的。这些笔记本里记录的乡(当时称公社),可能有上百个,村寨就更多了。举几个例子:在绿春县的戈奎公社,记录有哈鲁寨、阿枯寨、俄多寨、阿黑寨、普都河玛寨、戈奎中寨等村寨;在迪庆的三坝公社,记录有水甲村、保弯村、五树弯村、古都弯村、恩土弯村、瓦刷村、布主弯村、阿路弯村、恩水弯村,等等;在丽江宝山公社,记录有拉汝村、岩科村、杨柳弯村、白石村等村寨;在丽江大东,记录有福课、热水塘、拉考油、拉宝课、竹林、达主、阿洛山等村寨；在永德县乌木龙彝族乡，记录有乌木龙村箐边社、大寨村、岩子脚村、帮卖村、天生桥洼子社村、平掌村、上红木树村等村寨。所有调查过的自然村寨，估计也有近千个。至于被调查访问过的村民，以及向他们学习过各种知识的乡老，就更多了。所调查内容涉及领域、方位很多，如有少数民族历史、村史、自然地理、交通、生产生活方式（工具、耕作、种植、养殖、加工等）、节日、民俗、建筑、居住、纺织、文学（故事、格言、谚语、寓言）、家庭、婚姻、妇女、儿童、传统伦理、道德、艺术（器乐、舞蹈、音乐）、民间医药、医学、传统天文、历法、生态、语言、文字，等等。其中涉及最多的是宗教，其中有教堂、寺院、宫观、碑文、民族文字古籍文献（东巴经抄稿，译稿，彝文经典，傣文经典等）、宗教僧人、经师、巫师、仪式、法物法器、原始宗教各种信仰、占卜、禁忌、丧葬、墓地，直到边境社区管理、社会保险。即使是到内地和港台地区乃至国外，也不放弃调查，如我在有关杂志、书籍发表过的"夏威夷土著居民留在火山石上的石刻图群""夏威夷大岛希洛市的华人墓地""夏威夷的洛克墓碑""台湾历史语言研究所藏东巴经部分书目著录和翻译"等等，都是在调查基础上写成的。

　　民族研究——包括各领域研究的田野调查，从人格上说，它是培养、磨炼一个人意志力和综合能力的过程，比如锻炼不怕艰苦、勇于吃苦的精神，培养良好的人格素养等。尤其是人格素养，在田野调查中非常重要，你要学会做人，要平等、真诚地对待任何一位调查对象，要善于与人相处。不要光抱着索取的态度去做调查。对调查对象所遇到的疾苦、困难、不方便之处，在力所能及的范围内，也应该在别人愿意的情况下，发自内心、不图回报地予以帮助。诸如此类，都是在田野调查中要做到的。再从学问上说，田野调查本身就是学问，而且是系统学问，比如，它涉及如何系统构思调查内容，以及调查的形式、调查的方法——包括民族语言的学习、运用，访问的方法、态度、言谈举止，记录方法、资料拍摄，对调查所得的资料整理、分析、研究等，这些都是非常系统、细致的工作。一个人的科研综合能力就是在这些过程中逐渐锻炼培养出来的。

　　田野调查工作很辛苦，但是苦中有乐。当离开城市的喧嚣，到乡间和当地的赶马人步履在山间小道或密林间，和他们一同哼着赶马调、吆喝着马帮的时候，你会忘却一切烦恼，会有真正回归自然的感觉。或围坐在村民家的火塘边，与他们盘根古、拉家常；或跟他们一起欢度节日，夜晚一起围着篝火踏歌起舞，你会受到当地淳朴民风民俗的熏陶、感染，会感到其乐融融。也会遇到很多有趣或艰险的事情。比如，你手拄一根拐杖，身背水壶、挎包，进村、出村，会有狗向你汪汪叫，这是常有的事，因为你是陌生人呀！不过，你也不必害怕，这时主人家总是会厉声呵斥狗的，因为他首先要保护的是客人。现在让我回忆起20世纪70年代末到西双版纳勐混傣族村寨的一次调查，那天，有一个小时的同学、后来在版纳当兵的老乡陪着我，他不穿军装而穿便衣，我在村里、乡间集市访问、照相，事后他告诉我："今天曾有当地的治安人员盯着你呢！他们把你当作'特务'之类嫌疑人了，是我向他们做了解释，才放弃对你的跟踪！"有一次到文山博爱公社壮族山区调查，从公社驻地出发，是由公社专门派了一名持枪民兵护送我的。在丽江山区调查，夜晚村民家没有电灯照明，只好借助火塘边的亮光或手电筒做笔记；调查完毕，打着手电筒返回公社驻地，远处看到驻地有亮光若隐若现，但脚下就是找不到路，反复徘徊在山间放羊小道，这是夜间常遇到的事情。记得有一次到永德乌木龙山村调查，夜间十一二点钟开始返回驻地，是当地政府派人到山里接回我们的。就是这次调查，把我吓得不轻。当天，我在村里调查一户村民的丧葬活动，主人家的房屋很简陋，屋外阴雨绵绵，死者的棺材停放在堂屋，所有吊丧者和孝子孝女的接待活动、诵经及法仪等，都簇拥在一个屋里。我正在屋中一角向超度经师调查时，突然有一个人在棺材旁边晕倒，接着便有人喊了一声：触电了！说有人被电触倒了。我顿时脑子嗡的一声，心想：完了，我今天也要死在这里了！因为如果是电线漏电和有人触电的话，拥挤在屋里的人都难逃活命。情急之下，我也下意识地喊了一声，让屋里的人赶快离屋，以免大家被电死在一起。但当人们撤离到屋外往屋里看时，并没有人被电触倒呀！原来，那个在棺材旁边晕倒的人，是一个专门负责丧葬组织、接待、应酬的人，他并非被电触倒，而可能是连日辛苦劳累过度而昏倒的，他这一昏倒，让人以为是触电，使人虚惊一场！次日，恰逢当地乡村集市赶集日，我在街上遇到该村来赶街的一个妇人，她跟我开玩笑说："听说你昨日被鬼吓着了？要不要给你叫个魂呀？"（当地人认为，人被惊吓，会把灵魂吓跑，所以需要做"叫魂"仪式，才能把受到惊吓而离身的灵魂叫回来，以附着人体。）对她的玩笑，我也只有呵呵一笑！山区少数民族的传统丧葬活动，是一个承载着丰富历史文化的复合体。由于研究的需要，我在哈尼族、纳西族、彝族等民族社会中做过很多丧葬调查，同样遇到过不少特殊场景，至今仍让我记忆犹新。有一次，我在丽江石鼓调查，当时客运站附近山林里有一片墓地，夜幕降临时，我还一个人打着手电筒在墓地里抄写碑文呢！

陈燕：听了李老师的出身、经历和田野调查之后，我仍有很多好奇。在对李老师的评论、报道的有关文章中，说您学习并掌握纳西族语言和象形文字，并以对东巴教、东巴文化以及少数民族哲学思想研究著称于学术界。所以，我很想知道李老师是怎样学习的，为什么要学习纳西族语言和文字？

李国文：你问的问题很重要，对一个从事少数民族研究的人来讲，学习并掌握少数民族语言和文字，与田野调查一样，也是一个基本功，而且它就贯穿在田野工作和研究工作的始终。这个问题涉及很多方面、很多深层次问题。研究少数民族，为什么要学习民族语言、文字，我只能简单回答你，无论在国内国外，人类学、民族学以及相关学科的研究，从根本上说，只有掌握了民族的语言，你才能更好地调查，才能更深入、更真实地了解、理解、发现、研究少数民族更深层次的东西。这是民族学以及相关学科研究一个公认的基本条件。人类学、民族学研究如此，少数民族语言学、文字学乃至民族文字古籍文献诸领域研究更是如此，与之相关的宗教学、民族文学等研究都不例外。这些领域，都有它各自的研究任务和目标，但从根本上说，它们又是相互联系、互相辅助的，不能截然分开。你问的我学习纳西族语的问题，不仅学界朋友问过我，纳西族的学生、朋友问过我，就连我家乡的朋友也问过我，说：你是一个汉族，怎么会说纳西话，会懂纳西族的象形文字和"东巴经"？你是如何学习纳西语和象形文字的？你研究纳西族的哲学思想，跟学习纳西族语言、文字有什么关系？

先说后一个问题，回答其实也很简单，我们研究少数民族哲学、社会思想，属于思想、思维、观念、认识深层次的东西，人的思想、观念是用语言表述出来的，马克思恩格斯就讲：人类语言"是思维的外壳"，少数民族的任何文化知识、认识、意识、观念、思想，都要用语言表述出来，然后用文字（或自己的民族文字）记录下来。纳西族有自己的原始象形文字，并有用象形文字书写记录的东巴经，象形文字和东巴经是要用纳西语（包括古纳西语）来释读的，今天人们虽然把东巴经翻译出来了，但还是很难读懂它，为什么呢？因为有很多观念性、历史性的文化内容原本是隐藏在语言里的。可见，研究少数民族的哲学思想、观念，只有掌握少数民族语言和文字，才能真正研究出反映少数民族原始的、传统的、真实的思维规律性的东西——包括思维方法、过程、特点以及语言里所包含的原来含义和内在的东西。

至于如何学习纳西语和象形文字，不是三言两语能说清楚的，因为它是一个过程，这个过程一直到现在。我一开始就注意学习少数民族语，其中除了我从小与少数民族生活在一起，后来一直接触少数民族，而有感情使然之外，研究的需要当然是重要原因。我大约是从1981年开始学习纳西语和象形文字的，到现在有30多年。我的基本体会是，学习民族语言的过程，就是把自己更好地融入这个民族的过程。学习中，对什么事都有好奇心，勤问、勤说、勤记是我的特长。我首先学会了用国际音标和纳西新拼音文两套注音系统去记录纳西语。在我的这些田野调查笔记本中，就记录有很多纳西语谚语、格言、寓言、歇后语、山歌、故事之类。除此之外，我每次到纳西族地区山区做调查，有一项工作是必须要做的，就是带着一本象形文字"东巴经",或到东巴经师家里找一本"东巴经",在火塘边抄写,然后请东巴经师用纳西语诵读,我便一一记音,然后直译、意译,再对经书里的特殊概念做深入请教和研究。比如,对东巴经记录的那些诸如原始公母(阴阳)五行以及天文历法的很多认识内容,就是通过这样反复学习、探究得出的认识。除了调查过程中要这样做之外,我平日的研究、写作中,抄写、描摹、注读象形文字和东巴经典,都是必须要做的工作。久而久之,也就掌握了象形文字和"东巴经"从写字到抄经到在东巴经师的讲读下进行记音、翻译、释义的整个过程和体系,然后发掘研究出东西来。这些不仅是学习纳西语的有效过程,而且也是研究纳西族哲学思想及其他文化内容必须完成的过程。不了解我的人,还以为我是个纳西族,就连纳西族的朋友都把我当作纳西族,见面只跟我说纳西话,有的则戏称我为"ha33ba21do33ba21·汉族东巴",这是我的荣幸!它一方面旨在说明,我在纳西语言、文字乃至文化的学习上,是真诚的、用功的,纳西族接纳并认可了我;另一方面则说明,一个立志研究少数民族的人,学习、掌握少数民族语言、文字,并努力把自己融入少数民族中之重要。

陈燕:在科研的道路上,您经历了那么多研究单位,又做了几十年扎实的田野调查,同时学习和掌握了纳西族语言和象形文字及东巴经。现在,想请李老师谈谈,您在治学道路上体会最深刻的事情。

李国文:我大学所学的专业是哲学,到研究单位则是研究少数民族,这在一开始,不免有改行的感觉。在最初的学习、研究过程中,涉及过民族史,比如1980年第一次参加编写出版《云南少数民族》,并负责撰写《壮族》《苗族》《瑶族》。以后又涉及宗教学、社会学(民族社会学)、民俗学、少数民族哲学;又随着研究的逐渐发展,涉及语言学、文字学(少数民族文字)、少数民族古籍文献乃至天文学、民族传统医药医学等领域。这些领域都是相互联系的。正是通过这些领域的学习和研究,我的知识和研究能力不断得到丰富和提高。在这些研究中,着力最多的是少数民族宗教、少数民族哲学和少数民族语言文字及文献。但这里我想多说几句的是少数民族哲学思想的研究。

关于少数民族哲学思想的研究，在我国学术界可以说是一个全新的领域，它的起步始于20世纪80年代初。记得我第一次运用田野调查和纳西族东巴经文献资料，并以哲学方法分析、探讨纳西族先民的思维方式而写出的《古代纳西族哲学思想初探》一文的时间是在1980年，该文发表在《中国哲学史研究》1981年第2期。这是全国少数民族哲学思想研究领域公开发表的最早文章。正因为它研究得比较早，所以那时说少数民族有哲学思想，人们还不大接受，也还没有认识到少数民族有自己的哲学思想，甚至有朋友跟我开玩笑说："李国文不务正业，研究什么少数民族哲学！"认为我提出少数民族有哲学思想是"乱说"！正因为如此，我在这篇文章中这样阐述了我的观点："在对纳西族古代哲学思想做了初步探索以后，我们忍不住还有几句话想说。多年以来，我们对少数民族哲学思想的调查研究做得极差。在20世纪50年代末60年代初，我们国家曾经组织进行了大规模的民族调查，但对少数民族的哲学思想并没有给予应有的重视。即使偶然在调查资料中涉及哲学思想，也没有进行整理总结。所以，直到现在，这个领域几乎还完全是一个空白。正因为如此，我们写的中国哲学史也只能是汉族的哲学史，而不能成为名副其实的中国哲学史。这种状况反过来又给人一种错觉，仿佛少数民族根本就没有哲学思想。这不仅影响了一些汉族的同志，甚至还影响了一些少数民族的同志。有的少数民族的同志也否认本民族有哲学思想。但是，当我们对少数民族的哲学思想做了哪怕是仅仅一点初步探索之后，就会发现这种看法是完全错误的。……纳西族古代哲学思想的卓越成就就是一个有力的证明。……"[1]

这篇文章，让我得了两个幸运：一个幸运是，它成为在该领域研究中较早公开发表的文章；另一个幸运是，得到该杂志做了个发文"编者按"。这个"编者按"是这样说的："少数民族的哲学思想，是中国哲学史

---

[1] 见李国文：《纳西族古代哲学思想初探》，载《中国哲学史研究》1981年第2期。

的重要组成部分,积极开展这一方面的研究,是建立完整的系统的中国哲学史体系的必要条件。由于种种原因,三十年来这一工作没有得到应有的开展,致使这一研究课题至今还是空白。应该说现在是改变这种状况的时候了。李国文同志的文章在这方面做了可贵的尝试。我们发表此文,以期引起有关部门和中国哲学史工作者的重视和关心,切实地把这一工作抓起来。……"[1]

继这篇文章之后,我又陆续在《哲学研究》《中国哲学史研究》《社会科学战线》《中央民族学院学报》《云南社会科学》等杂志发表了《研究原始思维必须重视第一手资料》《从象形文字看古代纳西族时间观念的起源》《从象形文字看古代纳西族空间观念的起源》《纳西族象形文字东巴经中的五行思想》《纳西族东巴文化中的阴阳观念》《纳西族先民对宇宙结构的哲学思考》《纳西族象形文字东巴经中关于人类自然产生的朴素观》等文章。

到了1988年,我获得了国家社会科学基金批准、资助研究的《纳西族哲学》即《东巴文化与纳西哲学》研究项目,这是国家社会科学基金在该领域最早批准资助的单个少数民族哲学思想研究的项目。这些文章、著作的先后发表、出版,充分证明了我所提出的"少数民族也有哲学史"的观点。其成果也普遍得到学界的认可,尤其是《东巴文化与纳西哲学》一书的出版,得到了前辈们的肯定。北京大学著名教授季羡林先生在《中国文化》1994年2月第9期撰文《关于"天人合一"思想的再思考》中说:"今年春天,我在新创刊的《传统文化与现代化》杂志上发表了一篇论文:《天人合一新解》","阐述了我最近对东西文化关系的一些新的想法……不想竟引起了很大反响……""在结束本文之前,我再补充一点关于中国少数民族纳西族的类似汉族'天人合一'思想的哲学思想。我在《新解》中和本文里讲的人与自然合一的思想,都讲的是汉族的。对于少数民族的哲学思想,我很少涉猎,不敢妄说。不久前我收到云南朋友赠送的《东巴文化与纳西哲学》,

---

[1] 见李国文:《纳西族古代哲学思想初探》,载《中国哲学史研究》1981年第2期。

赠送者就是本书的作者李国文先生。读后眼界大开。书中使我最感兴趣的是'三、古老的宇宙观'。……作者叙述了'动物崇拜型的世界血肉整体联系说'。……不用加任何解释，天地万物为一体的精神，跃然纸上。"（季羡林：《关于"天人合一"思想的再思考》，载《中国文化》1994年2月第9期。）著名哲学家任继愈先生则认为：《东巴文化与纳西哲学》"这本书是从第一手原始资料入手，有实际内容，不是泛泛议论，这种治学方法是正确的。"（任继愈：1991年10月22日给李国文的信函。）北京大学乐黛云教授在《读书》中《多民族文化研究的广阔前景》一文中说："最近，读到李国文同志的《东巴文化与纳西哲学》《天·地·人——云南少数民族哲学窥秘》……真是眼界大开。……读了这些书，对于文学与文化的综合的研究，文化与哲学的跨学科的研究都有了很多新的想法。"（见《读书》，生活·读书·新知三联书店，1993年12月10日出版。）

这些都是前辈们对我的鼓励。当然，后来有的评论、报道说我的研究"开了少数民族哲学研究的先河，引领了国内少数民族哲学研究"，这些评说我都不敢担。不过，这些研究，在当时来讲，是起到启示性作用的。现在总结这段研究历史，我的体会主要有两点：其一，我在少数民族哲学思想研究领域中取得的那点初步成果，是在前辈们的热情帮助、启发、鼓励下取得的。这个话，我曾在有关文章中反复讲过；其二，一个做学问的人，在治学方法、态度上，要不断地向前辈们学习；但在研究领域、研究内容上，则不能拘泥于前人的研究，不必走别人走过的老路，而要另辟蹊径，不断创新，这样才能有所发展，并研究出更新、更有意义的东西。

陈燕： 李老师不仅在治学上是一个非常刻苦勤奋的人，而且是一个非常细心的人。除了研究，他还勤于笔记。在询问到他所发表过的文章、出版过的著作、主持完成过的各种科研项目、获得过的各种科研成果奖的情况时，他拿出了一份按倒序时记录的成果情况登记表。我整理了这份登记表里的内容，将主要内容介绍如下：

自 1980 年至今，他先后撰写并在国内外杂志发表许多高质量的文章，这些杂志包括：美国的《中国宗教与哲学》（国际论坛），中国国内的《哲学研究》《中国哲学史研究》《社会科学战线》《中央民族学院学报》《中央民族大学学报》《思想战线》《云南社会科学》《民族学报》等杂志，中国台湾的《道教学探索》《宗教哲学》《古今论衡》等杂志。

论文主要包括：《古代纳西族动物崇拜型的原始宇宙观》《古代彝族自然哲学之探讨》《纳西族精威五行说》《纳西族东巴经"五行"记录概述》《彝族先民万物分公母、雌雄的原始阴阳辩证观》《彝族五行生人及其宇宙观》《彝族"元气"生人说》《彝族的"水"生人说》《彝族史诗〈查姆〉中的哲学思想》《纳西族、藏族宗教文化交融互渗关系研究》《纳西族"东巴医学"》《道教文化与彝族》《德宏边境社区中的民族宗教生活与管理》《永德县落阿洼寨等村布朗族社会传统伦理道德观研究》《纳西族象形文字东巴经〈病因卜〉译稿》《纳西族象形文字〈二十八宿值日星占图〉研究》《台湾历史语言研究所藏东巴经部分书目著录和翻译》《纳西族东巴教与道教内容互渗二三事》《论哈尼族社会中的原始宗教》《云南少数民族的原始植物崇拜》《从东巴经来看少数民族的宇宙观》等共 121 篇（项）。

出版个人学术著作《东巴文化与纳西哲学》《东巴文化辞典》《人神之媒——东巴祭司面面观》《李国文纳西学论集》《天·地·人——云南少数民族哲学窥秘》《通向彼岸的桥梁——云南民族宗教信仰》《云南少数民族精神文化与文化精神》（上下卷），共 8 部（种）。

合作出版学术著作《彝族俚伕人民俗》《先民的智慧——彝族古代哲学》《中国少数民族哲学史》《智慧的曙光——民族宗教哲学探》《云南省志·宗教志》《迪庆州宗教志》《古老的记忆——云南民族古籍》《纳西族文化大观》《云南少数民族古籍文献调查与研究》《中国原始宗教资料丛编》（纳西族卷）、《中国原始宗教资料丛编》（哈尼族卷）、《中国少数民族古籍总目提要·纳西族卷》《中国少数民族大辞典·纳西族卷》《云南少数民族》《宗教论稿》《德宏边境口岸社区管理研究》等共28部（种）。

独立完成国家社会科学基金项目《东巴文化与纳西哲学》研究；主持完成国家"八五"项目《中国原始宗教资料丛编》子项目《哈尼族卷》，参与完成《纳西族卷》；主持完成国家社会科学基金项目《云南少数民族古籍文献调查与研究》；参与完成国家社科"七五"项目《中国少数民族哲学史》；参与完成国家"八五"及"八五"重点项目《中国少数民族文化大观》《中国少数民族大辞典·纳西族卷》《宗教辞典》；参与完成国家社科基金重大招标项目《纳西东巴古籍数字化国际共享平台建设》部分东巴经书目著录、翻译和总审校；参与完成云南省人民政府"七五"重点项目《云南省志·宗教志》；省政府下达项目《九十年代云南农村居民社会生活保障问题研究》《开放与探索——德宏边境口岸社区管理研究》《云南宗教现状与对策研究》；独立完成国家民委——教育部共建重点实验室（云南民族大学）开放基金《纳西族民间医药与迷信》《纳西东巴古籍译注全集100卷中的医药医学资料注录与解读》项目研究；参与完成国家社科重大招标项目《中国少数民族哲学史》（编写纳西族哲学史）等。

担任主编、副主编出版《中国原始宗教资料丛编·哈尼族卷》《中国少数民族古籍总目提要·纳西族卷》《云南少数民族文化知识丛书》《民族文献提要（续编）》《中国西部少数民族哲学史》等。

在这些研究成果中，从1979年开始到2012年，有很多成果获得各级各类奖。其中：《中国少数民族哲学史》（合著）分别获国家社会科学基金项目优秀成果二等奖、云南省社会科学优秀成果一等奖；《通向彼岸的桥梁——云南民族宗教信仰》（专著）分别获第五届中国民族图书类奖三等奖、第二届云南精品文化工程图书类奖三等奖；《先民的智慧——彝族古代哲学》（合著）获云南省社会科学优秀成果荣誉奖；《中国少数民族古籍总目提要·纳西族卷》（合著、副主编、执笔部分）获云南省社会科学优秀成果一等奖；《云南少数民族》（合著）、《宗教论稿》（合著）分别获云南省社会科学优秀成果三等奖；《李国文纳西学论集》《（台湾）"中央"研究院历史语言研究所藏纳西族象形文字〈东巴经〉部分书目研究》分别获云南省社会科学优秀成果二等奖；《纳西族象形文字研究》《纳西族、藏族宗教文化交融互渗关系研究》分别获云南省社会科学优秀成果三等奖；《东巴文化中的阴阳观念》《天·地·人——云南少数民族哲学窥秘》《人神之媒——东巴祭司面面观》《民族文献提要》（续编）（集体），等分别获云南省社会科学院、云南省教育委员会人文社会科学科研成果二等奖、三等奖。

正是李国文老师吃苦耐劳、不懈科研的精神，严谨治学的作风、扎实的民族田野调查功底、丰厚的学术成果，使他在2000年、2006年分别荣获"云南省有突出贡献优秀专业技术人才""云南省有突出贡献的哲学社会科学专家"荣誉称号；2004年获得云南民族大学伍达观奖教金教学科研"杰出奖"。同时，他坚持对外学术交流，1996—2002年曾多次受邀出访日本、美国和我国台湾地区讲学、交流。2002年，他被美国传记研究所国际研究理事会提名入选为"2002年杰出人士"，并入选"名人录"。

陈燕：李老师，您在科研、教学战线上工作了一辈子，现在从岗位上退下来，您对以后的工作有些什么想法？

李国文：我于2000年从工作岗位上退下来，岗位是退了，但工作还在做。退休以后，学校聘我为本科教学督导；同时，继续让我参加培养宗教学、少数民族古籍文献方面的硕士研究生。所以，听课、上课是我的基本任务，这也是为学校教育做一点力所能及的工作。除此之外，就是看书。古人说："知识无涯学有涯"，一个人学习知识的时间是有边际的，但要学习的知识没有边际。我总感觉自己的知识太少，天资愚钝，现在可静下心来看书以丰富自己。除了看书，还要写。俗话说：好记性不如烂笔头，把我想写的东西继续写成文字；另外，过去有一些手稿也需要整理，这是锻炼思维、防止老年痴呆的好方法。最近，我在写《李氏家谱》，这也是一种学问，而且是很深的学问，我从这个过程中学到了不少知识。国家有关课题也要我帮助做一些事情，近期在帮助"纳西东巴古籍文献数字化国际共享平台建设"项目做部分东巴经书目释读编目，同时，负责总编目及总审校，能做的工作，我尽力而为。还有一件事情，是跑步锻炼身体。我爱跑步，从十七八岁起我就开始跑步，一直跑到现在，我希望用这项活动来和我一样退休了的朋友共勉。总之，退休以后，总感觉仍在忙忙碌碌。现在回过头去看自己的一生，总结起来，是能力有限，但也算是尽心尽力、无愧无悔了。

采访者：陈燕，宗教学硕士，云南民族大学图书馆副馆长。

乐史：云南之路
——唐立教授访谈录

唐立（Christian Daniels），澳大利亚人。日本东京大学文学博士。曾任日本国立亚非语言文化研究所（东京外国语大学附属研究所）教授，现任香港科技大学人文学部部长。香港东亚科学史基金会理事，日本东洋文库研究员。研究领域有：中国历史和科技史；元明清时期以云南为中心的中国西南地区和东南亚大陆部的历史，目前主方向为土司制度与傣族历史。两个研究领域，史料有限，因此多年来十分重视田野考察，实地寻找有形无形的资料，不但可以补充丰富历史文献之不足，并且可以加深对研究对象的认识，从而使论点更加丰满，更加具有科学性。中、英、日文的著作有3本专著、20本主编的书、60多篇学术论文。

一、踏上古滇大地

朱映占：唐立教授，首先感谢您在百忙中接受我的采访。通过阅读您的一些著作了解到，您是国际上著名的中国历史、科技史、傣族研究专家，云南在您的学术生涯中占有重要地位。我们很想知道，一位澳大利亚的学者，为何迷恋上云南，并一直从事与云南相关的研究，能否请您介绍一下？

唐立：1989年7月25日第一次踏上古滇大地之前，我与云南无任何交集。在澳大利亚国立大学中文系念本科时，系主任柳存仁教授安排的课程包括现代汉语、古文、中国历史、中国哲学、中国古代文学、中国近代文学等，目的在于通过学习汉语，能更好地了解中国历史和文化。其间，并未涉足任何有关云南历史文化的课程，仅知道云南为明代著名航海家郑和的故乡及抗战时期国民政府的重要后方。1979年考入日本东京大学人文学部硕士班，我将明清经济史确定为研究的主方向，除了知道云南铜业在清代经济起到很重要的作用之外，亦在东京的东洋文库听神田信夫教授说云南原为流放之地，对云南的了解极为有限。1982年考上东京大学博士，将研究点放在中国糖业技术史。撰写博士论文时，云南仍然与我没有任何交集。

第一次到云南极为偶然，当时我正在日本西部冈山市就圣圣母清心女子大学任讲师，教授中国历史。1989年京都大学东南亚研究中心与上海社会科学院合办的日中合作农业史课题正式启动。此课题为日本文部省资助的项目，课题组组长为东南亚研究中心（后转任东京大学教授）樱井由躬雄，中方负责单位为上海社会科学院。我受樱井教授的邀请以课题组成员的身份负责福建的手工业技术调查。但后来因某种原因未能成行。对于日方课题组来说，实为不幸的消息，樱井教授只好取消第一年的计划，选择了任职于私立大学的渡部武教授（日本东海大学）和我两人代表课题组组长访问中国。由渡部教授和我两个人组成的"日本京都大学农业史访华团"于7月15日到达上海，访问上海、成都、昆明以及广州四地社会科学院，要求对于翌年所计划的田野调查给予合作支持。8月13日离开上海飞回大阪。

云南省社会科学院安排渡部武教授和我去西双版纳考察农业。当时尚未有航线通往景洪，班机仅飞思茅，不过社会科学院领导说，从昆明飞往思茅的班机比较老旧，安全恐有问题。为了安全，为我们雇了专车。虽然从昆明到景洪花了两天的时间，但反而可以让我们两个老外饱览云南最为原生态的自然景观和人文景观，路途中我们拍摄了很多珍贵的资料。7月28日至31日，在思茅和景洪时，适逢雨季，天降大雨，不便于田野调查，但对我来说，所闻所见均极为新鲜，此次版纳之行，深深地迷住我了。

版纳之行令我沉醉。短短4个月之后，我便又再度于1990年1月专程来到西双版纳，此次目的非常明确，就是考察傣族的榨糖机。1989年7月29日，我曾在景洪附近的傣族寨子中发现了一架榨糖机，但由于适逢雨季，甘蔗尚未成熟，榨糖机被拆卸下来置于野外的小房中。当天，运气不佳，小房中堆满了各式农具，雨势颇大，无法将木质辊轴抬到外边去测量拍照。此时我刚写完《甘蔗制糖技术史卷》，就在将要交给英国剑桥大学的李约瑟先生审阅的时候，在地处中国与东南亚文化圈交界的西双版纳能发现一架当地人尚在使用、16世纪发明的老式榨糖机，出乎我意料，我当场兴奋起来。傣族的榨糖机到底有何特色，属于中国式技术系统，或是属于另外一种学术界尚未有记录的技术系统，我即刻就想弄明白。在那黑漆漆的小房子中所看到的辊轴，其上刻有直齿齿轮。据陪同的傣族村村长所说，除直齿齿轮之外，当地尚用一种更有特色的齿轮，听他的说明，我怀疑是弧形齿轮。传统上，中国文化圈中的工匠未曾充分利用过弧形齿轮。问题在于傣族人民为何使用在技术上如此费时费力的复杂的木制齿轮辊轴呢？人类技术史上一个小小的问题，包含无限大的意义，于我而言，这个小小的问题足以使我激动不已，衣服都被淋湿了。人说，天留人，但行程计划不允许我们等待天空放晴，不得不马上返回昆明。从撑着雨伞看到辊轴的那一刻起，云南就与我有了不解之缘。

"古滇老爷"相当狡猾，首先用榨出甜蜜甘蔗汁的那架傣族榨糖机当诱饵来设圈套，约我踏上云南研究道路。待我彻底上钩了以后，安排他手下云南大学尹绍亭教授支持我进行20多年的田野调查，在跋山涉水的过程中，启发极多，意识到问题比原来所想象的更复杂，研究范围自然而然扩大到云南历史，尤其是少数民族史。到香港科技大学人文学部任教之后，似乎

"古滇老爷"将我拥抱得更紧,安排了两位同事,一位系吕宗力教授将我推荐给中国社会科学院历史研究所的李世愉教授参加土司制度的研究;另外一位系大理凤仪人马健雄教授,他将我带进大理地区历史研究的队伍。感谢"古滇老爷"赐如此周到的安排。

二、排成"老"字辈的两位前辈

朱映占:在外国学者中,您是较早到云南从事田野调查的学者,最初研究的课题是什么?听我的导师尹绍亭教授说,您最初是和日本农史学家渡部武教授一同来云南调查的。

唐立:与云南结缘,不能不说上天赐予襄助于我的"二老"。在研究古代技术史方面,我主要依靠查阅文献的方法收集史料,当时我以为所谓"秀才不出家门而知天下事"为正规的研究方式,直到1989年有幸认识两位排成"老"字辈的前辈,与他们的相识彻底改变了我的研究方法。"两老"的熏陶引导我加入田野调查的队伍,令我深刻了解到田野调查不仅有实效于收集资料,并且同时会给予各种启发,对于解决学术问题大有裨益。按照时间的顺序来说,先认识渡部武教授,后与尹绍亭教授相识,但初次见面"两老"相差不到半个月。

1989年7月14日出发之前,樱井副教授在京都开情况通报会。老渡与我在京都大学会馆同住一间房,一入房门,见到老渡正在整理行李箱,他抬起头用了一个我永远忘不了的笑脸来欢迎我,老渡仍忙着手中的活计,边自我介绍边整理行李,我们就这样相谈了一个小时。这就是我与老渡的初次见面。现在回想起来,在云南和四川与老渡共同进行了10多年的田野调查,在记忆中每每回想起老渡,他总喜欢边整理行李箱边与我说话。究竟一直在翻何物,我始终不得而知,但他的话令我记忆犹新。

老渡专攻秦汉史,对于中国古代科技史,尤其是农业史亦造诣非凡。虽然京都大学人文科学研究所有一小组专门研究中国科学技术史,第二次世界大战后在薮内清等教授的领导下在此方面有卓越成绩，定期召开研究会精读中国科技史原文史料，亦出版了极多专书，但在1980年和1990年那时段，日本的中国史家并不太重视中国科技史，不能广泛地从科技史的观点解释中国史研究。认识老渡，使我感到讶异的是他不仅细读过李约瑟《中国的科学与文明》，亦在撰写一部自科技史的视野来论述中国古代史的专著，并且于1991年在东京的平凡社刊行《画像说的中国古代》。除了出版研究著作以外，老渡还翻译有关中国农业史的中文著作，有突出贡献。其中，由农文协刊行的《中国古代农业博物志考》，汇集翻译著名中国古代农业史专家胡道静先生的主要论作，将学术价值颇高的著作提供给日本学界。据说，农文协的编辑曾以胡道静先生的论文集销路不大为由，表示不愿出版。后又要老渡"翻一送一"，老渡欣然答应，翻译另外一本《中国农业的传统与现代》，最终才得以出版胡道静先生的译本。两本书，均不给予翻译费和稿费。可见老渡对农业史的热爱，人品之贵重高尚。

  在中国古代文献中，各种技术的记载偏于简略，具体内容经常难以掌握，即使图文并茂，也不见得一目了然。为了加深对于古代农具的理解，我主张下乡调查人民在日常生活中仍然使用的传统农具，利用测量、拍摄以及访问的方式记录其形状和用途，目的在于经过此类资料的积累补充解释古代文献的不足。在樱井副教授的项目中，我负责用同样的方式记录福建的制糖、造纸、榨油等传统技术，用此记录来加深对于宋应星的《天工开物》等书所记载的技术内容的不足。不过在1989年那时段，我田野调查的经验尚未有太多的积累，仅限于曾经在日本四国岛记录制糖和蓝靛技术而已。老渡自大学学生时代，参加日本著名民族学家宫本常一教授所组织的小组，在冲绳等日本国内已有丰富的田野调查经验，而且非常熟悉日本民族学的理论和研究方法。自初次见面，老渡就不吝赐教调查的基本方法，使我受益匪浅。乘车时，他两眼紧紧盯着窗外，一见有人犁田耙地，立刻令司机停车，急忙跑到田埂上进行测量拍摄，为此经常不能按时到达目的地，搅乱了大家的工作计划。由于全面的现代化进程，传统生产工具日日渐少，见到一种工具就必须当场记录，否则很难再有机会见到。

在 10 多年的共同田野调查中，不管疲倦或者伤病，老渡总是以认真的态度坚持到底，将农具和生产工具记录下来。他积累的资料颇多，大部分均已公开出版于调查报告书中，其中有两本图录价值颇高：渡部武著《云南少数民族传统生产工具图录》及渡部武和渡部顺子伉俪著作《西南中国传统生产工具图录》。

老尹属于"古滇老爷"手下，必真无疑。否则初次见面为何会无条件答应出力安排 1990 年 1 月榨糖机的调查，并且此后一直鼓励和支持我在云南的研究。铁证不止于此。任职于东京外国语大学国立亚非语言文化研究所时，我曾两次聘请老尹来做客座教授，每一次一年。老尹在认识我之前，由于研究生态人类学、农耕文化和做博物馆，与日本国立民族学博物馆和日本京都大学东南亚研究中心等已经建立了良好的学术交流关系，其时日本民博的著名学者佐佐木高明、周达生、江口一雄、秋道智弥等以及京大东南亚研究中心的著名学者高谷好一、古川久雄、山田勇、阿部建一等都视其为难得的合作伙伴。按老尹的话说，这些学者后来都成了他密切交往的良师益友。老尹在我的研究所工作期间，又有机会经常接触东京的老朋友，而且还通过做学术报告会等结识了许多学者，如后来翻译了他的著作的时任立教大学教授的白坂蕃、筑波大学的佐野贤治教授、神奈川大学的河野通明教授等，他们的交往一直延续到各自退休。我指导的一批学生与老尹也很熟识，这些学生也得到他的很多关照。例如经过老尹及其纳西族同事木基元研究员的安排和指导，自 1997 年学生黑泽开始长期在丽江研究纳西语，2003 年向东京外国语大学提出的博士论文，2007 年以《纳西族宗教经典音声语言的研究——口头传承的东巴经典》由在东京的雄山阁刊行，2011 年黑泽博士又在雄山阁出版了《纳西族的古典文学——〈鲁般鲁饶〉的东巴经典的殉情》一书。学生能如此在丽江学习，将纳西族的传统文学与语言介绍给日本学界，意义颇大，使我骄傲，在此向"古滇老爷"手下表示谢意。

初次与老尹见面，则于1989年8月3日晚上9点半，老尹到翠湖宾馆的房间来。老渡与老尹早已相识，云南省社会科学院的领导便安排再续前缘。刚从西双版纳归来，我念念不忘那架傣族的榨糖机，就与刚认识的老尹说明在版纳的发现，并且强调此榨糖机在技术史上的意义。初次相识，我便冒昧地问了他："到干季甘蔗成熟时，能不能安排我再次前往考察操作中的榨糖机？"老尹爽快答应。其实他对傣族的榨糖技术早有调查，且收集了不少资料。得知我是世界榨糖技术研究专家，他非常高兴，认为如果能将云南各民族的榨糖等生活技术放在世界学术的视野中进行研究，那对于此领域的研究将会有新的贡献，所以热情帮助我从事调查研究。1990年1月10日我又来到春城，雇用一辆车，于12日出发14日到达景洪，21日返回昆明。尽管只是短短的一周的调查，但收获颇丰。此次调查由中国科学院昆明植物研究所副所长裴盛基教授和云南省民族博物馆筹备组副组长的高宗裕教授安排。第三次田野调查亦由高宗裕教授接待，老尹负责与我们共同进行调查，调查报告书《云南的生活与技术》（庆友社，1994）由我与老渡编，高宗裕副教授写了序文。

三、制糖技术的田野调查

朱映占：请问，您是如何走上蔗糖文化和科技史研究这条道路的？

唐立：应该说，这方面父亲对我研究的影响极大。我生于太平洋的斐济群岛，至我20岁时父母一直居于维提岛西部的劳托卡。父亲是一名植物遗传学家，任劳托卡甘蔗实验研究所的所长职务。此研究所为澳大利亚的制糖公司所开办，斐济群岛规模最大的糖厂就在此。父亲的任务即为培育甘蔗新品种，在研究所工作的科学家中，有印度、荷兰以及澳大利亚等国籍的人。周末，父亲去研究所时经常携我一同前往，会为我说明实验的内容，有时领我进入糖厂观察制糖的过程。父亲调回澳大利亚悉尼的研究所以后，主要从事行政管理工作，不再做实验了。通过派遣人员去东南亚收集甘蔗野生品种等科研活动，研究甘蔗起源问题。考进澳大利亚国立大学中文系以后，父亲命我将中文的甘蔗史料译成英文，尚为本科生时，父亲与我联名出版过两篇论文，即为《自地理、历史以及文化各方面研讨中国和印度甘蔗品种起源问题》与《佛教，砂糖以及甘蔗》（分别登载于 International Society of Sugar Cane Technologists, Sugar Cane Breeders' Newsletter，36号和38号）。由于从幼年时起，受父亲的熏陶，闻着砂糖的甜味长大，对甘蔗和蔗糖技术有一定程度的了解，在考进日本东京大学研究所后，将明清经济史确定为我研究的主方向，我就将研究点放在糖业，对于糖业的研究亦使我有幸参与李约瑟博士的《中国科学与文明》之项目。

父亲一生醉心于对甘蔗的研究，甚至有时开玩笑说，"死后，我就回到天空的大糖厂"。家里常有来自夏威夷、澳大利亚、毛里求斯等产糖地区的遗传学家做客，我便坐在一边聆听他们研讨环保、农药、杀虫剂、核能发电等当时热点问题。除了科学以外，父亲对人文科学十分看重，认为文理融合的研究非常有益。在斐济维提岛西部，印度人众多，父亲研读了很多有关印度哲学的书籍，对佛教特别感兴趣，亦学了印度斯坦语。他经常与我谈他对印度哲学和东方思想与现代化等问题，很少言及琐事。至20世纪70年代初斐济独立之前，斐济群岛为英国殖民地，当时尚有许多歧视有色人种的欧洲人。父亲结交了印度知识分子的朋友，互相来往，到彼此的家里用餐。父亲亦做过几次公开演讲发表其对印度文化的肯定，后来公司的同事责备了父亲："你真的相信你讲的那些内容吗？"据母亲所说，有段时期曾有一些人将父亲视为"异类"。父亲此种对真理执着追求的信念一直影响着我。

自17世纪至19世纪，世界各大蔗糖产区，尤其是在南亚、加勒比海欧洲各国殖民地、东南亚、琉球群岛、日本等国家和地区无一不使用有辊轴的榨糖机。这一时期，蔗糖的大量增产来源于此类辊轴榨糖机的传播和普及。据我的考证，辊轴榨糖机发明于中国，虽然不能确定具体于何时由何人发明，但自现存史料来判断，应该在16世纪中国汉族地区发明之后，从中国传播到世界的主要蔗糖产区。辊轴榨糖技术提高了榨糖效率，使生产者能在更短的时间内压榨更多的甘蔗，而且有提高蔗汁纯度、缩短煮熬时间、增加结晶糖块产量的优点。随着欧洲、中国以及印度的蔗糖商品市场的兴旺，为了应对市场需求量的扩大，生产者有必要提高产量，促使中国发明的辊轴榨糖机在世界得到广泛传播即是由于技术和经济的因素。论证早已发表于李约瑟博士约定我撰写的《中国科学与文明》中的《甘蔗制糖技术史卷》一书（1996年由剑桥大学出版社刊行），不过仍然有一些欧美和印度的学者主张西方人发明的说法。

在10多年的田野调查中，滇南、老挝以及泰国北部见到的傣族榨糖机，基本上是与17世纪以后世界上各主要蔗糖产区采用的辊轴榨糖机为同一式样。1989年7月29日在西双版纳发现的傣族榨糖机的齿轮装置为直齿齿轮，以后又找到有弧形齿齿轮的榨糖机。经过调查，我才发现实际上弧形齿属于更为罕见的人字齿轮之类型。通过多年积累调查资料才知道，现在西双版纳的傣族不再使用弧形齿轮的榨糖机，但在耿马傣族佤族自治县孟定镇仍有人在使用。对生产工具逐一认真地进行测量拍摄是非常必要的，以免做出错误的判断。

技术有普遍性，任何族群均有能力接受，然而一个族群选择采用外来技术有其前提，则为技术必须符合其社会经济的条件。在生产工具历史上，有由于习惯和偏好，即使有新技术传入，族群却仍然沿用旧有习惯，而坚持使用原有技术的案例。譬如以齿轮装置而言，中国文化圈中，工匠一直偏好使用直齿齿轮，而弧形齿轮却受欢迎于印度文化圈中。在东南亚传统灌溉技术中，高棉族偏爱积水于水塘，用死水灌溉（见柬埔寨吴哥窟的遗迹），傣族习惯在河流上建拦水坝，通过渠道将水引到田里，便为流水灌溉。同样的现象亦见于技能方面。譬如，观察锯木材的动作，就可以发现欧美人和日本人不同。欧美人习惯在推锯动作时施力，日本人习惯在拉锯动作时施力，为了配合用锯者，锯子的刀刃有不同的设计。因此，追溯技术起源时，我们可以将某些技术和技能视为特定文化圈的特色，是识别技术来源的标志，对于技术和技能的分析有重要参考价值。

辊轴榨糖机究竟何时何地传入傣族地区，文献上毫无记载。从地理和历史的背景而言，由汉族流传来的可能性极大。通过积累的资料得知，傣族榨糖机中显示出了几个文化圈特有的技术因素。世界上的榨糖机分为两辊式和三辊式，辊轴的摆法有水平式和直立式之别。滇南傣族所用之辊轴榨糖机既有与汉族同样之处，亦有与它迥异之处，如汉族仅有双辊子，然而傣族除了双辊子以外，尚有三辊子的直立式榨糖机；自动力而言，汉族仅有利用畜力驱动的榨糖机，傣族除了畜力和人力驱动的榨糖机以外，尚有水力驱动的水平式榨糖机；从齿轮装置看，傣族除了使用与汉族同样的齿轮外，尚用弧形齿轮，更有独一无二的人字形齿轮。从弧形齿轮使用来看，其受到源自印度文化圈的影响，然而人字形齿轮不见于别的文化圈和地区，所以不容易对其起源问题下结论。我认为不能排除榨糖机的人字形齿轮起源于傣族的可能性。傣族接受了《天工开物》系统的技术后，以其作为基础进而创造发明了新的齿轮装置，是一个极为自然和可能的设想。

用田野调查的方式收集资料解读史料，不仅有益于解释历史问题，亦常常会带来意料之外的收获。在滇川黔长年进行田野调查之中，曾遇到有趣之事，多至不可枚举，其中，1990年1月发现人字齿轮装置的榨糖机最有趣无疑，记忆如新。听说西双版纳大猛笼的寨子有水车榨糖机，车开至再不能往前开的地方，我与老尹顺着南阿河步行寻觅。滇南的傍晚落霞时间很长，到曼海村就在夕阳慢慢落山的光线中终于见到了岸边的水车榨糖机，而且其为人字齿轮。当时高兴的心情实在难以言表。此寨子地处偏僻，村民很少见到外国人，因此村长留我们住宿。当晚村长家的火塘边集聚了不少人，我趁此机会提出了关于他们的生产和生活方面的诸多问题，他们觉得不可思议。这个老外连此类普通的事情都不知道，还在煞有介事地记录！他们对外界的认识，亦使我觉得有趣。村长一开口便问："听说外国人到过月亮，那肯定是'吹牛'吧？"又有人问："你家有几头水牛？"我回答:"连一头都没有。"他们便感到十分纳闷,说:"听说外国人不是都很有钱吗?"当我告诉他们澳大利亚与中国有大海相隔时,又有人问:"凫水过去要多长时间?"如此双方皆将此场对话视为对牛弹琴!

当晚我们互相感到对方滑稽可笑,其实来源于生长环境的不同,由此产生了知识和经验的差别,可视为理所当然。此次对话给我留下终生难忘的印象。为了深入细致地研究一个民族的历史和文化,必须深入他们的群体中,观察和感受他们的生活,否则难以得到深刻的结论。研究傣族历史,诸如此类经验启发特别大,使我了解到在傣族民间收集口述资料的重要性,进而使我认识到为了精读傣文史料向民间的傣族草根学者求学的必要性。1992年11月至1993年5月在景洪进行研究时,有幸得到西双版纳傣族自治州教育委员会的傣学硕儒刀文学先生的指导,又自20世纪90年代末期以来,在德宏傣族景颇族自治州芒市等地,我一直求教于很多傣族草根学者。

四、出版成果

朱映占:继制糖技术调查研究之后,您又做了什么研究,出版了哪些成果?

唐立:1991年3月,接受东京外国语大学的邀请转入国立亚非语言文化研究所任职。国立亚非语言文化研究所隶属东京外国语大学,由日本政府文部省设立于1964年,目的在于研究亚非地区的语言、文化以及历史。第二次世界大战前,日本国立大学内就已设有研究以中国为主的东亚历史文化的机构,不过从未有研究东亚以外的亚洲之研究所,更不用说非洲。20世纪60年代日本经济开始进入高速生长期,尽管日本与亚非各国的经济关系越来越密切,日本人对于亚非地区的认识仍然极为薄弱粗浅。日本政府设置国立亚非语言文化研究所,就是为了弥补此方面的不足。我入所分属于历史学领域,负责研究中国元明清史。

国立亚非语言文化研究所提倡用田野调查的方式收集资料进行多角度

研究。研究所未设立图书馆，仅有一间图书室，购买书籍的经费极为有限，不足以供研究之所用，为了便于更好地研究，所员不得不积极出国进行田野调查。然而，研究所不具备出差研究经费，必须向政府或者各大财团申请科研费。

为了更好地提高研究能力，我们以小组为单位的方式进行云南和四川传统生活技术的调查。国立亚非语言文化研究所鼓励所员积极组织日本全国不同机构的学者进行立体的多方位多角度研究。老渡赞同此计划，并且推荐了在日本和尼泊尔颇有丰富田野调查经验的民俗学专家。自1992年至2002年，我和老渡申请到三菱财团及丰田财团等财团的经费，共计组织了7次小组调查前往滇川。除了老渡和我以外，前后参与调查的有田村善次郎（武藏野美术大学教授）、朝冈康二（国立历史民俗博物馆教授）、神野善治（武藏野美术大学教授）、印南敏秀（爱知大学教授）、小柳美树（当时东海大学的研究生）。

历来，日本对于滇川的民族学和历史学研究积累并不多。1992年，第一次田野调查，收获丰富。为了尽快将研究成果提供给日本的学术界，我们就于1994年以出版的方式将我与渡部武合编的《云南的生活与技术》书籍刊行。每次调查都有丰富收获，此后我们决定尽量将每一次的调查结果都以书籍的方式公开出版。书籍中，除了日方队员，亦载有云南和四川学者的报告。我们的田野调查以中日合作方式进行，因此将中方的调查报告译成日文共同出版。在云南有尹绍亭教授，在四川有霍巍（四川大学教授）、石应平（四川大学教授）、刘弘（凉山州彝族自治州博物馆馆长）、徐学书（成都永陵博物馆馆长）、彭林绪（重庆直辖市黔江开发区民族研究所所长）、李星星（四川省民族研究所副研究员）等学者撰写论文参与。

除了田野调查以外，国立亚非语言文化研究所还要求所员组织日本全国各地的学者进行小组研究亚非语言文化的问题。从1995年至2013年长达19年之久，我组织了小组研究中国西南部的历史与文化，成果分别刊行于东京外国语大学国立亚非语言文化研究所的两套丛书中。一套为《历史民俗丛书》，主要由庆友社出版，一套为《未知的亚洲语言文化丛书》，由雄山阁出版。《历史民俗丛书》共计出版 10 部。第一部为渡部武著《云南少数民族传统生产工具图录》（1997），第二部为新谷忠彦编《黄金的四角地带——傣族文化圈的历史，语言以及民族》（1998），第三部为唐立和渡部武编《四川的考古和民俗》（1999），第四部为渡部武和渡部顺子著《西南中国传统生产工具图录》（2000），第五部为渡部武、霍巍以及唐立编《四川的传统文化和生活技术》（2003），第六部为园江满著《老窝北部的环境与农耕技术：傣文化圈中的稻作生态》（2006），第七部为新谷忠彦、唐立、园江满编《傣文化圈中的老窝——物质文化，语言及民族》（2009），第八部为山田勅之著《云南纳西族政权——中华与西藏的狭间》（2011），第九部为唐立编《东南亚大陆部山地民的历史与文化》（2014 年，此本由东京，言丛社刊行），第十部为西川和孝著《云南中华世界的膨胀——普洱茶与矿山开发中所见到的战略》（2015）。

《未知的亚洲语言文化丛书》系列共计出版了 8 部。第一部为新谷忠彦著《傣族所叙述的历史："木邦王统纪"和"Hsipaw 王统纪"》（2008），第二部为片冈树编译《拉祜族的昔话——缅甸山地少数民族的神话和传说》（2008），第三部为山田敦士著《司岗里的记忆：中国云南省佤族的口头传承》（2009），第四部为立石谦次著《云南大理白族的历史物语——南诏国的王权传说与白族的观音说话》（2010），第五部为樫永真佐夫著《黑傣年代记》（2011），第六部为黑泽直道著《纳西族的古典文学——〈鲁般鲁饶〉情死的东巴经典》（2011），第七部为樫永真佐夫著《黑傣歌谣——村庄生活与恋爱》（2013），第八部为长谷千代子译著岳小保共译《相勐——云南省德宏傣剧的世界》（2014）。

五、《云南物质文化生活技术卷》

朱映占：您的著作大都以英文、日文发表，《云南物质文化·生活技术卷》是用中文写的，并由云南教育出版社出版。请谈谈此书的写作情况。

唐立：1995年，老尹邀请我撰写《生活技术卷》，刊行在他所筹备编辑的《云南物质文化》（云南教育出版社）一系列中。受到邀请，既感到荣幸，又感到些许担忧，原因极为简单，由于居住日本来华调查的机会受限制，使我在田野和文献调查两方面不能下足功夫。担忧来源于收集的资料尚未足够丰富以进行科学深刻的理论化研究。当时，我仅有7次前往云南进行田野调查的经验积累，其中一次在西双版纳逗留了半年，有待深入细致琢磨的题目尚多。老尹反复催促，我开始整理手上的资料，终于选定了四种传统技术——制陶、制糖、造纸、榨油，一一着笔，加以初步分析。因此有很多生活技术未能容纳于《云南物质文化生活技术卷》中，由于云南社会不断现代化，目前许多古老传统技术已消失，欲调查补充遗漏，极为困难，实为遗憾。

技术无止境，社会经济等条件具备的话，任何民族或者族群均可以利用并加以改进。撰写《生活技术卷》时，虽然受到准备不足的限制，但我仍然强调技术拥有普遍性的观点。经过交流和观察，我意识到云南研究者往往有一个明确的趋向，由于强调地域和民族的独有性，容易偏于一面，不够全面客观，这极易成为研究的陷阱。只有立于广泛的视野来观察，与国内国外进行比较研究，才可以得到一个具有科学性的判断。物质文化是适应自然、社会、经济条件而形成的。类似的物质文化可以同时存于几个地域，比较研究可以深化我们对于所谓"独有性"的了解。云南邻接东南亚北部文化圈、西藏文化圈、巴蜀文化圈，在历史上文化交流频繁，形成了云南省内的物质文化和族群的文化的地域差异。云南生产工具，需要从地域广泛的视野来进行研究才能看到一个工具中包含何种文化的元素。从傣族榨糖机的例子中可以看到不同的文化元素：傣族榨糖机借鉴汉族文化圈，亦有齿轮装置受到印度文化的影响，同时还可以见到别的文化圈中见不到的齿轮。因此撰写《生活技术卷》时，我刻意留心参考除云南以外的中国国内和国外的传统技术。遗憾的是，编辑过度重视云南省内的民族和技术，割除一部分言及云南以外的华南地区，使之失去了原有与国内其他地区的比较，但有幸能保留与国外的比较内容。

六、历史研究

朱映占：上面说的是科技史和物质文化，除此之外，您的研究还涉及哪些领域？

唐立：在东京大学就读研究所时，历史研究遵从传统方法，以文献为主。在此时期，主要依靠图书馆收藏的史料进行研究，踏上古滇大地才走上所谓"歪门"，学会利用田野调查方式收集历史资料。田野调查使我意识到对于西南地区少数民族的研究在中国历史上的必要性，调查中对自然景观的观察，收集口头资料、碑刻、家谱、文书等对于解读史料有重要参考价值。1992年11月至1993年4月，居住景洪半年间，向出身于车里土司官僚家庭的傣学硕儒刀文学先生进行仔细访问，此时的经验让我对傣族历史文化有了一个较为系统的了解，至今仍然作用于我对傣族历史的研究。云南少数民族地区中尚保留不少历史资料，在田野调查过程中，不仅可以收集利用，更加重要的是通过观察可以得到诸多解决历史问题的线索。假如不出书斋，不进寨观察访问，就无法形成如此念头。

关于少数民族的历史，我最早出版的论文为《试论清代台湾生番之归化与汉族拓垦：以乾隆至道光年间为中心》（刊行于1997年台湾"中央研究院"中山人文社会科学研究所张炎宪主编《中国海洋发展史论文集》第六集）。首先选择台湾少数民族有其背景。向东京大学提出的硕士论文以台湾为案例，分析了清代中国糖业的生产和流通结构。分成两篇论文，1983年"清末台湾南部制糖业与商人资本（1870—1895年）"登载《东洋学报》，1984年"清代台湾南部制糖业的构造——以1860年以前为中心"登载《台湾近现代史》，2000年第一篇由台湾"国史馆"协修的何凤娇女士译成中文刊出于《台湾风物》第50卷第1期。由于当时我对于台湾史料研究较多，少数民族研究从台湾着手就很自然。

1995 年，在国立亚非语言文化研究所，组织第一次日本国内专题小组。专题题目称为"西南中国非汉族历史的总合研究"。大约组织了 20 位日本国内的历史和人类学专家进行研究。重点研究设在位于贵州清水江流域的锦屏县林业契约文书。此地的契约文书记录了从清代至民国时期苗族人工营林的历史。经过武内房司教授（学习院大学）的介绍，邀请贵州省民族研究所的杨有赓教授西渡扶桑参与。杨有赓教授早在 20 世纪 60 年代就开始研究此区域的合同，与当地苗族老百姓建有良好关系，他得到贵州省文化厅的批准后，将从农民手中借来的 800 多件山林契约文书携带来，提供共同研究的史料。除日本少数民族专家以外，专题小组还得到明清法制史专家寺田浩明（京都大学教授）和明清史专家岸本美绪（东京大学教授）的参与。筹备研究时，我们原来设想此批清水江流域的"苗契"应该会显示苗族独特的经营方式，然而分析研究杨有赓教授带来的契约文书之后，我们发现从事人工营林的苗族，并未沿用苗族传统习惯法，其经营方式反而基本上类似汉族的商业模式。经过长期与汉族商人交易，苗族采用与汉族同样的合同方式，对于苗族来说，此有利于保护自己的利益，实为一种"武装自己"的战略。并且随着商品经济渗入苗族山村，苗族积极将汉族合同的模式应用在本民族之间的交易上。此次共同研究的成果出版于唐立、杨有赓、武内房司主编《贵州苗族林业契约文书汇编（一七三六—一九五〇年）》三册。由于国立亚非语言文化研究所经费有限，自 2001 年至 2003 年，仅能每一年循序印刷一册，总共刊行 200 部，到 2005 年东京大学出版会刊行了 50 部。

1995 年秋，我与杨有赓教授一同到锦屏县苗寨，将契约文书亲自交还给主人时，他们看到"崭新"的契约文书，又将更多的契约文书展示给我们，要求我们带到日本。东京的摄影师拍照时，用玻璃板将文书压平，使归来的契约文书呈现出平展的状态，犹如新的一般。山民之如此热情，来源于他们对于杨有赓教授的无限尊敬和信任，使我非常感动。由于经费有限，我们未能将如此众多的文书带到日本研究，无法如他们所愿。10多年后中山大学的张应强教授和王宗勋教授编辑《清水江文书》一部多达33册的书籍（自2007年至2011年，广西师范大学出版社刊行）。此书收录有关经营人工营林和木商贸易的文书，提供大量记录可与《徽州文书》做比较研究。

开始关注云南史之后，我发现历来民间所约定的合同，所竖立之碑刻，包含宝贵信息，实属重要史料之类，却尚未被云南史家充分利用。在江南、福建、广东等处的地方史研究中，契约文书和碑刻等资料早已享有一定程度的评价，已有不少利用研究它的专著问世，但云南学界长久以来仍然不太重视，实为可惜。长期走乡串寨，发现汉族和少数民族老百姓手上均保存一定量契约文书。此类契约文书为我们提供一个可联系一般人民的生活与国家行政的研究视角，多角度的研究方向可以填补此前以官方史料构建史实的单一路径，推动从多元的角度研究云南社会史。寄望于推广此类研究方式，将长久以来积累的照片，分为三册刊行，并且将照片与释文并列排版印刷，以利读者对照阅览。第一册《中国云南少数民族生态关连碑文集》，2008年由日本京都综合地球环境学研究所刊行，第二册《云南西部少数民族古文书集》和第三册《明清滇西蒙化碑刻》2011年和2015年分别由国立亚非语言文化研究所刊行。

自从1992年至1993年居住西双版纳半年起，就对傣族史产生非常浓厚的兴趣。云南傣族土司如何治理其人民，政权的结构如何，傣族土司如何与中国王朝交涉等重要问题，均使我感到仅依靠汉文史料远不足以了解历史的真相。汉文史料既偏于王朝和汉族的立场，又不提到土司管辖的社会，每读汉文史料，我就发现这些史料缺乏傣族本民族的立场，难以掌握傣族社会的变化。再说，汉文史料由外族的眼光描写傣族，类似欧洲人描写亚洲各地民族，有不全面之处。因此，我开始学习傣文以阅读傣文史料。2000年，在德宏傣族景颇族自治州民族语文指导工作委员会主任快永胜、岳小保等先生的安排下，与傣儒龚肃政老师研读傣文史书，龚老先生视觉模糊以后，接着请到邵光南先生继续研读德宏傣文史书。两位过世之后，尚求教于几位老师。德宏傣文，历史悠久，此系统最早的文字出现于西藏博物馆收藏的永乐五年（1407）《噶玛巴为明太祖荐福图长卷》，虽然众多傣文书籍留传至今，却由于系统的研究积累并不多，解读老傣文文献难上加难。自 2000 年之后，每年两次前往德宏求教于各位老先生，已经解读 4 种傣族史书，亦准备翻译草稿，但由于任务颇多，未得空闲整理译成英文出版。

研究少数民族地区的历史，尤其是土司制度必须注重史料的收集整理。不仅需要掌握正史、地方史志、家谱、碑刻、笔记等史料，而且同时要重视少数民族语言的文献，甚至于口述资料。虽然傣文文献丰富，在傣族社会的现代化过程中，却不受到重视，即将面临消失的危机。无论于官府或者民间，收藏处既分散又不明确，不便于阅览。再说，既无目录，又无工具书解读内容，就连专家亦难以对傣文文献有全面性的理解，何况傣族老百姓。因此，尹教授与我申请得到日本丰田财团资助，进行了云南傣族古籍抢救保护项目。此项目由民族学者、傣族知识分子以及众多傣族民众共同进行。我们在德宏、耿马以及孟连三个傣族地区收集整理古籍，精选拍摄，将拍摄缩微胶卷存在当地和云南省档案馆。关于每一处的精选古籍，前后由云南民族出版社刊行三部目录：尹绍亭、唐立、快永胜、岳小保主编《中国云南德宏傣文古籍编目》（2012），尹绍亭、唐立主编《中国云南耿马傣文古籍编目》（2005）以及尹仑、唐立主编《中国云南孟连傣文古籍编目》（2010）。

朱映占：听了您的治学经历和多方面的成就，十分感动！您广阔的学术视野、独特的学术思想、深厚的文献积累、深入的田野调查以及通过刻苦学习达到能够熟练掌握运用被研究族群几门语言的能力，令后学望尘莫及，不愧是我们学习的榜样！云南研究有您这样的专家，是学术之幸！

唐立：我与云南的触碰，实属机缘。首先，1989 年由于计划中途被迫改变，有幸来到昆明和西双版纳。突来之变化使我与老渡和老尹结缘。经老渡的介绍有幸结识了老尹，又通过老尹的支持和关怀，结上各种善缘。真如佛家所讲究之因缘，有因才有果。虽然以往与云南无任何交集，但云南为调查物质文化的好地方，继而频繁往来。云南省教育出版社刊行的研究成果，可算为"果"。学问之轮不断轮转，物质文化研究成果刊行之后，我对于云南研究方向开始多样化，进行傣族史的研究、傣族文献抢救、土司制度的研究、契约文书研究等，回想起来，似乎有一种原动力在推着我前进，也许这就是我与云南的缘。

鼓励我走上云南研究之路，亦有不少学府外人士。由于篇幅关系，无法一一提及，但1993年在景洪时，认识到的一批思茅画家对我欣赏滇南自然风光有深刻的影响。20世纪80年代，郑旭、魏启聪和贺昆的油印套色版画在全国美术展陆续得金奖、银奖，边疆小镇一时期出如此多的画家，人称之为"思茅现象"。思茅画家队伍中，还有两位：张晓春和马力，我通过画缘与此五人结为好友。在20世纪80年代末期至20世纪90年代前半期，云南少数民族独特的民俗风情吸引了众多外国游客来滇，但在那个时期，云南人尚未表示关心。看到他们的作品，我感到非常惊讶，绚烂的色彩，抽象的图案，很明显他们的艺术受到少数民族的影响，有着浓厚的民族符号。自从我与他们交往，跋山涉水，观察滇南，对于云南的美有了更多层面的认识，发现云南的大山总有一种神力，有一种久远的美色。

2015年1月到香港科技大学人文学部任教，亦使我结上新缘。由于地域的便利，与云南学者的来往变得较为频繁。同事马健雄教授为大理凤仪人，与大理大学民族文化研究院合作进行研究项目，通过马教授的引荐认识了赵敏、寸云激、李学龙、王伟、王丽梅等教授。数年来，将研究点设在滇西，在原为古代云南佛教圣地的大理进行田野调查亦出于此。又通过另外一位科大的同事吕宗力教授结识了中国社会科学院历史研究所的李世愉教授。李教授邀请我参加第五届和第六届中国土司制度与土司文化国际学术研讨会。研讨会上，有机会认识了许多不同地域的学者。在滇时，我主要在地州进行田野调查，与历史学家交流的机会必然有限，研讨会后，我与云南历史学家经常交流，特别是从关于从大理国到明代的转变这一时期的研究中得到不少启发，云南研究的道路必将越来越宽阔。

采访者：朱映占，历史学博士，云南大学社会学与民族学学院副教授。

博学之、审问之、慎思之、明辨之、笃行之
——施传刚教授访谈录

施传刚,男,1951年生,云南大学历史学学士、斯坦福大学人类学硕士、博士。曾在美国密歇根大学、伊利诺伊大学、加利福尼亚大学以及德国马克斯普朗克社会人类学研究所等院校和机构从事研究或教学工作。现在佛罗里达大学人类学系任教。

赵翰超:您没有让跟您时间更长的师兄师姐来做这个访谈,而是把这个机会给了我,并让我来拟定访谈提纲。我感到非常荣幸。谢谢施老师!

施传刚:让谁来做这个访谈关系不大。你是这个学期在我身边唯一的华人学生。你比现在在校的其他学生也相对资深一些。这个访谈还是华人来做更容易切题。

赵翰超:这篇访谈录的题目是您定的。是否可以请您先谈谈为什么用这个题目?

施传刚:你一定知道,这是《中庸》里摘出来的一段语录。我是云南大学历史系七八级的本科生。1982年毕业前夕班里决定做一个同学录。每个同学有一页,上面贴一张照片,印一段自选的座右铭,如果已经知道毕业后的联系方式也印在上面。我当时并没有现成的座右铭,就从自己更年轻时做的读书笔记中选了《中庸》里的这段话作为印在同学录上的座右铭。这次接到尹绍亭教授的邀请通过访谈录的方式来回顾自己的学术生涯时,

我又不由自主地想到了这段话。我从来没有刻意遵循过某种指导思想，平时也没有经常温习四书五经。但现在面对自我总结的任务时，我惊奇地发现，几十年来在我追求知识的道路上，下意识中引导我的竟然一直是这段话表达的理念。今天看来，谈到治学，我最服膺的还就是这 15 个字。所以我觉得就用这句话来做这篇访谈录的题目是非常合适的。

赵翰超：我在您的门下学习人类学。我们是否可以由近及远，从您的人类学经历谈起？您刚才说您的本科是历史专业。您是怎么会从历史转到人类学呢？当时中国就有人类学吗？

施传刚：当然可以。中国在 20 世纪三四十年代就是世界上研究文化人类学的四个重镇之一（其他三个是美国、欧洲和日本），但是在 50 年代初就中断了，直到改革开放以后才陆续恢复。80 年代初，只有中山大学和厦门大学有人类学专业。我是到美国以后才读人类学专业的。

赵翰超：您又是如何到美国的呢？

施传刚：在我大学三年级时，我从短波广播中得知美国国际交流总署在中国的 7 个省图书馆中放置了美国各级大专院校的介绍，鼓励有志于到美国留学的中国学生前去查阅。云南省图书馆刚好是提到的 7 个图书馆之一。云南省图书馆离云南大学校园不远。我就约了我的同班同学、后来成为人民大学社会学教授的胡鸿保一起去探个究竟。没想到云南省图书馆还真有那些资料，而且真对公众开放。那些都是美国各个学校为招徕学生而自己编印的小册子，信息丰富、图文并茂、印刷装帧精美。1981 年的中国还非常封闭。见到大量美国学校的介绍堆在自己面前，就像无意中推开了一扇原先紧闭的大门，突然闯进一个新奇而又令人神往的园地。我们两人惊喜莫名，不敢相信这是真的。我们回到学校后就对班里的其他同学说了这件事，掀起了一层不小的热浪。其他有些同学也跟着去查了资料。回来后大家热议要不要真的去试试申请留学。愿望最强烈的几个同学甚至认真地考虑到我们应该错开申请的学校，以免彼此撞车。于是商定谁申请哈佛、谁申请耶鲁等。同学中当然没有任何人的家庭拥有足以支持到美国留学的经济实力。而申请奖学金的事对当时的中国人来说是完全难以置信的。(我得到录取和奖学金的通知后,我的准岳父,一位离休的军队干部,还认定那是别人骗我的。"人家凭什么会给他那么多钱让他去读书?"他问我当时的女友、现在的妻子。)面对这个极具诱惑力却没有先例可援的前景,多数同学还是在一阵兴奋之后冷静了下来,又重新面对可以触摸的现实,准备考国内的研究生去了。我们班最后实际报考美国学校的同学只有我和后来在康奈尔大学获得人类学博士学位的谭乐山。我申请了4所学校,两所申请的是历史,其他两所申请的是人类学。由于对美国高校的情况不了解,对自身实力在美国高校眼中的分量也心中没底,所以申请历史的两所学校中有一所是个四年制的本科学院,我申请的是转学插入他们的三年级。结果很幸运,4所学校全都录取了我,而且都给了奖学金。我就是这样来美国的。

赵翰超:您申请攻读人类学的是哪两所学校?为什么选择那两所学校?

施传刚:斯坦福大学和哥伦比亚大学。这两所学校的总体实力就用不着介绍了。就人类学而言,美国的人类学系一般都注重自己阵营的多样性和区域文化覆盖面的广度,而避免教授们研究区域和研究方向的重叠。当时全美国只有斯坦福大学和哥伦比亚大学的人类学系各有两位研究中国的教授。斯坦福大学有施坚雅(G. William Skinner)和武雅士(Arthur P. Wolf);哥伦比亚大学有莫顿·H.弗里德(Morton H. Fried)和孔迈隆(Myron L. Cohen)。他们都是非常杰出的资深人类学家。这就使这两个系成为当时美国研究中国最强的两个人类学系。

赵翰超:那您为什么选择去了斯坦福而不是哥伦比亚呢?

施传刚:我在云南大学读本科时,省政府决定在云南省历史研究所的基础上组建云南省社会科学院。成立之初,云南省社会科学院亟须充实科研队伍。从为本院吸引和培养人才的角度着眼,云南省社会科学院东南亚研究所所长邹启宇先生到云南大学历史系讲授东南亚史。邹先生的学术视野极其广阔。他在课堂上把东南亚研究领域中具有世界性影响的各国学者都逐个向我们做了盘点。其中对施坚雅先生关于泰国华人的两本著作做了重点介绍。可以说，从我刚开始接触学术研究时，施坚雅的名字就在我的心中打下了深刻的烙印。这是选择斯坦福最主要的原因。另一个原因是斯坦福给的奖学金条件更为优厚。虽然在签证表上哥伦比亚给的金额更高，但那只是第一年的奖学金，以后并没有保证。斯坦福第一年给的金额稍低（斯坦福所在的帕洛阿图生活费用比哥伦比亚所在的纽约低），但一给就承诺4年的奖学金。当然，即便哥伦比亚也给4年的奖学金，我肯定还是会选择斯坦福。我到现在都认为，我这一生最好的运气就是有机会在斯坦福完成我的本科后教育。

赵翰超：您还没说您是怎么从历史转到人类学的。

施传刚：对。刚才说了我来美国的过程。在我听到那次广播时，我已经在准备报考国内世界史的研究生。留美的可能性出现后，才从和我同样有志留学的同班同学谭乐山那里了解到还有人类学这么一个学科。在那之前我隐约听说过人类学，但从来没有一个清晰的认识。在老舍的话剧《北京人》中第一次听说过"人类学家"这个词。那个剧中提到的人类学家是研究古人类化石的。少年时在全国政协文史资料上也读到过费孝通先生的回忆文章，记叙他跟随马林诺夫斯基学习人类学的往事。但是在20世纪80年代初，费先生的自我认同是社会学家。他当时努力推动的也是社会学在中国的复兴。我当时和大多数人一样，对什么是人类学毫无概念。真正把这个学科介绍给我的还得说是谭乐山。谭先生的父母都是延安出来的老革命。他父亲参加过20世纪50年代的大规模民族识别，好像还是其中一个调查团的领导。因为他父亲的关系，谭先生和北京以及云南的许多民族学家都熟识。我们同学时，他十分偏好民族学和民族史。记得有一年暑假他完全泡在图书馆里，结果写出一篇论文发表在中国民族学的最高刊物《民族研究》上。在那几年中，云南大学历史系还有七七级和七八级的各一位同学在中国历史学的最高刊物《历史研究》上发表了论文。本科生就在学科最高刊物上发表论文，这在中国学术史上是非常罕见的现象。当时除了云南大学历史系的两位同学外,还有上海师范学院的一位在校生在《历史研究》发表了论文。《历史研究》的总编黎澍先生还特别为这三位本科在校生上《历史研究》的现象撰文欢呼。在《历史研究》和《民族研究》上发表了论文的三位同学都成了我们这两级的同学中标杆式的人物。当时我对英语口语、书写的掌控都已经达到比较自如的程度。而谭先生对英语还感到比较吃力。在申请美国学校的过程中,他离不开我的帮助。我发现历史完全不在他申请学校的考虑之中。而他也告诉我人类学是一个比历史学更广阔、更有趣的学科。我记得他对我说,搞历史就是翻故纸堆,而人类学研究的对象包括人类社会文化的方方面面,当然也包括历史。按照他的看法,像我这样兴趣爱好广泛、语言基础扎实的人,人类学比历史学更能满足我求知的好奇心,也能更充分地利用我在古代汉语、英语、法语、德语等方面已经下过的功夫。他还借了一本英国人类学家拉德克利夫·布朗(A.R.Racliffe Brown)写的关于社会人类学方法的书给我。我的这位同班同学就这样成了我走向人类学的指路人。

上面说过,我申请的四个学校中只有两个是人类学。我开始申请时对这个陌生的学科并不像谭先生那样义无反顾,而是还有所保留。陆续接到录取通知时已经是几个月以后了。通过和谭先生的交谈以及阅读,人类学的形象在我心目中已经逐渐清晰起来。联系到自己的故乡是云南这个做人类学研究的宝地,到需要做决定时我就不再犹豫了。

赵翰超:您对摩梭文化或与摩梭文化有关的各种问题进行过深入研究。您是怎么选中摩梭文化作为自己研究的题目呢?

施传刚:这就说来话长了。前面说过,我来美国攻读学位之前对人类学的认识非常肤浅,连皮毛都说不上,只是从一两本书中和谭乐山的口中知道文化人类学研究的对象是人类文化的异同。申请学校时必须提交一篇英文的写作样品,我就写了一篇有关云南少数民族的多样性和民族关系的文章交上去。我虽然生长在昆明,但基本没有接触过少数民族,感性认识并不多。文章根据的都是已经出版的二手资料。到临动身到美国前,我想

博学之、审问之、慎思之、明辨之、笃行之

到应该带一点有用的书过去。当时刚好有两本关于摩梭的民族学专著新近问世了。一本是上海人民出版社 1980 年出版的，詹承绪、王承权、李近春、刘龙初著的《永宁纳西族的阿注婚姻和母系家庭》。另一本是云南人民出版社 1983 年出版的，严汝娴、宋兆麟著的《永宁纳西族的母系制》。两本书我都带到了美国。斯坦福大学人类学系不招收攻读硕士学位的研究生。本科毕业生和硕士毕业生都可以申请攻读博士学位。情形相当于现在中国说的"硕博连读"，但斯坦福大学人类学系并没有这个说法。所以我一进去就算是博士生，但还不算博士候选人。进入博士班后要在第一学年结束时提交一篇被称为"春季论文"的文章，由四位教授组成的委员会审查通过之后，才能获得博士候选人的资格。"春季论文"的要求比一般的硕士论文要求还高，而且第一年结束时就得提交。如果通不过，奖学金和学生资格都将被取消。对我这个基础极差的学生来说，压力可想而知。

　　进入学习过程后，系里没有给我丝毫缓冲适应的机会。教授们把所有学生一律当作最优秀的人才来要求。我当时的英语水平作为一门外语可圈可点，但要用来对付连说母语的人都大感头疼的文化人类学，就实在是赶鸭子上架了。这就好比一个学习游泳的人在岸上熟悉了各种动作要领之后还没来得及下游泳池练习就被扔进大海一样。开学没多久我就感到招架不住了。如果当时我兜里的钱足够买一张飞机票，很可能我们现在就没有机会坐在这里进行访谈了。在那种巨大的压力之下，在应付每学期功课的同时，我实在没有余力为春季论文做广泛的研究之后再定题目。在上一门有关文化性别的课时，我联想到了从中国带来的那两本关于摩梭的书。根据两本书一致的叙述，传统社会中的摩梭女性享有比男性还高的地位。这和西方主流的女权主义对所有文明社会中都是男性占主导地位的论述不符。于是我就抓住这一点，又做了很多图书馆调研后写成了一篇题为"A Challenge to the Concept of Universal Male Authority over Female"《质疑男性普遍对女性拥有权威的概念》的春季论文。60 多页的论文总算是如期交了上去。话说到这里，还得折回头去交代另一个头绪。

除了春季论文之外，第一年我还得考虑一个更大的问题，那就是博士论文写什么题目。有一次我在胡佛研究所的图书馆翻阅资料，看到中国人民大学的一篇研究报告中提到，云南西部中缅边境上的一个佤族社区和一个拉祜族社区在从20世纪50年代到80年代的一段25年的时间里人口增长呈现出巨大的反差。拉祜族的人口翻了4倍，而佤族人口却呈现出负增长。我在为申请入学的写作样品做研究时就知道拉祜族和佤族的继嗣制度和家庭组织不一样。看到这个报告后就想当然地以为两个民族人口增长的反差是继嗣制度和家庭组织造成的。我的两位导师武雅士和施坚雅都很重视人口问题，都是人口学领域中有影响的人类学家。他们对我的研究兴趣有很大的影响。我找到这个切入点后非常兴奋，认为自己找到了一个有价值的博士论文题目。于是我写了课题申请提交给斯坦福大学东亚研究中心。获得批准后，我就利用第一年结束后的暑假回云南去进行前期调查。滇西实地调查的结果却令我大失所望。原来人民大学报告中提到的佤族的人口负增长并不是我想象中的原因造成的。真实的原因是，那个佤族社区就在边境线上，居民在边境两边都有亲戚。50年代到70年代，中国政治运动不断。中国一侧的佤族边民往往利用地缘的便利，运动一来就逃过边境。我被告知，有时村里各家各户正在吃饭，听说工作组来了，丢下饭碗就跑。工作组进屋后，矮桌上的饭菜还是热的，人已经不见了。因为人口调查时这些跑出去的人无法计入统计数字，所以这一地区佤族的人口报表上才出现了显著的负增长。而拉祜族居住的地方却不具有这样的地缘便利。所以不存在政治原因造成人口统计严重失真的情况。既然真实情况如此，比较拉祜族和佤族的人口与家庭制度也就失去了人类学的意义。我为寻找博士论文题目所做的探索又被打回到原点。

我怀着沮丧的心情回到学校并向导师报告了前期研究的坏消息。武雅士教授只是轻轻皱了一下眉，并没有表现出我所担心的失望。他略微沉吟了一下对我说："你何不就以摩梭作为你博士论文的题目呢？"说着他把我回中国前交上去的春季论文递还给我，并告诉我论文已经通过了。我松了一口气，急忙查看附在后面的评语。当时的系主任 Harumi Befu（别府春海）教授在他的评语中写道："He already has a dissertation in the making."（他的博士论文已经在写作过程中了）。既然老师们的意见都是如此，我何乐而不为呢？这样一来，所有的问题都解决了。摩梭也就此成了我长期研究的对象。

赵翰超：从您开始研究摩梭文化到现在快 30 年了吧？摩梭文化为什么值得您花费毕生大部分的精力？它的学术价值究竟是什么？

施传刚：我是 1987 年 10 月第一次到永宁开展田野工作的。我的儿子在那一年的 2 月出生。他今年已经 31 岁了。所以不用算我就知道，我研究摩梭已经超过 30 年了。我曾经在自己的一些中英文著作中从不同的角度讨论过摩梭文化的人类学价值。如果你想比较详细地了解，可以查阅那些出版物。这里我只是做一个简要的概括。

20 世纪 60 年代，摩梭文化刚进入中国民族学家的视野就立刻引起了轰动。这个案例的价值远远超出了单纯的学术研究。它被认为是为马克思主义人类发展史宏观学说的证据链补上了原先缺失的一环。简单说来，恩格斯的《家庭、私有制和国家的起源》及其所依据的摩尔根的《古代社会》在马克思主义社会历史理论中占有最重要的地位。但是恩格斯和摩尔根关于"血缘家庭"和"群婚"的判断是根据推论而不是民族志的例证做出的。这就为后人质疑整个社会进化论的架构留下了很大质疑的空间。中国民族学家发现"永宁摩梭"的实例后，认为这个新发现的案例作为马克思主义社会历史进化论的证据就像猿人化石作为人类体质进化过程的证据一样。对于马克思主义者来说，其重大意义自然不言而喻。我在这里重提这一点并不是为了回顾摩梭研究的学术史，而是因为你问到摩梭研究的价值，所以我想告诉你：摩梭研究从诞生之日起就不同凡响。还有一点想要告诉你的是，以不同的眼光可以看出不同的价值来。从更为广阔的视角来看，80 年代初出版的两本关于摩梭的民族学专著确实在理论和方法的各个方面都存在较大的局限性。但我们必须承认它们都是摩梭研究的奠基之作。包括我自己的研究在内，后来的摩梭研究都绕不过20世纪60年代到80年代中国民族学家们对摩梭研究做出的贡献（包括那两本书和一系列内部流通的调查报告）。下面我再简要归纳一下摩梭研究在我眼中的价值。

　　全人类的任何一个文化都存在于变动不居的状态中。在不同的历史时期，变化的速率会有快慢。变化的幅度有可能在很长的时期内都很微小，但文化传统不会是恒定不变的。我们在估量一个文化的研究价值时，必须把文化变迁的因素纳入考量。从20世纪50年代摩梭地区被完全纳入中国大社会的政治经济生活以来，摩梭文化经历了比此前可知的历史性文化变迁的总和还要更大的变化。尤其是90年代中期以后，摩梭地区也和中国其他地区一样卷入全球化的洪流。摩梭人的整个世界都发生了巨大的变化。这个变化的过程也是摩梭文化和中国文化乃至世界文化趋同的过程。换一个角度讲，也就是摩梭传统文化的特征逐渐消失的过程。所幸我开始对摩梭文化展开全方位探索的时间是在80年代后期。虽然研究的条件已经比不上60年代进入摩梭地区的前辈民族学家，但我还有机会多年和大量对摩梭传统文化有深入了解并在摩梭传统社会中有切身体验的老人进行深入而广泛的交谈。长期的田野工作使我对摩梭的文化传统积累了较为深厚的感性知识。对比摩梭文化的传统和现状，摩梭文化传统的人类学价值当然要远远高于其现状的价值。所以我所说的摩梭文化的人类学价值指的是摩梭传统文化的价值。

　　概言之，摩梭传统文化的特征主要体现在走访制、没有父系称谓的亲属制（kinship terminology）、母系继嗣、没有婚姻单元（conjugal unit）的大家庭、女性在文化中的核心地位等方面以及与这些文化实践相应的一整套意识形态。由于这些核心特征的相互作用，摩梭社会还有诸如人口发展率相对较低等其他一些附属特征。在已知的人类文化中，摩梭文化是集中了上述所有特征的唯一的鲜活案例。正是这些独特性使摩梭文化闪耀出珍稀的光芒。

　　和其他所有文化一样，摩梭文化是摩梭先民在不断适应生存环境的过程中形成的。摩梭文化的存在说明其中体现的文化价值和宇宙观对摩梭民族的合理性。在传统时代，摩梭社会和外部世界很少接触。由于崇山峻岭的阻隔，直到20世纪二三十年代才有成批的外来商贾进入永宁。除了佛教僧侣出外求学和马帮到外地经商以外，很少有摩梭人离开自己的家乡。这些因素形成了摩梭文化长时期的稳定性。1956年的民主改革是摩梭社会的分水岭。自那时以来，摩梭社会和外部世界融合的步伐日益加快。全新的政治制度和生产方式被引入摩梭地区。摩梭人也通过参军、上学、提干、劳务等各种途径走出自己的家园。20世纪60年代初，民族学家开始在摩梭地区展开系统的调查。20世纪80年代末，电视开始进入摩梭家庭。2000年，摩梭人开始使用手机。现在，我工作了20多年的4个摩梭村落绝大多数青年或有过打工经验，或正在外打工。分布的地区从内蒙古到海南、从深圳到丽江。有的摩梭人甚至到过缅甸、印度和北美。与外界的交流不可避免地会使摩梭人反思自己的文化。千百年来被认为是天经地义的思维方式和生活方式，在外部世界的映衬下突然成了问题："我们为什么和别人不一样？"半个多世纪以来，在人民共和国的不同历史时期，摩梭人对这个问题的思索和理解经历了曲折的过程。这一过程还在继续。我们可以看到，摩梭文化本质中的独特性在这一过程中已经悄然发生了巨大变化。举最突出的一个例子来说明这一现象：我曾将传统的摩梭走访制的性质归纳为三点：非契约性、非义务性和非排他性。今天，作为一种制度化的性联盟，只有第一点，即非契约性，仍然适用于摩梭走访制。其他两点都已经成为过去。因为生活方式和家庭关系的改变，摩梭传统文化中独特的亲属制在现实生活中也发生了变化。父系的亲属关系和亲属称谓都出现在日常生活中。从纯学术的角度看，因为和其他文化制度日益趋同，摩梭走访制独特的研究价值也逐渐丧失了现实的借鉴意义而停留在历史的和理论的层面上。

赵翰超：我注意到您的英文著作中使用的摩梭的名称和大部分其他西文著作都不一样。除了您以外，好像只有瑞士苏黎世民族博物馆出的那本文集中的其他学者使用了"Moso"这个拼法。其他著作中或者拼作"Mosuo"，或者拼作"Na"。这是为什么？

施传刚：情况确实如此。其实瑞士那本书最后把摩梭名称的拼法统一成"Moso"也是我坚持的结果。其他学者交稿时都是按照他们认可的拼法拼写摩梭的名称。统稿时两位主编要求全书统一名称，否则书中的内容可能被误解成是关于不同民族的。最后我的意见被接受了。为什么我的主张和其他学者都不一样，要把它拼成 Moso？这并不是我要特意标新立异。我是有充足的理由的。我在自己的著作中对这个拼法的理由做过详细的陈述。可惜在苏黎世民族博物馆的文集出版以后，我提出的这个拼法并没有在后来的摩梭研究中普及开来。要么是其他学者认为我的理由并不充分，要么是他们根本就没有掂量过我提出的理由。今天借你提出这个问题的机会，我再把我的理由概述一下。因为你不搞民族研究，我把和这个问题相关的背景也略微介绍一下。

在民族研究中，族称并不是一个简单的问题。它也许会涉及历史、文化、政治利益、经济利益、民族关系等诸多层面的复杂因素。一个民族又往往有不止一个名称。多种名称中有自称，有他称。自称也可能不止一个。不同的自称适用于不同的谈话对象或不同的场合。他称中有自我接受的他称，有外人强加的他称，可能有蔑称，有尊称。各种称呼中有词源词意都清晰的称呼，也可能有词源词意不可考的称呼。

在西文学术著作中，对摩梭的称呼和拼写大致有三种情况。一是直接采用"摩梭"两个字的汉语拼音"Mosuo"；二是采用摩梭语自称的音译，称为"Na"；还有就是我的主张，把摩梭拼为"Moso"。从学术的角度来看，最值得讨论的是 Na 和另外两个名称的区别。另外两个名称其实是一个名称的两种不同的拼法。而是否采用 Na 这一名称则牵涉到人类学和民族学的原则问题。Na 是摩梭语中的自称。采纳这一名称的学者认为他们遵循的是"名从主人"的原则。一般说来，这个原则当然是对的。任何人都没有权利，也不应该违背主人的意愿把一个名字强加在主人头上。这是再浅显不过的道理。但问题在于，怎么才算真正做到了"名从主人"？在摩梭的个案中，问题并不像看起来那么简单。

我在第一次实地调查之前就已经从各种渠道广泛了解到摩梭人称呼的复杂性。第一次下乡途中在宁蒗县城听县委书记介绍摩梭时，他提到的第一个问题就是称呼问题。所以在我为博士论文从事的历时两年（实际在田野共 15 个月）的实地调查中，我一直留心这个问题。凡是遇到合适的机会，我总会用不同的方式、从不同的角度提出这个问题。当然得到的回答也不尽相同。从两年之内各种不同背景、不同身份、不同年龄、不同性别的摩梭人给我的回答中，我总结出这样的结论：凡是对民族关系有所了解、对民族认同有所关怀的摩梭人都不愿意被其他民族称为 Na，尽管那是他们本民族语言中简化形式的自称。摩梭语的自称是 Nahing。纳西语的自称是 Naxi。两个族群的自称都可以简化为 Na。由于摩梭不愿意接受他们是纳西分支的认定，他们强烈反对其他民族称他们为 Na。我的访谈对象中有人甚至情绪激烈地表示："你要写我们的文化就得称我们为摩梭。要称我们为纳你就不要写我们。"事实上，这是绝大多数有明确观点的摩梭人的共识。听到类似的观点时我总要多问一句："你们在自己的语言中不是称自己为纳吗？"他们的回答大体是这样的：那是我们自己的语言，我们知道我们自己是谁，你们说的并不是我们的语言。你们把我们称为纳就好像我们和纳西真的是同一个民族一样。所以我们反对其他民族称我们为纳。

我在田野中收集到的这些看法也反映在数十年来摩梭人向各级政府提出的意见。摩梭人数十年如一日地多次要求被识别为"摩梭族"而不是"纳人"或"纳族"。基于以上原因，我认定采用"摩梭"的名称才是真正尊重了主人的意愿，贯彻了"名从主人"的原则。采用他们的自称反而是不尊重他们的意愿。

那么摩梭为什么要拼成"Moso"呢？相对前面一个问题而言，这是个小问题，但说起来相当有趣。当学者对一个学术问题找不到充足证据时，中外的学术传统都允许学者根据自己的学养和判断对旁证进行推理来提出自己的解释。事实上，古今中外的许多重大理论都是通过这个方法提出的。

关于摩梭名称的词源，也许会有人觉得我的见解是捕风捉影，或者说牵强附会。但我认为我的理由已经足够充分，于是在2010年出版的《追寻和谐》一书中公布了我对这个问题的心得。

我从试图弄清摩梭这个词在摩梭语中的意思开始寻找它的词源。在确认摩梭语中并没有这个词以后，我又进而搜寻和摩梭比邻的各民族语言中是否有这个词。在历史上和摩梭有过较多交集的民族有纳西、藏、彝、普米等。我问过不少当地和外地的这些民族中本民族语和汉语都流利的人。搜寻的结果一无所获。我最终认定这个词是从汉语中来的。这个名称在中国史籍中有各种变体。最早出现在东晋常璩的《华阳国志》中，写作"摩沙"。后来唐代樊绰的《蛮书》中写作"磨些"。在那以后的史籍中出现过至少6个由不同汉字组合而成的变体，如"末些""摩挲""摩梭"等。这些不同的变体告诉我，它们并不是由汉语中有固定意义的单字组成的，这个名称一定是外来语的音译，就像斯大林有时被译为史达林、斯坦福大学有时被译为史丹福大学一样。既然这个名称的词源对汉语来说也是外来语，而摩梭语、纳西语、藏语、彝语、普米语中都找不到它的踪影，那它最初是从哪里来的呢？2001年暑假下乡的途中，随着三菱越野车在崎岖的山路上颠簸盘旋，我的脑海中漫无目的地设想着一些摩梭语的对话。一时突发奇想："摩梭"会不会是"mosi"（摩梭语"不知道"）呢？对，就是mosi！我想起了袋鼠这个词在英语中的词源，感到无比兴奋。袋鼠在英语中的名称是kangaroo。这个英语单词的来源很有意思。18世纪70年代，英国的库克船长和他手下的探险者来到澳大利亚，看到一种从未见过的大型哺乳动物，前肢很细小，奔跑是用粗壮的后腿跳跃。他们吃惊地问当地的土著这是什么动物。得到的回答是kangaroo。他们以为是这种动物的名称，就记了下来。于是袋鼠在英语里就被称作kangaroo。其实在澳大利亚土著的语言中，kangaroo的意思是"不知道"。因为被问话的土著听不懂库克船长的问话，就回答"不知道"。"摩梭"一词的各种变体不就是同样情景的产物吗？不难设想，公元4世纪时（《华阳国志》成书的时间）摩梭人先民和语言不通的汉人先民相遇。汉人问:"你们是什么人?"摩梭人回答:"Mosi(不知道)。"汉人就以为这个族群称为mosi。由于各种汉语方言发音各异,便有了摩梭名称的各种变体。这样说来,摩梭这个词的词源最终还是摩梭语,不过并不是这个民族的称谓。严格说来,我提出的这个论断不算严谨,它是基于一个灵感的推论,论据并不充分。但是在无法提出更可靠的解释之前,我觉得其合理程度已经使我感到可以坦然提出来作为一家之言了。毕竟许多对人类思想产生深远影响的宏大理论也并不都是建立在坚实的证据之上的。我提出的只是对一个小问题的见解。只要自己能够心安,就把它提出来聊备一说吧。

既然"摩梭"是汉语对一个摩梭单词的音译,那么西方语言还有必要严格遵循汉语拼音的拼法吗?如果汉语拼音对这个词的拼法符合西方语言的发音习惯,当然没有必要再另搞一套。问题是主要的西方语言中都没有"梭"字中的双元音。拼成"Mosuo"会使没有学过汉语的西方人不知道这个词该怎么念。所以我决定在我的英语著作中把摩梭拼成"Moso"。这样对所有说西方语言的人都不会造成读音的困惑。因为汉语和英语都是音译,所以并不存在是否准确的问题。事实上,这种拼法也不是我发明的。第一部有关纳西的西方著作是法国人让·巴戈于1913年在荷兰出版的一本书,书名就是《Les Mo-so》。我关于"摩梭"的西文拼法的主张不过是遵循了这本书的先例而已。

赵翰超:原来一个族称问题和一个拼法问题背后还有那么多的说道!从您第一次到摩梭地区做田野工作到现在已经31年了。您一共去过多少次?最后一次是什么时候去的?今后还会再去吗?

施传刚:一共去过多少次我也记不住了,总有一二十次吧。我的履历上都有记录,但没记在心里。近些年去得少了。最近的两次是2012年和2013年。现在我手上还有一本关于摩梭文化变迁的书稿尚未完成。初稿完成后还准备再去一次,以便核实一些写作过程中发现的问题,并补充最新的变化。这本书完成以后我在永宁地区的田野工作也就结束了。我还有很多过去积累的资料可以写论文。至于田野工作，由于年龄和健康的关系，今后准备把研究的方向转向城市文化和社会问题。

赵翰超：田野工作对人类学是必需的吗？有不做田野工作的人类学家吗？

施传刚：从严格的意义上来说，田野工作是人类学的基础。没有田野工作的研究就不是人类学研究了。文化人类学和政治学、经济学、社会学、历史学、文化学等其他学科相区别的特征并不是研究的对象或范畴，而是它的研究方法。具体而言，就是参与观察和比较研究。比较研究其他很多学科都用，但参与观察就是文化人类学的独门招牌了。说文化人类学的方法就等于说参与观察的方法。文化人类学中的田野工作就是参与观察。除了像詹姆斯·弗雷泽（James Frazer）这类人类学幼年时期的"圈手椅人类学家"之外，我不知道有什么学者可以不做田野工作而被称为人类学家的。写人类学史很有名的乔治·史铎金（George Stocking Jr.）似乎没有做过田野工作。虽然他在芝加哥大学教过人类学理论和历史的课程，但实际上他并不是严格意义上的人类学家，而是历史学家，或者更准确地说是一位思想史学家。

赵翰超：根据您几十年的经验，人类学田野工作的挑战和局限有哪些？

施传刚：最大的挑战当然是一方面要适应一个陌生的环境，同时还得争取研究对象的认可和接纳。其实这对研究者心理素质的要求是很高的。太娇气或自视太高的人都过不了这第一道关口。我刚到摩梭地区展开田野工作时，由于之前的出版物使摩梭人的民族情感受到伤害，他们对外来的研究人员有很深的误解，带着防范的心态。这对我的工作造成了极大的障碍。刚开始的很长一段时间，我的工作深入不下去。周围能接触到的人都用一些编织的故事来对付我。比如他们告诉我，摩梭人的婚姻和汉族其实没有什么本质的不同，都要经过媒人撮合、男方提亲、送礼、下定、订婚、举行婚礼等过程。不同之处仅仅在于结婚以后双方不住在一起等。我下乡之前做过充分的图书馆研究，明知这些都是糊弄我的。但为了表明我的诚意，我对每一种说法都认真对待，不仅耐心听取，而且认真做笔记。和我接触的人都很高兴。我和他们的关系也越来越好。但我的活动范围都局限在区（后来改为乡）里。没有他们的介绍，我也无法深入村里去。日复一日，就这样烤着火、喝着酒、听着天方夜谭，工作却毫无进展。我曾不止一次决心放弃。但每次下决心后，第二天一觉醒来又说服自己留下来。经常用来说服自己的理由是，人家又没有请你来，这些人没有任何义务对你说真话。你既然自己找上门来，就还得你自己去争取人家的合作。另一个更为现实的理由是，离开这里你又去哪里？你怎么知道换个地方换个题目就能得到研究对象的合作？难道就这样从人类学的阵地上落荒而逃？由于想不到别的出路，也不甘心就此败下阵来，所以沮丧之后又说服自己鼓起劲来硬着头皮顶下去。这样撑了快两个月，一般的历史、文化、宗教、民俗、传说等内容倒是收集到不少资料，但就是不能下到村里进行逐户访谈。在田野几个星期，完全脱离了自己熟悉的生活环境，不论是智力方面还是生活习惯方面，都感到一种很大的心理压力和饥渴感。于是我决定到丽江住几天，一方面换个环境，另一方面整理一下思想和笔记。从丽江回到永宁后，奇迹发生了。所有见过我的人都成了"熟人"而不再是"生人"。可能是我的再次出现使人们相信了我先前的承诺：我不是来这里猎奇的，而是来认真研究他们的文化的。我也不是来一次就再也见不到了，而是会把研究摩梭文化作为自己的事业，今后会经常回来。到底是因为什么我也说不清楚。总之在那之后不久，我就有机会扩大接触的范围，最终选定了坝区的四个村子和山区的一个村子作为我博士论文的田野点。真正的田野工作也就得以正式展开。现在回想起来，开头的一两个月半途而废的可能性是非常真实的。

除了上面说到这一点外，还有一些难题贯穿研究工作的始终。总的说来都是和人际关系与掌握分寸有关。你知道，作为美国大学的研究人员，我们的研究计划中有关职业道德的部分都得经过 IRB（Institutional

Review Board,美国有法律要求所有以人作为研究对象的研究项目都必须保障研究对象的利益、尊严和隐私。包括大学在内的各种研究机构都设有专门的部门,即IRB,审批每一个研究项目保障人权的具体措施。——赵注)的审批。在田野工作中既要遵守美国的相关法规,又要使工作能顺利进行,操作起来是很不容易的。更为根本的一点是研究者和被研究者的工作关系。研究者不请自来地进入被研究者的生活环境中,请求他们配合、占用他们的时间和注意力。如何才能使他们愿意配合?给他们适当的补偿当然于情于理于法都是必须的。但在具体操作时采取何种方式、如何掌握分寸,事情就不那么简单了。尤其要想建立可以长期持续的工作关系,田野工作的方式方法就不是一门技术而是一门艺术了。被研究对象接待研究者的机会成本也是一个大问题。机会成本越大,越难争取到他们的时间和注意力。

赵翰超:可以请您解释一下机会成本在这里的意思是什么吗?

施传刚:在这里的意思就是如果被研究对象的时间和精力不是用来配合研究者,他还有什么别的机会来利用这段时间从事其他对自己有利的事情。我刚到摩梭地区展开田野工作时,绝大多数摩梭人的经济活动都是务农。农忙时我只能观察。访谈主要是在农闲时进行。农闲时他们如果不和我谈话可以把时间用来休息、娱乐,机会成本不高。现在就不一样了。年轻人都到外地打工了。留下来的都是老人孩子。老人担负着维持家务的全副担子,时间比20世纪80年代紧得多。偶然能碰到从外面回来的年轻人。他们好不容易回一趟家,在家的时间有限,不可能悠闲自在地接受你的访谈。大家的时间都比从前紧张多了。即便别人愿意和你谈几句,你也会感到很大的压力,不好意思占据他们太多的时间。像我80年代和90年代前半期那样从容不迫地从事田野工作的环境已经一去不复返了。

赵翰超:可以请您就文化人类学的研究方法,或者说参与观察法的优越性和局限性谈一下您的看法吗?

施传刚:简单说来,参与观察法的优越性在于它可以在调查过程中随时修正研究设计,从而达到对研究的问题更为全面和深入的认识。并且由于研究者在被研究的环境中有较长时间的亲身体验，对于研究的问题的理解也必然会更加真切和深入。这些都是问卷式调查或抽样式调查所不具备的优点。但是凡事都有两面。参与观察法的另一面就是它研究的面不可能很宽。而这一点却是问卷式或抽样式调查的长处。不论哪种研究方式都不能绕过的局限性其实是研究的对象本身。社会科学的所有学科研究对象的主体都是人。而每一个人都是一个有主观性的个体。不论用哪种方式收集到的资料，都必然带有被研究对象和研究者本人的主观性。抽象而言，长时间的参与观察和研究者本身的素质可以在很大程度上减弱资料的主观性。但要消除任何一门社会科学中存在的主观性是不可能的。每一个追求真知的学者对此都必须有清醒的认识。不能简单地认定我亲眼所见、亲耳所闻的都是真的。

赵翰超：有一个问题不知道算不算是对您的冒犯。您的博士论文 1993 年就完成了。为什么根据博士论文改写的书到 2010 年才出版？

施传刚：凡是了解我的人都知道，我做事情从来快不起来，总是担心自己做的事情不够好。随着年龄和阅历的增长，我也知道从事业成功的角度而言，我为自己设定的要求是完全不必要的。更准确地说，已经到了有害的程度。正是因为对这一点很清楚，所以我从不用衡量自己的尺度来要求我的学生，包括你在内。但是尽管我的认识很清楚，我却受制于自己的强迫症，没法不把事情做到自己基本满意的程度就收手。随便举两个例子，我从小就常常听到别人夸奖我的字写得工整。但从前没有电邮的时候我常常因为怕邮递员看不清我写的地址信寄不到而把写好的信封撕掉重写一遍。到现在为止我还常常在写作时因为一个措辞不够精到而纠结，以致写作进度受到影响。经常有这样的情况，我的脑海里有一个声音在用英语或汉语无声地叫喊："走，走，施传刚，往前走！"但指头就是僵在那里敲不下去。有时还会起身去翻阅各种辞典字库，或是寻找启发，或是查证定义。用这种方式写作，进度当然快不起来。杜甫是伟大的诗人，如果他没有"语不惊人死不休"的精神，也许就成不了诗圣。但我只是一个名不见经传的人类学者，我的这种追求对我的读者毫无意义，对我的学术水平也没有任何影响。鲍亚斯（Franz Boas）的英语写作水平并不算高，但这丝毫没有影响他作为美国人类学之父的崇高地位。当然，我必须承认，每当我回顾自己已经发表的作品时，我还是能享受到一种不可替代的满足感的。也许心理的强迫症只是一方面，另一方面是这种满足感在奖励我不要放弃这个毛病。我的这种性格是复杂的家庭和社会环境造成的，自己也无力改变。

我在写博士论文的时候就知道摩梭个案的价值，决心要使自己的著作对得起这个有价值的个案。按照我自己的标准，我的博士论文不能算是一部完成的作品。当然，现在自己指导过若干部博士论文之后再回过头来看，那个标准是过于苛刻了。其实我的两位导师都对我的博士论文给予了非常高的评价。这部作品在1993年交稿，还是因为我在那一年争取到了密西根大学中国研究中心博士后的位置，必须在秋季开学前把博士学位拿到手。武雅士先生曾感慨说，他真感谢密西根大学给了我这个位置，否则还不知道我的博士论文会拖到什么时候。后来云南大学准备把我的博士论文翻译成中文出版时，我认为这部作品作为书来正式出版还很不成熟，它既不代表我可以达到的水平，也对不起摩梭个案和中文读者。在几年的时间里，负责组织丛书的瞿明安教授反复敦促我，做了不少说服动员的工作。最后到了丛书的编译工作马上就要结束的时候我才松了口。当时我给自己下的台阶是，反正我正式出版的书也会翻译成中文出版的。到时候有心的读者可以从差别中看到我进步的过程，而这也应该是有意义的一件事。其结果就是2008年出版的《永宁摩梭》。

至于书稿，其实2001年5月斯坦福大学出版社的编辑董事会就全票通过出版我的书稿了。如果没有别的原因，这本书最迟在2002年就会面世。但是刚巧在2001年，我得到了美国国家科学基金的事业奖（National Science Foundation CAREER Award）。这个奖项使我在其后五年中每年都有充足的资金去摩梭地区从事一项人类人口学方面的比较研究。这就为我进一步完善我的书稿提供了一个难能可贵的机会。从2001年开始，每一年我都在推进人口学课题的同时更加深入地挖掘书稿涉及的课题。每一年在田野都觉得这下可以满意了,但回来后在改写时又觉得明年还得再来一年。就这样且深入且修改,一直到 2008 年我才感到可以安心松手了。本来斯坦福大学负责和我联系的编辑曾经明确告诉我,因为我的书稿已经通过编辑董事会的表决,一旦我自己定稿后就可以直接进入生产程序。但当我于 2008 年交稿后,出版社的总编却提出,当时距编辑董事会的决定已经时隔 7 年,一来学术界的风向可能已经转变,二来读书界的市场情况也可能发生了变化,所以书稿的出版价值需要重新评估。经过编辑和总编交涉,书稿的审查过程比一部新交上去的书稿稍加简化,由一般的两位专家审稿减省为一位专家。原想这样可以快一些。没想到这样一来更推迟了书稿问世的时间。因为评审专家回馈的意见太好,评价太高,总编感到难以置信,怕掺杂了非学术的因素,所以决定还是再请一位专家把关。这就比同时把书稿寄给两位专家更延长了一倍的时间。就这样,《追寻和谐》一书直到 2010 年才得以面世。

这本书虽然难产,而且使我失去了一些升职晋级的机会,但我自己感到非常庆幸,庆幸自己最终向读者奉献的是这个让我自豪的版本,而不是之前的那些半生不熟的东西。我对自己人生的期许并不是可以明确标示的成就,而是心安理得的满足感。我们学校(佛罗里达大学——赵注)的一位同事对我说过,他在芝加哥大学的老师曾对他说,只要 3 年以后再读自己的著作不会脸红就可以满意了。现在《追寻和谐》已经出版 8 年。每当我想起它或在给学生上课时读到它的某些片段时,这本书都会给我带来极大的慰藉。这本书的自我价值就已经高于那位芝加哥大学教授设定的标准了。我不算一个成就卓著的学者。对此我常常用一个想法来自我解嘲,那就是,孙髯翁一生的成就不过是一副昆明大观楼长联,一共才 180 个字。我这辈子要是能写出像那样的 180 个字,我就感到此生足矣!可惜我没有孙髯翁那样的才华,写不出那样的 180 个字,所以写了这本 300 多页的书和其他一些著作。虽然这些著作不可能像大观楼长联那样脍炙人口、流芳百世，但它们能够让我无愧无悔，也就对此生基本算是有个交代了。

赵翰超：我看您的著作时感觉拿不准您是哪个学派或是属于哪种理论的，能请您谈谈理论在学术研究中的作用与价值吗？

施传刚：这是一个重大的哲学问题，不是几句话能说透的。但是我也愿意用通俗的语言和你聊聊自己的看法。广义的理论其实是无处不在的。英语有句话说，你不可能在海滩上翻一块石头而没有理论。这句话的意思是，人的所有行为背后都有一个由头，或者说一个或隐或现的动因。也就是说，都受某种理论的指引。海滩上那么多石头，你为什么拣这块石头翻而不拣那块石头翻？看起来可能是毫不经意的行为，深究起来一定不会那么简单。这句俗语其实已经回答了你提出的问题。那就是，理论的作用是指导人的思维，其价值是非常重大的。

上升到学术研究的层面，理论就不仅仅是一种或隐或现的存在了。学术研究的目的是针对某种现象或问题提出解释。人类社会已经有数千年的文明史和思想史。古往今来无数睿智的头脑尝试过对各种现象和问题提出解释。他们的尝试也就是我们今天面临的五花八门的理论。学术研究和其他智力活动的区别就在于它不能是一个学者在那里孤立地苦思冥想、自说自话，而必须参与到已经存在的智力对话中去，并经受同时代的其他学者和未来的学者的审视与诘难。要参与智力对话当然就必须首先了解已然存在的各种见解并决定取舍。你可以把我这里说的"见解"就理解为"理论"。一种见解或者理论如果能启发其他学者对相关的现象或问题提出新的见解，它就会吸引追随者，形成理论流派，也就是我们常说的主义。换句话说，理论在学术研究中具有根本性的重要意义。正是因为这一点，我们每一个研究生刚入学最重要的两门必修课就是人类学史和人类学理论。你在佛罗里达大学的课程是这样，我当年在斯坦福大学的课程也是这样。美国的所有大学都是这样。

你学到现在已经知道，虽然理论的目的都是为现象或问题提出见解，但是理论家的角度、路数和风格可以有极大的差异。古今中外都不乏这样的理论，一个现象或问题经过它的解释后不是更清楚了，而是更混沌了。在我看来，有这样的理论不如没有。我在课堂上和自己的阅读中接触过各式各样的理论。但是对我的人生和思想影响最为深广的体系还得算中国的儒家思想和西方的唯物主义。因此我对玄奥虚诞的东西从来不感兴趣。我能欣赏庄子那种逸兴遄飞的才华，但也就是欣赏而已。《庄子》不会对我产生像每一次重温《论语》和《孟子》时那种对其中很多闪光的思想由衷服膺的感觉。中国的小男孩大多被孙悟空所倾倒。但是在中国的四大古典名著中，我至今没有读过的唯一一部就是《西游记》。我曾经拿起过《镜花缘》，但翻了几页就读不下去。可能有很多人会认为我缺乏想象力，而想象力是一切创造的源泉。但是在我的词典里，想象力并不一定是一个褒义词。是褒是贬得看是用在什么上下文中。我所理解的社会科学研究的对象都是已经存在并且已经被人类感知的社会现象和文化现象。脱离现实并不顾逻辑的创造性在社会科学研究中不应该占有任何地位。在社会科学研究中，所谓的"缺乏想象力"也可以被解读为严谨务实。孰是孰非，当然见仁见智。我并不指望我的见解能得到普遍的认可。而我自己也绝不会随波逐流。

20世纪80年代中后期，后现代主义在美国人类学中席卷而来。我的同学中流传着不引用福柯就别想找工作的说法。我从福柯和乔姆斯基在荷兰的一次广播辩论中感到福柯轻视论据，强词夺理。从那以后就不再读他的著作。我的著作中没有引用过一次福柯。你说从我的著作中看不出学术流派或明显的理论倾向，那是因为我拒绝被任何一种理论捆绑。和我研究的课题直接相关的理论或学术见解我都不会放过。但我从来不会为了彰显理论而生拉活扯。所有理论在我看来都是就事论事的见解，在我研究的具体现象或问题上言之有理的我就师法借鉴，反之我就提出异议或干脆弃之不顾。

说到这里，我想干脆也谈一点我对知识的看法。你应该记得我曾说过，在社会科学领域中，我所追求的知识必须同时具备四个条件，四个英语单词都以"able"结尾，即 verifiable（可以验证的），justifiable（可以说明理由的)，falsifiable（可能被证明是错误的），以及 improvable（可以不断完善的）。人类认知的领域和智力的体验当然大大超过我这个非常狭窄的定义。也就是说，我不认为人类的所有智力活动都可以导致知识。用我喜爱的小提琴和书法来打个比方。海菲兹或者帕尔曼小提琴拉得再好，王羲之或者鲜于枢字写得再好，他们录制的唱片或留下的书法作品都不会同时具备我提出的四个条件。所以他们留下的不是知识而是艺术。研究他们的艺术的学术著作可以成为知识，但他们艺术实践的产品本身不是知识。广而言之，对艺术规律或技巧的探索可以成为知识，但艺术作品本身不是知识。艺术和知识有着极其密切的相互关联，但两者在性质上不是同一回事。

哲学和社会科学中的很多具有深远影响的理论都不符合我提出的四个条件。在我看来，那样的理论作为增强智力的操练可能是有用的，但是对我们认识人类的社会、文化和历史并没有太大帮助。年轻时求知欲旺盛，对难懂的东西好奇心尤其强烈，读书的涉猎面很广。随着年龄的增长，现在感到精力比从前更加可贵了，做事得更加有选择性，对知识的看法也更成熟了，所以对不符合我的"四项基本原则"（笑）的东西注意得越来越少了。这四个条件不仅是我吸收知识的取舍标准，更是我自己作品的质量检验标准。因为我忠于自己的四项基本原则，所以虽然我竭尽全力追求完善，但从不认为自己真的可以达到完美。我不仅欢迎，甚至感激能指出我的错误并让我信服的批评意见。这并不是矫情。如果有人在我努力接近目标的挣扎中出手拉我一把，我还能不高兴吗？

我认为理论固然重要，但更重要的是逻辑。在我进入学术界的几十年来，理论已经被盲目抬高到不恰当的地步。尤其是青年学生和学者，往往因为急于表现自己的水平为理论而理论，以致理论和现实完全脱节，成了我开玩笑说的"空对空导弹"。理论也因此而丧失了它本来的作用和意义。另外，逻辑却完全没有得到应有的重视。社会科学各学科的研究生课程中都没有关于逻辑的系统训练。很多学术著作的论点和论据不能自圆其说，作者却懵然不知。这种现象中西皆然。事实上，逻辑在社会科学研究中的地位就像数学在物理学研究中的地位一样。每一个称职的社会科学家都应该首先能够熟练掌握形式逻辑和非形式逻辑，也就是掌握推理论证的规则和技巧。在实际运用中，非形式逻辑远比形式逻辑重要。

赵翰超：这篇访谈录会被公开发表，作为一位前辈学者，您对像我这样的青年学生或学者有什么忠告吗？

施传刚：对我自己的学生耳提面命是我的职责。你平时听到的也够多了。在你离开师门以前我还会继续履行我的责任。至于对其他的青年学者，我不敢妄自尊大。这篇访谈录的篇幅也不宜过长。就让我以它的标题和大家共勉吧：博学之、审问之、慎思之、明辨之、笃行之。

采访者：赵翰超，美国佛罗里达大学人类学系博士研究生。

云南吾师
——邓启耀教授访谈录

邓启耀，中山大学社会学与人类学学院教授，博士生导师，媒介人类学研究中心主任，国家社科基金重大项目"中国宗教艺术遗产调查与数字化保存整理研究"首席专家。在云南生活40多年。主要学术研究兴趣为视觉人类学和民间艺术学。出版学术专著《民族服饰：一种文化符号》《中国神话的思维结构》《中国巫蛊考察》《我看与他观：在镜像自我与他性间探问》《视觉人类学导论》《非文字书写的文化史》等；喜行走，出版田野考察类系列著作若干，民族服饰及岩画研究等学术画册多种。有民族志纪录片参加多次国际人类学电影节和学术会议，展览策划制作获中国'99昆明世界园艺博览会"特别奖"和"永久保存金奖"，学术著作获"首届中国民间文艺山花奖·学术著作一等奖""第四届中国大学出版社图书奖优秀教材二等奖"等。

徐义强：邓老师，其实很早就想对您做一个访谈了，但由于看到这些年已经有好几位知名的人类学学者对您陆陆续续做过访谈，如果再做访谈，以我们之浅薄想必也难有超越，遂默默放弃了念头。正好，借着这次来自云南尹老师那边的难得的机会,我想也许可以云南为访谈的主要着力点,略有一些与之不同之处。关于云南这块红土地,想必这是您毕生最难忘怀的地方吧,您生于云南,长在云南,大部分田野研究在云南。而我本人也有在云南生活和田野考察的经验,所以我们这一次要不就主要围绕"云南"来展开,您看如何?

邓启耀:"云南与我"的这个主题很有意思,因为我生在云南、长在云南、学在云南。云南有我的家人和朋友,我在云南成家、创业,云南给了我最初的人类学教育、艺术教育、文学教育和哲学教育。云南或在云南的研究,使我得到许多老师的教诲,云南就是我的启蒙老师。所以,我想把主题改为"云南吾师"。

至于说到学术研究,我十分明白,我们这个年纪的一代学人,多半是过渡的一代。不像老一辈学人国学功底深厚,也不像年青一代很早就有机会游学世界,我们从小受的教育,是一种正在与传统文化决裂,又与当代世界文明隔绝的教育。到了青春期长身体长心智的时候,更逢浩劫,连书都没得读,被放逐到边荒之地当"野人"。

幸好这世界上有一种实在的学问叫人类学,就出自野地里老百姓中;也幸好这世界上还有一种美好的事物叫艺术,可以为一无所有的梦想者造梦。我很幸运,这辈子和这两种东西结了缘。在问学的路上,由于它们,我遇到许多恩师和挚友,学术和艺术成为我家生活的一部分,还把兴趣与工作结合了起来。所以,这辈子,知足了。

一、回到常识和文化本义的"前人类学"教育

徐义强:您曾经提到您的知青生活给您带来"前人类学教育",我也多次聆听了您绘声绘色地回忆到您的知青往事,请您具体谈谈知青之于您的人生和学术,有些什么影响?

邓启耀:说起来,我的人类学田野及"前人类学"教育应该开始于

1969年，那是我到中缅边境的盈江县傣族寨子当知青的时候。

刚"下"去的我们，最初还高高在上自以为肩负着拯救"落后"的宏伟目标，结果发现需要拯救的其实正是我们自己。尚未成年的我们干过不少傻事错事，但傣族乡亲都宽厚地原谅了我们。乡亲们十分同情这些离家7天车程的毛孩子，像领养孤儿一样领养我们（他们以为我们是武斗中无家可归的孩子）。在我们以为世界上只有不容置疑的唯一标准的时候，乡亲们让我们明白了话可以有多种说法，事可以有多种想法和做法，日子可以有多种过法，而且要从最根本、最实在的地方开始，如穿衣吃饭之类。傣族大爹大妈让我们重新明白一些简单的道理：芒种不插完秧，秋天就收不到谷；肚子饿了要吃饭，念什么语录都不管用；小孩子离家远了想爸爸妈妈，那就应该回家。他们给知青的最好评分是"劳动好"，最差评分是"思想好，政治好，光光劳动不好"。从他们那里，我们懂得务实的重要性，学会包容他人，善良处世，亲身体会文化的多样性，而且明白，所谓"文化"，不仅仅是我们在可怜的书本上读到的那些。因为下乡而获得解放，豁然发现在那样的年代，居然还可以有和当时压倒一切的潮流完全不同的另外一种生活方式、思考方式和表达方式。傣族乡亲搞不懂那些"政治"，从生活逻辑上进行质疑。我觉得，我是从那里接受了一次本自天然的"前人类学"（叫"山寨版人类学"应该更合适）的再教育。这就是回到常识，回到人性，回到文化的本义。到后来我才明白那段生活对于我们成长的意义。傣族乡亲，是我的人类学启蒙老师。

我们因此有了那个时代难得的自由，心态的自由，以及身体的部分自由。在田野里我会很放松，想一些和流行思想有所不同的问题，一种很自由的边缘状态。我们可以唱"黄歌"（其实就只是外国民歌而已），讲鬼故事，练武术，读禁书。其实所谓禁书，也不过是一些中外文学和哲学著作，最离经叛道的手抄本，现在作为合法出版物也毫无问题。记得读过一本介绍青年马克思讲异化问题的思想传记，很对胃口。放牛时读，用草秆做笔，把一本书都画绿了。回到知青茅屋，就着油灯写了两本读书笔记。对于反思我们曾亲身经历的"异化",那本书是一剂及时的解药。还有艾芜的《南行记》,引诱我们一个月里差不多有十来天要出去"乱窜"(傣族乡亲的评语),这或许是后来喜欢探险喜欢人类学田野考察的来由。既然和泥巴打交道,也就玩起了泥巴,雕塑就是那个时候自学的。碰巧我们知青户有来自画家家庭的同学,便借他的画箱画起了油画。所以,和农场知青的悲情有所不同,我一直对自己有幸在少数民族村寨的知青生活心怀感激,因为它至少让我这样傻乎乎只知道一种事情只听过一种声音的人见识了"另外"的东西。否则我们还得在城里跳着"忠字舞",干那些莫名其妙的事。

徐义强:听说您上大学之前,曾经做过很多不同的工作,具体有哪些呢?

邓启耀:知青招工回城后,在汽车运输企业当车工,师傅对我的评价是:别人学三年的东西,这小子三个月就想上手!那时迷技术,对其他工种也兴致勃勃,尝试过铁工、电焊工、砖瓦工、汽修工等,幻想做一个发明家。后来厂里知道我会画画,调我去搞宣传。我不去,家人不让去,师傅也不让去,说有技术走遍天下都不怕,搞文艺,危险。赖了一两个月,军代表威胁停发工资,不得不去。那时生产不正常,革命压倒一切。幸好部门领导开明,相信我要画好工农兵就得体验他们生活的说辞,任由我背个画箱到处写生。我曾独自或结伴在滇池周边步行考察,听农民讲故事唱山歌,看他们挖地刨出的青铜器;最喜用三块钱租渔民的船划入滇池,在湖里荡个通宵;有次结伴夜游西山古寺,在庙里石板地上过夜,冻得盼望来个鬼挡风。最爽的是跟着长途卡车司机到处跑。到一个地方,看风景不错、民俗有趣,就叫停车,下趟来接。那时云南路不好,"下趟"就是十天半月的事了。遇到感觉不错的地方,回来呼朋唤友,带一帮画友去"体验"。记得有一次结伴去西双版纳,吃住在傣族老乡竹楼上,借个自行车四处流窜,一待一个多月。画些肖像送老乡,大家很开心。回来办个写生画展,领导也很开心。后来越玩心越野,有一次去云南藏区帮他们画州庆宣传画,一去三个多月,背着画箱和行李走了不少地方。走"边三村"让我见识了什么叫"跳蚤都可以把人蹬下山"的险路,在碧塔海和牧民一起挤在火塘边过夜,屋顶露着星星。因缺营养引起高山反应的时候,藏族朋友把一个月定量的酥油化了一半给我们炒鸡蛋。临别,要我们"留下来做兄弟了嘛!"这些经历,都是我爱跑田野爱去少数民族地区的原因。

二、神话与巫术研究

熊威:改革开放后您读了大学,读的却是文学。我注意到,您从20世纪80年代开始关注神话研究,一晃30多年了,您能大概介绍一下您最开始进入此研究领域的缘由、过程和经历吗?

邓启耀:不说起缘由、过程和经历,还真没想过。现在回想起来,大概有三个阶段吧。

最初接触神话的过程,十分感性。我是恢复高考进云南大学的,中文系七八级。耽误了12年,能读书那真是如饥似渴。但学校图书馆可看的书也不多,学生们成立各种社团,自发学习。记得当时我们成立了一个"奔日社",刊头就是我取材于夸父逐日神话的木刻作品《奔日》。我们还自办了一份蜡纸油印的学生文学刊物《犁》,那个犁开冻土的犁,也是我设计的封面。可惜这份学生刊物只出了一期就被禁了。

主流不行我们就非主流,回到知青时代养成的习惯,到民间,野跑。云南大学中文系的民间文学教研室有调查经费,可以支持师生出去做田野调查。于是,1980年寒假,我和几个同学便跟着白族老师杨秉礼先生去云南蒙古族乡调查。杨老师是大理国的后人。700多年前大理国被元军所灭,百年后元又被明所灭。如今大理国的后裔带我们到元朝遗民蒙古人落籍的村里调查,有点穿越历史的感觉。1981年寒假,我们又跟随神话学家李子贤先生到泸沽湖摩梭人村落调查,主要工作是采集流传在民间的神话和传说。那些关于走婚和风流女神,母系大家庭,与人类交换寿岁的狗,洪水与猪槽船(独木舟)、天鹅、神猴、神鹰等的故事,展现了一个与我们文化背景完全不同的世界，还有祭司送葬时清一色低音吟诵的古歌，听得我们几乎灵魂出窍。夜晚，我喜欢独自躺在独木舟上，仰望星空，寻觅银河两边的牛郎织女，月宫中的嫦娥玉兔；或者把过去看来散乱的星星，按随身带去的《古希腊神话与星座》的指点，连接成一个个象形的星座，回味关于它们的神话故事。同一个星空，因神话而使我穿越在不同的时空状态，那种感觉真是奇妙无比。后来不断地去，交了一些摩梭朋友，在《泸沽湖纪事》[1]里，我叙述了20多年来关于泸沽湖的经历。

熊威：的确，田野与书本，获得的体验和知识很不一样。

邓启耀：说起书本，我们也庆幸赶上20世纪80年代思想解放大潮，各地纷纷出版了一些好书。那时的读书热，看印数就知道，随便都是几万开印的。比如我买的第一本中国神话方面的书，袁珂的《古神话选释》[2]，1979年第一版印3万册，不久便第二次印刷，11万册。这是我对神话产生兴趣的入门书。除了盘古、女娲这样的创世大神，夸父、羿、刑天、蚩尤等神话英雄也让我着迷。当袁珂先生把与此相关的文献串起来的时候，我们霍然发现一些有趣的故事。比如那位箭射十日为民除害的英雄羿，其生命故事却是悲剧性的：他拿着帝俊赠送的"彤弓素矰"，受尧之托去消"十日并出，焦禾稼，杀草木，而民无所食"[3]之灾，却做得太彻底，把作恶多端的太子党给灭了（10个小太阳即帝俊之子）。尧因而得万民拥戴，羿却厄运从此开始：他在另外一次除害行动中把猎物献给帝俊，帝俊"不若"，显然很不爽他。他去治水灾，与河伯的宓妃发生了一段暧昧关系，自己的老婆嫦娥离他而去，偷服了他千辛万苦从西王母那里得到的不死药，奔月了。这个本可永生的大英雄最后冤冤枉枉死于同僚嫉妒的暗箭。也许是这个神话挠到了我们的十年之痒，我因此还写过一个永远不会被接受的电影剧本：《射日》。现在想起来，的确很"文青"的。

---

1 《泸沽湖纪事》，北京：中国旅游出版社，2006年。
2 袁珂：《古神话选释》，北京：人民文学出版社，1979年。
3 《淮南子·本经篇》，见袁珂：《古神话选释》，北京：人民文学出版社，1979年，第265页。

从"文青"转向学术是一个痛苦的过程。1980年，云南省教育厅发起全省高校的学生论文比赛活动，我想试试把羿的故事换一种方式表述，就参加了。指导我这个选题的是付光宇先生。实在说，要把我的那些胡思乱想规范为学术论文，付老师是付出了超常劳动的。他针对初稿一遍遍提出修改意见。这些意见让我头疼，却又十分中肯，不得不乖乖改。改到第五遍时，我几乎抓狂，不想再干了。付老师紧盯不放，甚至跑到学生宿舍来找我谈论文。无可奈何改到第六遍时，突然嚼出一点味来。就这样，我的第一篇神话学学术论文《从羿的悲剧看中国原始社会解体期》终于完成，得了个一等奖，被《思想战线》杂志要去发表了[1]，钟敬文先生在次年的《中国百科年鉴》年度民间文学研究专文中甚至对此文有所评论[2]，这对于一个学生来说是很大的鼓舞。但我知道，这其实是付光宇老师的功劳。没有付老师的精心指导，我实现不了这个从神话文青到神话研究者的转型。

熊威：传统神话研究大多从文本内容出发，着重关注神话的生成语境、故事情节及文学修辞，而您在神话研究领域的集大成之作《中国神话的思维结构》[3]一书却独辟蹊径，从思维学的角度来探讨中国神话的文化表达及内在逻辑。您是怎么想到从此角度来研究神话？

邓启耀：说到这第二次转型，我不能不提恩师赵仲牧先生。赵老师是我们大三时才从辽宁转来的，一来即引起轰动。他讲魏晋文学，讲美学，出神入化。那时不同院系都有一些劫后余生的奇人，他们的课堂成为全校学生抢占座位的地方。赵老师即是其中之一。那时读书听课，不考虑什么专业，也没有学分，完全率性而为，跨界乱跑，就是为兴趣读书。

我们这代人，经历过浩劫，那时有些事真是匪夷所思的。我试图探问

---

[1] 邓启耀：《从羿的悲剧看中国原始社会解体期》，载《思想战线》，1981年第1期。
[2] 钟敬文先生专论见《中国百科年鉴》编辑部编：《中国百科年鉴1982》，中国大百科全书出版社，1982年。
[3] 《中国神话的思维结构》，重庆：重庆出版社，精装本1992年第1版，1996年第2次印刷，2004年再出版平装本。

历史悲剧和民族文化心理的根源,但弄不明白是怎么一回事。我们的教育让我们以为世界就是这样,被流放到边境少数民族地区后,才发现世界原来不一定是这样,文化的多样性显示了它强大的生命力。在那段时间里,给我们最大的启发是要回到基础,回到人性的本真。怎么"回"到呢？我以为人类童年时代的神话或可作为我们窥探传统文化心理之源的一种文本。所以,就试图以神话作为分析材料,来看中国人最初是如何思考的,怎么会有这样的文化心理和思维模式。我尝试的问题意识,就是想了解人们为什么这样想,涉及认知模式、文化传统和思维结构等问题。

和赵老师聊起这个想法,老师引导我找一些哲学、心理学或思维学方面的书来读。你不读书不思考去赵老师那里是很危险的,想用新名词或文笔之类的东西耍花腔也是蒙不过去的,他会毫不留情把你批出汗来。在他指导下,光心理学、思维学的书就读了差不多两米,神话方面的更不用说。当时给我影响比较大的,有让·皮亚杰从儿童认知发育的角度来探讨人类个体认识发生的模式的《发生认识论原理》和《儿童心理学》；有列维-布留尔、列维-斯特劳斯从所谓"原始民族"或"土著"的言说和行为来研究人类群体"原始"或"野性"思维结构的《原始思维》《野性的思维》等。这些学者都把神话、巫术等作为人类早期的思维文本进行分析。由于当时对文化人格和人类本性这样的问题很感兴趣,我和同学还合作翻译了一本J.R.坎托的《文化心理学》。[1]

徐义强：您常常提到赵仲牧先生的为人和思想对您的影响,您那篇《"水尽山穷处,枕肱看野云"——忆恩师赵仲牧先生》[2] 写得极为感人,您可否再给我们谈谈赵老师对您的指导以及他对您的影响？

邓启耀：赵老师在哲学、思维学等方面钻研很深。他那种透过文化表

---

[1] [美]J.R.坎托：《文化心理学》,昆明：云南人民出版社,1993年。
[2] 邓启耀：《"水尽山穷处,枕肱看野云"——忆恩师赵仲牧先生》,载《学园》2009年第5期；后来附上谈及赵老师的《永久的浮云》,收入《薪火相传待后人——赵仲牧先生纪念文集》,云南大学出版社,2014年。

象透视精神内核的思维方式给我很大的启发。我自幼习画，形象思维也许还可以，但是抽象思维不行。毕业后几年，我硬着头皮跟随赵仲牧老师继续学习，每周一两次到他家或请他来我家，接受他严格的抽象思维训练。从个人修炼考虑，这也是操练我短处的做法。经过几年这样的"操练"，我陆续形成一些从文化心理和思维结构视角研究神话的论文，在学术杂志发表。[1] 这些文章引起钟敬文、乌丙安、刘魁立、刘锡诚、马昌仪、刘文英、肖兵、王孝廉等先生的注意和评点，钟敬文、马昌仪先生等还邀稿参加他们主编的一些文集。[2] 当时在思想解放运动中比较活跃的包遵信先生也到云南，向我约写一部神话思维研究的书稿。我整合自己以往的研究，完成《中国神话的思维结构》一书。可惜其间发生一些变故，书稿的出版也就搁下来了。直到1992年，有朋友推荐给由钱伟长、费孝通、季羡林等作为指导委员会的"重庆出版社科学学术著作出版基金"，才得以出版。这是我借助神话和思维学向赵仲牧先生进行跨界学习的一个作业。赵先生为这本书写了一篇很长的序，那篇序才是这本书的"灵魂"。[3] 而我，有了这样一个尝试，感受到了抽象世界的奇妙，对于学术也产生了很浓厚的兴趣。

---

[1] 如《超自然神秘力量的一个原始象征》（上海《民间文艺季刊》1986年第3期），《神话的有机整体意识与中国民族文化心理结构》（北京《思维科学通讯》1986年5月），《神话的思维程序》（《思想战线》1988年第6期），《神话的有机整体意识与中国民族文化心理结构》（《边疆文化论丛》第一辑，云南民族出版社，1988），《从自身感万物——神话的自我中心意识》（《山茶》民间文学双月刊，1988年第6期），《中国神话的逻辑结构》（《民间文学论坛》1989年第3期），《神话审美意识发生论》（《民族文学研究》1989年第4期），《神话的思维形式因素》（《云南社会科学》1989年第1期），《神话及其思维功能散论》（《云南民族学院学报》1989年第一期），《神话式规范心理探源》（云南民族出版社，《西南民族伦理学论集》，1990）等。这些文章也就是后来书稿的基础。

[2] 如钟敬文主编：《民间文艺学探索》，北京：北京师范大学出版社，1987；刘魁立、马昌仪、程蔷编：《神话新论》，上海：上海文艺出版社，1987；马昌仪选编：《中国神话学文论选萃》（中国广播电视出版社，1994）和《中国神话学百年文论选》（陕西师范大学出版总社有限公司，2013）。

[3] 2011年《中国神话的思维结构》拟选入"云南中青年学者百人百部学术论著丛书"时，因按新的编辑体例要删去赵老师的序，我拒绝了，请编委会谅解，因为赵老师的序并非一般应酬之作，而是我那习作的核心部分。

熊威：文学、历史学、人类学、民俗学等学科都关注神话研究，但是基于不同的学科理念、理论视野、研究路径，不同学科的神话研究又很不一样。您觉得人类学视域下的神话研究有哪些特色呢？

邓启耀：这就是接下来要谈的自己神话研究的第三阶段。如果说，前面两个阶段我主要通过神话典籍和口述文本去经历神话研究的文学转向和思维学结合的尝试的话，当我更多地置身田野考察现场之后，自然要回归到人类学和民俗学。

人类学视域下的神话研究，它的研究特点就是不单纯关注神话的各种文本，也要注重神话在田野现场的复杂状态。以往，我们是按照苏联的学科分类模式，将神话归入民间文学里面的（这种分类模式一直延续到现在，所以神话研究一般被归属到文学系）。我们过去也是按照这个模式去做"采风"，按文学体裁的类型去收集素材。由于只把它当成文学文本，就会只看到它的情节、修辞等美学价值，然后进行加工整理（"整理"是个问题很大的工作方式）。在做收集整理工作的时候，有意无意会按照习惯的意识形态和思维模式，对神话中我们认为不合理的内容进行删改，改造为符合现行标准的"作品"。十分显然，这种学科分类和工作方式，从学术角度看是极其有问题的。虽然神话在体裁上有散文体或韵文（诗歌）体，在叙事上有各种修辞手段，但神话不仅是"文学"。如果我们将其放置在其社会文化语境下，就会发现神话与当地的民俗、信仰、仪式等是紧密结合在一起的。神话不是随便可讲的"故事"，按民俗传统，要在做重大仪式的某些场合，才能由特定的人（巫师、长老）将其讲出。

熊威：在人类学的田野调查中，特别是到少数民族地区做调查，可以收集到很多神话故事。但是，在民族志写作过程中，这些神话故事往往都只是背景叙事的组成部分，而缺乏深度的内涵发掘和文化解读。当然，也有很棒的研究，比如王明珂先生关于羌族的相关研究。随着后现代理论思潮的影响，特别是在知识论和本体论转向的背景下，很多学者开始反思神话研究，并试图探索一些神话研究的新路径。您觉得在这方面，人类学能够为神话研究的深度和广度发展做出怎样的贡献?

邓启耀:在田野调查过程中,特别是到少数民族地区做调查,会涉及很多神话故事。中国有些民族属于无文字的民族,它们的很多东西都是通过神话传说、物象和图像,以及群体行为来传承的。对于神话,关键是我们怎么看。最典型的是孔子的雅驯,他把他认为不合理的内容进行删减改编,这就可能丧失掉一些具有文化价值的信息。什么叫合理?在当时的社会文化背景下,我们现在认为不合理的内容在当时是合理的。因为,那些内容是和他们的信仰、巫术、仪式、民俗等联系在一起的。

关于田野调查中对于神话的深度挖掘问题,就看我们自己做得好不好。就像你说到的王明珂先生关于羌族的研究,还有李亦园先生关于神话学的讨论,都有很精彩的表述。再往前追溯,闻一多先生、顾颉刚先生等人都对神话做了很多研究工作。因此,神话研究是可以往深处走的,它有很大的空间。

熊威:说起神话学与人类学民族学等的关系,我最近看到您在《文艺研究》发表的一篇以苗族服饰中蝴蝶纹样为中心,比较古代汉文献记载的神话和苗族口述神话中关于黄帝与蚩尤争战的故事,同时结合族群历史、信仰、仪式等进行人类学分析的论文,这是您把民族服饰作为一种象征符号研究的系列论著的延续。[1] 这篇文章对我启发很大,我推送到微信上后,大家反响也很热烈。段颖老师说:"这是讨论宗教、世界观与日常生活的极好案例,同时涉及认知与表述的基本命题。"评价很到位。您是如何看待神话在人类学、民族学和考古学研究中的作用?

邓启耀:神话在人类学、民族学和考古学研究中的作用,与神话在那个时代的社会功能相联系。比如长沙马王堆帛画,你如果不懂中国上古神话,就不可能识读帛画中金乌玉蟾、灵魂飞升的图像。要了解古代族群关系,神话也是一个路径。比如你说的这篇论文,探讨的是远古炎黄与蚩尤

---

[1] 邓启耀:《灵的密语:以苗族服饰的蝴蝶纹样为中心》,载《文艺研究》2016年第2期。

两大族群的关系问题,它们延伸到现代汉苗等民族关系的事。但这样大的问题,我是从苗族衣角上一个常见的纹样,结合神话和其他文化形态进行综合考察的。这个想法其实酝酿了很多年。1989年在云南苗寨考察,就为他们神话古歌中那些与汉文古籍记载的神话具有相关性,以及与神话古歌具有互证关系的服饰纹样感到震撼。2006年到贵州考察,看到苗族服饰上那么多的蝴蝶纹样,以及他们那些动辄与古神话联系在一起的叙述,更觉好奇。2008年文章写完初稿又放了好几年,等自己冷下来后才投给杂志。写作时重温10多年来在苗寨的考察笔记,许多碎片化的信息和复杂的族群关系被漫长的时间串联起来,我重新发现了一些过去没有读懂的信息。这个时候,读神话不再只从文本着眼,而是会联系相关族群历史、信仰、仪式、民俗等方面情况综合考量,而且注意人类学田野现场的文化语境,这样就会发现就文本谈文本可能忽略的东西。

从碎片到整体的过程,还包括以往的其他研究,比如与前文所述蝴蝶(包括蛾子)相关的神话与巫术,在苗族文化传统的特殊语境中,极有可能与"巫蛊"之术相关。在民间信仰中,神话、巫术与宗教,的确是一个不能完全分离的整体。之前我在做巫蛊研究的时候,发现不少民族,往往把夜行蛾子之类毒虫,与巫蛊联系在一起。民间也有许多有关飞蛾摄魂及以飞蛾制作蛊药的传说。所以,在看到苗族服饰上那些极为常见的蝴蝶(包括蛾子)的时候,就会引起注意,进而探问苗族自己对这类纹样的认知和解释,对比以往的文献检索、神话传说和田野观察笔记,苗族服饰上那些五彩斑斓的蝴蝶纹样,豁然贯通。

徐义强:其实,关于云南,关于我自己,我也想多说一点的是我和您个人之间的机缘。记得16年前在上大学时,我总喜欢在图书馆胡乱翻书,有一天,在书架上看到一本叫《中国巫蛊考察》[1]的书,便对其中奇异的民俗

---

[1] 邓启耀:《巫蛊考察——中国巫蛊的文化心态》(繁体字版),台北:汉忠文化事业股份有限公司、中华发展基金管理委员会,1998年;《中国巫蛊考察》,上海:上海文艺出版社,1999年。

现象感到惊讶，也对远方的云南充满着幻想。没想到，后来我真的去了云南工作，娶了云南的妻子，生了云南的女儿。而且居然和此书的作者有缘遇见，还成为门下弟子，人生真是一段奇妙的旅程。所以，也可以说，我从江南到闽南再到云南，从一个对云南一无所知的人到深深地喜欢云南的人，可能还是潜移默化中受到您的影响，因为您的这本书而对云南中了"蛊"呢。

邓启耀：神话、巫术和宗教，在历史传统和生活现场是浑然一体的，在人类学研究中也是相互关联的。许多人类学大师都有这方面的探讨，人类学家如马林诺夫斯基等人的研究，早就注意到它们之间的关系。我进入巫术研究领域纯属偶然。20世纪90年代初，民族考古学家宋兆麟和神话学家马昌仪、刘锡诚等先生发起编辑一套研究民间信仰方面问题的书，邀请我做巫术研究中黑巫术方面的研究。当时国内黑巫术研究涉猎者很少，研究难度极大。他们知道我胆大，就委托我做这事。老师安排的事，我毫不犹豫就答应了。但其实是"瞎子不怕老虎"，不知厉害而已。进入状态，才知道其难。光爬梳古代文献和民族志资料，就耗费了差不多一年的时间。更要命的是人类学研究讲究"田野"，黑巫术你怎么做田野？这是一个人们十分忌讳的事，在田野中要想进入这个话题，几乎不可能。好在世上的事，只要坚持不懈地关注，就会有所收获。小时候听过许多关于蛊的传闻，见过被大人追打的蛊（一种大蛾子）；当知青和大学田野实习时在傣族和摩梭人中遇到的几起蛊事，渐渐从我的记忆中浮现出来。我坚持调查了一段时间，竟然访谈到不少当事人，进入被指为"放蛊者"的家里"以身试法"，获得并亲身检验过两种"蛊药"，甚至有自称中蛊的人来找我帮忙治疗。后来书稿终于完成，出版社打印了校样，我却拒绝出版了。起因是1995年初李亦园先生邀请钟敬文、马昌仪、李子贤、叶舒宪等和我，到台湾参加他召集的"中国神话与传说学术研讨会"的时候，得知同一套书中马昌仪老师的《中国灵魂研究》不能出版了，我不爽，想陪她；而我自己也感觉应该冷一下，对这种很容易被弄成畅销书或被归到奇风异俗的社会文化现象，做一些更深入的思考。后来，我陪一位自称中蛊的病人到留德精神病学专家赵旭东博士建成的国内首个心理治疗室治疗时,借了一些跨文化精神病学的书来读。这些书中关于"非常意识状态"的分析,给我很大启发。医生面对的是个体精神病症候,人类学家面对的巫蛊现象是一种群体性的精神病症候,我把它们称为"非常意识形态"或"非常文化心态",它有助于我们理解"极端信仰"等社会性文化性的意识形态症候。我觉得更有意义的是它在跨学科领域的影响,1999 年,有精神病学专家在参与国家整治邪教现象时,提出应该关注本书提出的理论框架和分析思路[1];10 多年后,国际文化精神医学学会还邀请我参加"文化精神医学国际会议"[2],就此问题做大会发言。我知道,这是因为国际兴起的新医学模式,希望把人类学家的社会文化视野纳入对疾病问题的探讨。

三、少数民族文化艺术研究

徐义强:很多人都谈起您在云南主持的"民族文化田野考察群",在少数民族文化保护和研究方面做了大量工作,能否给我们介绍一下?

邓启耀:云南是我生活了大半辈子的地方,很多时候都是和少数民族一起过的日子。当知青时在傣族村寨生活,饮食习惯都傣味化了。后来做民族学人类学研究,跑少数民族地方更成为常态。"田野考察群"是我们在做少数民族文化艺术保护和研究工作时成立的一个跨学科学术群体。这不能不提及我的又一位老师周文中(Wenzhong Chou)先生。周文中先生是美国国家艺术院士、哥伦比亚大学美中艺术交流中心主任,最早通过民间渠道推进中美高层互访和文化交流的人之一。他先在北京、上海等地开展了一系列高端艺术交流活动,后来觉得应该从本土文化多样性方面落地,

---

[1] 如时任昆明医学院副院长,现为同济大学东方转化医学平台心身医学研究所所长、同济大学附属东方医院心身医学科主任、世界精神病学会跨文化分会理事的精神病学专家赵旭东教授。
[2] "文化精神医学国际会议",国际文化精神医学学会主办,上海,2010 年 4 月 18—20 日。

就到了云南。作为学者型艺术家，他主要根据自己的判断，在当时出版了著作或在业界较有影响的中青年学者中，寻找合作者。1994年，他选择了6位不同学科和单位的青年学者，给予"田野考察奖"并组成了"田野考察群"，由我担任召集人。[1] 一年后，在国际专家评审会上，我们的工作获得好评。针对外力过度干预少数民族文化的历史和现实，我提出的"民族文化的自我传习和不离本土的保护"（后在实践中改为"养护"）这个基本概念，得到国际学者的赞许，由此得到三期近10年（1994—2003）的资助，田野考察群也发展壮大，吸引了更多学科的人参加。更重要的收益，是周先生搬来的"智库"，各个领域国际顶尖的学者和艺术家。与他们一起考察，面对面研讨，他们看问题的角度和方法，使我们受益匪浅。周先生一直强调中国的事要由中国人自己办，外国专家再牛，也只能平等对话，不能越俎代庖。和周先生及其他带来的国际一流学者艺术家一起工作，让我们明白一个道理，所谓跟国际接轨，不是鹦鹉学舌，而是必须说自己的话、做自己的事，这才有"对话"基础。这也是一种"不离本土"的说人话。否则，你对着老外背诵二手的老外语录，人家会笑。

田野考察群的工作，主要是在"民族文化的自我传习与保护"这一项目设计的计划中开展的。它的具体内容是：①民族传统艺术和工艺的田野考察；②与当地民族合作、与当地实际结合、不离本土的传习、保护及培训；③跨学科、跨文化的合作与推广。我们认为，在一个多民族共存的社会里，承认文化的多样性与独特性，有着极为重要的意义。怎样传习和保护这样一些精神文化遗产，是我们关注的问题。为了有效地做到这一点，我们始终强调这些原则：①通过田野考察，了解民族文化的历史和现状，进而透析它的发展趋势。②通过与当地民族真诚的持续的合作，使各民族增强对自己文化的信心，提高对其文化进行自我传习、保护和发展的能力。③通过跨学科、跨文化的研究，促进不同文化的相互理解和合作，使这些文化

---

[1] 这第一批六人是：民族音乐学周凯模、历史学郭净、影视人类学郝跃骏、民族学王清华、民间美术学赵耀鑫和邓启耀。

成为全社会共享的财富。④民族文化的保护（养护）必须是基于本民族自觉的内在的意愿，不是"冻结"，更不能靠外在的强制性力量来限制，发展也并非外来的开垦，而更应强调自动的演进。经过多年实践，我们根据不同民族的实际情况，在白族、彝族、藏族、怒族、傈僳族、纳西族、哈尼族、摩梭人等民族中鼓励或支持不同的传习模式。[1]

在学术研究方面，田野考察群的成果形成了由"文化史论丛书""田野考察丛书""西部图志丛书"组成的"民族文化研究文库"，其中，"文化史论丛书"有一本获得全国专业学术一等奖，两本获云南省学术一等奖。另外，还有一些收入"野牛角丛书""文化田野图文系列丛书""蝙蝠丛刊""云南美术全集"等几套出版物中。[2]

同时，在应用研究方面，我们也积极将关于民族文化保护的某些学术理念，去影响政府的决策，或者在民族文化资源转化方面摸索实践。1999年，云南省政府委托我们草拟了《云南省建设民族文化大省总体规划》[3]，经云南省人民代表大会审议后，定为云南省三大发展战略之一。同年底，由云南省对外文化交流协会和美中艺术交流中心联合，在昆明召开了有美国副国务卿和各国知名学者参加的"云南民族文化、生态环境和经济协调发展高级国际研讨会"。我作为大会学术组负责人，执行编辑研讨会论文集，主持专题会议并做两次大会发言。在周先生主导下，田野考察群主要成员参与商议并起草了主张民族文化、生态环境和经济协调发展的《云南倡议》。

---

1 详见周文中、邓启耀：《民族文化的自我传习、保护和发展》，"文化史论丛书"总序，昆明：云南大学出版社，1999年。
2 "民族文化研究文库"均由周文中和邓启耀主编，其中，"文化史论丛书"和"田野考察丛书"由云南大学出版社出版，"西部图志丛书"由云南民族出版社出版；"野牛角丛书"由郭净和邓启耀主编，海天出版社和江西教育出版社联合出版，"文化田野图文系列丛书"由廖明君主编，广西人民出版社出版，"蝙蝠丛刊"由刘锡诚主编，上海文艺出版社出版，"云南美术全集"的《云南岩画艺术》由邓启耀主编，云南美术出版社等联合出版。
3 《云南建设民族文化大省总体规划》，与中共云南省委宣传部调研规划处合作项目，任课题组副组长。提交1999年1月"云南建设民族文化大省研讨会"审议。修改后2001年云南省人民代表大会通过并在报上公布。

徐义强：您曾经是中国'99昆明世界园艺博览会主题展馆"人与自然馆"总策划、总撰稿（1999），大型晚会《梦幻云南——创意民族服饰展演》总策划、总撰稿（中国'99昆明世界园艺博览会开幕式、闭幕式和专场演出，1999），还是杨丽萍《云南映象》的民俗顾问和文字撰写。我觉得这是对云南很了不起的一个贡献，您的文字里足见您作为学者和艺术家的才情，关于这段往事，您能否介绍一二？

邓启耀：那是随机顺手做的事。"随机"是随中国'99昆明世界园艺博览会之机，"顺手"是因为我们团队之前刚刚为省政府的"绿色经济强省"策划了一次推广活动，手正热，听说世博会主题场馆招标，大家一商量，就准备参加投标。在我执笔写策划方案时，把"人类的家园"改为"共同的家园"，不是站在人本位，而是强调地球是人和万物共同的家园。中标后由范建华负责实施，他顺手把"云南馆"也做了。这两个馆分别获得组委会颁发的金奖和永久保留奖。这期间我们同时受政府委托做一台晚会，我想从两个方面尝试：一是在艺术上，把传统民族文化资源与现代表演形式结合，素材用我比较熟悉的民族服饰为基础；二是在完成世博会演出后，尝试进入商演，摸索一条文艺团体自创自养的路。在艺术上，这个目标基本达到，美中艺术交流中心的专家看了以后，评价说"既很本土，又很前卫，有一些后现代的感觉"。可惜在经营上失败于被骗。后来参与杨丽萍的《云南映象》，是朋友间的互相支持。因为我们做《梦幻云南》的时候，请她做艺术顾问，她做《云南映象》时，也邀我做民俗顾问；在工作的时候，顺带参与了文字撰写。这个节目获得了成功。在艺术上，她大幅度保留了民间歌舞的本味，加上她本人的品牌节目，两种经典结合，与众不同，由于这个与众不同，在商演上也成功了。

徐义强：来中山大学后，"田野考察群"的工作还在继续吗？

邓启耀：在云南，范建华等一批朋友还在继续。我到中山大学后，周先生来广州和香港几次，甚至和易安夫人一起到我们家，希望我们继续云南的工作，并把云南模式延伸到华南地区。所以，我和从事音乐人类学的夫人周凯模，除了不断回云南做田野考察，同时对粤北瑶族、潮汕、广府、客家三大民系的民俗文化遗产开展了多方面的工作。特别是凯模，在云南时就多次陪同周文中先生考察少数民族音乐。作为作曲家的周先生，本科时学习作曲、研究生时和学习外国音乐史和民族音乐学（博士）的凯模特别投缘，那种在田野现场面对面传授的东西，是无法在学校里获得的"真经"。凯模先到广州，一来就在民族音乐学学科建设和岭南音乐调查研究方面做了开创性的工作。她按云南模式设计方案，组织了几个跨专业团队，做了大量调查，把潮汕、广府、客家三大民系和少数民族的民间音乐，以及因为各种原因无法聚合的文化遗产传承人，整合在一起，在星海音乐学院创办了一个岭南音乐展览馆。这个展览馆成为星海音乐学院的一个文化品牌。她还设计并主持出版了一套"岭南音乐文化阐释丛书"。[1] 现在，各方面人士开始意识到本土文化资源的重要性，展览馆正在向博物馆的规模规划，岭南音乐研究也渐成热门。

由于有了学生和更广泛的社会关系，"田野考察群"的理念经由大家大幅度拓展，延伸到更多领域。例如，2006 年，我带中山大学学生，参加贵州苗族民间建筑吊脚楼的复原保护和记录工作。2008 年汶川地震，我应邀作为《羌族非物质文化遗产数字化保护项目》学术委员会成员，指导项目组在人类学学科规范下，应用全数字技术，通过影、音、图、文及 3D 虚拟现实等手段，抢救性地对民间祭祀仪式中的歌舞、音乐及乐器制作技艺、神功戏及其道具（如面具、皮影）等进行多维数字化捕捉，形成民族民间宗教艺术非遗 3D 动作数据库、非遗动态影像数据库、非遗静态影像数据库三大数据库系统。2011—2015 年作为学术委员会成员参加作曲家陈哲主持的"云南省土风计划"，争取到政府资金 600 万元，用于支持 30 个少数民族村落的传统文化传习。我 10 余年前资助推动的摩梭人民族服饰

---

[1] "岭南音乐文化阐释丛书"共六部：《岭南民俗音乐的人类学阐释》《岭南客家音乐的乐学阐释》《岭南潮汕音乐的社会心理学阐释》《岭南广府音乐的艺术风格阐释》《岭南乐器的乐种学阐释》《岭南少数民族音乐文化阐释》，2015 年已经全部交付出版社，待出。

传习项目，经传习人阿七独支玛带领的妇女互助组的坚持，赫然在列。她们的经验，一是传统工艺的传承，二是农村中老年妇女的再就业。2011—2013 年，云南同事和我发起组织编写"中国白族村落影像文化志"丛书，现已出版近 40 册。2014—2016 年，我任会长的广州历史乡村保护与发展协会，在广东广州、顺德和澳门主办三届"华南历史文化遗产保护国际论坛"，其工作引起联合国教科文组织遗产保护专员以及英国、波兰的媒体关注。我坚持了 30 多年的民族服饰研究，现已初步形成八卷本的大型学术画册《中国民族服饰全集》，纳入国家重点出版计划。2011 年，凯模发起，由我担任首席专家的国家社科基金重大项目"中国宗教艺术遗产调查与数字化保存整理研究"投标成功，我们组织了一些跨学科跨单位的学者，连上我所有的博士生、硕士生和选择相关学位题目的本科生，形成一个阵容庞大的研究团队，在全国范围开展了宗教艺术遗产主要示范点和普查同步进行的工作。现在，我们的工作获得国学大师饶宗颐、李焯芬院士及哈佛大学、敦煌研究院等机构学者和星云南大学师等高僧大德的支持，研究成果即将成形。

四、从影视人类学到视觉人类学

徐义强：我们都看过您拍摄或参与拍摄的一些影视人类学纪录片，很好奇您是怎么进入这个领域的？

邓启耀：如果跟班也算的话，我是很早就"进入"这个领域了。受历史条件和自己素质局限，走的弯路不少。回想一下，这些弯路，也正是中国影视人类学学科发展过程中的一个缩影。所以，我想有时间的时候，对自己的影视人类学实践做一些梳理和反思。毕竟批别人不如批自己。

20 世纪 70 年代初还在汽车总站工作的时候，我经常跟长途卡车司机跑，除了画画，当然也得做点正事。在我跟班的司机中，有一位干活特猛，我和小伙伴就写了一篇他的报道。在大家都干革命不干活的年代，还有努力干活的，便成了典型，意外当上中共十大代表。于是，电影厂奉命拍一部关于他的纪录片，我们得以跟班。导演虚构了一个工人老大哥送拖拉机到傣寨的故事，通过搬演和摆拍完成了"纪录片"。这是我第一次见识了当时的主流媒体是怎么编造事实的。这就是为传播学界诟病但依然流行至今的所谓"新影（新闻电影）模式"。

20世纪80年代，社会科学院的老朋友郝跃骏等人拍摄了一些哈尼族奕车人节日的36毫米胶片素材，由于没有同期声，没有采访，所以只能靠解说词来串。他找我帮忙，我看了素材，发现其实素材也很有限，那时用胶片拍摄，拍得很省。我只能就菜下饭，设计了一个以"生"（生产、生育）为主题的剪辑结构，配上文采飞扬的解说词。大家看了都认可，就剪了，几乎一比一的片比，解说词还发表了，一点没浪费。[1] 现在再听那些喋喋不休的解说词，脸红，太主观，典型的"画面加解说"样式。

1993年，做儿童电影的范志平导演找到一笔钱，要拍民族志纪录片，请郝跃骏摄像，顺带捎上我，用老范的话说，组织了一个"学者型"的拍摄团队。当时我还不知道老同学吴文光的独立纪录片《流浪北京》已经在国外打响，但电视台热播的《望长城》那种实录风格，已经使我们怦然心动。我们回到郝跃骏八年前拍哈尼族奕车人的地方，拍摄了一部主要由当地人自述，纪实地展示不落夫家婚俗的民族志纪录片《普吉和他的情人们》。[2] 这部作品参加了1994年在德国哥廷根举办的民族学人类学电影节，被列为开幕式四部重点作品之一。虽然好评不少，但我印象最深的是关于"隐私权"问题的批评，它使我意识到在学术追求之上，还需要有影像伦理的考虑。虽然当事人同意，但有些问题还是慎重些好。电影节的一大收获是看了包括法国影视人类学大师让·鲁什作品在内的一大批人类学纪录片，直

---

[1] 16毫米电影纪录片：《生的狂欢——哈尼族奕车人节日一瞥》（合作，撰稿执笔，片长30分钟），云南省社会科学院摄制，1986年。
[2] Puji and his lovers, Directed by: Fan Zhiping, Hao Yuejun, Anthropology Deng Qiyao, Cinematography and Editing: Hao Yuejun, Sound: Xie Jianrong, Distribution: Xiao Feng.Gottengen International Ethnographic Film Festival.1994.

观了解了国外影视人类学的情况。这对我后来参加拍摄或策划《高原女人》[1]《高原上的民族》[2]等系列民族志纪录片，有很大的帮助。

2000年之后，只要跑田野，一般都会带上摄像机。拍了不少素材，剪出来的很少。成形一点的，有一部《布依摩公》，是2004年带学生实习，和珠江电影制片厂合作在云南布依族地区拍的。2010年应邀去美国南加州大学参加"中美影视人类学家对话会"的时候，我带去了这部作品。没想到他们很喜欢，评价说"在学术的叙述之外，有让人感动的人性的表达"。[3]

徐义强：影视人类学近年做得很火热，为什么您要把它扩展为视觉人类学？您是如何界定这一学科的？

邓启耀：在很长时期内，国内外学术界都是把 Visual Anthropology 局限在民族志影像的拍摄和展示方面，国内把 Visual Anthropology 翻译为"影视人类学"，即基于此。但"影视人类学"往往容易被人质疑其"工具化"的倾向，学科发展受到限制。所以，国外一些学者已经有"超越影视民族志"的呼声。[4]

事实上，在英文里，Visual 不仅有光学的、影像的工具含义，而且有涉及视觉认知、视觉思维、视觉群体、视觉传播等人文的、社会的、心理的内涵，"视觉"的分量更重。在中文里，"影视"一词偏于影像拍摄，最多与观看性的"视"有关。但"视觉"不仅有"视"，也有"觉"，感觉、知觉、觉察、觉悟等。"觉"，使作为主体的人，以及人通过视觉媒介认知

---

[1]《高原女人》(14集，制片：王淑珍，导演：张宇丹，策划、撰稿：先燕云、蒋明初、邓启耀等)，云南省妇女联合会、云南省民族事务委员会、云南省社会科学院、玉溪电视台联合摄制，1992—1994年。中央电视台(1、2、4、7套)，1995年播出。

[2]《高原上的民族》(完成16集，总编导、运作统筹：范建华，文字统筹：邓启耀)，中共云南省委宣传部、云南省民族事务委员会、云南民族文化发展基金会联合摄制，山茶影视制作中心、云南民族电影制作中心承制，2001年。

[3]《布依摩公》，编导、主摄像：邓启耀，中山大学人类学系和珠江电影制片厂联合出品，美国南加州大学"中美影视人类学家对话会"展播与收藏，2010年。

[4] 芭芭拉：《超越民族志电影：视觉人类学近期的争论和目前的话题》，见邓启耀主编：《视觉表达：2002》，昆明：云南人民出版社，2003年，第3页。

世界、运用视觉行为进行文化表达与传播的特性，更加凸显。所以，我在2001年开课时，就把 Visual Anthropology 定义为狭义和广义。[1] 狭义的 Visual Anthropology 延续影视人类学传统，开设为本科生课程；广义的 Visual Anthropology 回到"视觉"这个本义，主要研究人类从古至今的视觉文化现象，开设为研究生课程。[2]

我很高兴的是，这个想法首先得到美国哥伦比亚大学视觉人类学家王海龙的共鸣，他是较早把卡尔·海德的《民族学电影》译介到中国的，当时的研究亦正从"影视人类学"转向"视觉人类学"；2006年我们在中山大学举行15届人类学民族学世界大会中期会议"视觉人类学论坛"的时候，我的相关发言得到国际视觉人类学学者的赞同，国际视觉人类学学会秘书长米切尔·珀斯特玛（Meet je Postma）教授等认为与国际学界新的讨论是同步的。这项研究获得学校、教育部和国家规划教材的立项，并获得香港大学、美国南加州大学视觉人类学研究中心、法国部分艺术院校的访学和学术交流计划支持，澳大利亚"87ARTZONE"网页也邀请我做"视觉人类学"栏目主持，发布了一些相关文章。经过10余年调研、交流和课堂打磨，我关于视觉人类学学科建设的探讨初步成型。现在，中央民族大学等院校的新锐学者，在他们的出版物和学术会议上，"视觉人类学"这个概念，亦已渐成共识。资深学者罗红光教授在负责编辑《大百科辞典》中人类学部分词条时，也认可我关于"视觉人类学"的表述。

徐义强：在《民族艺术》杂志您主持的"视觉人类学"栏目中，近年

---

1 邓启耀：《读图时代的视觉表达》，见邓启耀主编：《视觉表达：2002》，昆明：云南人民出版社，2003年，第2页。
2 邓启耀关于视觉人类学研究的系列论著有：《视觉表达：2002》（云南人民出版社，2003）、《视觉人类学导论》（中山大学出版社，2013）、《我看与他观：在镜像自我与他性间的探问》（清华大学出版社，2013），已经出版，其中，《视觉人类学导论》被列为教育部高等教育"十一五"国家级规划教材，获中国大学出版社协会颁发的"第四届中国大学出版社图书奖优秀教材二等奖"（2015）。美国哥伦比亚大学人类学家王海龙有专文评述。其他几本《空间认知》《民族志影像：实践与反思》《非文字书写的文化史：视觉人类学研究》即将出版。

陆续刊发了许多论文，我们已经注意到它们和习见的"影视人类学"论文大不一样了[1]，特别是您关于"非文字书写的文化史"方面的论述，一些重要的刊物都转载了。

邓启耀：非常感谢《民族艺术》杂志主编的学术眼光！如同民族志是人类学的基石一样，影视民族志依然是视觉人类学的基石，所以我们还是会推荐这方面的论文。但除了影视拍摄和照片分析，视觉人类学还有很多事可做，特别是对于人类无文字时代、无文字族群甚至使用文字的人群里，物象表达、图像叙事等非文字"书写"传统，如原始表意物象、岩画、符像、姿势与空间建构等，一直存在于我们的历史和现实生活中，需要从视觉人类学角度做些探讨。即使到了新的数字媒介时代，网络读图、视觉现象、影像群体、虚拟社区等的研究，也是视觉人类学触角可以延伸的领域。[2] 这些探索，无疑可以为视觉人类学的学科建设，拓展更大的空间。

熊威：在您发表的成果中，特别是关于民族服饰、宗教艺术、非物质文化遗产等方面的研究，都涉及大量的视觉文化内容，请您谈一下视觉人类学与这些研究的关系。

邓启耀：你可以注意到，其实这几方面的研究项目，大都与视觉文化有关，所以，归结下来，我"跨界游走"，还是落脚在视觉人类学或民俗学中的民间艺术方面。

徐义强：您的人类学研究主要阵地在于开拓了视觉人类学学科，您是怎么关注起这些图像啊、美术啊、服饰等东西呢？

邓启耀：由于我过去习画，对视觉方面的东西一直比较敏感，所以在群体性非语言文字现象、宗教艺术、非物质文化遗产中的民间艺术等方面

---

[1] 如《视觉人类学（Visual Anthropology）学科建设架构初探》《非文字书写的文化史》《视觉人类学视域中的空间意指》《民俗现场的物象表达及其视觉"修辞"方式》《物象的图像化及符号转型》《中国岩画的多媒体时空呈现与数字化解析》《民俗影像拍摄的现场语境——以贵州苗族传统村落拆迁吊脚楼的复原测绘和拍摄为例》《符像的仪式场域及表述语境——民间法事祭祀用符像的视觉人类学考察》等。

[2] 如邓启耀主编：《媒体世界与媒介人类学》，广州：中山大学出版社，2014年。

关注较多。在研究过程中，我不想单纯从图像的角度来研究，而是尽可能结合人类学民俗学学科特点，分析它们生成背后的社会文化因素和人的意识因素。

以民族服饰为例，过去看民族服饰，大多只看到它的表象，看到颜色的亮丽和款式的精美。但在田野调查中，我们就会发现，民族服饰不仅仅是一种图像的物质载体，它背后隐藏着民族的社会结构和文化体系。给我印象最深的一次，是在苗族村寨向老人请教他们的历史和文化的时候，老人问我识不识字。问得我很郁闷，我怎么不识字呢，但是又不好说。老人指着旁边的一个穿着苗族服饰的女孩说，我们的历史就写在上面。我一看，刺绣的披肩和蜡染的百褶裙上有许多美丽的图案，这些写在上面的"字"我果然不识。老人指着女孩衣裙上的花纹，给我读解那些他们才明白的"字"。从披肩到百褶裙，上面记述了一个遥远到神话时代的故事，即汉文古籍和苗族口述叙事都提到的关于黄帝与蚩尤争战的那段远古历史。我这才明白，苗女衣裙上那些我不识的"字"和他们口述的神话古歌，原是互为文本的。经过这样一些经历之后，我们在田野中向他们学习到了很多我们不懂的、在学校里面学不到的知识。像这些无文字的民族，他们把自己的民族历史、神话传说、伦理制度都"写"在衣服上，将这些文化要素通过刺绣或印染的方式转化为图像，如同一部随身携带的族群"史记"和百科全书。通过对这些民族服饰图案的解读，可以将他们的民族历史文化"讲"得清清楚楚。2008年，收藏家朋友黄英峰先生和夏威夷大学艺术展览馆馆长邀请我参加在美国举办的"中国西南少数民族服饰"展览和研讨会的时候，我们商定的主题和我的大会发言，便是对以针笔线墨呈现的无文字民族另类书写的解读。[1]正如景颇族谚语所说："筒裙上织着天下的事，那是我们祖先留下的字。"这些象形的"字"，不仅和祖先留下的神话传说有关联，有的甚至和商周时代文物上的某些纹饰十分相似。视觉人类学不

---

[1] Deng Qiyao.The Other Writing of People without a Written Language, Writing with Thread, University of Hawaii Art Gallery, 2009.

可避免地会和民俗学、考古学、历史学、语言学等联系在一起。所以，在我们的研究中，除了文献、文物之外，神话传说、民俗生活和图像表征也应该算是一重证据。这些东西共同形成了不同族群历史文化的"书写"方式，这是很有意思的一项工作。

徐义强：您早期是从事视觉艺术创作的，是中国'85美术新潮中西南艺术群体的发起人之一，高名潞的《美术史》中有记载并引述了您起草的"宣言"；20世纪90年代初，您就在德国主持了"云南版画展"。这个艺术经历应该对您的学术转型有什么影响？而且，师母是知名的民族音乐学家，您觉得您家庭的艺术气氛对您的学术研究有何影响？

邓启耀：影响太大了，而且持续一生。我与爱人经常结伴去做田野考察，一个听，一个看，陶陶然乐在其中。女儿从小就跟着我们野跑，不自觉地受到艺术和人类学的熏陶。女儿小时候为了挣零花钱，帮我的服饰研究专著画插图；在我们为服饰晚会的服装设计头疼的时候，她那无羁的想象力启发了专业设计师，所以不得不请她参与设计；甚至到广东后，还有服装大赛请她做评委，那时她才上初中。后来，她本科和研究生都读人类学，到博士生阶段跳到建筑学，重新跟艺术沾边。所以，艺术，真是融化在了我们家，成为我们生活的一部分。

五、走野路，说人话

徐义强：您有一个有意思的身份是中国探险协会副会长，我有时候也和不少朋友骄傲地说起您的这个身份，能否给我们介绍一下这是怎么一回事呢？

邓启耀：好奇心重吧。探险和人类学差不多，就是去没去过的地方，见没见过的人，吃没吃过的东西，理解不知道的文化。当然，如果可能，尽量去尝试做一点没做过的事。人类学家往往也是探险家。做人类学研究需要经常跑田野。所以，走野路是人类学家的常态。出门在外，最快乐的有两个事，一是与智者交流，一是和天地对话。不过，我理解的"走野路"，还有这么两层意思：一是敢走"野路子"，走野山陌路，不扎堆赶时髦；尽可能去无人理处，探索认知的空白之地。二是要有点野性，敢于"撒野"，不唯前人、师承和常规是瞻。在人格上特立独行，在方法上法无定法。在学问上，敢于跨界或越界，走没人走的路，甚至不循常规的野路子，需要把一点探险精神和自由跨界的气质，化合在学术研究中。

熊威：今年暑假您带我们到云南边境做田野考察，就是中国探险协会委托的项目，做跨界民族的调查。探险和人类学怎么搭上关系的呢？

邓启耀：其实早期的人类学家往往也是探险家。人类学是个有趣的学科，可以和很多学科嫁接；探险也不仅仅是爬山越野之类的事。早年我参加中国探险协会的时候，负责的是人文及历史地理专业委员会。我们做的事，就有寻找抗战时期驼峰航线坠机、滇藏文化带考察、茶马古道考察等。这次中国探险协会委托的考察项目，与国家"一带一路"倡议有关。"一带一路"不是无人地带，更不是孤立的界线。我们首先必须面对的，是同一地缘跨界而居的不同人群及其社会文化。边地中国与周边国家，有什么历史人文和经济交往？如何成为中国与周边国家实现互动的前沿？在边地生活的族群特别是跨界民族有什么样的生活习惯、社会形态、文化传统、宗教信仰、族群认同或国家认同？边地的生态和人文资源，如何为创意产业寻找到新的生路？边地的乡土知识和生活方式，如何为现代科技和消费行为提供启示？特别是周边一些国家社会发展不平衡，民族跨界而居，族群关系复杂，一些地方战乱频发，宗教问题敏感。这些因素会对我们的社会和相互关系产生什么影响？这些问题，处理区域经济和国际关系时不能不面对。所以，如果站在社会发展、族群关系或国际政治角度想想，在"一带一路"倡议中，首先需要解决的问题，即是对与"一带一路"相关的民族、国家、社会、文化等情况的清楚认知。

徐义强：我看您早就介入了这项研究。光是这方面您出版的著作，就有《灵性高原——茶马古道寻访》[1]《古道遗城——茶马古道滇藏线巍山古城考察》[2,3]《五尺道述古》[4]以及你们田野考察群合作完成的《滇藏文化带考察》[5]等,还拍摄了《穿越哈巴雪山》[6]《滇藏文化带考察》[7]《重返驼峰》[8]等,现在您又在主编一套《边地中国与跨界民族研究》丛书。[9]您怎么把握这类考察的人类学学理价值?

邓启耀:这个问题提得到位。传统人类学民族志,是在一个相对封闭的小型社区(如村落)中开展田野考察。但是,如果需要观察一个时空跨越较大、形态复杂的社会文化现象,就必须从一种更为开阔的文化背景(如人类学所谓"文化带""文化圈""文化走廊"和流域研究之类)入手,去观察那些并非孤立存在的文化事象,以对文化的来源、传习和发展有较清晰的认识。这种方法,称为多点民族志。事实上,关于多点民族志的考察和研究,前人已经有很好的实践。他们所关注的,有由礼物交换连接的文化圈,由作物或植物关联的文化圈和文化带,由丝绸、茶叶、盐、香料等物品交易连接的古道与文化带,因族群迁徙形成的文化走廊等。我们的人类学前辈,已经做了很好的回答。马林诺夫斯基《西太平洋的航海者》披露的"库拉圈"、日本学者中尾佐助、佐佐木高明、渡部忠世等关于东亚

---

1 邓启耀:《灵性高原——茶马古道寻访》,杭州:浙江人民出版社,1998年。
2 邓启耀:《古道遗城——茶马古道滇藏线巍山古城考察》,南宁:广西人民出版社,2004年。
3 邓启耀、冯天瑜等:《边地中国》,北京:中国社会科学出版社,2004年。
4 邓启耀:《五尺道述古》,昆明:云南美术出版社,2008年。
5 田野考察群:《滇藏文化带考察》(邓启耀主编,总撰稿),昆明:云南人民出版社,2000。
6《穿越哈巴雪山》(编导、撰稿:邓启耀),中国探险协会山岳丛林专业委员会和人文及历史地理专业委员会摄制,1995年。云南电视台1996年2月播出。
7《滇藏文化带考察》(7集,总编导:邓启耀),民族文化田野考察群和昆明电视台联合摄制,1996年。昆明电视台1996年播出;中央电视台2001年10月播出。
8《重返驼峰》(导演:郑鸣,总策划:严江征,策划:邓启耀),中国探险协会、北京威煌国际广告传播有限公司联合摄制,60分钟纪录片光盘,中国职工音像出版社,1998年。
9《边地中国与跨界民族研究》丛书,邓启耀主编,熊迅、高一飞、罗红等著,广西师范大学出版社拟出。

稻作文化圈、东西半月弧稻作文化圈、环太平洋梯田文化圈、照叶林文化带的研究，中国学者如费孝通讲的藏彝走廊、南岭走廊、河西走廊、东南亚大通道、江河流域，以及早已成为显学的丝绸之路研究，都是这个类型。列维-斯特劳斯说自己讨厌旅行，痛恨探险家，结果依然跑到地球的"对拓点"去寻找伊甸园，写出了《忧郁的热带》。当代人类学，并不排斥多点民族志的尝试。因为人类社会不仅仅由一个个单元组成，这些单元也是互有关系的。若干文化素相似或由于交流形成互动关系的单元，可能成为特定的文化圈、文化带或文化走廊，让我们看到一种文化生态中的共生关系。所以，人类学可以从一滴水观沧海，可以见树也见林。

当然，多点民族志不好做，要花很多时间，跑很多地方，有宏观视野又不能走马观花，需要在某些典型的点上深入考察，进行有深度、有细节的比较研究。我目前还达不到这个目标，不过，做老师最开心的是，看到年轻一代正在趋近这个目标。我策划的《边地中国与跨界民族研究》丛书，主要推出学生相关主题的博士论文。比如熊迅的《融入多重边缘——滇缅边境傈僳人的族群认同展演》、高一飞的《流动与风险——跨境高速公路建设沿线的艾滋病风险与人口流动》等，这都是经过长达一年以上时间做田野考察的成果。

徐义强：您在中山大学开过一门公共选修课"探险、通识与生命质量"，结合您和朋友的探险经历，做跨学科的读解，选课的人那可是爆满，往往需要抽签。记得我刚开始读博士的那年，就经常去听课，很喜欢您为你们探险队的越野车写的门联："吃酸甜苦辣，滚泥水风尘"（野猪号）、"去无人理处，住满天星级"（野狗号）、"走野山陌路，步天地古今"（野马号）……

邓启耀：我希望我的学生在学问上，敢于跨界，走没人走的路，甚至不循常规的野路子，这需要一点探险精神。

徐义强：这种自由跨界的气质化合在您的学术研究中，我们看到，不仅您的研究对象很有趣，您的文字写作也让人赞叹，感觉是有温度的写作，很有现场感。您的《泸沽湖纪事》[1]《访灵札记》[2]《鼓灵》[3]等田野考察笔记著作，十分传神。

邓启耀：我不喜欢把关于人的学问做得没有人味。人类学要说人话，文字要有实感和温度。其实年轻时我们也搞过怪，拿一些流行的新名词唬人。没有自己的东西，只好引用语录。"文革"是因为害怕，只能引用，不能独立思考；后来是因为没料，所以拿各种斯基来显摆。是赵仲牧老师让我觉悟，在他那里，所有花架子都得崩塌，你必须拿出自己的真货。还有就是周文中老师，世界级大师，什么玩意儿没见过？他带来的各国学者艺术家也是顶级的，在他们面前"装洋"很可笑。所以，必须有"我见"和"我思"，最后落实在"我写"，写一点一是一、二是二的文字。

徐义强：记得这是您主编的《山茶·人文地理》杂志倡导的写作风格："将内在的理论要素，溶解在化合在穿衣吃饭的寻常道白中。一手的材料，自然的表述，用不着引经据典拿别人的话来说您看见的事。有分量的实录报告，具有内在的理论厚度，看似随意，却决无疏漏的设问缺环。"[4]"力求多一点创意，多一点感觉，多一点灵性，把被做干瘪了的学问，重新做出血肉来。"[5]这种富于实感，图文互叙的写作风格，影响了不少人。

邓启耀：是的，我们一直强调实录，要求"脚到、眼到、心到"，具有学者的功底、记者的敏锐、作家的手笔。那是我在云南最辛苦也最充实的一段时间。一帮志同道合的跨界朋友，以一种堂吉诃德式的理想主义和英雄主义，挑战流俗的风车。其间酸甜苦辣，一言难尽。但这个经历，为我和共事的朋友所特有，很值。

徐义强：关于云南，关于翠湖，海鸥，您有一篇有名的文学作品《老人与海鸥》，最初发在《山茶·人文地理》杂志，后来入选国家小学语文教

---

1 《泸沽湖纪事》，北京：中国旅游出版社，2006年。
2 《访灵札记》，上海：上海文艺出版社，2000年。
3 《鼓灵》，江西教育出版社、海天出版社，1999年。
4 邓启耀：《编者引言：试一种实录风格》，《山茶（民俗文化实录）》1994年第1期。
5 邓启耀：《编后》，《山茶（中国文化人类学）》1995年第1期。

材。¹ 相信很多人都很想了解背后的故事。您是否可以再谈一二？

邓启耀：文章进入语文课本，算是对母校中文系的一个交代吧。但它不完全是"文学"的，而是对都市边缘人群的一例个案考察。文章在老人去世不久就写出来了，投到报社，石沉大海，两年后只好发在我们自己的杂志上。入选语文教材时，删去了有关老人的悲惨故事，只保留了人与海鸥的亲密情感方面。小学教材编选者不愿让孩子们看到社会沉重的一面，可以理解。所以，我后来把完整的版本收入自己的田野笔记《访灵札记》中，并在与朋友合编的老龄化问题研究论著里，补充了当年目睹这位孤老人家境时一直憋在心里的话："在人们赞叹人与自然和谐相处及他与动物沟通的'神通'之时，我却看到一种被隔绝和消磨了一生的孤独。他生病时我们去探望，不料老人刚刚去世。在他的家里，我们惊讶地看到一个孤老人的'家'境，竟是如此的一无所有。临死前他放在自己胸前的，只有两张海鸥的照片。而这两张照片，在人们搬动他遗体的时候，掉在了地上，印着人们杂乱的脚印。在现场，那种深切的痛感无法言喻。直到现在，在照片上再看到老人那样看动物的眼神，还有些受不了。当时有句话一直憋着没有写出来：社会若制造与人为敌的环境，人只能与禽兽为伴；人伦若失，人只能望向禽兽。"²

徐义强：让我们再把话题回到云南。看到您的简介里，您祖籍广东顺德但又生长于云南昆明，这也可能是您和云南之间的前世缘分。

邓启耀：直到现在，我都无法确认自己的故乡在哪里。我去祖籍地顺德寻访邓氏宗祠，却无法听懂"乡音"；父亲的日记上写着太公葬在澳门，而我的父母却永远留在了云南。我在广东上课讲的普通话犹带"马普"味，

---

1 邓启耀：《海鸥老人》，《山茶·人文地理杂志》1998年第1期。后以《老人与海鸥》为题删节入选全国中小学教材审定委员会2004年初审通过的义务教育课程标准实验教科书《语文》（六年级上册），北京：人民教育出版社，2006年；《语文》（五年级下册），北京：语文出版社，2006年。

2 邓启耀：《一位孤老者的人鸥情缘》，张开宁、邓启耀、童吉渝、伊继东主编：《健康老龄化的挑战与思考》，北京：中国社会科学出版社，2014年，第824页。

吃饭的时候总是怀念第二故乡云南盈江的傣味。在这个流动的世界里，何为故乡？何为他乡？谁是他者？我又是谁？的确是个让人伤脑筋的事。

徐义强：记得您说过人生最大的财富是经历，您自己正是有着难得的一笔财富。所以我觉得您的人生很有传奇色彩，这对于从事人和文化的研究一定是有大裨益的。对吧？

邓启耀：我自己历练还不够。但使我明白这一点的是这样一个事：1994年，我应邀到德国弗莱堡主持一个画展[1]，赵仲牧老师告诉我，弗莱堡是胡塞尔任教的地方，他在那儿一直生活到去世。赵老师很少出门，但对世界地理特别是历史人文地理神游已久，天下哪里有什么，和哪段历史相关联，他一清二楚，就像他去过一样。我在展览的开幕词上提到了赵老师说的事。弗莱堡友人大为感动，为了我老师推崇的胡塞尔，他们特意带我去看胡塞尔的墓。让我吃惊的是，这位伟大哲学家的坟墓比我想象的简朴得多，甚至可以用"简陋"二字来形容。看碑文还是全家合葬墓，远不如一个酒店小老板的显眼，更不能和豪门名流相比。

那一刻我明白了：人到这个世界不是为了比坟墓的。生，不带来任何东西；死，也带不走任何东西。唯一属于自己的，只有经历；唯一能留给这个世界的，只有他的创造物。

采访者：徐义强，云南红河学院副教授；熊威，华中师范大学文学院讲师。

---

[1] 德国弗莱堡 Friedrich-weinbrenner-Gewerbeschule 学院，讲授"云南民间艺术与现代版画"，并主持"云南版画"展览，1994年4—5月。

一位纳西族人类学者的学术心史
——杨福泉研究员访谈录

杨福泉,纳西族、云南省社会科学院二级研究员,民族史博士、云南大学民族学博士生导师、中国民族学学会副会长、中国西南民族学会副会长、云南纳西学研究会会长。入选"中国百千万人才工程"国家级人选、获国务院特殊津贴专家、

国家哲学社会科学基金学科评审组专家,出版有《东巴教通论》《纳西族与藏族历史关系研究》《灶神研究》等33部个人专著;主持过5项国家哲学社会科学基金项目,曾应邀到德国、美国、英国、法国、瑞典、瑞士、加拿大、意大利、日本、埃及等国讲学访问。

徐杰舜:您今年出版的专著《东巴教通论》应该说是目前研究东巴教最权威著作了吧?

杨福泉:我确实花了很多年的功夫来写《东巴教通论》,可以说是迄今比较系统地论述东巴教的一本书吧。它在2004年获得国家社科基金项目立项,2009年结项时获得了优秀等级。2012年入选"国家哲学社会科学成果

---

1 此文原载《民族论坛》2013年第8期。

文库",由中华书局出版;2013年被评为云南省第17届哲学社会科学优秀成果(著作)一等奖。

徐杰舜:这是您的最高成就,或者是代表作?

杨福泉:从研究东巴教方面来说,应该说是我的重要代表作。此外还有一本专题研究东巴教一个神祇和纳西传统生死观的《生命神与生命观》,这是一本聚焦在东巴教生命神"素"的微观研究专著,辨析过去常常被翻译成家神的"素"这个神祇,这本专著的主要观点写进了一篇论文《生命神"素"及其祭仪》(The Ssu Life Gods and their Cults),选入了德国著名人类学家奥皮茨(Michael Oppitz)和瑞士人类学家伊丽莎白·许小丽(Elisabeth Hsu)主编的国际纳西学名著《纳西摩梭民族志》(Naxiand Moso Ethnography)一书中[1]。另外我有一本下功夫比较大的民族史研究的专著,书名是《纳西族与藏族历史关系研究》,这是在我的博士论文的基础上写成的。这本书在2009年入选《中国人类学民族学百年重要著作提要》,2011年入选了"当代云南社会科学百人百部优秀学术著作丛书",此书获云南省第十届哲学社会科学优秀成果二等奖,这本书迄今已经有3种版本。

徐杰舜:《东巴教通论》何时出版的呢?

杨福泉:这是中华书局2012年出版的。2011年全国入选"国家哲学社会科学成果文库"有两本宗教学的。一本是中国社会科学院宗教所邱永辉研究员的《印度教概论》。还有就是这一本。

徐杰舜:它印数也标上去了,1500册。

杨福泉:全书68万字。中华书局还允许我插了200张左右图,其中有很多是在田野调查中所拍摄的珍贵照片,有很多也是老照片了。虽然出版社处理为黑白的,但我觉得也很好。因为图和文字可以有个对应,不少图都是珍贵的资料,很多人、事和场景都变迁了,这些图片成了历史的定格。我现在回顾一下,自从20世纪80年代做学问进行田野调查以来,照相机

---

[1] 此书英文版 Naxiand Moso Ethnography——Kin, Rites, Pictographs,1999年在瑞士苏黎世民族学博物馆出版。中文版《纳西、摩梭民族志》2010年在云南大学出版社出版。

一直不离身，现在看来这真是太重要了。

徐杰舜：人类学重要的工具就是照相机。

杨福泉：20世纪80年代以来到现在，我去过的很多乡镇里的老人已经不在了，包括东巴和普通百姓，有很多场景也已经变化了，包括丽江古城20世纪八九十年代的很多场面，我都已经拍了照，不仅用笔，还用图像记录了变迁，比较庆幸。

徐杰舜：现在倒回去讲，我们先讲讲《东巴教通论》这本书，讲讲这本书的观点和创新的价值。

杨福泉：东巴教的研究，以前国内的很多研究仅仅局限于纳西族，因为东巴教是纳西族的原始宗教（或称纳西族的原生性宗教、民间宗教）。我的这本书突破了这一点，过去国内不少学者研究东巴教常常有囿限在纳西族本身的历史文化、社会和宗教来进行研究的狭窄之弊，广泛地将东巴教和与其有密切关系的藏族本教、羌族原始宗教等做了深入的比较研究，还与藏传佛教、道教等也做了比较研究；对横断山区域即"藏彝走廊"地区纳西族、纳族群以及藏族、羌族等民族的原始宗教现象进行了较为深入的比较研究。全国哲学社会科学规划办公室网站对《东巴教通论》做了这样的简要评价：本书将东巴教和藏族本教、羌族原始宗教及藏传佛教、道教等做了比较研究，有意识地将东巴教置于社会经济文化的动态发展中进行考察，剖析了东巴教对纳西族社会、民俗等的影响以及二者互动的关系。本书首次较全面地论述了纳西族东巴教的内容，对今后东巴教及其与纳西族历史社会、东巴教与本教、纳西族原始宗教与藏缅语族诸族群之间的关系，以及纳西族文化的多元性等方面的深入研究，将起到重要的奠基性作用；丰富了宗教学特别是中国少数民族宗教研究，对学术界展示了中国少数民族传统宗教的多样性和复杂性，对于准确解读东巴文化及其当代变迁，对于东巴文化在民间的传承、保护和开发等，都有着十分重要的意义。

徐杰舜：您懂藏文吗？

杨福泉：我不懂，所以我就想方设法收集国外和国内翻译过来的藏文资料。研究东巴教,如果藏文好一些,那就更有利。我的这本书里有一章是专门研究敦煌古文献中的吐蕃文献与东巴教的关系,这也是一个弥补空白的创新。我在阅读国内外敦煌学研究成果的过程中意外地发现敦煌文献中的吐蕃文书中有关于野马、马和牦牛等的传说中与东巴文献的惊人相似,于是进行了深入的研究,2006 年在《民族研究》上发表了我的研究成果《敦煌吐蕃文书〈马匹仪轨作用的起源〉与东巴经〈献冥马〉的比较研究》。这篇文章有很多反响,敦煌学界将它列为敦煌学研究中的一个新发现。一些敦煌学述评的文章都讲到了我的这个研究成果,我在此文基础上在《东巴教通论》一书中专章进行了论述,这也是突破以往研究东巴教局限在纳西族本身的一个案例吧。

徐杰舜:您刚才讲的确实是个创新点。

杨福泉:它拓宽了研究敦煌学的视野,过去,很少有学者会想到敦煌学与云南有什么联系。

徐杰舜:一个西北,一个西南。

杨福泉:我在《东巴教通论》中广泛地将东巴教和与其有密切关系的藏族本教、羌族原始宗教等做了深入的比较研究,还与藏传佛教、道教等也做了比较研究;对横断山区域即"藏彝走廊"地区纳西族、纳族群以及藏族、羌族等民族的原生性宗教(原始宗教)现象进行了较为深入的比较研究。记得意大利学者、藏学权威图奇教授在 20 世纪 60 年代在评论有"西方纳西学之父"声誉的洛克(Rock J.F.)的纳西学研究时,就提到一个观点,佛教传入西藏后,天长日久,藏族古代的本教逐渐地完全融到了佛教中,已经很难见到古本教在佛教传入前的原初面貌,现在可以在纳西族的东巴教中解开好多古本教之谜。

我在《东巴教通论》中专章对本教与东巴教进行了细致的比较研究,将唐代吐蕃本教对东巴教的影响进行了论析。并花很大的篇幅对"东巴"与"本补"(本教巫师的自称本波)这两个纳西宗教祭司的称谓从语源、宗教等多角度地进行了寻根究底的考释。

这本书对东巴教中所反映的本土和外来神祇系列也进行了初步的梳理，对本土神祇谱系进行了深入的考证和梳理。为进一步深入研究东巴教庞大复杂的神祇信仰和神灵体系进行了开拓性的工作。

我在书中还研究了东巴教独特的生命神"素"以及"威灵"和"威力"（"汁"）观念和"加威灵（力）"仪式。东巴教的"威力"（"汁"）类似于巫力，其内涵复杂和丰富，既包括天地、山川河流、日月星辰、木石、老虎、牦牛、白鹤、雄鹰等自然物、动物的神秘力量，也包括各种神祇、精灵、祖灵、酋长、头目、巫师、祭司等的威力，还包括厉害的敌手、对手以及各种鬼怪的威力。

总之，这本书的好多篇章都体现了我一贯身体力行的"微观实证，小题大做"的治学理念和方法，比如其中有很多对具体宗教语词的考释，有对某个概念、某个神祇的考证。

徐杰舜：研究东巴教本身就是有价值的。东巴教在中国少数民族宗教中非常有特点，是"活"的，又是旅游热点，知名度也高。您刚才讲的创新点也确确实实是创新点。我觉得这一点非常重要：就是藏传佛教融合了本教的一些东西，但它现在的面貌我们看不清楚。只能在纳西族的东巴教里去找它的原型。这对了解西藏藏传佛教的形成、内涵、底蕴一定有非常大的帮助。

杨福泉：我在书中也用专章对东巴教中长达10多米的巨幅布画"神路图"进行了研究，考证了其中一些属于古本教和藏传佛教，乃至婆罗门教的观念和内容，并分析了东巴祭司在丧葬仪式中用"神路图"中受外来宗教影响的观念对亡灵进行越过"鬼地"而超度到人界和神界的宗教法事，同时又根据纳西人传统的死后灵界观，把亡灵送到"祖先之地"这种二元并存的宗教观念。

《神路图》中有一幅图，上面画着长着33个头的一头大象，这是怎么来的？后来，我看到洛克等人的考释，认为这是来自婆罗门教的观念和内容。与雷电神因陀罗有关，大象的每个头象征因陀罗的一个宫殿。但是婆罗门教的这些内容怎么会出现在东巴教的神路图里，迄今还没有研究清楚，据洛克考证，藏族和蒙古族的绘画中都没有发现这个内容，而洛克在缅甸则发现了相类似的图。所以，东巴教实际上给大家提示了很多还需要解开的文化之谜。在藏彝走廊（或藏缅语族走廊）里，这种多种文化相互渗透和影响的现象是比较普遍的。

徐杰舜：宗教的文化、经书，不是一两天形成的，需要长期的积累。所以我觉得，您所做研究的价值不仅仅是您讲的这两点，表层的。从我的理解，您的《东巴教通论》的研究，更重要的是说明，中华民族多元一体的格局当中，还有另外一个层面，就是从多元走向一体过程当中互动、交流、吸收、融合。东巴教和本教的关系是一个非常典型的例子。本教本来是藏族的原始宗教，怎么会和纳西族的关系这么密切。

杨福泉：在唐代，吐蕃派驻各地的军队里就有本教师，它把本教的文化也传播到了西南在吐蕃的势力范围。后来有的吐蕃赞普接受了佛教，就下命令，本教徒如果还要在藏区立足，就得皈依佛教。不然就必须离开这个地方。所以很多本教徒不想放弃信仰，就用马驮着经典逃到滇川毗邻地区丽江等地，然后把本教和本地少数民族的宗教糅合起来，形成了东巴教这个很独特的宗教形态。后来又融进了一些藏传佛教、道教等的内容。我在《东巴教通论》中也论述了唐代吐蕃本教对纳西人的影响主要是后期雍仲本教，而东巴教还与普遍流行在古羌人分布区域的古代本教有着更为古老的同源异流关系，从本教和东巴教的神话传说看，东巴教中的居那什罗神山和美利达吉神湖崇拜与本教的岗仁波切神山和玛旁雍错神湖崇拜有密切的关系。

《东巴教通论》中也用专章论述了纳西人对东巴教认同的历史变迁，比如说到东巴教原来是纳西全民认同和信仰的宗教，随着明清时期汉文化的传入，东巴教的认同也随着纳西社会阶层的分化而发生变迁，比如说，过去丽江城区接受了汉学教育的不少读书人是瞧不起东巴教的，把东巴象形文字也讥笑为"牛头马面"。清末丽江有个著名东巴曾经考上了秀才，可有些自视甚高的纳西读书人（读汉学的）竟然去县衙门里去抗议，说这个只会画牛头马面的人都要和我们为伍，这成何体统。这实际反映出一种接受外来文化后反过来瞧不起本族文化的认同变迁。而随着20世纪80年代以来国际上的东巴文化研究热的兴起，特别是东巴经典被列入联合国教科文组织的"世界记忆名录"以后，城里的市民对东巴文化的认同也逐渐改变了，春节贴东巴文对联的日益增多，堂屋客厅挂上东巴文书法字幅的也多了起来，东巴文字又成了一种时尚文化。

20世纪40年代，中国研究东巴文化的先驱、后来成为台北故宫博物院副院长的李霖灿先生受"中央博物院"的委派到丽江去调研东巴教。他对丽江县鲁甸乡的大东巴和正才说："你们的文化价值很高，你们写的东巴文是象形文字，不是牛头马面。"饱受文人讥讽的大东巴和正才激动得掉泪了，对他的徒弟们说："你们听见没有，我们这个不是叫牛头马面，这是叫象形文字。"

中华人民共和国成立后，东巴文化也经历了很多磨难，最初被视为封建迷信的东西，直到改革开放后，通过国内外学术界正本清源的不断努力，才获得了重视。我个人对东巴文化的了解，也是在20世纪70年代末读大学后才逐渐深入的。

徐杰舜：每个民族的文化，都有一个从单一走向多元的过程。我觉得您的研究也提供了典型的例证，即中华民族多元一体的格局当中，如何在从多元走向一体过程当中，进行互动、交流、吸收与融合。

杨福泉：徐老师研究汉文化和汉民族通史。其实丽江就是一个文化在交流和互动中不断融合、形成文化多元一体格局的典型例子。我土生土长在丽江古城。深切感受到这一点，后来我也研究丽江古城，写了几种关于丽江古城的书和一些论文。丽江古城在1949年以前，在全城2万多人口中，就有156个姓氏。1949年后又陆续增加了89个姓氏，差不多有217个姓氏。由此可以看到丽江古城民众来历的多样化。如今相当地道的古城纳西人，其中的大多数原来却有着汉族的血统，他们大多是在明清两朝来到丽江的汉族移民，后来与当地的纳西人通婚，久而久之就被同化为纳西人。如今他们虽然还会谈到自己的先祖最初来自"南京应天府"、江西、福建、安徽等地，但他们在说到这些家庭的历史时似乎是在讲述着一个遥远的连自己也十分模糊的故事，他们的先祖很早就已经认同于纳西族。

如果追溯我的第一代祖先，他是明洪武年间一个汉族的移民，他叫杨辉，是个远近闻名的医生。纳西族民间普遍流传着"木土司三留杨神医"的故事，中央电视台还根据我这个祖先的故事拍摄了一个电视剧《四方街》。我曾写过一本《古王国的望族后裔》，写的就是我这个家庭，后来《光明日报》觉得我这个家庭的故事反映了中国历史上民族融合的真实历史，还从中选了一部分刊载。

一个民族的形成是一个历史的过程。我的祖先杨辉相传是湖南常德府的一个名医。后来被木氏土司请到了丽江，家谱上记载他游学到滇。在丽江，他治好了本地包括霍乱等很多疑难病症，还治好了土司夫人的病。土司就不想放这个人才走，但杨辉想回家，执意要走。木土司就想了一个计谋，假装放他走，赠送给他很多的金银财宝，在他快要走出丽江的时候，就被木土司所派的一些装扮成强盗的壮士给抢了，一点不剩。他回去就没有盘缠了，只好回来见木土司，土司又慷慨地送他礼物，可又如法炮制把他抢了。到第三次，他就觉得和这个地方有缘了，天意不让走，于是决定顺从土司的挽留。木土司就给了他丽江古城大石桥下面的一块风水宝地，还把一个女儿嫁给他。他就留在了丽江。后来因为他"妙手回春，指到春生"，还被民间奉为药神。这就是丽江土司广纳人才，从中原引进人才的缩影。所以说丽江古城的纳西族的来历很复杂，我的祖先就是丽江古城最早的外来移民之一。后来他和纳西族一直通婚，就繁衍出一个很大的杨氏家族。这个家族在丽江一直从事的都是治病救人和教育的行业，如开设私塾教书。

从我这个家庭的故事中可以看出，以土司为代表的纳西民族非常开放，把各个民族的好东西都学过来。丽江古城的很多房子结构是中原汉式的，我国著名建筑学家刘敦桢认为丽江古城近郊的民居保留了"唐宋古风"。但纳西人在学习汉族建筑的同时，并不一味照搬，而是把本民族依山就势、随其自然，追求庭院宽敞向阳等传统融进了建城和营造住宅的理念中。你看，现在宣科先生领头的大研古乐队所演奏的洞经音乐（过去还有皇经音乐），都是从汉族地区传来的。有的音乐史家还认为其中保留了一些中原失传的曲目。纳西古乐里的《白沙细乐》，相传是"元人遗音"，一些蒙古族研究音乐的学者考证了"苏古笃""伯波"等古老乐器是传自蒙古族的。"元人遗音"的来历是：忽必烈率领蒙古军在1253年"革囊渡江"经过丽江攻打大理，当时的纳西首领麦良觉得打不过蒙古军，于是采取与其和平相处的策略，亲自到金沙江边去迎接忽必烈及其军队，最终和忽必烈结成了好朋友，忽必烈走的时候就送了一个宫廷乐队给他。这个乐队就融合本地民间音乐，形成了今天的《白沙细乐》。从丽江的文化看，现在没有一种文化你可以说是100%属于这个民族原创的。而大多数文化都是在历史的发展进程中逐渐融合而成的。其实从徐老师所研究的汉文化史中也可看出这种文化的融合。最典型的是文化上的盛唐气象就是不断容纳了"四夷五胡"后的文化而形成一种充满活力的汉文化的，你中有我，我中有你。纳西族的东巴教也一样，其中有纳西、藏等民族的文化因素。

徐杰舜：讲到这里，我对您的身世很感兴趣，您能讲得更详细一点吗？

杨福泉：好！我1955年9月17日生于丽江古城一个纳西族家庭，在丽江大研古城兴仁小学（现在叫丽江兴仁方国瑜小学）读小学、在丽江一中（现在的丽江市一中）读初中高中，然后上山下乡当了两年的"知青"，继而在丽江汽车运输总站当了一年的工人和一年的宣传干事。1977年高考制度恢复，我考上了云南大学中文系，因自己爱好文学，就读了汉语言文学专业。大学期间，看书日多，眼界渐宽，渐渐沉湎于诸多自己原来不知的知识中，对民族学、民俗学、宗教学和纳西学等逐渐产生浓厚的兴趣，除了选修文字学、语言学、宗教学、民俗学、民间文学等课程外，还登门向云南大学纳西族著名学者方国瑜、和志武先生求教，学习纳西族东巴象形文字、纳西族历史、纳西拼音文字、国际音标等，1980年曾作为这两个前辈学人的助手，协助当时来云南大学进行有关纳西学术交流的德国（西德）学者雅纳特（Janert K.L.）教授工作了半个月，和他一起研究纳西语，用国际音标记录纳西民间故事等。雅纳特教授在1961年至1962年曾是应邀到西德进行纳西文献编目和研究的洛克（Rock J.F）博士的助手，1962年洛克逝世后，雅纳特教授继续长期从事纳西文献研究。和他的这次初步合作，是促成我后来到德国进行纳西学研究的契机。

徐杰舜：您的运气很好！这么早就与国际接上轨了！您做过田野吗？

杨福泉：做过！读大学期间，我利用假期回乡做过一些社会调查，完成了毕业论文《纳西族的古典神话与古代家庭》，还写了《论纳西族（殉情）长诗"游悲"》《纳西族人猴婚配神话刍议》等，这几篇论文后来在学术名刊《思想战线》《民间文学论坛》以及民间文学刊物《山茶》上先后发表了，这算是自己学术生涯的开始吧。

徐杰舜：您什么时候大学毕业的？

杨福泉：我1982年1月大学毕业后，在云南省人大常委会办公厅研究室工作了一年，有机会跑了云南的不少地方，增长了不少见识。有幸的是1983年1月，我获得德国（西德）国家科学研究会（DFG）学术基金，应雅纳特教授之邀，到德国科隆大学与他进行合作研究，1985年1月返国，在1986年3月至1988年3月又再度赴德国科隆，完成了"德国亚洲研究文丛"第七种《纳西研究》系列著作4种，《光明日报》《中国日报》等曾对此做了相关报道，说我是"中国改革开放后云南第一个走出国门与西方学者进行学术交流并取得丰硕成果的少数民族学者"，当时出国不易，看来我确实算是改革开放后云南第一个出国进行民族文化合作研究的少数民族学者。

徐杰舜：真是好运连连！

杨福泉：确实，在德国的4年治学岁月中，我深深地感到，一个从事民族学研究的学者的根和生命是在自己的故土，他的使命也是扎根在故土，与故土休戚与共。因此，我无心恋异国繁华，回到母亲之邦，开始了我走向田野，进行民族学、纳西学研究的漫漫治学路。我后来成为云南省社会科学院的研究员后，又在职攻读了云南大学的历史学博士学位。

徐杰舜：看来您是一个有理想、有追求、有志气的人！下面请您谈谈您从事民族研究的具体情况好吗？

杨福泉：好！到 2016 年，我从事民族学研究已经 33 个年头了，在这 33 年的学术生涯中，我从事民族学、人类学研究，而对纳西学所下的功夫最多，多年来，我跋山涉水，漫游于高山深峡，山村农舍，深入纳西族地区进行田野调查，走遍了纳西族的主要聚居区丽江县的大部分乡镇，也多次深入到迪庆州的纳西族地区，以及四川省的一些纳人的居住区以及西藏昌都芒康县盐井纳西族乡进行田野调查，获得了不少第一手资料。这些深入山野村寨的田野调查使我获益匪浅，如果没有这十多年的田野调查，我就不能写出如今已经问世的这些著作和论文，更为重要的是，如果没有这样长期的田野调查，我也不可能对纳西族社会、历史、文化和当代变迁有比较深刻的认识。

30 多年来，我立足云南这块红土地进行研究，在以纳西学为主攻方向的民族学领域里取得了一些成绩。迄今，我在国内外已经出版了 33 部专著，在《民族研究》《世界宗教研究》《新华文摘》等学术刊物上发表了 200 多篇论文。其中 10 多种论著在美国、英国、德国、荷兰、印度、泰国等国著名的学术刊物和学术论集中发表，如我 1988 年在德国波恩科学出版社出版了专著《现代纳西文稿语法分析和翻译》第一卷；1999 年，我和加拿大魁北克大学教授汉尼（Feuer Hanny）合作，在基于半年的田野调查基础上写成的长篇学术论文《云南藏族和纳西族的问候语研究》，在国际著名的学术刊物《藏缅语研究》（美国伯克利大学主办）上发表，此外，也先后在联合国教科文组织、美国、英国、德国、瑞士、荷兰、印度、泰国等国学术刊物和学术论集中发表，包括国际学术权威刊物——《藏缅语研究》（美国伯克利大学主办）杂志、瑞士苏黎世大学出版的《纳西、摩梭民族志》、德国伯尔·巴德（Ball Bod）科学院出版的《原住民传统知识体系研究》、英国赛奇跨国出版公司出版的《两性、技术和发展》、越南河内出版的《云南民族学文集》等，受到国外同行的好评。

除了学术研究，我看重一个民族学者与社区民众之间的那种血肉相连的情感维系和学者对社区民众的道义、良知和责任感；看重作为一个民族学者对社区民众的"回报"情结。因此，除了致力于民族文化基础理论的研究，我也积极参与关于民族地区经济、文化发展现实问题的研究，尽己所能地为当地社区民众办实事，多年来致力于推动各种国际合作的社区发展研究，长期在边远贫困地区做田野调查，与当地老百姓同吃同住，与国内外同事一起促成了丽江纳西族农村的一些合作经济实体；争取国际资金进行少数民族文化传人培养和乡土知识技能培训、在乡村小学里进行参与式的乡土知识教育等方面的项目，完成了"丽江纳西族民间文化传人培养的实践和研究""丽江市玉龙纳西族自治县白沙乡白沙完小乡土知识教育的实践""少数民族妇女传统手工艺的培训"，扶助少数民族贫困学生在丽江民族中学读书等项目，取得了很好的效果和社会影响。现在玉龙县白沙完小的乡土知识教育和少年足球队等在全国都产生了影响。

曾以几句诗表达过自己治学迄今的一点情怀，这里给徐老师看看：

沉潜学海三十载，寻径问学度华年。
跋涉山乡访野老，探究鬼神游大千。
也曾漂洋会同道，论剑学术在讲坛。
鸿泥雪爪是旧迹，海阔天高望远山。

徐杰舜：很好！有激情！这是您取之不尽的学术源泉。

杨福泉：因此我觉得，一个本土的少数民族学者的研究，不要囿限在本族的视野里，不要陷入那种论证纯而又纯的原住民文化的怪圈中，不要陷入论证一切文化皆起源于某地某族而在学术上走火入魔。像我这样的少数民族学者，在研究中要做到聚焦本族，熟悉本族，把田野调查等做扎实，但又要学会能跳出本民族，冷静地旁观和鸟瞰本民族，通过认识其他民族特别是在族源和文化上和本民族关系密切的民族来认知本民族，客观地去发现它、研究它，而不要老想着把本民族的文化说得天衣无缝、完美无缺，什么都是自己的好，或者是想把什么内容都说成是自己本来就有的，忌讳说是从外面传入的，使学者的研究失去客观性和真实性。

徐杰舜：从您的讲述中看，丽江古城的文化如果只讲本土纳西人，那就说不清楚。

杨福泉：是的，那是不可能的，多民族文化融合的痕迹太多了。不过，丽江这个案例有意思的是，汉族移民进去以后，在语言和服饰等方面就被纳西人同化，入乡随俗，但他同时也把各种汉文化带了进去，纳汉文化就这样逐渐融为一体，真正变成了相互的同化。而在云南很多地方，多是当地少数民族被汉族移民逐渐同化，有的连母语也逐渐失去了。

而丽江的情况是，一直到20世纪七八十年代，只要你是住在古城的，自然就会说纳西话，我很多居住在丽江古城的汉族同学都会讲纳西话。但是如果你是居住在丽江古城外围的机关单位里的汉族，就大都不会说纳西话，因为他每日朝夕相处的多是本族人，说的多是汉话。

从丽江古城的发展史看，说明一个民族的发展确实要广采博纳，多多学习其他民族的优秀文化，如果本民族自负或采取闭关锁国的政策，那么，当年本教文化、汉文化以及藏传佛教等进入丽江的时候就会遭到排斥，这就不可能形成丽江多元文化和谐共存的局面。

徐杰舜：杨教授您研究的内容价值很大，说明了费老的多元走向一体过程中的交流互动和互补。纳西东巴教的形成就是这个过程中的一个样本，您能很清楚地分出哪些文化是本民族的、哪些文化是外来的，如藏族和汉族的，文化层很清晰。纳西族的研究，生生不息，十分深入。今天得到您赠送的《东巴教通论》，从这本书中我看到您将纳西族的研究推向了深入。这里还有一个很重要的问题，我非常赞成和欣赏您的研究。很多本民族的学者往往抱着"一棵树"主义,而忽略了多看看和这棵树相关的森林和环境,有些陷入民族中心主义。

杨福泉:但是从另一个方面讲,汉族的历史在早期是一个中华儿女的构建,黄帝也是一种建构,黄帝是四面的,炎帝是牛头人身的形象,现在说岂不是妖怪?那时候允许汉族的儒家的精英们对黄帝和炎帝进行构建,现在要构建一种部落首领的形象是可以理解的,但是如果政府把它作为一种产业打造,这个值得思考。学者本身如果能跳出本民族的圈子站得高一点去看我们周围的事物,包括各个民族之间的关系和本民族的文化,才能接近真理。这才是真正的人类学家。

徐杰舜:但是我们能理解他们建构祖先历史的心理和需要,无论他们是怎样的心理和需要,一方面我们理解;另一方面,我们要指出这就是一种建构,无论怎么搞,我们还是要保持一种清醒的头脑,把它放到恰当的位置。

杨福泉:学术的底线是必须要尊重事实,要客观。如你所说,因为有复杂的历史因素促成了当下的各种建构。比如为了发展旅游,吸引游客而到处建构祖先传说人物故事景观来历等。但是作为人类学家应该面对真实尊重事实,不能随波逐流。

徐杰舜:对,站高一点,能跳出来。

杨福泉:比如"东巴"这个词本身是藏语过来的,但是有的纳西学者为了论证这是纳西族本土的,就望文生义地附会了不少意思。很多当下的文化操作,就是为了一种功利目的而建构,为了证明这就是某族的本土的,地道的,千方百计要说成与其他文化没关系。其实从人类学的观点看,一个民族的文化有外来的成分是常态,这并不影响其价值,相反还可以证明这个民族文化的丰富性,说明这个民族善于学习吸纳其他文化,因此才有活力。如果是封闭的话,丽江古城没有办法产生,也不会有东巴教。

另一方面,我们从汉族与少数民族文化的交流中也可以看出一些发人深思的东西,比如纳西族妇女从来没有缠足的传统,汉族移民到了丽江以后，入乡随俗，学纳西族妇女一样不缠足，免去了很多痛苦。这就是一种文化互惠的关系，在互惠的基础上发展出一种新型的文化。徐老师研究汉文化也会发现，汉文化进入不同的地方也会发生不同的变化，不断吸收，有的还是很好地吸收。比如丽江的民宅，纳西人的建房理念是认为院子要宽敞，要向阳，满地阳光，多种花草，堂屋外面要有供人日常休闲的宽敞的厦子（走廊），来自中原的汉式民居就与这种地方观念结合起来，形成了与那种讲究财气内蕴、天井窄小的汉式住宅截然不同的风格。比如，丽江古城和大理不同的是，大理古城是四四方方的，受了"方九里，旁三门，国中九经九纬，经途九轨"的中原建城礼制影响。而丽江古城则在形成过程中始终保持了随自然地理营建城市的思路，即"城郭不必中规矩，道路不必中准绳"的随其自然方式。因此当今建筑学家认为大研古城所保持的自然形态平面，是本土文化的自尊、自信的胜利。汉文化进来后产生了一种融进本土理念新的文化。我想未来中国的文化发展也应该是这样的。即国外的东西应该接纳，但不是照搬。

徐杰舜：呵呵，确实，丽江妇女的天足之俗，与汉族封建文化中对妇女的苛求截然不同。

杨福泉：民间相传明代状元杨升庵在朝廷获罪而被贬到云南，他在云南其实过得挺好，民间传说他常常头插鲜花，游乐山村城郭，吟诗喝酒，广交各路贤达和少数民族朋友。杨升庵作为罪人被贬后反而获得了精神上的解放。他找到了很多在中原礼俗中找不到的东西，其中不少就是人性的自由和率性而为的民俗。人类学家去研究这些还是蛮有意思的。不同的文化碰撞之后可能更有利于新的思维的产生。盛唐时的汉文化为什么激发出那么大的活力，就是一样的道理。文化是在一体化过程中的相互吸纳、互补、共生的。我的研究是根据事实，不会去刻意建构。搞学术研究就是要客观。而文化产业是另外的路子。

徐杰舜：我现在要讨论您的第二本代表作《纳西族与藏族的历史关系研究》，此书是40多万字的大作。尤中、李绍明、王尧先生等人给予了很高的评价。请您对此书做简要介绍。

杨福泉：过去研究汉族与少数民族关系的论著相对比较多，而且多偏向于研究蒙藏、汉藏、汉蒙等大的民族。对西南少数民族之间关系的研究少，我因此选择了纳西族和藏族的关系进行研究。这是一个原因，而另一个原因则基于历史上纳西族藏族历史关系的丰富多彩。明朝的时候，由于明廷将丽江视为"西北藩篱"防范吐蕃，木氏土司又积极扩展统治领域，因此战事比较频繁。两个民族在数百年中相互打了很多的仗。但是纳藏两个民族却没有因此成为世仇，而是在政治、经济和文化方面长期保持了密切的联系，丽江成为纳藏贸易和藏传佛教噶举派的重地。近期中央电视台一频道和八频道都热播的《木府风云》，其一个重要主题就是反映了民族之间如何化解历史上的仇恨和矛盾。历史上，木氏土司很尊重藏族的风俗，花大量的钱帮助藏族建盖寺庙。著名的四川理塘大寺就是丽江木土司出钱建造的，还请了三世达赖来开光。明代好几个重要的藏传佛教噶举派活佛包括噶玛巴（大宝法王）都与丽江和木氏土司关系密切。噶玛巴十世却英多杰因为清初格鲁派和噶举派教派之争而避难丽江，在丽江生活了33年。今年在纽约召开了一个研究噶玛巴十世的专题国际会议。原来还拟举办一个噶玛巴十世留在丽江的一批唐卡画展览。丽江在明清时期是噶举派的重地，木氏土司是噶举派的忠实信徒。噶玛巴十世在丽江弘扬噶玛噶举教派。滇西北十三大寺都是噶举派的。

木氏土司还主持在丽江印制了藏区第一套卷帙浩繁的大藏经"甘珠尔"，现藏于大昭寺，是该寺的镇寺之宝。这套大藏经曾辗转收藏在理塘寺，因此称为"丽江理塘版大藏经"。纳西族和藏族商人在商贸交流方面也源远流长，非常默契。藏商一般到了丽江就不再往前走了，因为他们在语言和生活习俗等方面都不太适应与汉地商人直接经商，所以他们多把物资在丽江委托给当地的纳西族商人出售，并为他们买回需要的茶叶等货物。丽江既是茶马古道上货物的重要起点站，同时也是个终点站。丽江古城纳西人和藏商还形成了很有特点的"房东贸易"，双方建立了良好的诚信关系，即使有些货物一时滞销，纳西房东也最终会将货款如数给藏商。因为纳西人认为藏人直爽坦诚，因此，丽江束河的纳西族还常常请藏族人为他们管理村子的山林。我在这本书中旁征博引，引用了大量汉藏文献和外文资料，研究了纳藏两族历史上的政治、宗教、文化和商贸等诸多方面的交往，还把我多年田野调查所得的第一手资料与文献有机融合，其中有不少我在纳西族地区和藏族地区调研的个案。就滇川藏毗邻地区而言，我们还可以深入研究很多民族和族群之间的历史关系。这里不乏很多对当前建构和谐民族关系可以借鉴的历史智慧。目前藏学界对这本书的评价也比较高。

徐杰舜：民族之间打仗却没有结为世仇的原因是什么？

杨福泉：因为双方在打仗的过程中从来没有停止过文化、宗教和商贸的交流。木氏土司移民到如今的迪庆和四川的巴塘理塘等藏族聚居地，但并没有把原住藏民都赶走。大家住在一起，慢慢地互相适应、互相学习。木氏土司把水利技术和各种种植技术输入藏区，建造寺庙，互相通婚。一个民族在战后通过尊重对方的文化和信仰，通过加强有利民生的经济交往，逐渐化解了战争的创伤。纳西族东巴圣典中的《创世纪》中说：纳西族、藏族和白族是一对祖先育出的三兄弟，就是这种友好关系的最好的说明。我们需要寻找历史的经验和积累的智慧来研究当前的民族问题。这也是我这本书中的大量篇幅所透露出的历史信息。

徐杰舜：战争的交往是不是使得双方的交往更深入？

杨福泉：在一定程度上是这样。因为战争导致的移民等使两个民族的交往加深了，民族在迁徙过程中有摩擦又有交流，交流的形式有和平的形式，也有冲突的形式。在磨合和相互沟通的过程中，战争与摩擦会越来越少，大家都生活在一块土地上，各方面都有密切的相互交流，于是也逐渐形成了在宗教信仰、文化交流和商贸交流方面互动互补、相互包容的局面。比如这本书中提到一个典型的例子：作为大东巴的父亲和作为宁玛派活佛的儿子各自信奉自己的宗教，但在宗教祭祀上有杀生观念方面的冲突，东巴认为祭神驱鬼，要用祭牲才会灵验，但是儿子认为不应杀生。后来父亲在仪式中的杀生慢慢减少了。滇西北的纳西族与藏族都有相互请对方的宗教专家举行特定仪式的习俗，东巴和藏传佛教僧人各司其职做仪式，这是相互尊重对方的信仰与文化的结果。

徐杰舜：宗教对精神方面的影响可以定民心，是吧？

杨福泉：明朝时纳西族与藏族之间的战争比较多，清代以后，两族之间在宗教、文化和商贸交流方面加深。各地藏民每年朝拜佛教圣地鸡足山，首先要去丽江的文笔山上"借钥匙"（相传释迦牟尼十大弟子之一的摩诃迦叶尊者把钥匙留在这里了，因此要借钥匙）才能打开鸡足山之门。藏民要一路化缘来到丽江，丽江纳西人都会给藏民朝山者好的食品。

纳藏两族民众之间的通婚比较普遍，两族聚居一地的也比较多。两族相互之间非常信赖。我听有的马锅头讲过，过去纳西跑茶马古道的赶马人沿途去藏族寺庙中借钱粮等物，僧人二话不说就会借给你，我的书中也记录了不少类似佳话。

徐杰舜：藏族和纳西族在经济上应该是有紧密联系？

杨福泉：各种纳西地区和藏区的土特产之间的交流互补，各种工艺和农业技术的交流、饮食的交流等，宗教人士也借助茶马古道做交流，僧人进藏学经朝圣和茶马古道上的商人一起走比较安全，因此常常结伴而行。

徐杰舜：您的研究的现代价值可能在思考当代我们和日本、美国之间的关系时会凸显出来。

杨福泉：我现在在思考为什么云南的藏区能保持稳定发展？云南的藏区在长期的历史交往中，和多民族有交流交往的稳定基础，现在政府各级部门采取了各种有效措施固然也很重要，但这种和谐局面也得益于过去历史上各民族长期交往形成的格局。这个对政府的施政应该有启示性。

徐杰舜：您的研究之所以水平高，是因为您是一个真正的人类的学者，而不单纯是某一个民族的学者。当然这个也与您的求学经历有关。

杨福泉：1983—1988年我先后两次在德国访学了4年，其间不仅把英语练成能用来一起做研究，还一起完成了"德国亚洲研究文丛"第七种《纳西研究》系列著作 4 种。

雅纳特教授原来是梵文专家,他在 1962 年开始对东巴经典感兴趣。意大利罗马东方学研究所的所长图齐(G.Tucci)是国际上的藏学权威,他意识到洛克所做的东巴文献的研究的价值,他对洛克的纳西文化研究给予了极高的评价,在为他的论著所写的序言中多次称洛克为"伟大的学者"。他认为纳西文化在宗教学、民族学的研究中具有特别的重要意义。20 世纪 60 年代初,联邦德国国家图书馆动议购集已在国际学术界享有盛誉的东巴经。在阿登纳总理的支持下,以昂贵的价格把洛克原先赠送给意大利罗马东方学研究所的 500 多册东巴经悉数买回。当时,该研究所急欲出版洛克的《纳西—英语百科词典》两大卷,但苦于资金短缺,只好忍痛割爱,卖出经书筹资。联邦德国国家图书馆随后又从洛克那里得到他个人收藏的 1700 多册东巴经原本及照相复制本。1962 年 1 月,洛克应邀赴联邦德国讲学和编撰东巴经目录及经书内容提要。雅纳特博士协助洛克从事编撰工作。至 1962 年 10 月,编订和描述了 527 本西德国家图书馆所收藏的东巴经,编撰成《德国东方手稿目录》第七套第一部《纳西手写本目录》一、二卷。编撰工作尚未完成,洛克不幸于 1962 年 12 月在夏威夷度假期间去世。雅纳特继续进行西德所藏东巴经的编目工作,完成了《纳西手写本目录》三、四、五卷。

德国人在他们的经济处于非常困难时期的 20 世纪 60 年代初就由总理亲自支持以巨资购买东巴经收藏在国家图书馆,反映出德国人一种文化上的世界眼光,珍视世界上的历史文化遗产。德国学者常常和我谈起,像东巴经这样珍贵的文献,无论是哪个国家哪个民族创造的,都是人类的瑰宝。

我在德国是做合作研究,因忙于工作,没能读学位。后来在美国加州大学戴维斯分校进行过 3 个月的博士后研究。20 世纪 90 年代初以来,我参加的国际合作交流项目比较多,先后和美国、加拿大等国学者进行过关于丽江玉龙雪山农村发展和生态保护的合作研究,关于抗日战争期间闻名遐迩的中国"工合"(工业合作社)的历史和在新形势下重建农村合作社的研究;关于藏族和纳西族问候语的研究等等。从 1999 年以来的几年间,我参加云南省政府和美国大自然保护协会（TNC）合作的"滇西北保护与发展行动计划（含国家大河流域公园）"，作为丽江地区的课题组组长，和同事们先后调研了近 20 个纳西族和彝族的村落。其间我还担任了两年美国大自然保护协会云南项目的文化顾问，与国外学者展开广泛的交流。记录了这期间我所做工作的研究成果《策划丽江》《云南玉龙山区域农村发展和生态保护调研》《云南藏族纳西族的问候语研究》等。

  我在 20 多年来的国际学术交流中也开阔了自己的学术视野，汲取了不少国外同行的治学方法和经验。1995 年至 1996 年，我获得联合国大学博士后研究基金，到美国加州大学戴维斯（U.C.Davis）分校研究访问；多年来，我先后应邀到瑞士苏黎世大学民族学博物馆、瑞典斯德哥尔摩大学东方语言学系、瑞典国立远东文物博物馆、瑞典"国立民族学博物馆"亚洲部、德国斯图加特巴德·伯尔科学院、瑞典伦德大学、亚洲理工学院、加拿大西门大学、美国多个大学进行学术交流。还曾经到加拿大卑斯省的印第安人社区进行学术考察。2003 年在美国惠特曼学院的首次"亚洲文化教育年"期间，为美国学生开设了半年的"中国西南的民族性与现代化"（Ethnicity and Modernity of Ethnic Groups of the Southwestern China），《中国纳西族的文化艺术》（The Culture and Art of Naxi People of China）等课程，受到美国学生的好评。其间还与该校人类学系主任孟彻理（Chas Mckhann）教授合作出版了一本《图像及其变化——东巴艺术中的再想象》[Icon and Transformation：(Re)Imaginings in Dongha Art]。

  我觉得我们治学，了解国外学术界的研究状况和成果很重要，所以，我还花了很大功夫，翻译了一些国外纳西学论著，主持审校和重译（部分）了美籍奥地利学者洛克博士研究纳西族的重要代表作《中国西南古纳西王国》，由于此书很多正文和注释需要核对大量汉、藏、纳西文献以及外文资料，还对不少植物学词汇进行重译，因此，审校这本书所花费的功夫是相当大的。近年来，我还组织翻译了当代国外纳西学名著《纳西、麽些（摩梭）民族志》（Naxi and Moso Ethnography）。

从我的研究而言，对人类学意义上的文化变迁和文化冲突的深入研究成果是研究纳西族殉情习俗的三本著作，最早的一本是《神奇的殉情》，此书1994年在香港三联书店出版，后来也在台湾出版了。2000年在深圳出版了一本《殉情》，列入"人类学田野"丛书；一本就是2008年出版的《玉龙情殇—纳西族的殉情研究》，列入尹绍亭先生等主编的"中国人类学民族学研究系列"，由云南人民出版社在2008年出版。（这本书入选了"2014书香中国""300位名人名家推荐300本好书"）。

我在此书中增加了很多田野调查资料，增强了理论分析。我关于殉情研究的书的有关章节也在国外出版了英文版。这本著作分析了主要由政治制度和文化变迁引发的纳西族的殉情悲剧，这是一本研究特定时代和社会背景下的殉情这一社会问题，可以说是一个历史人类学的著作。这本书基于大量案例主要提出的观点是：当主体民族（清代时）以一种大文化沙文主义的眼光来看待边地文化、少数民族文化时，边地文化和少数民族文化就被认为是野蛮鄙陋的文化，要加以"文明的改造"，结果就导致了社会矛盾的大冲突。丽江在1723年改土归流之前，纳西人的恋爱是相对比较自由的，不少地方即使未婚怀孕、有私生子也不会被社会蔑视。但是到了清代，极端异化的儒家三纲五常被强制地实施。按清代的法规，当时藏族如实施天葬就要被凌迟处死，非常严厉。纳西人的火葬习俗也被认为是陋俗而强行制止，按纳西人的生死观，不火葬，灵魂可是回不了祖先之地，这是很可怕的事。因此纳西族抗争了100多年，才在一些接受了汉学教育的纳西文人带头下慢慢接受了土葬。现在政府又号召要火葬，接受土葬习俗几百年的不少纳西老人又想不开了。在昆明的一些老人特别害怕待在昆明，说担心自己被火葬，老了以后还想着赶紧逃回丽江葬在祖坟上。从这个实例中可以看出，一个民族的习俗可以因为一种强力的文化沙文主义的压迫和政治改造而被彻底异化。

1723年"改土归流"后，各种压制妇女身心的制度也实施到了丽江纳西族中。这些外来观念和本土习俗杂糅成以一种"婚前恋爱自由，结婚则不自由"的习俗。青年男女在婚前的恋爱是自由的,这是沿袭的传统习俗,而婚姻则要完全听父母之命。这就形成了一个矛盾。加上对妇女的各种限制,比如清代还有各种限制妇女参加元宵、灯会等的限制。很多妇女就觉得这世道太难了,这些社会因素加上纳西人的宗教信仰因素,比如基于"祖先之地"信仰的"山中灵界信仰",产生了一个俗称"玉龙第三国"(舞路游翠郭)的山中灵界,那是殉情者的世外乐园。殉情者相信他们殉情后可以去到那里,在那里可以骑着老虎到处跑,有白鹿来为他们耕田,雉鸡为他们啼鸣;他们可以用彩霞来织衣服;这里的人不会老,青春常在等。社会因素和信仰因素一综合,于是就有了殉情的诱导因素,纳西人中就产生了大量的殉情悲剧。丽江曾被称为殉情之都。殉情者自杀前要浓妆盛服、歌舞唱酬,要选一个能见到玉龙雪山的风景优美之处殉情。在深圳海天出版社出版的《殉情》一书用了田野实录和文学化的写法,有较强的可读性。

此外,我还出版了《纳西族文化史论》(此书获"第十一届云南图书奖"二等奖)、《纳西文明》[此书教育部推荐为《历史》(高一年级第一学期)教学参考书]等10多部纳西学研究专著。

徐杰舜:您是哪一年博士毕业?哪一年结婚的?

杨福泉:我是1999年博士毕业并获得博士学位的,当时我已经是研究员,并入选了"中国百千万人才工程"第一层次。但是我觉得还是要多学些知识,特别是我功底比较薄弱的历史学应该恶补一下,就在职读了博士。我是1983年出国以前结婚的,回来时我的女儿已经有两岁了。我爱人也和我出去了一段时间。我回国时预料女儿会认生,所以在德国买了一个台湾制造的粉红色的电动玩具小猪,动起来会叫,还会惟妙惟肖地用鼻子拱人。呵呵,果然女儿乍见到我,有些怯怯的,不肯喊爸爸,给了她粉红色的小猪,一动一叫,小孩可高兴了,也开始喊我爸爸。我爱人家是汉族,是从丽江邻县永胜在20世纪移民到丽江古城的。他们家在家里是父母讲永胜汉话,而兄弟姐妹之间则说纳西话。我妻子精通纳西语,她讲话的纳西口音比我还重呢。她可以说是最后一代在丽江古城被纳西人同化的汉族吧。现在的丽江特别是像古城这样的区域,则又面临着纳西人要被逐渐汉化的趋势。我们夫妇在昆明常常和女儿说纳西话,并要求我的女儿和她祖母通电话只讲纳西话,因为我母亲听到纳西话会很高兴的。所以,我女儿是当下在昆明长大的纳西年轻人中还能讲纳西话的少数人了。她会讲纳西话,而她的普通话比我标准,英语也不错。这证明年轻人学习多种语言并不相互冲突,反倒对思维和学习语言有好处。我写的《古王国的望族后裔》这本书中,就讲了不少我这个纳汉合璧的家庭的不少故事。也算是一个民族融合的家庭的案例吧。我个人认为民族是个文化的概念,不适合用基因等来论证。

徐杰舜:民族是一个文化的概念,在中国通过民族识别出来的56个民族,又被赋予了政治性。

杨福泉:从人类学的角度看,民族的融合与分化在随着社会的变迁而产生变化。我在藏区看到,因为藏区有对藏族的优惠政策,一些纳西族逐渐倾向于报自己是藏族。而在丽江,也有因为丽江和纳西族当代的文化名声和经济上的发展,填报自己为纳西族的年青人也在增加,特别是那些父母一方是纳西族的。一方面,很多纳西人在致力于推动传统文化包括母语传承的工作;另一方面,也有越来越多的年轻一代已经日渐生疏了母语等自己的文化。作为一个少数民族学者,我现在思考得较多的是少数民族如何在继承优良传统的继承上,也广泛学习其他民族的文化,在基于母语文化的继承和弘扬上再创当代的文化。文化是生生不息的,是流动的,每一个历史时期都应该增加原创的内容。但关键是要保留自己文化的个性特点,保持自己的魅力,不应随波逐流地在全球一体化的过程中被彻底同化了。

徐杰舜:除了上述很多学术研究,看来您还在应用性研究方面下了不少功夫。

杨福泉:是的,除了学术研究,我看重自己作为一个民族学者与社区民众之间的那种血肉相连的情感维系和学者对社区民众的道义、良知和责任感;看重作为一个民族学者对社区民众的"回报"情结。因此,除了致力于民族文化基础理论的研究，我也积极参与关于民族地区经济、文化发展现实问题的研究，尽己所能为当地社区民众办实事。多年来致力于推动各种国际合作的社区发展研究，长期在边远贫困地区做田野调查，与当地老百姓同吃同住，与国内外同事一起促成了丽江纳西族农村的一些合作经济实体。争取国际资金进行少数民族文化传人培养和乡土知识技能培训、在乡村小学里进行参与式的乡土知识教育等方面的项目；完成了"丽江纳西族民间文化传人培养的实践和研究""丽江市玉龙纳西族自治县白沙乡白沙完小乡土知识教育的实践""少数民族妇女传统手工艺的培训"、扶助少数民族贫困学生在丽江民族中学读书等项目，取得了很好的效果和社会影响。

徐杰舜：纳西学是您的学术重心，除此之外，您在哪些方面的研究还下功夫较多？

杨福泉：除了纳西学，我还从事其他方面的专题研究。我的民俗学专著《灶与灶神》，是对中国的灶神信仰进行系统的梳理和全面研究的一本专著，在学苑出版社出版后，受到国内外学术界的好评，很快重印，1996年在台湾汉扬出版社出版，2000年在台湾云龙出版社出版。2020年将会在学苑出版社出版修订版。

我主笔的《火塘文化录》是《灶神研究》的姐妹篇，此书从民俗、社会结构、宗教信仰等方面首次对过去无人论及的中国少数民族丰富多彩的火塘文化进行了比较全面的论析，应该算是一本以小见大的拓荒创新之作。《中国社会科学》曾发表了对该书的书评。由于此书受到学术界的广泛好评，曾两次重印，并于2000年再版。该书还在1999年被联合国粮农组织（FAO）译成英文。此专题系列论文之一《论火神》被《新华文摘》转载，并入选由中国科学院编的《中国八五科学技术优秀成果选》（1990—1995）一书中；该文亦获云南省人民政府颁发的1993—1995年度社会科学优秀科研成果奖。此外，我还出版了一些田野纪实类的图文长卷散文，比如《寻找祖先的灵魂》，先在台湾出版，后来在民族出版社又出了大陆版；还有《西行茶马古道》，在上海人民出版社出版；《灵境丽江》，有上海锦绣文章出版社版、上海故事会文化传媒有限公司版，《杨福泉作品选集》，在光明日报出版社出版。

老照片学术画册《远去的背影——云南民族记忆 1949—2009》入选"首届向全国推荐百种优秀民族图书"，这本书虽然很贵，但早就卖完了。不少国外学者向我打听，问这个书会不会出英文版。现在云南人民出版社委托我来组织把它翻译成英文，我正在筹划中。这本书设计很有水平，书里的很多照片拍摄于 20 世纪 50—70 年代，这期间反映中国少数民族状况的照片在国外很少。照片很清晰，并且按照民族分成一组一组的。从这个书可以看出来，中国 20 世纪五六十年代党和政府派出的民族工作队的工作做得很细，里面有很多难忘的历史场景，此书有图有真相，很有历史资料价值。我在编辑的时候，要求撰稿者尽量把图说做得细一些，这样信息量也就比较大，能了解到照片后面的很多背景内容。

徐杰舜：谢谢您接受采访，非常感谢！

采访者：徐杰舜，广西民族大学教授。

调查之路，参与行动之路
——郭净研究员访谈录

郭净，民族史博士，云南省社会科学院研究员，纪录片导演、影视人类学家。

主要研究领域为中国西部山地民族文化史、影视人类学。发表的主要专著有《云南纪录影像口述史》《雪山之书》等9种；合著、主编《云南少数民族新编》（云南人民出版社，1998）6种；译著《宇宙、神谕与人伦》等2种；影视作品《卡瓦格博》等2种；从事公益项目"社区影视教育"等6项；除学术研究外，还与影视界同人发起"云之南纪录影像展"，参与乡村影像和文化、生物多样性保护的实践。

写在前面：

在人类学研究的田野调查中，郭净最初发现了一个看不见的乡村，这激发了他对影像权利的深入思考，并促使他十几年致力于村民影像的参与式行动。这种行动和研究，最终也让他受益匪浅，得以从"解放者"的眼光中解脱出来，获得了"观察者"的自由。

张婷婷说，郭净老师是她此次云南之行的意外收获，见第一面就喜欢上了。我们在云南露天阳台上坐着，听他聊自己、聊人生。他是1955年出生的云南人，独立纪录片导演，人类学家，他说云南人和人类学者的身份让他容易对少数群体和边缘人群处境感同身受，经历过革命动荡的时代，让他更能平和地看待社会变化，采取行动。1987年进入云南省社会科学院，当过省博物馆的馆长，成立了AZARA工作室，并发起了非常有影响力的"云之南影像展"。他说在苗族和藏族地区的田野经历是他之后系列社区影响教育行动的基石，并书写了很多反映自己思考的文章著作。他说民间组织（NGO）人应该既是行动者也是研究者，这样才能更清晰、更长远地看待问题和行动。问他为什么国际机构做了这么多事却难见到可持续的影响力，他说要看国际机构背后的初衷是什么，是真的想要促进人的发展还是资本主义的帮手。问他参与性如何更好地与社区发展结合，他说你得先理解中国人的儒家文化，儒家大统一思想与参与性多元价值必然有冲突，从人类学的视角来看，从来不存在快速调查，你必须深入当地，通过做一个分享者、搭建平台的人，甚至与当地成为朋友来促发行动。他说话是那样温和，句句都像照进心里的光，给我解惑……

杜娟老师说：郭老师像他的名字一样"净"，他2015年从社会科学院退休的同时也昭示着社会科学院一个时代的结束——可以自由自在读书，驻扎乡野，跑图书馆，乐于交流地创造属于自己和全人类的知识和人生。

他的魅力，望这份记录能让我们窥探一二吧。

张婷婷：介绍来意，想听您说说自己的经历，是怎么进入发展领域的，个人的思考和经验？

郭净：作为一个刚过60岁的云南人，我觉得有几个身份对我们影响非常大。第一个身份是这个年龄的人，我们经历了中国的不同时代——革命的时代、动乱的时代和到了现在以经济为中心的时代，可以说是三个时代，也可以说是一个大时代、一个小时代，而现在的年轻人是只经历过一个时代的人。所以我们这一代人对这个社会的认识是与年轻人不一样的，受到中国革命传统的一些熏陶（虽然没直接参加，但自小就这样熏陶出来），而且我们那时候读的书很有限，因为书少，所以读得很认真，恩格斯、马克思、毛泽东的书都是正儿八经在读，对马克思主义特别是毛泽东在农村做的那一套革命过程有所了解，农民革命的传统对我们有影响，让我在没有接触过农村和少数民族之前就多了些感同身受，现在做农村工作的人却很少读这些书了。而且我们是有过一些经历的人，自然养成了遇事不会只往好处想，即使在做好事的时候也会意识到非常坏的那一面，所以我们这代人对乌托邦是不抱幻想的，知道乌托邦也有黑暗的一面，不像现在的年轻人有这样的幻想，说起什么地方就遐想无限、感到非常美好。

第二个身份是云南人，这样的人地处边远，非常的边缘，周围的朋友也是多民族混杂的，所以思考方式不是完全汉族人的思考方式，和北京人不一样，不会完全站在中心地区的立场来思考，相反地，会不断地强化着自己的边缘身份和立场。这两个身份相当重要。

还有一个身份就是人类学民族学的身份。人们常开玩笑讲，云南没别的，就这一个学科，不管学习什么都要和民族黏在一起才能做事情，这是云南的特点。

这三种身份，影响了我们的特点。我们家是云南的移民，爷爷的爷爷是广东人，太平天国革命的时候迁到贵阳，逐渐形成了一个大家族，我祖父曾经是贵阳的商人，父亲在抗战时离开大学跑去延安闹革命，有反叛家庭的意味，之后才到了云南。我说到的革命传统也是受家庭影响的，而不只是社会教育。所以做发展工作时，我想到的会不仅是发展，还有整个中国的历史传统，王朝更替、农民革命，以及延伸的一波一波事件。观察现在的社会变动，你会发现历史重演的规律，会思索在这种重演的历史当中，我们这些做学问的人，应当承担什么，能够做什么，而不仅仅是"公益"——公益这个词对我们来说是陌生的，我们思考得更多的是农村的变革。

我本科在云南师范大学学历史，硕士在云南省社会科学院做东南亚历史，那时就开始做云南苗族的调查，后逐渐转到做藏族文化研究，做影视人类学。这个过程中间，从20世纪80年代后期到21世纪之初，云南是中国纪录影像的中心地区之一，所以后面会有乡村影像出现，也是和这段历史有关系。

在20世纪80年代,大约在1984年的时候,云南的民族学学者就开始重新拍民族志电影了。当时我没有参加,我是1987年才进的省社会科学院,也受到了这股潮流的影响,对影像产生了很大的兴趣。然后到20世纪90年代末,我就开始涉及公益领域——其实我们云南省社会科学院有一批人介入公益相当早,他们与云南生育健康研究会(YRHRA)合作,这个机构是1994年成立的,现在叫云南省健康与发展研究会(YHDRA),是中国第一个研究生殖健康的非政府公共组织,也是云南省最早的公益组织之一。中国第一个乡村影像项目叫作"照片之声",就是生育健康研究会在20世纪90年代前期做的,我们单位的和钟华等人也参与了,方法是给农村妇女相机,让她们拍照记录自己的生活,这是福特基金会支持的项目。

中国的独立纪录片运动开始于1989年,由吴文光(现草场地工作站发起人)、朱晓阳(现北京大学人类学教授)、于坚等几个云南年轻人在北京发起,原来是央视"中国人"系列的一部分,1999年摄制计划终止,吴文光把一部分素材编成了《流浪北京》——这是中国独立纪录片的开端,对整个中国和云南的纪录片事业发展影响非常大。后来就陆续出现了一大批游离在体制内外,或者脱离体制、自己拿起摄像机拍摄的人,纪录片拍摄成为一种社会运动。这些纪录片大多得不到体制认可,所以他们拿这些片子搞酒吧之类的小型放映,或去参加国外的电影节。

开始我是做民族调查的,一直做苗族,1993年去了西藏社会科学院,到藏区做了一年藏族寺院仪式的调查,这让我有机会实际掌握田野调查的技巧,比较深入地了解这两个民族的文化,为我今后的行动打下了比较好的基础。1995年我回到云南,参加了云南电视台刘晓津导演的纪录片摄制组,开始参与拍纪录片。进入公益项目是在20世纪90年代末,那时美国大自然保护协会(TNC)进入云南,和云南政府合作了一个项目,叫作"滇西北大河流域保护与行动计划",要在云南的大理、迪庆、怒江、丽江四个地区做生态保护。这个项目云南的学者参与的非常多,我们社会科学院也都参加了，当时成立了调查组，我是迪庆调查组的组长，队伍里有汉族和藏族学者，一起做生物多样性和文化保护的调查，调查完要给省政府和 TNC 提交调查和规划报告，目前这个项目已经成为国外人类学学者研究的一个对象，美国华盛顿大学还出了一本书，叫作 Mapping Shangri-la，就是讲 TNC 在云南迪庆如何做事的。

我们当时调查的重点之一是德钦县境内的卡瓦格博，外人叫作梅里雪山，现在它是旅游热点了，通过调查想了解在旅游业大规模进入的背景下，当地人对此的反应是什么，对神山和生物多样性是怎么看的，其中的关系是什么。这段时间我正好在做这座雪山的调查，于是把当地藏族的环境观念和行为作为主题，完成了我在云南大学的博士论文，而后我又把它拓展成了一本书，2012 年出版的，叫《雪山之书》，这本书探讨的基点，是我们做环境保护实际上需要立足于当地人的参与，需要去了解他们对环境怎么看，而不只是我们外来人对环境怎么看。在调查过程中，我们了解到藏族人如何看待神山，以及他们的神山观念中包含的那些与现代环保观念不同的传统知识。TNC 当时要在藏区做一个保护区，想让我做他们的文化顾问，但后来没有搞成，因为我们之间就保护区的命名是叫"卡瓦格博"还是"梅里雪山"发生了分歧。藏区的这座山是在 20 世纪 50 年代开始被改名为梅里雪山的，因为日本登山队的进入和旅游的开发，梅里雪山变成一个正式的名称。但当地藏族其实把它叫作卡瓦格博，意为白色雪山的意思，他们认为当地每一组不同的山都有各自的山神，来保护周围村子，而这些山神的统领，就叫作卡瓦格博，于是我就跟 TNC 说，这个保护区必须叫卡瓦格博而不能叫作梅里雪山，这里面有地方性知识产权的含义，梅里雪山是汉人改的，尽管梅里雪山也是个藏语名字，但不是指这座雪山。为此，我还写了一篇论文，Mapping Shangri la 中引用了这个观点。后来 TNC 去和德钦县政府谈，政府坚持要用梅里雪山，认为为了旅游业发展这样叫得响，于是保护计划就把这片区域用梅里雪山命名了，但这个保护区并未建立。而这个分歧实际上也成为我后来做很多事情的起点。中国的乡村建设、生物和文化多样性保护，从前都是以知识分子为中心、以外来人为中心。而以当地人的传统知识为中心的文化保护，是不被很多人所认同的，甚至现在许多做公益的人不是不认同，而是做不到，这就是人类学上一个非常重要的观点，即本位立场的观点。

后来我和几个专家到德钦又做了调查，同时拍纪录片。到 2000 年后，我们就想自己来做些事情。当时 TNC 负责人老诺顿的妻子叫安，我跟她讨论过 20 世纪 90 年代的"照片之声"项目，便萌发了延续这个项目的想法，我们分头向福特基金会申请了两个项目，她的还叫"照片之声"，沿用原来的方式，在滇西北几个地州，让村民去拍摄关于环境的照片；我则在云南省社会科学院成立了一个非正式组织，叫 Azara 工作站，Azara 在藏语里的意思是游方僧，因为没有独立注册，就挂靠 CBIK 管理，后来改名叫白玛山地文化研究中心，2013 年停止活动。

2000 年，我们通过 CBIK 从福特基金会那申请了一个叫作"社区影视教育"的项目。这个项目在 2000—2003 年做了第一期，这是我们开展村民影像最早的起点。我们的团队有藏族学者章忠云、纳西族学者和渊、汉族学者苏雄娟，迪庆州教育局教研室的和银华（纳西族），汤堆村、茨中村小学的老师和学生。我们不光是拍纪录片，还给 3 个村子的 5 个村民配备摄像机，让他们去拍摄自己喜欢的主题，结果汤堆村的制陶师傅孙诺七林和他儿子拍了黑陶的工艺，明永村的扎西尼玛拍了卡瓦格博的冰川，还有茨中村信天主教的刘文增和吴公顶拍了圣诞节和种葡萄。我们与汤堆村和茨中村小学的师生合作，用他们制作的纪录片给村小学做文化教育，请这几个村民给学生上课，教学生学习制陶、种葡萄。这样也拉近了我们与当地人的距离，并且从中发展出了我们日后工作的两条主线：社区教育和村民影像。2003 年，在 CBIK 负责人许建初的建议下，我们中心和云南省社会科学院的学者杨福泉（纳西族）以及 CBIK 的许建初联合申请了一个新项目，在云南的纳西族、藏族和哈尼族地区做社区参与式教育，吕宾和增益群做西双版纳的哈尼族村寨，杨福泉做丽江的纳西族小学，我们做迪庆州的藏族村寨。

　　社区影像教育的行动又推动了一件事。2003年我调到云南省博物馆做馆长，那时云南省独立纪录片的风潮已经非常热了，于是大家联合起来，以省博物馆为主办单位，以云南大学东亚影视人类学研究所毕业的一批研究生和他们的朋友为骨干，发起了云之南纪录影像展。这个影像展发展成为中国的三大民间影像展之一，另外两个一个在北京一个在南京。2013年，云之南影像展停止活动。

　　云之南纪录影像展中最重要的一个事情，就是做了一个社区影像单元，放映村民和NGO成员制作的影像。2005年开始，我们和不同NGO，包括PCD、乐施会、美国大自然保护协会、保护国际、山水自然保护中心、英国救助儿童会等机构合作，使得社区影像单元变成汇聚中国西南不同民族所拍摄的影像的展映交流平台，后来兴起的创作者都来参加这些活动，对他们影响也非常大。我个人还参加了其他活动，如英国救助儿童会邀请我参加了校本课程的开发活动。国家教育部早就制定了中小学在国家课程之外，开发地方课程和校本课程的规划，所谓校本课程，是以当地学校为主体，以当地农村周边的文化和生物多样性资源作为素材，师生共同参与的一种行动式教学。我以培训顾问的身份，和英国救助儿童会的项目官员高玲和左涛合作，在云南的巍山、宁洱和双江的3个农村小学做了3年，发展了一整套的校本课程教学方法，基本是社区专家和老师协助学生做当地社区的调查，之后学生用表演、演说、展览等各种方式做交流，并编撰成书，这书不是我们平时看到的那种书，全部都是由学生自己发明创造的，不规定形式，实际相当于是手工艺品，很有趣。做了3年下来，学生从很拘谨，到逐步放开，发挥自己的能力，老师也从中收益。可惜的是，资助停止后，这个项目也没做下去。

　　从2006年到2010年，白玛中心又做了两期村民影像的培训，一个叫云南—越南社区影视教育交流坊，由福特基金会资助，和越南民族博物馆合作；另一个叫乡村影像计划，由欧盟资助，和山水自然保护中心等机构合作，让一个学者和一个村民配合，组成几个小组去拍摄纪录片。2007年，在山水自然保护中心工作的吕宾发起了"乡村之眼"的培训，我们原来培养的村民都是单人拍摄，而乡村之眼聚集的当地人则逐渐有了团队的意识。2011年，参加过乡村影像培训的扎西桑俄，在青海创建了年保玉则生态环境保护协会，并在果洛的白玉乡发起了第一个由村民自主的"乡村之眼"培训，邀请吕宾和我去做了培训，那次活动感到很不一样的东西。2007年以前，我们做的乡村影像，每个村民都是个体，是没有组织的，所以拍着拍着有人就不知道怎么办了。但2007年后，村民逐渐通过影像组织起来，年保玉则生态保护协会就是在这样的氛围中产生的。

我们做了多年的村民影像，有很多困惑，也有难以持续的问题，现在终于看到了转折点，看到除了外部资助和推动，当地人的自主性——而且是非常强烈的自主性出现了。这个协会的团队非常强，领头的是僧人扎西桑俄和周杰，是他们中的高级知识分子。我们这些外来者和当地人的对话交流，逐渐开始呈现平等化。我觉得这是中国乡村建设运动中比较有趣的事情。沈从文的孙女沈红曾研究贵州的石门坎，她有个重要观点是，民国时期的乡建运动，成就了一批知识分子，"而尘埃落定，博士还是博士，平民还是平民。东部乡村教育运动的成就凝聚为个人化的学术成就和社会声望。"（沈红《石门坎：是圣地还是炼狱？》，载《走近石门坎》www.shimenkan.org）但是在石门坎做基督教传播的那群英国传教士，是成就了当地一批苗族村民的，所以沈红说："西部乡村教育运动的收获是社区整体的成就。"她认为这是两种非常不一样的乡村建设运动。一直到现在，许多大花苗仍然在使用柏格理创造的苗文，并且还以基督教信仰的方式做着自己的乡村建设运动。

在这个过程当中，当你看到当地居民的自主性和自觉性时，才会感到所谓的乡村建设运动是有希望的，而不仅仅是知识分子的运动和自我激动。我经常问NGO的朋友，当年共产党做农民革命运动，没有什么资助，可为什么人人都要来参加呢？是怎么调动村民的自主性的？而为什么我们现在抱着钱去，还难以激发他们的自主性，项目结束就打回原形，离开再做另一个点，或者只能不停地往一个点撒钱进去，不可持续。为什么？做公益的人怎么来思考这个问题？当这些点开始出现自主性的时候，比如青海年保玉则这群藏人，除了接受资助外，他们每年自己就可以筹到很多钱。德钦藏族的草根组织卡瓦格博文化社转型为来者公司，其一个基本理念也是要摆脱外来资助，自己养活自己。这样一种思想，我们做公益的有多少人能够注意到？我觉得这是一个非常核心的问题。

乡村影像也存在很多问题，但至少我们是看到了正在兴起的自主性。年保玉则的团队不仅做"乡村之眼"项目的事情，在学会工作方法后，还做超出公益范畴的事情，去做植物和动物的影像调查，每年出版绘画形式的牧民教育手册。前年他们拿来一套书，七八本，藏文的，收集了藏文献中关于水资源的资料，这完全是他们自己做的，是一种行动和自主性研究的结合。所以这个协会也启发我们，提出了一些想法：我们做乡村建设，核心是在做什么？我个人的理解是，我们某种程度上是在企图重建一个（传统）乡村知识体系，因为对于汉族和很多少数民族来说，它们原来的知识体系已经被打碎了，或者不完整了，但对于外来的知识体系，又缺乏接纳和改造的能力。那么，要把外部和内部已经破碎的东西重新组合，就需要重建，重建的目标，一个是乡村的民间组织，另一个是传统乡村知识体系，或者不叫传统知识体系，就叫乡村知识体系。没有这两个东西，任何外来的推动都会变得软弱无力。

重建的过程，有非常大的障碍，特别是少数民族中，首先是语言文字的障碍，这不仅对外来者，对内部人也是一样。比如藏文的经书，一般老百姓也读得少，很多人只念祭祀用的经文，知识体系主要掌握在僧人等社会精英手里。所以影像就起了一个作用，把原来的限制打破，不仅可以让汉人和藏人之间通过视觉达成交流，而且在藏人的不同阶层中形成对话，僧人和牧民可以通过影像进行互动和对话，比如德钦的李卫红原本只是个普通农妇，作为一个农民，也作为一个妇女，她在当地的社会结构中地位比较低，在知识体系中的发言权是非常少的，但通过影像记录，通过拍摄《葡萄》这部纪录片，她获得了发言权。像这样的一些方向，我觉得很有趣，也写了一些文章来探讨。

就我接触的范围来看，NGO这个行当，研究普遍做得不好。说个最简单的现象，你发现没有，很多NGO是不收藏资料的，更没有自己的档案系统，除了申请和结项材料之外，没有项目执行过程的记录和跟踪研究，直到现在这个趋势也没有根本扭转。而在行业内外，大家对特定项目的追踪研究也非常少，太多大而化之的课题，如乡村影像的研究已出了不少，但我只见过少数有实地考察基础的论文。所以我看到《踏勘香格里拉》（Mapping Shangri la）那本书时相当惊异——在TNC、保护国际等机构刚刚进入中国初期，美国的人类学家就介入跟踪研究了，尽管书中带有不少偏见，但他们的预见性和长期关注的确值得我们反思。

无论是行动还是研究，乡村的自主性体现在哪里？在整个中国公益体系中，乡村的民间体系在哪里？这是核心。我们回过头来探讨百年来的发展状况，可以说在当年农民革命那个阶段当中，乡村是充分发动起来了，那为什么这个传统不见了？我们跟日本的农民讨论时，也涉及东亚农民运动传统的问题。

张婷婷：是因为做事的人的问题吗？

郭净：这个事情特别复杂。现在做事的人非常多，但真正在乡村做扎实事情的人非常少，少了那一代人的精神，我觉得我就缺乏我父亲那一代人的精神。多年下来，NGO做来做去，那么多村子的项目无疾而终，背后的原因是什么？这和机构做事的初衷有密切关系，谋职是一种目的，创业又是另一种，真正感觉到农村有问题，主观地想改造农村是一种，很多都是以自我为中心的思考。

还有一个，我感到公益圈整体比较浮躁，不够踏实。为什么很多人都做平台？或许平台相比乡村行动更好做，以城市为基础，融资时交流对象主要是城市的人，不用去农村辛苦地做调研也能做起来。为什么许多公益组织愿意谈论创新，谈论公益，谈论推广，谈论顶层设计，而不愿意用人类学的知识来帮助做事呢？因为人类学要求很苛刻，你必须去乡村待着做长期调查，去做底层观察。相比之下，当然在城市做平台要轻松得多，所以从某种程度上说，云南的几个NGO能撑到现在，是和做事扎实有关的。比如像"乡村之眼"，我跟着跑了好几趟，发现他们做事真的太难了，换个机构是不太可能做下来的，一个星期，每天晚上几乎不睡觉，就在一个小房子里，像发疯一样和当地人一起讨论编片子，零下几十摄氏度的天气，非常辛苦，现在我的身体都不允许这样做了。

  云南和其他地方的公益圈看起来可能很不一样的地方，是因为它至少有一帮这样做事情的人，他们能下村待得住，如果没有这一点，做乡村建设就不好讲了。凡是做得好的，第一个前提都是这个。但即使在云南，这样的一些人，现在也难以坚持扎在一个点上了。也有很多人没有人类学背景，那么就和初衷、和他怎么认识这个事情有关。如果定位是在公益圈混出名堂，就会是不一样的做法。跟资本、跟市场结合起来走亲精英路线。中国在这个转型期，有很多资本投入公益圈，购买服务。台湾也有这个现象，在民进党执政之前，台湾的纪录片运动非常厉害，以环保的方式反抗政治高压，而民进党一上来，有大量的资金可以申请，很多人就转向了，放弃纪录片，转而拍电影去了。我比较担心大陆也走这条路。现在基金会越来越多，申请资金很容易，即使是以前比较扎实的NGO也很容易转向，那么依然坚持到基层做事反而就被边缘化了，有这种可能性。而且资本本身就不希望你做它不喜欢的事情。

  张婷婷：这个现象我也深有体会，觉得现在公益圈需要一些对抗主流的声音，有一些其他的声音出来。

  郭净：其实这个状况和学术圈是一样的。20世纪八九十年代学术圈状况最好，为什么？没钱，大家真的是很纯粹地喜欢学术。而现在中国的学术研究资金主要来自政府，其他渠道钱少了。我们那时候，社会科学院没钱，成立个人工作室，申请国内外资助，可以有选择，现在国外基金会的钱都不许拿了，而且政府的资金来得快、花得快，两三个月就叫你交一个东西，很容易啊，拼凑出个几千字的内参和简报就可以拿钱了。

张婷婷：所以现在都是一样了，政府工作、学术工作和 NGO 原则规则都一样了。我们永远都是边缘的了？

郭净：NGO 这个工作就是一个边缘的工作。当年云之南影像展如果要想主流，早就主流了。既然认定了是一个边缘的做纪录片的人，一个边缘的学者，就处在边缘的地区，边缘地做事。如果这个价值是你自己认定了的话。而实际上在任何一个社会，价值都是自己选择的，不存在什么边缘不边缘。你对那个事情感兴趣，觉得应该这么做，那就做；做不下去转行就好。我从没想象大家都变得很积极，都去干这类事情。

张婷婷：那么像我们这样的人，如何找到做事的空间呢？一些年轻人，是想实现一些理想的，但进入后发现被主流化了。

郭净：我们当年做事环境也不是那么好，云南在这个过程中，国外资本退出，NGO 衰落，压力越来越大。我们做了 10 年影展，5 届中有两届都被停掉了。但我们这个圈子依然有一些人没有转行，只不过是分开了而已。比如我认识的做独立影像的这帮人，如季丹、林鑫、胡杰、顾桃、毛晨雨、冯艳、鬼叔中等，就是相当了不起的，他们有的一辈子边缘，甚至活得非常艰难；也有的人选择中心化，移民到国外，但坚持下来的人都非常了不起。我说他们比真正的人类学家，比真正的公益人还做得地道。

重要的不是主流在做什么，而是你们这些人在做什么事情。人是可以创造一个小环境的，不需要刻意去改变大环境。藏族人的说法是，要么铺路，要么换一双鞋子。营造一个小环境，聚集一小帮人，不用多，有比较认同这个观念而且有能力做事，就可以了。比如摇滚乐，永远是边缘吧？变成流行乐不太可能的，那就边缘着，同样可以生存下去。

张婷婷：怎样才能促进民间自主性？

郭净：一个是我们主观的调节：我们有自己的价值观，愿意深入乡村（如果有人类学背景就更好），而且有一套方法在乡村可以做事情——我觉得人类学对我很大的帮助就是教会了我如何在乡村去做事情。举个例子，我做过不少项目评估，同样去两天，其他缺乏人类学知识的人可能没有我了解得多，我可以很快地了解一个村落的结构，虽然很粗略，也不一定准确，但可以归纳出一点有用的认识；而缺少相关知识背景的人，做了一年也搞不清楚这个地方，这种方法非常重要。

对于参与式方法，人类学也有更深刻的理解，它有方法论在里面，NGO 的参与式方法也受到了人类学的影响，但我觉得有些参与式方法用得比较粗糙，缺乏学科的背景支撑，去乡下几天，画几张图，把几天的调查搞个快速评估——人类学是不承认什么快速评估的，不可能在短短几天去了解一个文化和一个村落，相反地，是调查时间越长越害怕，会越来越发现其中的复杂性，这背后的复杂性就是人类学者的自觉，带着批判的眼光。人类学的参与式方法是，你进到一个文化，首先受到的是一种文化的震撼，几个月都是你在受别人的教育而不是去教育别人。我参加过不少公益项目，很少有哪个项目把项目点的社会和文化结构搞清楚的：村里面是什么样的人际关系，家族有哪些？有些人做完三五年项目都不知道。很多机构都有基线调查，但不能只是数据性的东西，这些并不能了解到村子的家族、文化、宗教体系。

张婷婷：就是没有文化视角。怎么证明文化视角这么重要？

郭净：我举个简单例子：我们和 TNC 合作，经过长期交流，他们做了一件事情，派了 2~3 个专家组成调查小组，由村民带领，在卡瓦博格几个村子里跑了半个月，调查藏族眼中的整个生态环境系统。在那之后，我们又和藏族学者调查了一年。TNC 是来到中国才知道这个事情的重要性，在此基础上，才来讨论当地人的环境观是什么。发现这个环境观不是简单的一些说法和想法，而是通过一套地方性知识体系来实施的，藏族人划分了内部空间和外部空间，内外空间都有严格的管理方式。如果我们完全不关注这些，怎么开展以村民为主的社区参与式环境保护呢？只有外面的人说了算而已。

张婷婷：这些经验也有被意识到，但为什么没有传播开来，没有影响到 NGO？

郭净：中国的现代化过程，相对于全球化过程，往往表现为一个汉化的过程。有一个美国学者叫哈里斯，调查青藏地区的野生动物，写了一本书叫《消逝中的荒野》，书中提出一个论点，说中国政府在西部做的环境保护，通常是以儒家文化为思想基础。我们把这个概念延伸开来会发现：在西部做的许多乡村建设，其实都有儒家文化的背景（民国有的乡建运动有基督教的背景）。这是什么意思呢？以儒家文化为基础的经济结构，是一种园艺式的农业，是精耕细作的。但是西南地区各个民族的农业，都是多样化种植而不是单一种植，此外还有畜牧业、狩猎、采集，还有一部分刀耕火种，这样一些多样化的文化和经济体系，都被现代化消解掉了，改造成以汉族为典范的精耕细作的单一种植体系了。关键我们还要看到，许多以汉文化为背景的 NGO 也是同样的思维模式，那么，在这样的华夏文化体系下的 NGO 系统，会轻易接受西部的文化和生态观念吗？很多人甚至都看不懂、不关心，也完全没有切身的体会。另一位美国学者斯科特以一系列著作（如《逃避政治的艺术》）提出了一个佐米亚（Zomia）的文化区域概念，认为在这个区域的东南亚、南亚和中国南部的许多山地民族，历史上一直在用部落制、刀耕火种、无文字的文化传承系统抗拒和逃避平地国家体系的收编。而低地国家则试图用定居农业、人口和土地控制、文字教育把这些山地民族纳入体制当中。这提醒我们，在做西部乡村建设的时候，会不会有意无意地做了后者的推手？

贵州学者杨庭硕研究过很多农村经济体系，像一块地里种很多东西，不是作为杂草来消除掉的，不是一个单一的精耕细作的农业体系，而这种体系大规模地向西部扩张的同时，NGO 也在扩张。所以我才觉得，有的 NGO 很可能是在帮助这种一体化的经济和文化体系的扩张。在这样的情况下，要轻易改变 NGO 大环境和思想认识非常困难。只有先去聚集一小批人，以边缘的立场，重新思考和寻找出发点。

张婷婷：我感到自己想要保持自己的个性和独立思考，但在外面的环境下，就会被牵走，独立性会受到影响。但好的一点是，我会时不时反思，把自己拉回来。

郭净：你在社会资源研究所，可以同时做一个学者。学者的好处是可以跳出来做事情。做公益很容易沮丧，我见过太多公益人，做到三十几岁困惑起来了，跑去读书，太多了。做公益本来需要理想主义，但你会发现理想主义越做越少的时候，你就会困惑，那时候唯一选择就是去读书，去学习。如果你一开始就把身份定为同时作为观察者和研究者，你就会摆脱这种情绪，你会比别人看得更深入，会看到问题的背后，会比别人看得更长远，不仅是看到潮流，会看到长时段的变迁，这样子你心里就会比较踏实。我做这么多年下来，很少觉得不踏实和惶恐，就因为经历过几个时代，也因为是个学者，学者这个身份挺好，让你能够接受规律和变化。一个村庄消失了，很多人很着急，要去拯救它。其实，任何事物都要经历成、驻、坏、空的阶段，没有永恒的东西。当你真正去了解这种思想和理论时，你心里会比较踏实。和人一样，生老病死，文化、社会、族群，都有生老病死，公益圈也不例外。今天是这个潮流，再过十年可能变了。

张婷婷：我的有些朋友真的会沮丧，觉得做了那么多事也没看到变化。

郭净：有些人担心自己难以融入当地人的社会，我们学者也有这个问题，人家并没有把我们当成自己人。而且你本来就是个外人，怎么可能成为当地人呢？人类学家告诉你，你没必要成为当地人，即使融入当地文化了也不等于你成为当地人。"去欣赏和了解另外一个文化是我的福气，是我这一生活得有意义的地方，而不是去变成另外一个人。"这样去想，很多困惑就不会有了。我在藏族学到太多东西，也学到了很多佛教的内容，但我对佛教也会批判性地去看。

张婷婷：有人会说，我觉得人类学作为观察和开展社区工作的基础很有必要，但它只能是观察，没有办法导向行动。

郭净：其实我更愿意把研究者和推动者的身份合而为一，这样退可以研究、进可以行动。说老实话，很多行动都是失败的，并不基于当地人的意愿，因为最终的行动者应该是人家而不是你。人类学有一个观点叫分享人类学，摄像机是一个刺激分享的因素，我们可以通过摄像机去交流，这个过程中，他会发现这个摄像机可以为他所用，这时候你的目的就达到了，他会用这个摄像机来行动。而你要怎么行动？这个社区不是你的，你怎么行动？而且你的行动很可能是破坏社区而不是帮助。

人类学不太主张学者去干预研究对象的生活，只是在当前社会思潮下，我们采取了干预行动，这种干预是可以理解的，但是你也要明白这种干预的限度。它只是一个刺激，刺激发生后，适当的时候就应该退出，当地人产生自觉后他们自会行动。比如年保玉则，他们有能力请到10多位活佛来讲经，你不可能做到啊，你的办法是你外来人的想法，但这些想法滋生的行动和设想，大多在社区是失效的。

张婷婷：那人类学的干预行动是怎么产生的？

郭净：有几种可能，第一，只研究，不刺激也不行动。乡村影像其中一个重要的概念是，我研究的资料可以成为他们的资源——原来人类学家的调查成果都是为自己所用，发表、评职称，而乡村并没有得益。那这就是第一步：我的东西可以分享。

第二，你有了人类学的背景，就容易知道在什么情况下，采取什么方式刺激他们去了解和交流。比如他们对旅游不了解，也没有环保概念，这些东西进入了，引起当地人的惶惑，这些观念你就可以给他们讲明，在被他们接纳后，就可以成为他们的武器。比如藏族接受了环保观念，这就成为他们保护神山圣湖的工具。而他们对环保观念的理解和运用和你都是不同的，那么你就和他们成为对话者，可以不断地提问来引发讨论，在讨论的过程中又会刺激到他们的行动。就是不断地把他们的自主性和自觉性激发出来。而且不单是激发出来，他们也有自己不了解的东西，也不是做得都对，那你和他们交谈过程中，会意识到问题，比如垃圾问题。你还可以给他们搭平台，比如原来藏族只和藏族交流，现在藏族可以和瑶族交流、苗族交流，而且原来僧人只与僧人平等交流，到了普通百姓那里就端着讲经，但通过拍纪录片，他们和牧民就可以讨论、相互讨教。这样做事情，你就会有成就感，是你帮助了他们，而不是你跳到社区中取代他们做事。现在很多代替村民做事的，村民不用动就等着拿钱，建个厕所，再建个猪圈，老处在这样的循环当中。

张婷婷：一个是分享，一个是提出问题促进思考搭建平台，还有吗？

郭净：更重要的是你成为他们真正的朋友，那时候可能立场都转变了，不做NGO，会用自己的方法参与很多事情。原来在山水自然保护中心工作的一个朋友，在青海做了很多项目，后来到德国读博士，回国后做生物学的田野调查，和当地人一起做。研究也需要参与性，她用她的方式改变了学术研究的方式，相当有趣。这时她不是NGO，也不是单纯的学者，她会享受和当地人的相处，并找到新的研究方式，甚至性格、人生都改变了。

所以，抛开任何的社会运动和NGO，我们活着的目的是什么？无非是让自己的人生过得有意义。你选择了一种和大多数人不一样的生活方式，它赋予了你新鲜和欣喜，这不就很好吗？

张婷婷：如果我有一年时间，我要去一个村子待着，我应该怎么更好地理解社区？

郭净：人类学是一个非常个人的学科，而不是依靠统计数据去做的学科，非常强调人与人之间的个体交往。我们认为要深入做乡村，除了深入了解乡村，没有任何途径可走。比如毛泽东的《湖南农民运动考察报告》，是一个根本性的东西。但是有多少人真正实践过呢？如果你没有时间自己调查，至少你要让当地人学会自己做调查，而不是让他作为一个报告人给你提供情况，因为那种提供很多都是假的，人类学家都知道这一点，他们也会说假话，就像《天真的人类学家》里说的那样。云南人类学界已经发展出很多调查方法。比如让村民写日志，一年一年地写，有的村民日记已经出版了。我们也让村民画过图，还可以在那个基础上发展，光是图也非常有意思，国外也有很好的经验。总之，方法是可以去摸索的，关键是要深入。包括乡村影像培训，"乡村之眼"也有一套完整方法，很多 NGO 做不到那么深入。

张婷婷：如何看待行动研究？

郭净：关键看你研究什么的行动？是研究他人的行动？还是边行动边研究？我们是两种都做。我自己习惯于把行动过程作为研究过程，你不止做，还会想为什么去做，带着批判眼光去行动。

张婷婷：为什么我们这么多的项目，很少有从开始到结束的全程跟踪和研究呢？

郭净：我觉得中国的 NGO，包括早期的 NGO，很多都没有留下资料，这有缺乏经验，也有缺乏研究意识的原因。我们谈到 NGO 应该建立的体系，每个 NGO 都应该建立自己的档案体系，比如"乡村之眼"，就特别强调建立影像档案。这个影像档案不仅是 NGO 的，也包括我刚才提到的乡村知识体系，这个体系需要用一套档案系统作为基础，为村民也做一套档案。村民积累了资料，才会形成完整的知识体系。比如藏族人做了那么大一套关于水的书，那就是他们多年积累起来的资料。如果我们给每个村子都做了完整档案，分类很清楚，真正想要帮到人家，就要留下东西嘛，不能人一走，什么都不见了。NGO 的发展，也需要对自己的生命历程有反思。

好了，我要走了。祝你顺利！

张婷婷：最后，请您给我们年轻人写一段话吧。

郭净：就写毛泽东那句吧："从群众中来，到群众中去。""没有调查就没有发言权。"

采访者：张婷婷，北京社会资源研究所成员。

驽马不舍骐骥功
——郭家骥研究员访谈录

郭家骥，汉族。1970—1979年在云南汽车厂当工人；1979年考入云南大学历史系；1983年毕业获历史学学士学位，同年分配到云南省社会科学院从事民族学人类学研究至今，1997年破格晋升为研究员。历任省社会科学院民族学研究所室主任，社会学研究所副所长、院科研处处长、民族文学研究所所长、民族文化保护与发展研究中心主任等职。现任省社会科学院二级研究员，省委宣传部"云南藏区建设与发展研究基地"首席专家。

郭家骥从事民族学人类学研究迄今已有33年，田野调查的足迹遍及云南民族地区和全国西部民族省区，先后参加和主持过多项国家级、省级和国际合作重点项目的研究。主要研究方向有：少数民族与民族地区发展、社会人类学的民族关系研究、生态人类学、民族文化保护、云南藏区研究等。迄今有个人专著4种、主编专著10余种、论文100多篇。获中宣部"五个一工程奖"，云南省政府"社会科学优秀成果一等奖"，被省政府授予"云南省有突出贡献的优秀专业技术人才"称号，是中共云南省委联系专家和国务院特殊津贴专家。

题解：

我的名字中有一个"骥"字，可以看出父母对我的期冀。我虽然不是一个天资愚钝的人，但由于"文化大革命"的冲击，我仅仅接受了小学四年级的正规学校教育便走向社会，留下了后天教育不足的"病根"，成为一匹"驽马"。好在勤能补拙，今天还能在学术上取得一点成就，全靠大学毕业后几十年长期不懈的艰苦努力。因此，取荀子《劝学篇》中"骐骥一跃，不能千里，驽马十驾，功在不舍"之意，确定了访谈录的题目。

王俊：郭老师，据我所知，到今年您从事民族学人类学研究已经33年了。然而，您在大学学的却是历史学，怎么从历史学转向民族学人类学呢？

郭家骥：的确，我在大学学的是历史学，对中国近代史有着浓厚兴趣，毕业论文写的还是研究辛亥革命的题目。大学毕业前半年，也就是1983年1月，由时任云南省历史研究所所长的杜玉亭，带领我们云南大学历史系79级的同学到基诺山进行毕业实习调研，使我对少数民族有了直观感受和深刻印象。然而尽管如此，我对历史的兴趣仍然不减，所以1983年7月毕业分配到云南省社会科学院工作时，我主动要求到历史所继续从事历史研究，曾赴腾冲对其近现代史进行过调查。正是在腾冲，我先后调查了地处滇缅边境地带傈僳族聚居的黑泥潭村、明光村和胆扎村，对跨境少数民族文化有了更加深刻的感受和认识，初步接触了滇西抗战史和腾冲著名的和顺侨乡史。调查回来向当时已经主持省社会科学院工作的杜玉亭副院长汇报，他认为，在云南民族学研究，特别是对少数民族现实问题的研究，才是更有价值、更能出彩的研究方向。受其影响，我在历史研究所工作一年后便要求调到民族学研究所工作，从此开始了我民族学人类学研究的漫漫旅程。

王俊：请跟我们谈谈这些年您所研究过的领域及所取得的重要成果吧。因为我看过2002年9月3日《云南日报》记者冯巧妹采访您的文章，其中有一段充满感情色彩的话令我印象深刻。她说："外表沉静、稳重的郭家骥，却拥有一个充满激情、力求变化的内心世界,他不喜欢守在一块田中反复耕耘,就像一个拓荒者,他有一种强烈的开拓欲,希望在新的领域中,不断获得新的体验、新的建树、新的突破,他的研究领域因此不断拓宽。"看来您在多个领域都做过开拓性研究。

郭家骥:冯巧妹的文章确实揭示了我年轻时候的一个性格特征,那就是不知天高地厚像野马一样到处乱闯。30多年来,根据社会需要和个人兴趣,我做过好几个领域的研究工作,总结下来主要有拉祜族研究、少数民族和民族地区发展研究、民族关系研究、生态人类学研究、民族文化保护传承研究、云南藏区研究六个领域。下面我就分别适当展开谈谈。

一、拉祜族研究

拉祜族是我的第一个研究领域。我研究拉祜族的第一篇文章题目叫《澜沧木戛区拉祜族嗜酒习俗问题研究》,这是国内较早开展少数民族酒文化研究的文章,在学术界产生了一定影响。随后,我陆续发表了一批研究拉祜族原始宗教、经济发展、民族教育、民族文化的学术文章。从20世纪90年代开始,我的研究逐步转向更为宏大的领域,逐渐离开了拉祜族研究,但我从事拉祜族调查研究6年时间所积累的几十本田野调查笔记至今还封存在柜子里,今后适当的时机,我会抽空将其整理成书。

二、少数民族和民族地区发展研究

少数民族和民族地区的发展问题,是我的第二个研究领域,我在这个领域耕耘的时间长,最值得讲的有下列几点:

(一)云南民族地区生产力跨越式发展研究成果被省委采纳。1992年12月,为贯彻党的十四大精神,通过建立社会主义市场经济体制推动云南边疆民族地区加快发展,当时的中共云南省委书记普朝柱同志,特意要省社会科学院选派一位理论工作者随同他到边疆民族地区调研，社会科学院领导就把这个艰巨任务交给了我。我随同普书记和当时的省委政研室主任、省委农工部部长等人，赴思茅地区、西双版纳州进行了长时间的调研。调研期间，我们上茶山、进果园，深入咖啡基地，参观国有橡胶农场，走村串寨、访贫问苦，走访了普洱、思茅、江城、景洪、勐腊五县市的20多个商品生产基地、加工企业、科研单位、乡镇村寨，与各民族干部群众开了多次调研座谈会，获得了大量珍贵的第一手资料。调研结束后，在思茅召开了200多人参加的干部大会，就如何加快边疆民族山区生产力发展的问题进行研讨。在多名领导干部发言后，普书记亲自点名说，我们这次不仅带来了省委几个部门的负责同志，还带来社会科学院搞理论工作的同志，下面，我们就请社会科学院的同志从理论上谈谈边疆民族山区生产力跳跃式、跨越式发展的想法。此前的我很不善言辞，别说大会发言，就连小会发言也说不好，何况还面对着如此高层的领导，心中实在是忐忑不安，但也只有硬着头皮走上主席台，应用马克思主义的社会发展阶段论和生产关系要适应生产力发展的理论阐述说：中华人民共和国成立后，党和国家领导云南各族人民，分别从原始社会末期、奴隶制、封建农奴制或封建领主制、封建地主经济，跨越一个至几个社会发展阶段全都进入社会主义社会，在政治制度和生产关系上实现了跳跃式发展。但云南边疆民族山区生产力普遍落后的状况并没有改变。而此次调研中的事实表明，在建立社会主义市场经济的条件下，可以通过改革开放调整生产关系，调整产业结构，推动生产力实现跨越式发展。我的发言虽然紧紧张张讲得结结巴巴，但却得到普书记的肯定和表扬。他在会上所做的总结报告中，采纳了我的观点，并将我的发言吸收进他向省委提交的调研报告中。1993年1月，省委以普朝柱同志的思茅、版纳调研报告为基础，向全省发出了中共云南省委一号文件，文件创造性地提出边疆民族山区应以建立社会主义市场经济体制为契机，大力调整产业结构和产品结构，积极进行绿色产业商品基地建设，推动生产力来一个跳跃式、跨越式发展的构想。总结提出了思茅地区商品基地建设的"城乡结合、科技与经济结合、开放与开发结合、农工商一体化"的"三结合、一体化"路子，要求在全省各地推广思茅地区和西双版纳的经验。

由于我代表社会科学院为省委决策做出了贡献并得到了省委书记的表扬，省委一号文件下发后，省社会科学院立即组成了以我为实际主持人的课题组，集中精力对边疆民族山区生产力跨越式发展问题开展调查研究。这项研究历时两年，产出了多篇学术论文和一部专著，对云南民族地区发展实践和云南的民族学学术理论研究产生了重大影响。其中，发表于《云南社会科学》1993年第6期的论文《云南民族地区生产力跨越式发展的理论与实践》，荣获1994年度中宣部精神文明建设"五个一工程奖"，由1994年7月13日《光明日报》刊发的"五个一工程"作品简介说：

《云南民族地区生产力跨越式发展的理论与实践》文章，以邓小平建设有中国特色社会主义理论为指导，紧密结合云南的具体实际，分析和论述了贫穷落后云南民族地区经济跨越式发展的现实基础、跨越式发展的成功实践和跨越式发展的理论思考。其结论是"跨越式发展是后进民族实现与全国人民共同富裕的必由之路和唯一途径"。该文思路清晰，逻辑性强，较有说服力，对其他边远少数民族地区的发展有一定的借鉴意义。

由云南人民出版社于1994年出版的专著《商品基地建设与云南边疆民族山区生产力跨越式发展》，受到云南省委书记普朝柱的高度评价和表扬，被作为同年11月召开的全省民族工作会议的重要参考文献。

（二）提出"四低四高"新的云南省情认识论并被省委采纳。1997年党的十五大系统阐述了社会主义初级阶段的理论，按照省委的安排，由省社会科学院、省委办公厅、省委宣传部、省委党校、省人大民委、省民委、省统计局组成联合课题组，对社会主义初级阶段云南省情再认识开展调研。课题组分别赴思茅地区、玉溪地区和大理白族自治州做调查，我带几个人负责大理州的调查并写出大理州的调查报告，其他两个组也分别写出各自的调查报告，最后由我执笔撰写完成了总报告上报省委。总报告题为《云南仍处于社会主义初级阶段的主要表现形式及其特征》(载《云南社会科学》1998年第1期),明确提出,云南还处于社会主义初级阶段低层次,具有明显的"四低四高"特征,即社会发育程度低,地区发展不平衡程度高;生产力发展水平低,自然、半自然经济比重高;劳动者科学文化素质低,文盲半文盲比重高;人民生活总体水平低,贫困人口比重高。由这一特殊省情出发,云南必须解放思想,更新观念,调整所有制结构,大力发展个体私营经济,扩大对外开放,以大开放促大发展。报告提出的"四低四高"省情特征及其发展对策被省委六届六次全会采纳,成为此后主导全省的省情认识论,在全社会产生了重大影响。(参见原中共云南省委书记令狐安:《坚持实事求是的思想路线走有云南特色的发展路子——纪念党的十一届三中全会20周年》,载《云南社会科学》1998年第6期。)

(三)对传统发展模式进行深刻反思。随着田野调查的日益深入,我发现单纯追求国内生产总值(GDP)增长的传统发展模式,对民族地区的生态环境和民族文化造成了很大破坏,缺乏少数民族主体参与的国家和国企主导的发展也带来了严重的社会问题,使传统的发展走上了不可持续的道路。为此,我在多年对澜沧江流域若干少数民族村寨发展进行深入田野调查研究的基础上,于2008年撰写了《发展的反思——澜沧江流域少数民族变迁的人类学研究》一书。本书基于人类学的基本理论创造性地提出了人类学发展理论,即:发展是在国家权力正确的领导帮助和干预下,文化主体自由、自愿、自主、自觉选择和决定的以文化为中心和目的的人类全面发展。本书入选尹绍亭教授主编受到国内外学术界普遍推重的《当代中国人类学、民族学文库》,荣获云南省哲学社会科学优秀成果"二等奖",又入选《当代云南社会科学百人百部优秀学术著作丛书》。

三、民族关系研究

社会人类学的民族关系研究,是我的第三个研究领域。我闯入这个领域的时间与民族发展研究的时间大体一致，因为少数民族发展与民族关系是很难分开的。我一进入就成了长期耕耘的田地，至今仍在里面转悠，最值得谈的有：

（一）主持研究撰写《云南的民族团结与边疆稳定》。1994年，我在社会科学院民族学研究所郭大烈先生和桑耀华先生的支持下，主持开展云南民族关系研究，于1998年在民族出版社出版了《云南的民族团结与边疆稳定》一书，该书堪称国内较早研究民族团结和边疆稳定的开创性著作，出版后受到学术界的高度评价。研究少数民族哲学史和中华民族凝聚力的著名专家伍雄武教授评论说：

> 郭家骥主编的《云南的民族团结与边疆稳定》一书……对当代云南民族关系做出了具体考察，分别对民族团结与政治制度、经济发展、文化教育、语言文字以及扶贫脱困等等的关系进行具体的研究和考察，得出了一系列理论认识和实际经验。由于依据各民族的历史事实和现实的经验，本书得出的许多论点都是有原创性和前沿性的。

该书出版多年后，还不断有西北、东北、西南地区和云南省的学术界朋友和民族工作部门的领导打电话跟我联系希望购买此书，遗憾的是该书已经绝版，不能再满足大家的需要了。

（二）独立完成国家社科基金课题《云南民族关系调查研究》。2003年，我申请获准国家社科基金《云南民族关系调查研究》课题。我在大量田野调查案例的基础上，对云南民族关系的历史与现状进行了深入研究，最终成果是一部由中国社会科学出版社出版的近70万字的专著。我在书中用大量来自田野的第一手调查资料证明，云南的民族关系正处于历史上最好的时期，堪称中国共产党民族理论和民族政策的成功范例，是对拉萨"3·14"和乌鲁木齐"7·5"事件发生后怀疑或否定党的民族理论政策思潮的一个有力的正面回应。云南良好的民族关系既有深厚的历史根源，又有深刻的现实原因，云南民族关系历史和现实的经验教训启示我们，国家权力亦即国家解决民族问题的理论和方针政策，对云南民族关系的好坏和边疆的安宁与否发挥着决定性作用。云南的民族关系同时又进入矛盾和问题多发时期，需要党和国家继续运用国家力量，坚持、完善和创新党的民族理论和民族政策，帮助少数民族加快发展并协调各民族之间的关系，以推动云南开创的民族关系最好的时期长期延续下去。本书出版后得到学术界和民族工作部门的高度评价，荣获云南省哲学社会科学优秀成果"三等奖"。

（三）探索民族文化多样性与民族关系协调发展思路和途径。我主持完成了省委宣传部下达的重大课题"民族文化与民族团结进步边疆繁荣稳定示范区建设研究"，着重从文化多样性角度对云南民族团结进步示范区建设做了深入探讨。研究成果认为：历史形成、世所罕见的民族文化多样性是云南最重要的基本省情。在云南的民族团结进步事业中，民族文化多样性发挥着重要作用。深刻认识民族文化的珍贵价值、用民族文化推动经济社会发展、用民族文化促进生态环境保护、用民族文化增进民族团结、结合民族文化加强基层党建工作、用民族文化开展民族团结教育、用跨境民族文化交流互动促进边疆繁荣稳定，构成应用民族文化推动民族关系亲密融洽的云南经验。其核心要义是：在对伟大祖国、中华民族、中华文化、中国特色社会主义道路和中国共产党"五个认同"的凝聚和统领下，尊重、包容、欣赏、鼓励、支持、帮助民族文化多样性繁荣发展，是推动民族关系亲密融洽的重要动力。研究成果发表后，受到学术界和民族工作部门的高度评价。

四、生态人类学研究

我闯入生态人类学研究领域是从国际合作开始的。在这个领域我是后来者，但一进入就感觉兴致盎然，今后还想继续在其中耕耘，最值得讲的有：

（一）参与联合国教科文组织的项目研究。1995—1996年，我在郑宝华的推荐下，参与联合国教科文组织"世界文化发展十年"活动中的"自然资源管理的传统实践与文化背景"研究项目，使我有机会两次出席在泰国清迈召开的国际学术会议，并受联合国教科文组织资助对西双版纳傣族稻作文化做深入研究，产出了两项重要成果：一是在《民族研究》发表了《西双版纳傣族稻作文化的传统实践与持续发展》的论文；二是公开出版了《西双版纳傣族稻作文化研究》学术专著，并获云南省政府颁发的社会科学优秀成果三等奖。文章和著作都在学术界产生了良好反响。

（二）开展少数民族生态文化研究。受联合国项目获得成功的鼓舞，我于1998年申请获得国家社科基金"云南民族地区可持续发展研究"课题，随即展开了对云南藏族、傣族、纳西族、白族、普米族、彝族、独龙族等多个民族传统生态知识、生态智慧和生态文化的调查。国家课题完成后，又先后申请获得了省社科规划课题和社会科学院课题的支持。这项研究前后持续多年，产出了一批高质量学术论文，其中，《生态环境与云南藏族的文化适应》和《西双版纳傣族的水文化：传统与变迁》发表于《民族研究》，后面这篇文章还荣获云南省哲学社会科学优秀成果一等奖；《生态文化与可持续发展》和《新平县各民族的生态知识调查》两本著作，先后由中国书籍出版社出版。

（三）创造性地提出全新的"三多一体"云南省情认识论。随着调查研究的日益深入，我越来越深刻地认识到，原来为社会广泛接受的边疆、民族、山区、贫困"四位一体"和"四低四高"社会主义初级阶段低层次这两种省情认识论，都有很大的缺陷。其最大的缺陷就是把云南的经济社会文化生态包括民族都说成是落后的。换言之，与全国发达地区相比，云南没有任何优势可言，云南永远只能跟在后面亦步亦趋。这是不符合客观事实的。事实上，生态环境多样性、生物多样性和民族文化多样性"三多一体"高度融合，恰恰是云南在全国乃至全球最具比较优势的宝贵财富，是云南在全球可持续发展进程中能够脱颖而出后来居上的独特优势，必须下最大决心坚决予以保护并合理开发。我的这一观点首先在《云南社会科学》以《云南省情认识新论》为题发表，接着又在多部著作中阐述，并在省委党校多期中青班和干部培训班讲授，产生了广泛影响。

（四）开展水电建设移民的生态和生计研究。2002年，我和余小刚受香港乐施会委托，参与"漫湾电站建设的社会影响评估"项目研究，负责对电站建设中的"城镇非农""就地后靠""远迁他乡"三种移民模式进行调查研究，对其所导致的生态后果和移民生活分别做出评估。结论是：水电建设在为国家做出巨大贡献的同时，移民群众生活却日趋贫困化，生态环境也因此遭到严重破坏。我们的研究成果在新华社内参《国内动态清样》刊出后，时任云南省省长徐荣凯做出批示，引起了漫湾电厂和临沧市的高度重视，促成华能集团投入数亿元资金解决移民群众的生计问题。这是生态人类学研究直接服务于现实产生良好效果的一个典型案例。

五、民族文化保护传承研究

我闯入这个领域也是从国际合作开始的，迄今为止主要做了两项工作。

（一）参与滇西北少数民族文化保护与发展研究。1999—2001年，云南省政府与美国大自然保护协会（TNC）合作，共同开展"滇西北保护与发展行动计划"的研究。由何耀华先生牵头，组成有省社会科学院、云南大学、云南民族大学等一批专家学者参与的强大团队，经投标承担了其中的"文化模块"的研究。整个文化模块项目由总课题组领导迪庆组、丽江组、大理组和怒江组的研究工作。我参加了何耀华先生直接领导的总课题组，多次赴滇西北调研，走遍了迪庆、丽江、大理、怒江的山山水水，最后提出建设"民族文化保护村（区）"的概念和构想，并在滇西北具体规划了60个民族文化保护村（区），曾被纳入云南省"十一五"经济社会发展规划，在社会上产生了较大反响。

（二）主持完成"云南少数民族文化遗产保护与文化产业开发研究"。

滇西北研究完成后，我受国家水利部长江水资源保护科学研究所的委托，对澜沧江、怒江两条国际河流流域民族文化的保护进行了专题研究，又对全省的民族文化产业发展做了初步研究。在此基础上，于2011年申请获批了国家社科基金课题"云南少数民族文化遗产保护与文化产业开发研究"，经过5年时间的艰苦努力得以完成结项，同名著作由中国社会科学出版社公开出版。

六、云南藏区研究

这是我自2008年之后才新开拓的研究领域。虽然自1999年以来我曾多次到迪庆州调查研究，但都是围绕更大的全省性问题而将迪庆州作为案例之一来进行的，最近几年将其作为专门的研究领域则纯属社会需要使然。2008年，西藏拉萨发生了举世震惊的"3·14"事件，影响波及四川、青海、甘肃等省藏区，唯有云南的迪庆藏族自治州顶住了风潮，没有发生任何影响安定团结的事情。云南藏区的出色表现引起了中央和全社会的关注，国内外舆论纷纷探究云南藏区和谐稳定的原因。作为专门研究云南民族关系问题的专家，我感觉有责任对此做出正确的解读。于是我申请获准了国家社科基金西南边疆项目"云南藏区稳定发展的经验与问题研究"，对此做了专门研究和全面系统阐述，在西藏、青海、四川、甘肃、云南五省区社会科学院召开的多次相关学术会议上交流后，受到与会专家的好评，可供全国其他藏区借鉴与参考。正是在这一项目推动下，以省社会科学院边明社副院长为负责人，以我为首席专家召集人，以省社会科学院民族文学研究所科研人员为主的学术团队，经过三轮评审和答辩，2010年被省委宣传部批准成立了"云南藏区建设与发展"研究基地。基地成立后，我组织学术团队紧密围绕云南藏区最现实的、最迫切需要解决的问题开展了三项研究。

一是在国家社科基金西南边疆项目结项成果的基础上，由我独立完成了《云南藏区稳定发展的成功实践和基本经验》一书的撰写，对云南藏区长期稳定发展的历史根源和现实原因做了深入的分析与探索，对云南藏区建设成为全国最好藏区的成功实践和基本经验进行了深刻总结，书稿即将由云南人民出版社公开出版。

二是调研编撰出版了《迪庆州民族文化保护传承与开发研究》，集中对云南藏区民族文化多样性及其多样而和谐的民族文化推动稳定发展，云南藏区各民族的村寨和社区文化，非物质文化遗产保护与传承，民族文化产业开发等问题，进行了全面深入的研究。为建设民族文化强省和社会主义文化强国提供了典型案例，是今后研究云南藏区无法绕过的一块基石。本书由云南人民出版社出版，荣获云南省哲学社会科学优秀成果三等奖。

三是调研编撰出版了《迪庆州民族文化生态保护与旅游发展研究》，集中对境内外舆论最为关注的藏区生态环境与民族文化保护问题，做出了实事求是的正面回应，并就如何推动生态和文化与旅游业融合发展的问题进行了探讨，亦是今后研究云南藏区不可绕开的又一块基石。

王俊：听您介绍了这么多领域，感觉真像一匹马一样在学术的天地里纵横驰骋。我发现您有一个鲜明的特点，您的所有研究成果都是在田野调查基础上，依据第一手资料创作出来的。在多年的田野调查中，您一定有很多故事和感悟吧，能跟我们分享一下吗？

郭家骥：是的，几十年的田野调查经历确实有许多难以忘怀的故事。我就选几个至今记忆特别深刻的说说吧。

第一个要讲的就是1983年1月赴基诺山调查的故事。当时我还是云南大学历史系的学生，时任云南省历史研究所所长的杜玉亭先生，与我们学校达成协议，带领我们这一届历史系学生到基诺山去进行毕业实习调查。1979级的云南大学历史系学生只有我们一个班，是一个有80名同学的超级大班。在还有半年就即将毕业的时候，许多同学选择考研究生继续深造，这部分同学就留下来复习功课准备考试，到基诺山去调查的都是决定不考研究生的同学，总共有40多人。当时我们对田野调查没有任何认识和准备，行前只是由杜玉亭先生给我们简单介绍了一下基诺山基诺族的情况，然后自带行李乘坐一辆大巴车就出发了。整整走了3天才到景洪，从景洪又走了半天，才到基诺山乡政府。由于我是在云南汽车厂当了10年工人之后才考入大学读书的，在班上算是比较老到的人，所以被安排到基诺山乡距离乡政府最远的曼瓦老寨（毛俄老寨）去。

　　早上7点，在一位从曼瓦老寨来接我们的基诺小伙的带领下，我和班上的一位同学出发了。基诺山深山老林的羊肠小道，崎岖起伏、蜿蜒曲折，基诺小伙帮我们背着行李仍然健步如飞如履平地，很快就消失在山路弯道中，而在城市中生活惯了的我们俩就惨了，由于害怕走丢了，我们只有使出洪荒之力来赶路，在后面跌跌撞撞、气喘吁吁地紧紧跟随。大约在中午1点钟，我们来到小黑江边等待竹筏过江，肚子已饿得咕咕叫。基诺小伙从背包中取出早已用芭蕉叶包好的冷饭和酸菜，又从江边石头缝中捉了一些叫作"爬爬虫"的虫子，在火堆里烧熟后蘸上盐巴辣子就请我们吃起来。我生平第一次深入"不毛"之地尝到的野味，味道很怪，但还是很香的。我们狼吞虎咽匆匆吃完饭后便划竹筏渡过小黑江，继续赶路，一直到傍晚7点，赶在天黑之前终于来到了曼瓦老寨。我们的到来引起了这个小山村的轰动，全村男女老少纷纷到我们居住的村长家来参观我们，直到夜深方才散去。此后的7天时间，我的双腿都是在剧痛中度过的，7天后才慢慢缓解。那一次，我们在曼瓦老寨调查了半个月时间，当时的基诺山寨，不通公路，不通电，不通电话，处于与外界完全隔绝的状态，老百姓的生活刚刚从饥饿状态中摆脱出来，粮食可以吃饱，但油荤和副食品十分匮乏，半个月时间几乎没有见过荤腥，由于基诺人不善于种菜，吃的蔬菜也很少，大多数时间吃的都是辣椒盐巴下饭，偶尔炒一个鸡蛋就算是招待贵客的上品菜了。调查工作之余，我常常到村子后面的山头上望着茫茫群山发呆，只见大山一座接一座，绵延不绝，看不到边，绝望之感油然而生。我想，如果在这里突发某些急性病，如急性阑尾炎之类，在城里轻而易举就可以解决的问题，在这里或许就会付出生命的代价。因此我每天早晨醒过来的第一个念头就是算时间，掰着手指头数数还要熬几天才能结束调查，从而离开大山返回城市。其间,我们的班主任唐敏老师亲自到曼瓦老寨来看望慰问我们,使我们感动不已。离开曼瓦老寨的头一天晚上,全村群众在村中的小广场上跳舞唱歌欢送我们,他们吹起芦笙,跳起"三跺脚",唱着"三个石头支口锅,有吃无吃来相会"的歌曲,气氛热烈欢快,情绪高亢激昂,看得出来,他们并没有觉得大山中的生活是不可接受的。

这次并不算正规的田野调查给我留下的印象是如此之深刻,以至于在33年后的今天仍然是历历在目。这次田野调查使我初步领略了从事民族学研究的艰辛,同时也初步感受到认知和了解"他者"文化的乐趣,及其跨文化视野开阔带来的震撼,我对民族学研究有了苦乐参半、乐在苦中的感觉。

第二个要讲的是我在拉祜族地区调查的故事。由杜玉亭和郭大烈先生领导的民族学研究所,确定的办所方针是:"熟悉一个民族、联系一个地区、研究一个专题。"要求每一个研究人员都要深入一个少数民族聚居的乡村去,与村社群众同吃、同住、共同生活,开展长时间的田野调查,在此基础上发现问题、研究问题,有的放矢地撰写解决问题的文章。所以每一个新到民族学所的科研人员,都可以领到一件军大衣、一把雨伞、一个军用背壶和一盏马灯。军大衣用作下乡调查时御寒或当被子,雨伞用来挡雨,军用背壶用来装酒,酒是与少数民族沟通的媒介,马灯用来夜晚在村寨中走家串户调查时照明。我转到民族学所后就按照所里的要求,于1984年11月,带着这四样东西,一头扎进澜沧县木戛区(现在的乡当时叫区)开始了对拉祜族的调查研究。

初次接触拉祜族,给我带来的跨文化震撼是喝酒。我抵达木戛区政府所在地的当天,刚好是当地每周一次的赶街天,我在小街子上反复转悠半天后,就发现这个街子有"三多",一是卖酒的摊点多,在这个可容纳1000多人的街子上,至少有30个卖酒的摊点。说是摊点,其实很简单,卖主背一坛酒配几只碗,找个地方随地一蹲或坐,就开卖了;二是买酒喝的人多,每个摊点都有一二十人围着酒坛随地或蹲或坐,几个人买一碗酒一人一口慢慢喝起;三是喝酒醉的人多,围着酒坛买酒喝的人一旦喝得兴起,就会一碗接一碗地喝下去，不知不觉就醉了，于是每个街天都要留下10多个醉汉（间或也有妇女），他们在街上吹着芦笙唱歌跳舞，直到精疲力竭才倒地酣睡，或跌倒在回家的路上。这"三多"使我发现了值得研究的问题，我随即展开对拉祜族喝酒问题的调查。在后来的几个月内，我到木戛区的大、小班利、富勐、哈卜玛等村寨，与拉祜族群众同吃同住和共同生活，为了调查他们的喝酒习俗，我自己也不得不喝醉了多次，结果以扎实的第一手资料撰写的《澜沧县木戛区拉祜族嗜酒习俗问题研究》得以在《云南社会科学》发表，产生了较大的学术影响。

此后的五六年时间，我围绕拉祜族研究走遍了澜沧、孟连、西盟、双江、临沧、镇沅、金平、勐海等拉祜族相对聚居的县，开展了艰苦的田野调查。记得1988年冬天在勐海县布朗山坝卡囡村整整调查了18天，住在老百姓家里，没有铺盖每天只能围着火塘和衣而眠，天寒水冷也不能洗澡，只感觉身上到处发痒。其间正值该村挖通了公路，勐海县委书记亲率全县相关部门领导赴该村举行通车典礼，发现村中居然住着一个来自省城的工作人员，大为吃惊。吃饭时一定要敬我三碗酒，我观其头发花白估计至少已50岁，或许没有多少酒力，就冒冒失失地答应了。三碗酒喝干后就到村中的一块平地上观看村民的歌舞表演，冷风一吹我就醉了，不得不几次退场呕吐，头发花白的县委书记却精精神神地坐在那里直到演出结束。第二天，县委书记同情我太辛苦也太孤单，邀我坐他的车回县城，我也刚好做完了调查，就随他出村了。当天又从勐海赶到澜沧，终于在澜沧县招待所中好好地洗了一个热水澡，然后将内衣内裤用开水好好地烫一下，结果让我大吃一惊，只见水面上漂满了一层白白的虱子，难怪我全身上下到处发痒。

第三个要讲的是我在独龙江调查的故事。独龙江位于滇西北与西藏和缅甸接壤之处，是独龙族聚居的地方。独龙族是云南人口最少的民族，现在也只有6000多人，其中就有近5000人聚居在独龙江乡。独龙江乡是怒江州贡山怒族独龙族自治县下辖的一个乡，与贡山县城隔着一座高黎贡山，由于山高谷深，每年有半年雪封山，以至中华人民共和国成立50年了还没有修通一条外界进入独龙江乡的公路。独龙族人民的生产生活必需品，全靠人背马驮在每年的5—10月抢运进去，11月至翌年4月，便处于与外界完全隔绝的状态。由于交通闭塞，再加上剽牛、过江用溜索、妇女纹面等习俗，使独龙族披上了一层神秘的面纱，吸引着每一个民族学、人类学学者，情不自禁地都想揭开这层神秘面纱一窥真容……

2000年1月，机会终于来了。为完成"滇西北保护与发展行动计划"之"文化模块"的研究，何耀华先生率领着我们社会科学院总课题组一行6人，到怒江州和贡山县调查。这一年，国家投巨资刚刚修通了县城至独龙江乡的公路，而且由于气候反常，这年直到新年的1月居然还没有雪封山。因此，贡山县委政府同意了我们进独龙江乡调查的请求，并安排两辆据说动力超过日本三菱车的老式北京吉普车送我们进去。临行之际，怒族县长反复交代我们说，现在这个季节，独龙江随时有可能下雪封山，所以你们一定要密切注意天气动向，乡政府所在地孔当村是河谷地区，那里只要下雨，高黎贡山山头就一定下雪了，因此，只要发现孔当下雨，你们就必须马上返回，即使是夜间也必须连夜跑出来，否则就可能被大雪封在里面半年之后才能出来。

进去的路尽管崎岖不平险象环生，但由于天气晴好因而比较顺利，90多公里的路走了六七个小时就到了。2000年1月9日这天，正好是独龙族一年一度的"卡雀哇"节（类似于汉族的春节），本来是要剽牛祭天的，但这里正在进行上海市与独龙族"手拉手"结对帮扶的扶贫攻坚三年行动计划，省里专门派了工作组安营扎寨帮助工作，工作组认为剽牛与扶贫相去甚远，干脆就把剽牛改成了卡拉OK大奖赛，我们正在为取消剽牛感到失望的时候却被邀请充当卡拉OK大奖赛的评委。晚上8点，2000年独龙族卡雀哇节庆典——卡拉OK大奖赛，就在驻独龙江边防部队的篮球场上开始，部队用柴油发电机为球场照明，球场周围挤满了围观的独龙族群众。"北国风光""青藏高原"等内地流行歌曲以及一些港台流行歌曲，从独龙族青年口中一首首流淌出来，其模仿之准确、音色之纯正，使我这个来自大都市的民族学者深感自愧不如。在冬日寒风中，卡拉 OK 大奖赛一直持续到凌晨 1 点多钟才结束。我深切地感到，独龙族青年是如此地渴求现代文明，而现代文明也真是无孔不入、无坚不摧，即便是闭塞的独龙江，独龙族的传统文化也在现代文明冲击下不断流失。独龙族传统文化保护与现代文明融合发展应当是急需研究的重要课题。

由于头天坐车太累，晚上又睡得晚，所以睡得熟，第二天一早醒来就发现地上湿漉漉的，我们也没在意，就到村寨中调查去了。大约 10 点钟，只见独龙江乡党委书记和乡长急匆匆地跑来告诉我们，昨天晚上这里下雨了，也就是说，高黎贡山山头上已经下雪了，必须马上出去，否则就会被大雪封在里面。我们好不容易进来一次很想调查几天，但大雪就是命令，容不得犹豫，只有马上收拾行李返程。而与我们同车进去的民族学院的两位老师，却在他们担任副乡长的学生保证下，决定留下多待几天。

返程的路才走了 10 多公里，就碰到山体滑坡公路受阻，还好当地的车辆随车带有锄头和铲子，全车人下来趁滑坡的间隙赶挖土石，安排一个人专门观察滑坡体移动情况，一有风吹草动，马上避让。就这样边挖边滑，边滑边挖，花了两个多小时才大体清理出一条斜坡路来。贡山县的两个驾驶员看着高高的斜坡路和旁边几百米深的独龙江峡谷，摇摇头抱着手走到一边不敢开车了，只有把我们带进去的社会科学院的驾驶员王永奇推上了风口浪尖。他在部队时虽曾有过多次跑滇藏路的经历，但这样的险况也是第一次碰到。他做好了若有危险便弃车逃生的准备，只见他开着车门，慢慢地滑动过去，快到斜坡时轻点油门，由于给油太少，车子上到半坡就冲不上去了，只好倒车回来再试。我们屏住呼吸看他重新再来，只见他滑动时便轻轻加油使车子形成冲力，到斜坡时中点油门慢慢冲上去，车身虽向峡谷倾斜大有要翻下去的样子，最终还是安然走过了斜坡。贡山驾驶员模仿着也将另一辆车开了过来，大家禁不住鼓掌庆贺。接着我们便驱车赶路，高黎贡山垭口两边约 40 公里的路段已经积起了漫过脚踝的雪，道路异常湿滑，我们坐的车几次滑向路边，一旦冲出路基，一边是撞山，一边就是掉进深渊，车子只能慢慢爬行，90多公里的路走了10多个小时。我们一边庆幸终于跑了出来，一边又担心留在里边的民族学院的同事。后来才知道，几天后那个学生乡长带他们出来时，大雪已将高黎贡山封得严严实实，任何人都不可能出来了，结果他们只有返回独龙江乡，在没有任何生活和工作准备的情况下度过了难以忍受的岁月，6月份雪化以后才得以从独龙江乡出来返回昆明，留下了终生难忘的经历。

王俊：郭老师，您的学术研究除了长期的田野调查外，还有另一个鲜明的特点，就是以基础研究支撑应用研究，而且以应用研究见长，即便是对云南民族关系历史的研究，也是为着科学地认识现实民族关系而进行的。能跟我们谈谈您在这方面的考虑吗？

郭家骥：你的眼光很厉害，确实揭示了我学术研究的两个突出特点。就像我从历史研究转向民族学、人类学研究有一个从被动到主动的过程一样，我的以基础研究支撑应用研究而以应用研究见长的特点，也有一个从被动到主动的过程。我从历史所调入民族学所，立即就参加了杜玉亭先生主持的国家社科基金课题，内容就是云南少数民族现代化问题的研究，就等于是从原来属于基础学科的历史研究，被动地转入关于少数民族发展的应用研究。后来，随着田野调查的增多，少数民族极度贫困的生活给我带来了强烈刺激，我越来越觉得作为一个民族学学者，不应该只是一个旁观者，而应该力所能及地为他们做点事情，帮助他们改善生活、发展文化。于是，我主动调整研究方向，主动申请应用研究课题，逐渐就形成了以应用研究见长的学术特点。在这个过程中，费孝通先生一直是我学习的榜样，老先生以"志在富民"为终身学术追求，直到耄耋之年仍然在"行行重行行"，为边区开发、小城镇建设和全国一盘棋发展，殚精竭虑，贡献智慧和力量。先生晚年创作的似乎是属于纯基础研究的成果《中华民族多元一体格局》，也是为科学认识今天的全国民族关系而服务的。我没有费先生那么大的志向，当然更没有费先生贯通古今中西的大师才学，但高山仰止，景行行止，取法乎上，仅得乎中，虽不能至，心向往之，努力向大师学习却是必需的。梁漱溟先生晚年曾发问：这个世界会好吗？作为一个乐观主义者，我认为，这个世界会好的。基于这个认识，我认为所有的基础研究都是为科学地认识世界服务的，而科学认识世界的自然结果，就是推动世界向更好的方向发展，从这个意义上讲，所有的基础研究也就自然转化为应用研究了。因此，所有的学术研究，都是为着让世界或者说是让社会变得更美好而进行的，这才是学术研究的终极目的。

王俊： 郭老师，我曾读过2003年5月17日《都市时报》记者陈鹏采访您的文章，您说"人类学家、民族研究工作者恐怕是全世界最幸福的职业了。我们可以不停地走，不停地'玩'。读万卷书、行万里路、与万人谈，这种工作真是其乐无穷"！作为今天访谈的结束语，能给我们再简略地谈一下您对自己职业的认识吗？

郭家骥： 这段话是10多年前讲的，至今仍有现实意义。现在一些城市里面长大的年轻的人类学、民族学博士、硕士，对田野调查有一种畏惧感，他们只看到了田野工作的"苦"，而没有或较少体会到田野工作的"乐"。的确，当你在田野中长时间不能洗澡、长时间没有荤腥、长时间孤独奋斗时，你会巴不得马上返回城市来享受现代文明。但是，当你在城市中按部就班地生活一段时间后，又会觉得城市生活太乏味太无聊而想尽快重返田野，这其实就是人类学家对田野工作有苦有乐，既讨厌又热爱的复杂体验。前几年，我在报纸上看到贾平凹说作家的工作堪称"神工"，亦即是神仙干的工作。作家一年到头只干三件事，一是采风，二是读书，三是写作，三件事都是既高雅又好玩的事，难道还不是神仙干的工作吗？我想，我们民族学、人类学专职研究人员不也是"神工"吗？一年到头的工作也就是调查、读书、写作三件事，而且还是政府发着工资养着你去干这三件事，难道还不是一个天下难找、世上难寻的神仙职业吗？当然也就是世界上最幸福的职业了。同人们，让我们且行且珍惜吧！

采访者：王俊，博士，云南省社会科学院民族文学研究所研究员。

梯田、丝路及影视人类学研究的开拓者
——王清华研究员访谈录

王清华,1979年考入云南大学历史系,学习云南民族历史专业。1983年毕业进入云南省社会科学院民族学研究所从事民族学研究工作至今,曾任民族学研究所所长、二级研究员。中国民族学会理事、中国影视人类学学会副会长。主要研究领域为民族学及影视人类学。著作有《梯田文化论——哈尼族生态农业》《南方陆上丝绸路》等多种,发表论文数十篇,参与拍摄《澜沧江》等影片5部。

一、民族学人类学研究领域

王吉甫:王清华老师,您在民族学研究领域成果丰厚、成绩卓著。您是如何走上民族学人类学研究之路的?

王清华:"成果丰厚、成绩卓著"不敢当,做过一些工作而已。其实,我走上民族学这条路,是一种规定。因为1983年我考上云南大学历史系,所学专业就是民族地方历史,这个专业有很多课程涉及了云南少数民族以及民族的理论,民族的研究方法等。在毕业前一年,历史系的毕业生进行了一次毕业实习，由云南省社会科学院历史研究所和我们历史系组织带领我们这个毕业班到云南省景洪市基诺山区进行基诺族考察。这个毕业实习在基诺山进行了40多天。当时规定两个人住一个寨子。这样，我和另外一个同学被分到一个叫作车尼的村子里，这个村子从乡政府走路要4个小时，穿过莽莽原始森林，到达密林中的车尼寨，真不敢相信这样的地方会有人居住。在车尼寨的40天，是我有生以来第一次接触到了真正的少数民族，他们奇异的、不同的生产生活方式深深震撼了我。如他们在进行"刀耕火种"原始农业，用火药枪打猎，住在简易的"干栏式"建筑中，日出而作，日入而息。在这40天里，我时时感到惊讶和难以理解，在这样原始森林的环境里面，在这样艰辛的非常不容易的生活中，这个民族还创造出了他们的农耕文化、歌舞文化，而且世世代代地传承下来，这是令我非常惊叹的一个事情。可以说，这40天，基诺族的生活给我留下了终生难以忘怀的印象。实习完成，我的毕业论文就选取了和民族有关的内容，叫作《地理环境决定论——以基诺族森林生活为例》，我认为基诺族之所以如此生活有了如此的文化就是由于他们的地理环境造成的，他们生活在原始森林里面，所以他们的衣食住行都靠这个森林，于是被森林塑造成了他们这样子的一个生活。大学毕业以后，我被分配到云南省社会科学院历史研究所民族研究室，从此开始了民族学人类学的研究工作。

王吉甫：王老师，民族学、人类学研究领域广阔，请您谈谈您的研究方向及领域。

王清华：民族学、人类学是相当广泛的领域，在中国我们称这一门学问为民族学，以研究少数民族，边远的地区，鲜为人知地区的或者人们了解不太多的民族文化的一门学问。在西方，称这门学问为文化、社会人类学，比如在英国，欧洲基本是称文化人类学，而在美国，则称人类学或社会人类学。实际上研究的是一样的，即在欧美也是研究其他国家或者本国的边远的鲜为人知的民族文化，美国也是一样，研究本国印第安人以及海外、岛国的民族，但研究范围则更广。一句话，人类学其实就是研究和认识人类的生活状态、人类的发展状态、人类的文化形态，人类各个民族、族群、群体所走的不同的社会发展道路，的确像你所说研究的领域非常广泛。那么，我的研究呢？我的研究可以概括为一个领域三个问题。一个领域是被所里安排的民族学族别研究的哈尼族，即在民族学领域当中将中国和东南亚的哈尼族进行研究。由于云南省红河南岸是哈尼族最集中的地区，因此成为我的哈尼族研究基地。对此一地带不知不觉就连续研究了30多年。这是我的研究领域，也就是我研究的主要方面。三个问题呢，一是哈尼族的梯田文化。因为我在研究中发现，梯田是哈尼族所创造的最大的物质文化实体，是哈尼族一切文化的基础和核心，值得对它进行深入的研究。二是对南方丝绸之路的研究，这是一个很偶然的研究。三是影视人类学研究，这也是一个偶然碰到但持续了30年的研究。今天回想起来，我这一辈子在民族学领域中所涉及的就是这三个问题。

王吉甫：王老师，您在哈尼族研究方面最为著名，研究哈尼族是您自己选的？还是当时的工作要求？

王清华：是当时的工作要求。云南是一个多民族的地区，是民族研究得天独厚的宝地。当时历史研究所为了更好地，或者进一步地发展民族研究，成立了民族研究室，将才进所的我们几个大学毕业生进行了分工，我被安排搞民族学，要求要以一个民族为主，那就是哈尼族。当时所里对研究人员有三条要求，就是：熟悉一个民族；联系一个地区；研究一个专题。当时，历史研究所是希望每一个人一生就奉献给一个民族，因为当时历史研究所进行的是族别研究，希望云南25个少数民族都有研究人员来研究，所以这样子我就被分配研究哈尼族。没想到这一干就干了30多年。

我被分配搞哈尼族有两个理由：第一，20世纪50年代在云南进行过民族大调查，在学校里面我们学过了。这个大调查当时对云南几乎所有的少数民族都进行了调查，对哈尼族也进行了调查。但是当时对哈尼族的调查很少，之所以少的原因据说是在当时的民族识别中，把哈尼族认为是彝族的一种，争论很多，对彝族的调查比较多，对哈尼族的调查比较少，所以现在哈尼族应该补充调查，这是其一。第二个原因是，当时很少有人在研究哈尼族，或者说没有人用民族学的理论方法研究这个民族。像彝族、白族、傣族等都有很多学者对其进行民族研究，研究成果也已经很多。所以需要填补以民族学研究哈尼族这个空白。就是由于这两个原因，我被分配做哈尼族研究。

刚才你问我为什么要走上民族学这条路，我说觉得是一种规定，如大学毕业前到基诺山实习是一种先兆，分配进入历史研究所进行民族研究以及安排从事哈尼族研究真的是一种规定、一种工作要求。

王吉甫：在你们出发下乡调研以前，单位上有没有对你们做出什么要求？

王清华：有的，对我们的要求至今我还记得清清楚楚，有三条。一是要深入当地的人民中去，要像当年解放军一样同当地人同吃、同住、同劳动，这是一个要求，就是说必须要和你的调查研究对象融在一起，入乡要随俗。二是要按照调查研究提纲进行深入的调查。提纲是很大的一个提纲，是针对全国各民族的，非常广泛而细致，我们就要参照那个东西来调查，一点一滴地做。三是调查完了回来要写一个调查报告交给所里。另外，当时对调查时间的要求是一次性下乡最少半年，越长越好。

值得特别提出和注意的是，当时所里对年轻的我们进行了培训，特别对如何进行田野工作不仅进行培训，而且提出了很高的要求。这些培训和要求对我坚定走民族学之路和一生的研究都有深远的意义。

二、哈尼族研究

王吉甫：您的研究重点以及研究特色是什么？

王清华：哈尼族是我国南方一个有着丰厚文化、悠久历史的民族，这个民族在云南哀牢山中已经生活了1000多年了。对这个民族的研究我一开始并没有重点，而是对它进行全面的了解。主要从两个方面，一是从历史文献当中，从古到今的历史文献中，凡有记载哈尼族的资料我都摘抄整理分类存档。由于古代历史文献对哈尼族的记载很少，而且很零星，因而整理起来有披沙拣金的感觉。二是田野调查，在田野调查中，我发现这个民族的文化非常丰富，可以这样说，按照我所学的理论，我的眼睛看到的、耳朵听到的，甚至身体接触到的一切都是宝贵的资料。我觉得这个民族有着和我们不一样的、非常非常独特而深厚的文化。

这个民族虽然文化丰厚，由于50年代对它的调查粗浅，后又没有人深入地调查研究过，因而许多文化现象显得比较繁杂和凌乱，很多问题都没有头绪。尽管当地的文化工作者在努力收集整理哈尼族的风俗习惯和民间文学，有了诸如生活风俗、祭祀活动、民间故事、诗歌谚语等的成果，但总的来说哈尼族的研究还处在民族文化资源丰富但研究粗放，没有深入也没有系统的阶段。它需要一个较长期的田野调查和深入细致的研究。因此，当时我的研究还没有重点，或者说当时的重点就是全面深入地了解哈尼族。

后来我才发现，其实我的研究重点从一开始就注定了。

我刚到哀牢山的时候，看到的最震撼我的东西就是梯田。我当时站在山上看着那铺天盖地的梯田我就大声说过，我一定要写一本梯田的书，我觉得梯田太震撼、太漂亮啦！我觉得这个梯田太不简单了，怎么会在这个深山老林里面，这个崇山峻岭之中，会那么神奇地存在。所以，我就有了一个愿望，就是写一本关于梯田的书。

在田野调查当中，我对哈尼族的历史情况、传说、迁徙、信仰以及各种现实生产生活都进行了非常系统的了解，而在其中对哈尼梯田调查得最多最细，从哈尼族迁徙游耕、建造梯田、维护梯田、农业技术、农耕经验等都进行了深入细致的调查。

但尽管如此，当提笔来写关于梯田文化的文章时却写不下去。很长时间，我一直没有能力把关于梯田的文章写出来。在朋友的聚会上或是小型的学术会议上以及在接待外来学者的一些谈话当中，我多次讲述我的梯田调查和梯田研究，几乎所有听我讲的人都认为哈尼梯田是个非常非常好的选题。但是，我就是写不出来。对此，我进行了深刻的反思，我是从事民族学的，学的是历史，民族历史，所运用的知识和理论是民族学的，梯田虽然包含巨大的民族文化内涵，但它毕竟是农业的，要研究梯田必须要有农业的知识和理论，这正是我所缺乏的。于是我开始自学农业学，中国农业史我读过多次，以及对农田的研究我都关注，包括种子、肥料以及耕作的各种技艺我都进行了解和学习。另外，在整个农学学习和田野调查过程中，我发现哈尼梯田是在云南大山立体气候环境里面的农业，它本身也是一个立体的，是生态的东西，因此我又学习了生态学。

当我系统地学习农学和生态学后，我觉得哈尼梯田变成另外一个世界，在我眼前展现出无比壮阔的景观，而它无比深邃的内涵亦呼之欲出。这时再对哈尼族梯田展开田野调查时，我发现，哈尼梯田真是很不简单，它是一种特别的农业生态系统，是与自然生态系统完全吻合一体的农业生态系统。它不是一般的种植稻谷的农业，它是哀牢山极端复杂地理环境中的多样化稻谷种植生态系统。在这种环境中，哈尼族早已形成了一整套农业生产经验系统、知识系统、技术系统。这是一个农业系统群，它具有很高的科学性。现在我举一个例子你就可以看到哈尼梯田农业生态系统的复杂性和科学性：在哈尼族的梯田中，使用很多稻谷种子，可称稻谷品种极端多样性，仅元阳县就拥有180个当地品种。为什么要有这么多稻谷品种呢？因为梯田环境极为复杂多样，比如梯田因海拔高低而分高山梯田、中山梯田和低山梯田，不同海拔的梯田需要不同的谷种；再如由于山形地貌的关系，有的梯田在背阴面，有的则在向阳面。所需稻种又不一样。当然，还有因水土的不同而使用不同的稻种等等，总之，仅稻谷品种一项，就有丰富的、系统的农学和生态学知识、技术和理论。

随着调查的深入，我发现在梯田农业的基础上形成了完整的哈尼族社会系统、文化系统等，这些系统又是和梯田农业生态系统完全融为一体的。正如我在《梯田文化论——哈尼族生态农业》中所说："研究哈尼族的梯田文化，首先即会发现，梯田的发生发展，直接联系着哈尼族社会和历史的发展,实际上它就是哈尼族社会历史发展的缩影。其次,哈尼族的梯田文化,是哈尼族文化的核心;哈尼族的政治制度、经济变迁、文化形态,甚至其居住文化、饮食文化、服饰文化、文学艺术等等文化单元都是从梯田文化中生发出来,并为梯田文化所统系。再次,哈尼族梯田和梯田文化是哈尼族社会生活的轴心,所有的生活都是围绕着梯田这一文化实体而展开的,无论出生取名、谈情说爱、婚丧嫁娶、节日喜庆,都与梯田息息相关,都打上了梯田文化的深刻烙印。"

在整个学习和田野调查及研究过程中,我真正领会到哈尼梯田确实需要更多的学科知识和更多的理论来笼罩它,来透视它,来研究它,才能得到一个完整的认识和理论架构。

总之,哈尼梯田是一个巨大而完整的生态系统群。对这个生态系统群,我调查了整整10年后,才开始写我的第一部哈尼族研究专著《梯田文化论——哈尼族生态农业》。这就是我的研究的重点。

王吉甫:王老师您的《梯田文化论》我也读过,对于书里的调查、数据我觉得让人不可思议,因为它太全面太深入了,而且文章优美、理论深邃,请您谈一下您在哈尼族研究中的特色。

王清华:研究特色,各有千秋。要说我的哈尼族研究有什么特色的话,今天想来大概有两点,但不知是不是特色。

第一点,把哀牢山变为我的故乡,与研究对象哈尼族成为永久的朋友。关于此,也许是种特殊的缘分,20世纪80年代初,我第一次来到红河南岸的哀牢山区时,就感到这里真是又陌生又熟悉,看着雄伟高壮的群山、漫漫云海和梯田,我知道我和这里已经结下了不解之缘,我暗下决心要将这里变为我的第二故乡。从一开始一句话也听不懂,到后来不说话也样样懂。生活从样样不习惯到处处都合适,今天想起来都觉得不可思议。

与哈尼族做朋友是件极开心的事,也是件极容易的事。因为哈尼族把所有的人都看成朋友。这是因为哈尼族经历过长时间的九死一生的迁徙而终于有了哀牢山的安定环境。为了永保这个环境,哈尼族表现出三样性格特征：一是坚强性，他们什么都不怕，所以面对大山，面对森林，他们能够开出梯田来。二是热情性，他们对人特别是外来人十分热情，即使生人到家，他们也会邀你就座，倒来茶水，拿来烟筒，然后与你聊天，你有需要他会尽其所能满足你。所以在哈尼族中搞调查是非常方便顺利的。三是忍耐性，他们样样事情都能忍，他们说只有能忍才能够生存。因此，他们对人总是谦虚有礼，不占便宜，情愿吃亏。所以哈尼族自从进入哀牢山区到今天，1300年，没有和任何一个民族发生过冲突，没有和任何一个民族发生过战争。他们追求的就是安定团结，他们追求的就是和谐融融。他们不仅对人是这样，对山对大自然也是这样。比如说，某座大山因下大雨坍塌了，或泥石流来了，这对哈尼族梯田是有相当大的损害。但是哈尼族会说没有关系，人会生病，山也会，它这次打摆子，它要抖的，它抖了以后就好了，然后我们再把它修好。对森林也是如此，尊重第一。哈尼族把森林都奉为神灵，同时也看成自己的乡亲、父母、兄弟、姐妹，要好好相处，互相敬爱，这就是哈尼族。与这样的人相处，会发现自己浑身都是缺点。不知不觉地我和哈尼族成为朋友。我的研究也和当地人紧密地联系在一起。当然，我深深领悟了哈尼族人的好，他们把他们的故事讲给我听，他们把他们的生活展示给我看，使我成为一个哈尼族的研究专家。哦，我曾经说过："爱你爱的人，干你爱干的事，就有你的特色。"

　　第二点，活态的田野调查，即互动的田野工作。我的这种田野工作是由以下几个方面组成的。

　　一是"有准备"的田野工作。1.资料准备。我在下乡调查之前对20世纪50年代大调查关于哈尼族的调查资料，包括直到今天都没有完全整理出来的资料，基本上读完了。2.文献准备。历史文献记载的哈尼族情况我基本都了解。由于哈尼族没有本民族文字，他们的历史和文化基本是以口耳相传、示范身教的方式来传承，在中国古代历史、通史以及地方志中的记载是很少的，一直到元代以后对哈尼族记载才开始多起来，这个情况我是清楚的。3.就是理论的准备，当时我们下去调查以前，都要求熟练掌握马克思主义的民族学理论，这个理论我们在上学期间都学过并且牢牢地记住；另外就是80年代初期我们毕业的时候，西方的一些民族学理论已经逐步地引入中国，比如马林诺夫斯基的功能主义，列维·斯特劳斯的结构主义，等等，都是要认真学习和准备的；再就是研究方法，如要准备细致的调查提纲，采取人类学的参与观察法等。

二是"带着问题"的田野工作。比如说，当时我在读20世纪50年代调查资料的时候就发现，调查报告里有说，哈尼族种田不施肥、不选种，不施肥的原因是耕种粗放，不选种的原因是农技简陋，因此认为哈尼族的农业落后。对于这种问题我就起怀疑了，哈尼族是个农业民族，历史文献、地方志记载这个民族从事了上千年的农业，维持了世世代代的生存繁衍及发展。这么一个历史悠久、创造了梯田农业的民族真的连施肥、选种这样的基本农业技术都不懂吗？我不信，所以我就带着这样的问题下去调查。结果我发现，原来50年代关于哈尼族农业的调查是粗浅的、不深入的，有的甚至是错的。说哈尼族梯田不施肥，实际上是没有发现哈尼族有着非常好的利用高山流水施肥的系统，而且这个系统有别于所有民族，有别于内地，它是一种冲肥的，随着山水的运行来进行冲肥的施肥系统，是一种农业的特技。而且哈尼梯田育种、选种更有较高的科技含量，所以才有上面提到的多样化稻谷品种，而且这些稻谷的少退化、少病虫害品质直到今天还在引起农业专家的关注。再如，在以前的调查研究中说到哈尼族居住半山，而傣族居住山脚或者河谷，我就奇怪了，同样是民族，为什么哈尼族就要居住半山而别的民族要居住河谷呢？我就带着这样的问题下去调查。带着这个问题的调查才使我认识到哈尼族居住半山是和其上千年的迁徙、对平坝生活的历史记忆，以及梯田农业的水资源掌控密切相关而造成的。哈尼族是个很早就进入定居生活，从事农业，后来又经历过长途迁徙的民族，在从中国西北河湟地区一直向西南迁徙的过程中，他们一直在寻找一块平地来从事农业，居住过云南从北到南的所有坝子，但始终没有站住脚。云南这些坝子的海拔都在800米到1300米之间，这个海拔高度是冬暖夏凉的非常适宜人的生活,所以当哈尼族迁徙到红河南岸以后选择了半山居住,这里的海拔等同于平坝的高度,它是冬暖夏凉的,适宜生活的,用哈尼族的话来说就是"要吃肉上高山"其实就是打猎去了,"要吃粮下低山",就是下山种梯田,"要生娃娃在半山",就是半山适于人的生活。再一个重要原因就是,哈尼族从事梯田农业,水从山上来,田在山下,居住在半山有利于非常好地控制水资源。水是梯田的命脉,农业的命脉,有力地控制水、分配水是农业的头等大事。所以带着问题的田野工作,其调查就会比较深入,联系也较为广泛。

三是"融入生活"的田野工作。这个也是对民族学家的要求,融入生活就得与调查对象同吃、同住、同劳动、同玩(娱乐)、同策划等一切生活。

其实,其中的每一样都不容易,举一个吃的例子:才到哀牢山时我连哈尼族煮的饭都咽不下去。哈尼族的饭是用梯田所产的红米做成,那个饭叫"生撇"饭,硬得像石头,吃一口饭,牙巴骨都嚼得酸疼。而且真的难以下咽,咽下去以后也难以消化,记得第一次吃生撇饭,两天后肚子还是硬邦邦的。哈尼族之所以做如此硬的饭,是因为这样的饭"禁饿",吃这样的饭才干得动梯田。这个饭的做法是,先将谷子在脚碓中舂成红米,然后将红米用水泡,然后放到甑子里蒸,然后边蒸边洒水直到蒸熟。后来我吃这种米饭,非常香,不要菜都可以,反而觉得昆明的饭烂唧唧的没法吃。

再举喝酒为例:喝酒是当地人的一大娱乐、一大快乐,逢年过节,家有喜丧,朋友到来,必定喝酒。用当地人话说,就是无酒不成宴,无酒不成生活。哈尼族人不爱多说话,但爱唱歌,往往一喝酒就唱歌。这是一种特殊的情感和思想的交流,所以哈尼族有句精彩的话,说是"麂子是狗撵出来的,话是酒撵出来的",也就是说酒不进去话不出来。所以,只有同吃,你才会深刻领会哈尼族的饮食文化、饮食特色,才能体会饮食对哈尼族生活、梯田农业以及思想情感交流的意义。

总而言之,只有同吃、同住、同劳动、同玩(娱乐)、同策划,即参加哈尼族的一切活动,融入其生活,才能获得真知。

四是"学习型"的田野工作。在我的田野调查中,我发现学习当地知识比迅速获得现成的资料更为重要,因为这种收获是永远的,铭刻在心的。

这种学习有几个方面:首先就是向研究对象学习。其一是要学习民族语言,不然无法和他们沟通,有翻译也隔了一层,一旦学习了语言,哪怕只会说一点,就很容易与他们亲近,而且他们还会很敬佩你。其二是学习当地民族的传统知识,它是那样丰富多彩、与众不同,如农业知识、农业科技、自然生态,以及世界观、人生观、宗教观,甚至生活方式、情感表达、草医草药等。其三是学习当地人的表达方式,它的精彩会让你终生不忘。例如,善用比喻,一切都与"主体梯田文化"有关,如"梯田是小伙子的脸,大腿是姑娘的美"等。

其次就是根据调查需要学习。其一是学习其他学科的知识和理论,如前面我说过的学习农学、生态学等方面的知识。其二是学习新的研究方法,如当时所学的PRA方法(农村参与式评估)、传统知识系统运用、生态服务功能运用等现代研究方法。这些研究方法在学习、了解和解释当地传统知识方面收到了相当好的效果。总而言之,整个田野工作就是一个学习的过程。

五是"不失情感"的田野工作。我觉得田野工作是与当地人情感交流互换的过程,这是非常难以忘怀的,其中有几种情感令我终生难忘:

敬畏之情。我从当地的民族对大山的敬畏,对梯田的敬畏,对神灵的敬畏,对其他民族的敬畏,以及最后对自己的敬畏中体会到了如何处理人与人、人与自然、人与超自然的关系。这是非常重要的,里面包含非常深的敬畏感情。

怜悯之情。在融入当地的生活当中,我深刻感受到这个民族生活的艰苦、劳动的艰辛,在哀牢山所有的生活都将比其他地方要付出更多的代价。相比我们的城市生活及工作环境、待遇更是不可同日而语。因而,时时会在心中产生深深的怜悯之情。当然,这种怜悯之情还不是可怜他们,而是觉得他们的付出太巨大了,应该获得更好的生活回报。为此你会急他们之所急、想他们之所想，你会想帮助他们，这种情感是在田野调查中被激发出来的，尽管作为民族学田野工作者的你什么也做不到、帮不了。

爱慕之情。有两个方面：一是对异质文化的爱慕，二是对人的爱。

对异质文化的爱表现在，在田野工作中，你会突然发现这是一种你从来没接触过的文化，它会立刻就深深地吸引你。仅仅他们对大自然和对人的态度就令人倾慕不已。例如，下大雨了，我们就急了，这种鬼天气影响我出行了，哈尼族会说你别急，老天爷和人一样，有时候他也要休息嘛，有时候他也有情绪，他也会生病，也许他今天生病了嘛，所以不要着急，要理解天，天有天的难处，人有人的难处。另外，泥石流来了，梯田被大片冲掉，我们感到灾难来了，结果哈尼族会告诉你，无所谓的，山有它承载不起的时候，人也有老死的时候，这片被冲毁的山也许到了死的时候了，死了就是生了，你不要以为人死了就没有了，人死了在另外的时间和地方又出现了，等雨停了以后我们去挖地，把梯田修起来，所以它又"活"了。这种豁达的态度，非常理解大自然，也非常理解人。这种对我们来说的异质文化是可爱的，这样一种文化一定会让你产生爱慕之情，让你离不开这个地方，让你深深地眷恋。

再就是对人的爱。哈尼族人是可爱的，无论男女老幼都是天然而真实的，因此他们人与人之间的关系显得非常的大度，豁达，与人为善，与人为美。关于此，刚才在前面我已经说过一些。然而，对人的爱不仅表现在你对他们的感情上，而且他们表达出来的对你的情感，更让你终生难忘。例如，表达想念之情："天和地离得虽远，雨丝把它相连；山和山离得虽远，云海把它连成一片；你和我离得虽远，一想你就在眼前。"例如，表达离别之情："小河你把清泉带走，把石头留在后面，阿哥你把情爱带走，把难过留在我心头。……再见了，戴手表的阿哥。"等等，表情达意，极为生动，夺人心魄。

感激之情，感恩之情。长期的田野调查，你会对当地和当地人产生深深的感激感恩之情。虽然你是一个陌生人，一个外地人，也许来此以后就再也不会再来了。可他们却认为你来到这里不容易，会提供给你住，提供给你吃，提供给你资料，满足你所有的要求，而且一点也不图你的回报。你只要需要，他只要有，他一定会提供给你，虽然物质的东西他们没有太多，但是可以完全提供给你；精神的东西也一样，你要了解某个问题，他会尽全部力量来给你解答，他解答不清楚他会带你去找另外的人解答，硬是要把这个问题帮你搞清楚为止。这种无私的对你需求的满足，我们是要永远怀着感恩之心的。

我认为在田野工作中，要饱含着感情，因为这种感情是自然产生的，而且我觉得是不会消失的。因此民族学的作品和研究成果应在理论的观照下充满情感。那种文字苦涩、枯燥乏味的所谓民族学著作，我认为是没有灵魂或是失去心性的民族学，所以显得晦涩难懂、面目可憎。

我在写《梯田文化论》的时候我是饱含着情感，我饱含着对那片土地深而复杂的情感在写的。我认为民族学著作必须具有科学的内涵和富含情感的文字表述，我觉得才是好的，因为民族学是生活的、生动的、活的、有血有肉的，所以其研究和文字表达也应该是饱含情感的。

总之，我的田野工作的活态性是我的民族学研究的一个主要特色。

王吉甫：王清华老师您的民族学田野调查确实很精彩，您以与当地融为一体的、深入细致的田野工作为您的民族学研究特色，真是别开生面。您能否用一句话来概括真正深入了的民族学田野工作？

王清华：可以。有一次，在社会科学院与年轻人座谈，他们问了同样的问题。我的回答是四个字："刻骨铭心。"如果你对你所调查的地区和你所调查的民族有了切肤切、心的感受，有了终生难以忘怀的认识和记忆，你就会得到这四个字的含义，当你真的有了这四个字的感受以后，你的民族学文章和著作就下笔若有神了。

王吉甫：您是哈尼族梯田及梯田文化最早的研究者，您是如何选定这项研究的？是什么动力使您一生研究哈尼族？

王清华：至于如何选定梯田文化作为研究重点和对象，是有几个原因的：第一是哈尼梯田这个形象，哈尼梯田这个雄伟壮观的形象深深地震撼着我，一直吸引我要研究它。第二是当地朋友告诉我梯田的重要。如我在元阳认识的第一个人是元阳县文化馆的馆长杨叔孔。他是一个老革命，中华人民共和国成立前夕就进入元阳，一直从事文化工作，对哈尼族最有兴趣，一直在收集哈尼族的风俗习惯和民间文学艺术。他曾经带我参加过许多哈尼族的活动。再如文化馆的摄影师邵宇伯，他一生都在拍摄梯田，认为梯田是最值得研究的。也就是说研究梯田，有朋友的启示和提醒吧。第三是学界朋友的鼓励支持，比如段玉明每次见我都催我快点下笔写梯田，邓启耀也让我快写，说可以在他编的杂志上连载。在朋友的鼓励和追逼下，我一直盯着梯田进行调查和研究，终于一鼓作气写出了《梯田文化论》及一系列研究论文。

至于是什么动力使我一直研究哈尼族，其实在前面我已经说过，我研究哈尼族是我所在的历史研究所的安排、规定和工作的要求。但仔细回想，除了上述"规定"外其实还有其他原因。

首先，哈尼族深深地吸引了我。大学毕业才进云南历史研究所工作时被告知所里留存了20世纪50年代的几乎所有的民族调查资料。我把有关哈尼族的资料全部调出来看，的确不是太多，只有两本印成白皮书的内部资料，其他全部是手写的，有的写在土纸上，有的写在课本上，有的甚至写在纸烟壳上，有毛笔写的、有铅笔写的、有钢笔写的。我为这些调查所感动，并引起了我的极大兴趣。我看完这些材料以后就下乡了，我首先到的地方是红河南岸的元阳县，是哀牢山区哈尼族最集中的地方之一。在那个神秘的哈尼族地方进行了几个月的调查以后，我发觉我深深地喜欢上了这块土地，而且我对这块土地上的哈尼族产生了非常非常大的一种依赖。从此以后30年过去了，我觉得我都离不开那里的梯田，离不开那里的哈尼族，我总觉得我和他们有一种太深的缘了，我不知道是什么缘。总而言之，我去那里就会很高兴，而且我回来几天后又会想去那个地方，那个地方像磁石一样地吸引着我。

再就是，刚才所说，当地朋友帮助我，学界的朋友一直不间断地鼓励我。就这样，我走上了研究哈尼族这条路，而且一直走到了今天，可能以后还要一直走下去。

王吉甫：王老师，当您的《梯田文化论——哈尼族生态农业》及数十篇关于哈尼族文化的论文写出来后，有人说，每个民族的文化都有一个核心，说您真正把哈尼族文化的核心——梯田文化找到了。有了这个文化核心，哈尼族所有的文化都有了依靠，于是以这个核心，哈尼族的文化体系建立起来了，浩如烟海的哈尼文化成为一个科学的体系。因为您建立了哈尼族整个梯田文化的体系，学术界对您的研究领域和研究成果给予了很高的评价，这是您对哈尼族的贡献，对民族学的贡献。对于此您自己怎么看？

王清华：这种评价对我来说是过高的赞誉了，怎么敢当！说我建构了哈尼族梯田文化体系，这种说法和评价其实不是太准确，因为其实哈尼族文化早就形成自己的体系，只不过淹没在历史的迷雾中，我只是重新用文字将它呈现出来而已。

我写过4本关于哈尼族梯田的专著和一系列哈尼族研究论文。其中，《梯田文化论——哈尼族生态农业》是较完整、较为系统地把哈尼族的文化展示出来、透视出来的专著。这本专著得到学术界广泛的肯定，也得到了哈尼族人的肯定。因此，获得了1999—2000年云南省人民政府颁发的"云南省社会科学优秀成果"一等奖；2000年我被授予"云南省有突出贡献优秀专业技术人才"称号，这是给我的鼓励和荣誉。

在整个对哈尼族的研究过程中，我清楚明白地知道真正的受益者是我自己，因为我从对哈尼族一无所知到学会了哈尼族文化，从单一的民族研究学到学会了农业学、生态学的知识、理论和方法。所以，不是我对哈尼族、对民族学有贡献，而恰恰是哈尼族、民族学对我有贡献，是它们成就了我。研究哈尼梯田对我而言是一个非常重要的人生历程，同时更是一个非常重要的学习过程。在这里，我要感谢哈尼族，感谢他们创造了梯田！我要感谢民族学，感谢这门高级的学问使我的人生有了色彩。

王吉甫：其实我觉得真正的科研应该是能影响一个民族甚至一个地区的发展，那么像哈尼族梯田文化研究，您觉得是否对哈尼族这个民族产生了影响？

王清华：民族学家有三大使命，第一个就是增加世界的知识，通过你的调查通过你的研究让人们不认识的事物为人们所认识；第二个就是建构和创新理论，让人们对世界的认识增加一种方法、一种理论；第三个就是你的研究对你的研究对象要有帮助，说得通俗点就是对当地要有点用处。那么，我的哈尼族梯田及哈尼族文化的研究对当地哈尼族究竟有没有点用处呢？这个问题问得好。在一个很长的时期我都觉得我的研究是学术研究，对当地没有多少用处，而作为个人、作为学者更是人微言轻，当当地人遇到什么困难需要我们向上反映也往往是得不到解决。在当地，我常常觉得自己没有用处，反而是处处有求于当地和当地人，只有他们帮助我的，让我认识哈尼族的知识，让我认识哈尼族的梯田，认识哈尼族的一切。但是我呢，几乎提供不了他们什么东西，起不到帮助他们的作用，只有他们来到昆明的时候，领他们玩玩，请他们吃顿饭而已。当时我觉得民族学家是很可悲的，只会求人，不能帮人。

2000年，当红河州向世界遗产委员会申报哈尼梯田作为世界遗产的时候，政府为此而做一系列宣传、鼓动、展示等工作的时候，我的研究派上了用场，在宣传哈尼族文化的时候需要它，在申报世界遗产的论证过程中需要它。这时，我才发现民族学家的用处。而2013年6月22日"红河哈尼梯田"世界遗产申报成功，其民族文化知名度、旅游业及各项事业火爆兴起的时候，我才发觉我的研究对当地还是有些用处、有些贡献的，所以我感到非常的欣慰，我也感受到了作为一个民族学工作者的自豪感。

王吉甫：王老师，今天我们就谈到这里，谢谢您，辛苦了。明天我们要请您谈谈关于开启南方丝绸之路和影视人类学研究的问题。

三、南方丝绸之路研究

王吉甫：王老师，昨天您提到您的研究方向里面有一项是关于南方丝绸之路的，那么现在随着国家"一带一路"倡议的开展，对于丝绸之路的研究在全国是异常火爆，那么您在20多年前就研究了南方丝绸之路，可以说是在这个研究领域最早的开拓者，您是怎么发现丝绸之路的重要意义，然后对它进行研究的？

王清华：南方丝绸之路的研究是非常偶然的。这项研究实际上是一段友谊的结晶。

我和我的朋友徐冶有一个共同的老师，他叫段鼎周（昆明市科协原副主席）。我们经常去他家，所谈的多为学术问题。1984年底的一天，段老师说有一条古道从四川到云南，又从云南一直通往缅甸印度，这条古道对于云南来说太重要了，非常值得研究。

西南古道是中国最早连接世界两大文明古国印度和中国的交通线，它的存在不仅使多民族云南的文化交流和融会加剧，而且带来和传播着中原和印度的文化，实际上这条古道很早就是东西方文化及南北文化交流的中间环节，起到了历史文化的地理枢纽作用。研究这条古道，意义十分重大，不仅为了历史，更是为了未来。在中国改革开放的20世纪80年代初，将为云南的发展提供历史经验和文化依据，对外开放提供借鉴。

那天的讨论直到深夜，最后徐冶提出，课题的名称可称为"南方陆上丝绸路"。丝绸自古以来一直被认为是东方文明的象征。古代中国的一切对外交通线，都被誉为"丝绸之路"。

我们三人就决定对这条古道进行研究，并进行了分工。当时我正在收集哈尼族的历史文献，就负责西南民族文献；徐冶负责历史文献；段老师负责总体构架的设计。

王吉甫：因为南方丝绸之路形成的历史年代跨度很大，这条路的分布区域也特别广泛，你们当时对它的研究用的是什么研究方法？

王清华：我们三个分工以后对与这条路有关的历史文献进行了梳理和研究，这是中国传统的历史文献研究法，包括了资料的考证、训诂；第二就是实地考察，真正的田野考察。由于我是学民族学的，对这个方法的掌握和应用比较得心应手，所以沿南方丝绸之路的田野考察也进行得比较顺利，我们从成都开始一段一段一直考察到缅甸密支那，整个过程是感受很深，收获很大的。今天这个资料还被人们广泛运用。

经过两年多的研究，1987年，"南方丝绸之路"课题结束，以《南方陆上丝绸路》为名出版，这是中国第一本关于南方古道的学术研究专著，是第一次以丝绸之路命名南方古道的专著。当然，它只是初步的研究。

王吉甫：重要的是你们最早开启了这条路的研究，而更重要的是你们将这条路命名为南方丝绸之路，在历史上没有人这么提出，之前说的都是唐蕃古道、川滇古道、蕃南古道、茶马古道等，真正称为南方丝绸之路就是你们提出来的。南方丝绸之路的研究在当时社会影响如何？

王清华：1987年，距今已30年了。当时，《南方陆上丝绸路》的出版在学术界引起了轰动并引起了人们的极大关注，掀起了一股西南丝绸之路热，中央人民广播电台、《云南日报》等媒体做了专题报道，给了较高的评价，南方丝绸之路也名扬四海，不少人纷至沓来，意在探索这条鲜为人知的古道的底蕴与奥秘。此后，我和徐冶还有摄影师徐晋燕被《中国报道》这个杂志邀请实地考察南方丝绸之路，写成报告，在《中国报道》上连载，一直连载了40多期。这个连载后来结集出版了《西南丝绸之路考察记》一书。这就是我们在30年前对南方丝绸之路的研究。这个研究分为两项工作，一个是历史文献资料的研究，另一个是沿这条路一直走到了缅甸，写了这条路实地考察报告。此后，我又写过《南方丝绸之路与中印文化交流》《大通道》等学术论文和影视人类学电视片。但是没有想到的是，如今国家提出了"一带一路"倡议，南方丝绸之路在北方丝绸之路和海上丝绸之路的中间这么一个节点上，又被人们重新提起，目前它的研究显得异常火爆。

说到当时的影响，最值得一提的是引动了四川省、贵州省还有云南曲靖地区对南方丝绸之路相关地方的研究。当时四川省博物馆的馆长童恩正教授就向四川省人民政府上书要研究南方丝绸之路，是以考古的方式对南方丝绸之路进行考古研究，被政府采纳。但是遗憾的是不久童教授去美国并不幸去世，这项研究也就停止了。但是这项研究仍然造成了很深的影响，出现了一批继续研究南方丝绸之路的四川学者，其中有著名学者段誉、石硕等，他们把南方丝绸之路的四川部分研究得非常好。不久前我们去四川考察，发现很多以前的考古发掘现场已经成了非常重要的文化展示地，成了南方丝绸之路文化的旅游点。现在，南方丝绸之路在四川名气很大，其研究和影响都远远超过我们云南。对于最先开展南方丝绸之路研究的云南，真是严重的挑战。直到中国"一带一路"倡议提出后，以及云南被定位为面向东南亚南亚的辐射中心后，云南的南方丝绸之路研究才重新展开，这些都展示了当年南方丝绸之路研究的影响。

王吉甫：按照现在的情况来看，四川省对南方丝绸之路的研究比我们省做得好，我本人从事的是民族戏剧方面的研究，据我的观察，云南的戏剧特别是花灯"窝子"都跟南方丝绸之路存在千丝万缕的关系，那么站在您的角度，我们云南的学者有必要对南方丝绸之路进行更深入的研究与挖掘，让其成为一个跨学科的更具体、更系统的研究吗？您有什么样的建议？

王清华：你说得非常非常重要。刚才我也说过，南方丝绸之路国内部分的研究，四川学者做得非常好也非常深入。四川成都是南方丝绸之路的起点，他们的丝绸之路研究不仅对学术界，而且在整个文化界、旅游界，甚至企业界造成影响，很多领域的发展都与丝绸之路相联系，很多产品都打着南方丝绸之路的牌子走向全国，走向东南亚地区和南亚地区。可以说四川掀起了南方丝绸之路研究的热潮，这是国内。那么国外部分呢，我曾经到印度，在印度中国研究所讲过中国丝绸之路研究的情况，并提出孟中印缅诸国联合考察南方丝绸之路的建议，希望从南丝路的源头四川经过云南再到缅甸再到印度的联合考察，得到了丝路沿线国家学者相当的认可和响应。在印度访问期间，我发现印度研究丝绸之路也很深入，范围也很广泛，涉及丝路贸易往来、丝路文化交流、丝路宗教传播等，但印度学者（还有西方学者）研究的是印度境内的这一段丝绸之路，就是说，他们研究的是丝路的后半截。四川是南方丝绸之路的上段，缅甸、印度是下段，上下两段都在进行着深入的研究，而最早研究南丝路的云南目前的研究却落在后面，这是不应该的。自古以来，南方丝绸之路一直沟通着中原、东南亚、南亚的关系，是经济文化交往交流的通道，云南的很多文化就是由这条古道输入的，如你刚才所说的云南花灯，就是从中原沿这条路随着移民输入的，直到今天花灯仍在南方丝绸之路沿线地区繁荣发展，满足着人们的精神文化及娱乐的需求。因此，我认为云南应该加大力度对丝绸之路及沿线经济文化进行研究，并利用地理环境的优势和面向东南亚南亚辐射中心的地位，把丝路研究延伸到缅甸、印度以及更远的国度。还要联合丝路沿线各国进行联合考察，进行多学科的研究，结合今天的旅游业，结合云南今天的发展，我觉得对南方丝绸之路的系统考察和纵深研究是必要的。

四、影视人类学研究

王吉甫：影视人类学是一个新学科，是一门外来学科。这门学科和传统的民族学人类学是什么样的关系，您是如何与这门学问结缘并进行研究的？

王清华：说起来研究影视人类学又是很偶然的事情。也是20世纪80年代初，社会科学院东南亚研究所的于小刚在泰国亚洲理工学院读书，他回来后跟我说，西方有一门学科叫影视人类学，是用影视手段对民族学人类学的研究对象进行拍摄和研究的一门学问。当时听他如此说就引起我的兴趣。因为我是非常喜欢文学的一个人，在大学期间就写过文学作品，做过很多文学梦。毕业分配进入社会科学院历史所从事民族学哈尼族研究后，对文学仍是耿耿于怀，偶尔还是会写上一点文学的东西。这个影视人类学，它与传统的民族学人类学的最大不同就是，它也以人类的现实生活为研究对象，但它所获取的资料是影视的，是活生生的形象资料，包括画面、音响及同期录音，这就具有了文学的色彩。我觉得这是一门老天赐予我的学问，它可以把我的文学爱好和民族学结合在一起。

于是，我找来了我的同学郝跃峻（他是搞影视的）与于小刚一起来研究这个问题。我们发现影视人类学在西方已经有100多年的历史，但我国还没有这门学问。于是，我们野心勃勃地决心开展中国的影视人类学研究，促使这门新学科的建立。此后，于小刚收集并翻译了一批国际影视人类学的文字资料和影视资料，我和郝跃骏则研究了中国20世纪50年代大调查时期的纪录片，对影视人类学的性质、理论及方法论体系进行分析研究，对西方影视人类学的历史及中国的影视现状进行了考察研究。最后，我们写出了中国第一篇影视人类学研究论文《影视人类学的历史、现状及理论框架》。

王吉甫：到现在为止学术界认为您是影视人类学最早的开拓者，现在也还在从事影视人类学的研究，关于这个新学科您做了些什么工作？

王清华：不是我开拓了这门学问，而是于小刚、郝跃峻和我一起最早研究了这个问题，当时确实想开启中国的影视人类学研究、建立中国的影视人类学。

当我们的论文《影视人类学的历史、现状及理论框架》发表在《云南社会科学》（1988年第4期），当时就在学术界引起了非常大的反响，引起了中国社会科学院、北京大学、中央民族大学等的高度重视，影视人类学从那个时候开始在中国进行研究并得到了发展。

1994年，在北京，以中国社会科学院牵头成立了中国影视人类学学会，我担任副秘书长后来又担任副会长，这个学会直到今天还在非常蓬勃地发展，影视人类学的研究也越来越深入，前景更是广阔，不仅影响到了学术界，而且影响到了影视界、教育界，很多大学里面现在也开设了影视人类学专业。今天看来，当时这门学科引入中国是非常重要的。

作为我个人来说，虽然是很偶然的机会让我碰到了影视人类学，但正是这门学问将我的兴趣爱好与我的民族学研究非常紧密地结合在一起。因此，这门学问一直吸引着我让我一直在做。

你问我在影视人类学这门新学科里我做过什么。我现在总结起来做过三个方面的工作：

第一个方面是理论研究。对于这门新的学科，它的理论究竟怎样，它的方法究竟怎样，它的影响力究竟怎样，这一系列的理论问题是我关注并研究的，曾发表过《影视人类学的历史、现状及理论框架》《影视人类学在我国的发展》《影视人类学与云南文化强省建设》等论文，完成过国家社科基金项目《影视人类学在中国发展对策研究》，这个是理论方面的研究。

第二个方面是影片的拍摄。我们开启了这门学问后得到了云南省社会科学院的重视与支持，筹建了影视人类学研究摄制中心（1995年正式挂牌），由我来担任中心主任。这个中心购置了完整的影视设备，配备了影视编摄人员，展开了影视人类学影片的摄制。到现在为止，我一共参与拍摄了40多部（集）电视片（有些是与其他单位合作）。这些片子当时在学术界和社会上都造成了很好的影响。例如《澜沧江》，就是一部反映江河文化，反映澜沧江沿岸20多个民族生活的电视片，在中央电视台播出后，被人们称为多元文化交织的大河云南的象征。再如，《珠江行》这部六集系列大片，深刻反映了珠江这条多民族大江的社会变迁，反映了这条大江穿越经济比较滞后的云南到达经济最发达的广州的历史反差和社会的大变革，揭示了中国经济最发达地区和经济较落后地区巨大的中西部差别，这个片子在中央电视台播出后也造成了非常重要的影响。这些片子我们称为试验性拍摄，所谓实验性就是用人类学方法采用现代影视拍摄手段进行拍摄，它有别于一般的纪录片，更有别于一般的专题片。我现在正在结集出版我的影视人类学影视脚本集，叫作《影视人类学田野纪实》。

第三个方面是建立机构。20世纪50年代，我国由于还没有影视人类学学科，也没有专门的研究拍摄机构，拍摄民族志电影的时候，采用的办法是民族学学者和电影制片厂的摄影师合作来完成。

一门学科的发展需要研究平台，需要专门的研究人员来进行，影视人类学学科发展则更须如此。由于影视人类学有别于传统的人类学，它是综合性学科。从事这门学科的研究者需要有人类学理论和人类学方法，与此同时还要有电影摄制的技术和影视理论方法，而且它的最终研究成果是影视人类学的影视片，因此影视人类学的发展更必须有专门性的研究机构平台。

1987年我们在开始影视人类学研究的时候，在云南省社会科学院的批准下开始筹建"影视人类学研究摄制中心"。

1994年，我参加了中国影视人类学学会的筹建。这个学术机构的建立对中国的影视人类学人才汇集和学科发展起到了十分积极的作用。它促使了中国社会科学院民族研究所影视人类学研究室的建立，云南大学东亚影视人类学研究所的建立，兰州大学、中央民族大学影视人类学教学研究机构的建立。这些研究机构不仅从事影视人类学的研究与拍摄，同时培养学生发展影视人类学。

1995年，我们筹建于1987年的云南省社会科学院影视人类学研究摄制中心正式挂牌成立。"中心"长期致力于：1.抢救拍摄正在逐步消失的各民族社会文化形象资料，制作影视人类学影视片；2.建立影视人类学资料库；3.开展影视人类学理论研究；4.促进影视界、学术界及影视人类学领域的国内外交流与合作。

总结起来说，在影视人类学这个领域我是获益非常大的一个学者，正是影视人类学使我熟悉了整个电影的拍摄、制作，编辑及编导的过程，懂得了将人类学民族学的理论、方法与现代影视理论、方法结合起来，运用于影视人类学的研究、摄制和教学；而且影视人类学还对我的民族学研究有很大的补益。

所以，总的来说，我这一生应该说都在人类学民族学领域，从事过三个方面的研究：一是哈尼族及哈尼梯田文化研究；二是参与开展了南方丝绸之路研究；三是参与开启了中国影视人类学。总的来说就是这些吧。

王吉甫：谢谢王老师！我会很快将您的讲话整理出来。
王清华：谢谢！

采访者：王吉甫，云南省民族艺术研究院研究人员。

"犹欣旷烛青光好,最怕闻鸡是枉然"
——段玉明教授访谈录

段玉明,四川成都人,1982年本科毕业于四川大学历史系历史专业,获学士学位;1987年硕士研究生毕业于同校同系中国古代史专业,获历史学硕士学位;2003年博士研究生毕业于香港中文大学现代语言与文化系文化研究专业,获哲学博士学位。1987年至2003年曾在云南省社会科学院历史研究所工作,历任副所长、所长等职;1992年被云南省破格评为副研究员,1996年再被破格晋升为研究员;现为四川大学道教与宗教文化研究所研究员、佛教与社会研究所所长、博士生导师、四川省学术和技术带头人,先后公开发表学术论文150余篇、出版学术专著(含合著)25种,并多次获得省部级社科论著奖励。

杨合林:段老师,您好!我是成都国学研究会的小杨。

段玉明:你好,小杨!

杨合林:知道您在学术研究上成果累累、建树很多,一直想来采访您。谢谢您今天抽出时间接受我的采访!

段玉明:不客气!我与你们会长是忘年朋友。有什么,你尽管问就是。

杨合林：我们知道，您现在主要是在研究佛教，而且做得很好。但我们也知道，您的研究兴趣其实很广，涉猎过很多领域，历史、民族、宗教、民俗、曲艺、神话等都涉猎过。怎么会有这么广的兴趣？就不怕别人说您学无专攻吗？

段玉明：怕呀！很多朋友都劝过我，摊子不要铺得太开，很吃亏。盯住某个研究方向做，会更省力，就像钉子一样，轻轻一敲就进去了。我也曾经试图这样做，但最后没做到。骨子里喜欢凭兴趣做学问，不喜欢为学问而学问。再说，兴趣广一些不是坏事，如果有能力去做，为什么不去做呢？都像现在这样盯住某个研究方向绝不旁骛，岂不埋没了王国维、梁启超、饶宗颐这些大师的聪明才智？我虽然不敢与这些大师相比，但有兴趣，又能够做，干吗不做呢？

杨合林：您不觉得很吃亏吗？有些学者咬住一个方向，很快就功成名就了。

段玉明：吃亏是肯定的，吃就吃呗，是你自己找的，也怪不着谁。而且，在做的过程中，我已经得到了很多，那是很多学者得不到的学术快乐。

杨合林：如果我没记错的话，段老师应该是从历史研究起步的，对吗？

段玉明：对。我本科、硕士都毕业于四川大学历史系，历史研究是我的本行。读本科时，喜欢宋史，跟着唐光沛先生做学年论文；做毕业论文时，转到了杨耀坤先生门下，改做魏晋南北朝。唐先生出生于军阀家庭，历次政治运动把他整得胆子很小，学术虽有水平，但我担心在他门下不能得到一个好的成绩，所以跳到了杨先生门下。因这一跳，逼着我又去熟悉魏晋南北朝史，写出了一篇辨正王仲荦先生观点的文章，后来发在了《中国史研究》上。一个魏晋南北朝，一个宋史，中间夹住隋唐，正好就是整段中世中国的历史。我后来的研究大多选在这一段上，就是因为有这个基础。

杨合林：看您博文，您本科毕业后去了部队，然后再从部队考回川大的。

段玉明：本科毕业后，我被分配去了部队。原想干两年后转业，但部队那时正在推进革命化、年轻化、知识化、专业化，不准我们这些分去的大学生转业，不得已，只有通过考研究生离开部队。具体的考试情形，我在《我的考研生涯》博文里已经写得非常详细，就不必在此啰唆了。要感谢的是，部队的这段经历，把我真正地逼上了学术道路。倘若是在一个我很适合的单位，也许就不会考研究生了，当然也就很难说是否可能走上学术这条路。

杨合林：您研究生学的宋史？

段玉明：对，跟着胡昭曦先生。胡先生是宋史研究领域里的著名学者，蒙文通大师的学生，在宋蒙关系、熙丰变法、巴蜀文化等多个领域富有建树。当时，胡先生正在做宋蒙关系，我的硕士论文便选择了宋理宗。宋理宗既不是明君，也不是昏君，用吴天墀先生的话说，属于中人之才。但在整个宋代君王中，只有宋仁宗和他在位的时间最长，有40年。晚宋历史，宋理宗这40年非常关键，正是北方政权波谲云诡的时期，需要正确抉择与金、与蒙的关系。同时，因为长期的战争，国内经济负担很重，也必须有一个根本性的改变。所以，宋理宗在位时，搞了一个端平更化，想从政治、经济、军事等多方面对晚宋的时政做一改变，但未成功。晚宋政权最终也就在这半途而废的更化中慢慢走向灭亡。无论怎样，这次更化延缓了宋王朝灭亡的步伐。无论研究晚宋历史，还是研究宋蒙关系，宋理宗都是一个不可绕开的人物。在胡先生的指导下，我写出了一个12万字的初稿，又选择其中的精要部分改成了我的硕士论文《论宋理宗》，顺利通过了答辩。硕士毕业，胡先生希望我留在川大。那时，我已经安家在了昆明。调动家属是一件非常麻烦的事，孩子又刚刚出生，最后我还是选择了到云南省社会科学院工作。离开成都前，胡先生让我接替师兄，把他正在牵头撰写的《宋蒙（元）关系史》最后两章接过来写，因为师兄考上了北大的宋史博士，要去邓广铭先生那里读书，没有时间再写。所以，回云南后的有一段时间，我天天仍在晚宋史里忙碌，直到写完《宋蒙（元）关系史》最后两章。这本书出后，在宋元史学界反响不错，被海内外学者视为研究宋蒙战争最好的几部著作之一。遗憾的是，出版社限定出版字数，以及其他一些出版以外的因素，被迫删去了一些我认为很有价值的部分。《宋蒙（元）关系史》完稿，我的晚宋史研究也基本停止了，学术兴趣转到了另外的地方。

杨合林：是指市井文化研究吗？

段玉明：是的。因为生在市井、长在市井，与市井文化有一种天生的亲切感。宋代市井文化很繁荣，这可以从《东京梦华录》《梦粱录》《都城纪胜》等著作中看出。市井文化与精英文化不同，反映的是小市民的吃喝拉撒、衣食住行，是一种很接地气的、鲜活的文化形态。被这种文化深深吸引，答辩之后，到毕业还有两三个月的时间，我几乎天天泡在学校图书馆里，翻检中国古代关于市井文化的材料。当时，市井文化还没有受到文化史学界的重视，有学术分量的研究论著也还没有看到。我想收集一些材料，看能不能写点儿东西。但直到我离开学校，收集的材料也不足以写一篇像样的文章。因为市井文化历来不受文人士大夫的待见，被他们记载在自己笔记文集中的东西，多数是贬抑、批评市井文化的。如果按照这些材料来写文章，市井文化就实在没有值得表述的东西了。就算《东京梦华录》《梦粱录》之类，也都不是完整的记载，总体上是有城无人，看不到市民的精神文化风貌。这牵涉到一个著名的史学热问：民间在哪里？自梁启超倡导新史学以来，做社会史研究的学者每每苦于找不到真正的民间，历史文献往往都是精英选择性的记载，不是民间的真正反映；而离开这些记载，又拿什么去建构真正的民间社会？即使这些精英记载可以采用，我的想法，也必须是在另外的核心材料支撑下，否则就会是一种扭曲的镜像。这种情形让我十分苦恼，不知道该怎样突破材料上的制约。一天，杨民康先生来我家里，谈到杨晓鲁、路应昆他们正在组编一套《中华艺术文库》，要求将艺术与中国社会文化结合考察。他知道我曾对曲艺有过兴趣，听完我的苦恼后，建议我将传统曲艺与市井文化联系起来考察，这既符合《中华艺术文库》的要求，也可尝试用民间曲艺底本观照市井文化。这启发了我，从艺术社会学的角度考察市井文化，应该是一个好的切入。马克思称他对法国现代史的了解更多的是从巴尔扎克的著作中获得的，列宁称托尔斯泰是

"俄国革命的一面镜子",就是从艺术与社会的关联中引申出来的。像我在书中《导言》所说,"就人的全部存在和感觉的整体性而言,艺术与生活的全部距离实际上只有一墙之隔"。传统曲艺本是市民社会的产物,表达的是市民的思想感情与喜怒哀乐,用它来破译市井文化最有效。但是,艺术是对生活整体性的反映,允许在细节上加以虚构。这提示我们,用艺术作品的细节证实历史需要谨慎,而用其整体性特征证实观念则无问题。解决了这些关键问题,《中国市井文化与传统曲艺》写起来非常顺手,几乎是一气呵成的。写作过程也很享受,自认为看到了传统历史教科书中从未看到的市井文化真相。因为多用曲艺底本,行文也很享受,往往是在娓娓道来的故事中引出市民的思想感情与喜怒哀乐。书出版后,汪宁生先生很是推崇,曾就市井文化是否与井有关与我有过长谈。中国艺术研究院研究员、全国曲艺联合会副主席贾德臣先生读后,认为它是第一部把曲艺与社会紧密联系起来考察且有相当学术分量的著作,还替我报了全国曲艺作品评奖。那时,曲艺联合会都由曲艺艺人组成,参赛作品也都是曲艺作品,我的著作成了唯一的另类,最后被迫退了出来。多少年后,在哈佛与巫鸿先生聊起此书,巫鸿先生也很推崇,对我没有继续这项研究深表遗憾。台湾清华大学则将此书列入艺术社会学必读参考书目之中。此书的撰写让我坚信,中国历史绝不全是"二十五史"描述的那样,底层社会的图景远比正史描述的丰富、生动得多。

杨合林:这的确是一个很好的选题和开头,就是现在接着往下做,仍然还有很大余地,可以出很多有价值的成果。您为什么没有继续做下去呢?

段玉明:材料控制不住。明清以后,民间曲艺底本太多,一是没法全部收集,二是没法准确把握。挂一漏万似的研究,没有多大学术价值。

杨合林:虽然没有再做,但我发现,您的很多研究其实都是底层视角,与市井文化的视角是一脉相承的,像您的寺庙文化研究系列。

段玉明:你说得对。这是我的学术兴趣,喜欢从底层视角看中国的历史与社会。

杨合林：说到寺庙文化，这应该才是您最倾注全力的研究课题，先后出版了《寺庙与中国文化》《西南寺庙文化》《中国寺庙文化》《中国寺庙文化论》《相国寺》等多种专著，超星名师讲堂挂的也是《中国寺庙文化》，前几年您获得的国家社科基金重大招标项目多卷本《中国寺观文化史》，应该也是这个课题的收缩版。我们知道，以前做寺庙研究的，都是将它作为建筑来做，而您把它作为文化来做，建筑只是其中的一个部分，有什么特别的学术考虑吗？

段玉明：肯定有。我们知道，和国外基督教或伊斯兰教传统的信仰相比，中国人的信仰方式非常特别。他们不把自己限定在某一信仰里，佛教、道教以及民间信仰都在他们的信仰范围之中，根据生活的需要随用随取。这种被西方人视为功利性的信仰方式，主宰了中国从皇帝到平民的信仰生活，因之而有儒教（姑且按西方学者的提法）、佛教、道教、民众宗教（popular religion）、少数宗教（minority religion）、国家宗教（state religion）种种。如果只从某种宗教单一进入，得到的信仰生活图景一定是片面的、不真实的。所以，我想从信仰空间进入，看看中国老百姓在这些信仰空间里到底干些什么，这些信仰空间又为他们的信仰生活准备了什么，以及这些信仰空间是怎样被镶嵌在中国传统文化里的。这样进入，既可以跨越宗教的限定，也可以跨越学科的限定，形成一种跨宗教、跨学科的信仰观照范式。中国人独特的信仰方式，或许可以在这种跨越的范式里得到某种解释。

杨合林：您在《中国寺庙文化》后记里说，选择做寺庙文化，是因为受了吴天墀先生的影响。能具体给我们说说吗？

段玉明：吴天墀先生是一位博学多才的前辈，虽然他的主要成果是《西夏史稿》，但他的学术视野其实很宽，知识背景也很深厚。那时，我们在上吴先生的古代汉语课。课间休息，围着吴先生闲聊，不知怎么扯到了寺庙上来。吴先生告诉我们，古代寺庙相当于现在的公园，到里面去的人并不一定都是信徒，很多是去休闲玩耍的，因为古代没有现在这样的公共娱乐场所。这对我的触动很大，于是开始留意这一方面的材料，并逐步拓宽到了寺庙里的其他活动。到 1988 年，海南出版社组织"龙文化大系丛书"，约我写一本关于寺庙文化的薄书，我便将已有的初步想法写成了《寺庙与中国文化》。这其实是一本很浅的通俗读物，仅仅是对寺庙与中国文化的关系做了一个简单的比对。之后，"西南研究书系"的编委又约我写一本关于西南寺庙文化的书，这就是《西南寺庙文化》。不满足于简单的比对，在这本书里，我在每一章的第一部分都有一个"西南民族某某概说"，将西南民族文化的某一方面（如建筑，如艺术）勾一粗浅的轮廓，目的是想借此看看西南寺庙文化到底从西南民族文化中吸取了多少东西。结果就是"余论"中的那两句话："西南寺庙文化代表着西南古代文化的最高成就，在西南古代文化中最具魅力。"在这两本书的基础上，我花了两年多的时间写成了《中国寺庙文化》，洋洋洒洒 70 余万字，算是我寺庙文化研究的代表之作。关于寺庙文化研究的体系，应该研究些什么，相互之间是一种怎样的关联，到这本书完成方才真正形成了。这本书为我赢得了很多声誉，至今仍是国内外很多大专院校与科研机构的必读参考书目，并被认为是"二十世纪中国最重要的宗教研究成果"之一。因其"可能为宗教学研究带来新的契机"，1994 年还被美国哈佛大学世界宗教研究中心邀请访问，是第一个从内地被邀请的学者。后来，我又应"中国当代中青年学者学术精华书系"之约写了《中国寺庙文化论》。意在补充《中国寺庙文化》述多论少的缺陷，《中国寺庙文化论》选了几个主要问题系统展开论述，目的是想在《中国寺庙文化》的基础上进一步揭示寺庙文化的本质、特色、文化取向、社会角色等。这样，我设想中的寺庙文化研究也就大体完整了。

杨合林：您的《中国寺庙文化》影响很大，除了孔夫子网，其他地方已经买不到了。没想过再版它吗？

段玉明：想过，但被我自己否定了。如要再版，就得修订。早年因为寻书不易，很多材料没有看到，需要补充进来，近十来年类似研究成果渐多，也要吸收，修订工程很大。最主要的，是我对寺庙文化的看法已经有了很大改变，有了更为成熟系统的思考，无法通过修订贯彻进去。所以，与其修订旧作，不如重写新作。国家社科基金重大招标项目的多卷本《中国寺观文化史》，就是重写新作的计划。

杨合林：明白。是因为去哈佛访问，还是去香港读书，让您有了这种改变？

段玉明：都有。《中国寺庙文化》出版以后，我突然有一种找不着北的感觉，不知道我的寺庙文化研究下一步应该怎样继续下去。恰好接到了哈佛世界宗教研究中心的邀请，同期接到邀请的还有英国、法国、德国、以色列、印度、韩国、日本等国学者，都是研究宗教的。每半个月有一次讨论，还有许多不定期的讲座，包括哈佛的各种讲座。这些活动打开了我的眼界，知道了国外宗教学界都在关注些什么、怎样关注，以及宗教研究应该使用的正确方法。原计划去美国攻读博士学位，并与太史文（Stephen F. Teiser）、韩森（Valerie Hansen）、麦可瑞（John R. Mcrea）等教授取得了联系，但后来阴差阳错去了香港中文大学，又因为宗教系没有名额，进了现代语言与文化系，师从著名后现代文化学者王建元先生做跨文化研究。此一阴差阳错对我来说，应该说是一种福分。历史学是我的看家工夫，宗教学则自学过一些，恰恰文化学是我最陌生的东西。天天叫嚷做市井文化、寺庙文化，国际认可的文化研究到底是怎么回事，正是我想追寻的东西。王建元先生是一位很勤奋的教授，每周读书在两本以上。除了上课，我每周去他那里一次，汇报我的读书心得，并讨论一些相关问题。在中文大学期间，跟随王建元先生，我系统地补习了各种当代文化理论，这对我后来的文化研究影响很深。不满足于此，我还选择了宗教系、历史系的很多课程，像宗教理论、城市研究、旅游文化等。香港中文大学的好处，是你交过学费以后，选课多少不受限制。既然如此，不学白不学，我干吗不趁这个机会把自己好好武装一番呢？不过就是比别人多辛苦一些嘛！这种囫囵吞枣、兼收并蓄的学习，刚开始时很不习惯，满脑子乱七八糟的糨糊。经过一段时期的内化，我慢慢地理出了一些头绪，便感觉是别有洞天了。带着这些收获与转变，我选择开封相国寺为个案，做了我的博士论文。

杨合林：就是那本《相国寺——在唐宋帝国的神圣与凡俗之间》？

段玉明：不完全是。我们现在看到的是简写本，只有20多万字。博士论文要长得多，名字也多了一个"活"字，叫《相国寺：活在唐宋帝国的神圣与凡俗之间》。

杨合林：有什么不同吗？

段玉明：没有"活"字，就是一种状态表达；有了"活"字，就变成了生存状态表达，相国寺由是变成了一个生命体。

杨合林：那为什么要把它省略了呢？

段玉明：按照香港中文大学的规定，博士论文的版权应归学校。怕惹版权纠纷，一是改写成了简本，二是省去了标题中的"活"字，让人觉得是重写的一本书。

杨合林：和其他寺庙文化系列的著作相比，您认为，这本书有哪些根本不同？

段玉明：关于这一点，业师王建元先生在为《相国寺》写的序中已有概括：一是改变了以前从宏观视角逼近的路数，改从微观、个案入手，既补充了宏观研究忽视的许多细节，又丰富完善了以前的某些结论；二是突破了历史学方法的依赖，广泛运用了宗教学、社会学、人类学以及后现代文化研究的理论和方法，在尽可能还原历史事相的基础上，对寺庙文化进行了多维度、多层次的阐释。寺庙绝对不是一堆死的建筑，而是一个具有自性的活体，通过由内而外的神圣显示，与由外而内的力量互动，在神圣与凡俗之间显现出活力。因是活体，需要被安放在生存环境之中。我们所谓"佛教中国化"，根本即要看它是否被"有机地"编织在中国的政治、经济与文化生活之中。唯其如此，佛教始不再可能作为一种异域宗教而被隔离出来，而被帝王三番五次地剿灭。隋唐以前，中国寺院的宗教属性相当突出，但以后则更多的是以文化娱乐的面貌展现于世人，由是混淆了神圣与凡俗的界限，把信仰活动变成普罗大众的生活方式。所谓寺庙，应不只是一处特殊的建筑，还是一群特殊的人群（僧众），以及纷繁众多的特殊仪式和活动。三者缺一,都不再是我们观念上的寺庙。这些都是我在《相国寺》这本书里的新见解,像业师王建元先生所说,都与我在香港中文大学学习期间"兼收并蓄的学习密不可分"。在博士论文的鸣谢中,我曾具体地提到了几位教授的几门课程,一是陆润棠教授的比较文学理论,二是黄慧贞教授的神话学理论,三是黎志添教授的宗教学理论,四是王岗教授的宗教文学研究,以及王建元教授的当代文化研究,没有他们的谆谆教诲,我要在较历史学更宽的视野完成《相国寺》这篇博士论文,当非易事。

杨合林:《相国寺》这本书很成功,已经成了宗教研究的一个范本。

段玉明:韦兵先生认为它无论是从视野上还是方法上都有很好的学术启迪,梁建国先生则认为它是中国寺院研究一个可资借鉴的成功范式,国内外很多大学还将它作为历史人类学、宗教社会学的必读参考书。

杨合林:《相国寺》出版后,关于寺庙文化还写过些什么?

段玉明:除了零星的文章,主要是组织完成了一个教育部重大课题《中国寺观有形文化资源研究》,再有就是现在正在做的国家重大招标课题多卷本《中国寺观文化史》。招标课题准备写7本书,写完后,我的寺庙文化研究可能就会打住了。

杨合林:看到您近年的好几篇文章,都是探讨宗教神圣性的,有什么新的打算吗?

段玉明:没有,还是在探讨寺院空间、造像、活动等怎样被赋予神圣性的问题,仍属寺庙文化研究的范畴。只是学界在这一方面研究不多,我想集中地写一组文章,以后收为一个集子,已经有六七篇了,算是对宗教神圣性生成的系统研究。在一般人看来,宗教神圣性仿佛是天生的,但其实是建构的,有一系列的技术和手法,需要仔细考察与研究。这也是宗教研究不应回避的问题。

杨合林:谈了那么多,但在一般人的印象里,您的《大理国史》似乎更有名,乃至学生中、江湖上都称您为段王爷。研究大理国史有什么特别的缘起吗?

"犹欣旷烛青光好,最怕闻鸡是枉然"

段玉明:云南历史研究所建所60周年,约我写一篇在历史研究所工作时的回忆文章。在这篇文章里,我谈到了研究大理国史的缘起。读研究生时,我的主攻方向是宋史,尤其是南宋晚期历史。到了云南历史研究所后,老所长要我改变研究方向,把重心放在云南历史上,因为我们是地方社会科学院,要为地方建设服务。当时,所里的研究强项是云南军阀史与近现代史,以谢本书老师带队,荆德新、孙代兴、龙永行、蒋中礼等老师都在这个研究团队里,取得了很多颇有影响的研究成果。但在参与《中国近代军阀史词典》云南部分词条的编写后,我发现我不可能在这个领域有所成就,系列的云南军阀传记、杜文秀起义、"一二·一"运动等都已有了堪称经典的专著。我卷进去,至多就是一个修修补补的小工而已,想要有大的突破几乎是不可能。于是,我决定转向研究大理国史,一则因它属于云南地方史的范畴,二则因有学习研究宋史的背景。听说我选择了大理国史为研究方向,便有好心的朋友谆谆告诫我千万别陷进去,因为方国瑜先生他们都没能够做出来。我的想法恰好相反,正因如此,做它才很安全。连方先生他们都没做出来,像我这样的无名小辈做不出来,别人也不会责备到哪里去。倘若有幸做了出来,当然就是对云南历史研究的重大贡献,岂不比通行的"砍大树"更能成名?但等真正进入研究状态后,我才体会到了它的难处。资料很少是意料中的事,由于科研经费不足,想要外出考察或查找材料也都举步维艰。1996年在昆明召开第七届宋史年会,漆侠会长号召宋史研究会员至少提供5篇关于大理国研究的文章,结果连他自己都没有写出来,其研究之难由此可见。差不多吭吭哧哧了10多年,就像是在沼泽地里跋涉,从非常艰难到渐入佳境,总算写出了一部几十万字的稿子,并申请到了国家社科基金的资助。所以我在回忆文章中说,《大理国史》是被云南历史研究所逼出来的,被老所长他们逼出来的。做学问,有时真的要逼,自己逼,被别人逼,被项目逼,否则就会放任自流、避难就易。

杨合林:这本书也给您带来了很大的声誉,至今仍是大理国史研究的权威著作。

段玉明：平心而论，虽然仍有很多问题，但它的确是填补了云南地方史研究的空白，故被海内外许多大学与科研机构列为民族史、古代史的重要参考著述。受到金庸先生武侠小说的影响，《大理国史》更被很多武侠迷视为读《天龙八部》等书的背景材料，让这本书在社会上备受关注。

杨合林：除了填补空白，您认为这本书还有什么学术上的贡献？

段玉明：主要是去中原正统论、中心论、优越论等学术立场，在中华各民族历史平等的立场上，我不是把它作为一个地方割据政权来写，而是把它作为民族独立政权来写，年号都用大理国自己的年号，实在不清楚的才借用中原纪年。后来，我写了一篇《"五花爨弄"及其意义新探》，通过对大理国宫廷乐舞"五花爨弄"传入中原后演变而为宋元非以唱功为主的一类戏剧，以及申发出"客串""磋人""寒磋"等词语，证明边疆少数民族与内地的文化影响是相互的，就是此一学术立场的延伸。与此同时，在这本书中我又坚持了十分客观的立场，有什么材料说什么话，避免将个人感情、民族感情带入大理国史的研究之中。这是云南历史与民族研究很容易犯的毛病，尤其是本民族写本民族的东西，总是免不了溢美夸大的成分，结果反而削弱了其研究成果的学术性。我以为，这是云南学者始终应该警醒的。学术研究毕竟不是抒情散文，不允许学者尽情挥洒自己的情感。

杨合林：2011年，这本书被纳入"当代云南社会科学百人百部优秀学术著作丛书"再版，和第一版相比，有什么变化？

段玉明：没有，就是订正了一些第一版的错字谬误而已。原来想把第一版后发表的几篇相关文章附在后面，最终也被编委会取了下来。最遗憾的是，第一版本有的大理国地图，反而被弄丢了。

杨合林：真是有些遗憾！不过，以后还有机会修补增订。张其凡先生主编的两卷本《宋代史》、漆侠先生主编的七卷本《辽宋西夏金代通史》、何耀华先生主编的六卷本《云南通史》，大理国部分都是您写的，可见您在大理国史研究上已经成了公认的权威。

段玉明：这些都不过是将《大理国史》的研究成果推广而已，以让更多的人知道它们。最近有一本《南诏大理文化史》脱稿，是"云南文化史丛书"中的一本，以文化史的立场观照南诏大理文化，算是我大理国史研究的新进展吧。

杨合林：我们知道，南诏历史还有新、旧《唐书》《云南志》（也就是《蛮书》）等系统材料，但大理国材料非常少，基本上都被您用尽了，您觉得这个课题还能继续研究吗？

段玉明：很难，除非有新的材料发现。否则就是一遍遍地炒冷饭，不会有多大学术贡献。

杨合林：《指空——最后一位来华的印度高僧》也是您很有学术分量的一部著作，应该归入佛教研究范畴吧？好像没法纳入您以前的研究系列。

段玉明：是的，属于佛教高僧传记。同类的，还有我以后组织编撰的《圆悟克勤传》。

杨合林：这本书的引言说，它也是您在云南就已经开始的研究课题。

段玉明：是的，这也是被逼出来的一部著作。20世纪90年代中期，由中央民族大学的祁庆富教授牵线，云南省社会科学院决定召开一次关于指空的中韩国际学术会议。为稳妥起见，决定先在武定试开一次小型的国内学术会议。当时，我在云南省社会科学院历史所工作，本对指空毫无研究，也没有准备参加会议。开会前夕，忽然接到院长电话，说我一直从事寺庙文化研究，应该撰文参加会议。在院长看来，寺庙文化与指空都属宗教范畴，殊不知两者实有风马牛之隔。但有此"钦点"，我不敢不接招，便草草赶写了一篇《指空行实发微》的文章。因其匆忙，有些想法尚未来得及表述，便已到了开会的时间，于是在文尾署上了"未完待续"几个字。会后，会务组选择部分参会论文在《云南社会科学》与《云南宗教研究》上刊发。考虑到这篇文章尚未最后完成，某些想法亦欠成熟，没有提交发表，而是以此为基础，向院里申请了"指空研究"课题立项。由此，我便在一种毫无准备的情况下介入了此研究领域。半年后，"中韩、韩中指空研究学术讨论会"在昆明召开，韩国精神文化研究所历史研究室的许兴植教授率领了一个近20人的学术代表团参加会议。因"指空研究"课题启动不久,我将已得的部分研究成果写成《指空印度行实考》一文提交会议。文章获得了与会代表的广泛好评,尤其是韩国学者的高度评价,认为它解决了某些长期悬而未决的问题。后来,这篇文章被分为两次刊发在《云南社会科学》1999年第3期与第5期上。原本打算继续研究指空的佛学思想,因去香港读书被迫搁置了下来。其中,也有我没法读懂许兴植韩文版的《印度的灯传与高丽——指空禅贤》的缘故。此一搁置,便一直拖到2004年,我到四川大学道教与宗教文化研究所工作以后。等我重新捡起这个课题时,很幸运,金英淑小姐从韩国来我所攻读学位,她不仅为我翻译了书中的许多重要部分,还和我一起仔细研读了许先生的大作,让我最终顺利地完成了这部搁置已久的著作。

杨合林:这本书的主要贡献也是填补空白吗?

段玉明:是,也不完全是。说是,是因为中国的确没有人完整、系统地研究过指空。杨曾文先生是《宋元禅宗史》的作者,读了这本书后告诉我,要是早些出版就好了,就不至于让他的《宋元禅宗史》留下遗憾——这么重要的高僧在《宋元禅宗史》中居然没有提到。美国专门研究印度历史文化的学者沈丹森(Tansen Sen)读了此书也很吃惊,称他居然不知道这位印度高僧,那年在复旦召开中印关系会议,专门托人找到我,邀请我一定要参加那次会议。说是因为从指空这个印度来的高僧身上,我还看到了中国文化转移的印迹,即从向印度文化学习转到了向欧洲文化学习。其实,指空之后还有僧人从印度来,但其影响已绝对不能与指空相比,所以我在副标题中将他称为"最后一位来华的印度高僧"。指空应是一道文化分界线,他的寂灭,结束了印度文化对中国文化历时千年的影响,中国文化在他之后开始了向欧洲学习的历程。

杨合林:也就是说,指空作为个案,不仅是一个印度高僧,还是一个文化地标?

段玉明:一点不错。在中国人的文化想象里,"西方"不仅仅是一个地理方位，更是一个知识和文化取之不尽、用之不竭的文化想象。从早期的西王母到中古的西天取经，中国文化不停地向"西方"获取新鲜素养，以更新壮大自己。到指空所在的时候，印度佛教文化已近枯竭，中国佛教也已自成体系，作为"西天"的印度佛教文化不再对中国人有诱惑力。所以，像指空这样的印度来华高僧，早年应该被中国人奉为上宾的，最后也不得不把自己变成中国化的禅僧，否则就不能在中国立足。与此不同，文艺复兴以后逐步崛起的欧洲日渐被中国人认识，其文化的冲击力，依附于精确实用的科学知识与无法相抗的坚船利炮，不仅让中国人震惊，也让印度人惶悚。于是，欧洲（当时称为"太西"，即比印度更西）取代了印度，成了中国人寻求知识和文化更新的源泉。我们说指空是一个文化地标，就是站在此一文化转移的大背景上说的。

杨合林：近两年好像还看到您有这方面的文章？

段玉明：有几篇，但都是从指空这里申发出来的，再结合"一带一路"的宣传。我的意思，"一带一路"不仅仅有表面的经济意义，同时还有深刻的文化意义，曾经一次次地提升了中国文化的质素。推行"一带一路"倡议，要着眼于世界性文化交流平台的建立，借此而使中国文化获得新一轮的升级，进而谋求建立和而不同的"文化共同体"。只有这样，才能真正引领世界经济与文化的良性发展。

杨合林：这似乎已经越出指空很多了？

段玉明：所以，上课时给学生讲个案选择，我常常举指空为例，要有穿越个案的可能。在方法学上，《指空》这本书应有很多值得咀嚼的地方。

杨合林：您的书中，我觉得《佛教与民俗》也很有意思。民俗学本是单独的一个学科，您将它与佛教联系起来，有什么特别的考虑？

段玉明：这本书其实不是我一个人写的，而是论文汇编，是我和学生多年来关于佛教与民俗研究的部分成果。像我在后记里所说，一部中国佛教史应该不仅仅是义理和高僧史，同时也是佛教社会化、文化化的历史。"佛教中国化"的历史，则更不应该只是义理和高僧的中国化，同时应有佛教观念向民间知识渗透、佛教文化化为中国风俗习惯的历史。遗憾的是，佛教学界用力于此的人很少，基本上都集中到义理和高僧上去了。为此，我让我的一些学生选择了这一方面的研究，还组织了很多专门的讨论，然后选出其中一部分我认为已经成熟的论文编在一起，出版了这本书。我在后记中说，除了弥补中国佛教史研究的疏缺，这本书的目的还想让"中国佛教""佛教中国化"等空洞的、口号式的标签和概念得到具体的、细节的落实。空说很容易，但学术研究要求落实、要求证据，不能总是以其昏昏使人昏昏。

杨合林：但在这方面，我们的确是看到了很多空洞的论著，除了概念，还是概念。

段玉明：我原来的设想，是想和出版社合作办成一个以书代刊的杂志，一年一本。但第一本的编辑，耗费了我很多时间，稿源也有问题，佛教学界搞这方面研究的人不多，我和学生又没那么多相关文章，所以最后停了。这得有专门的编辑，还得有一批从事这方面研究的队伍。

杨合林：有点儿遗憾，本来是一个很好的想法。

段玉明：看以后有没有机会吧。

杨合林：这两三年，您好像发表了很多巴蜀佛教的文章，还出了一本《巴蜀佛教文史论丛》，这是近年的研究重点吗？

段玉明：是。有两个课题，一是成都市佛教协会的委托项目，一是国家社科基金项目，把我陷在里面了。

杨合林：完成了吗？

段玉明：《成都佛教通史》已经交给出版社了，《巴蜀佛教文化史》还没写完。

杨合林：接受这两个课题是反哺桑梓的缘故？

段玉明：不完全是。巴蜀地区是佛教最早传入的地区，巴蜀佛教不是中国佛教的微缩版，而是构成版。它的许多内容丰富和发展了中国佛教，而非中国佛教的地方化模仿。写中国佛教史的人不了解，也就不写，最终被中原中心论者忽略和遗忘了。

杨合林：能举几个具体例子吗？

段玉明：例如，形成于巴蜀的"十王信仰"（十殿阎王信仰），既不是完整的佛教移植，也不是传统的中国观念，几乎改变了中国人关于地狱的认识。又如，三昧水忏、甘露施食这些非常重要的佛教忏仪，也是在巴蜀地区产生的，至今仍在佛教忏法中影响巨大。中国禅宗发展史上，每至低迷转折之时，总有巴蜀禅僧应时而出把禅宗带向新的天地，故俗有"言禅者不可不知蜀，言蜀者不可不知禅"的说法。《太上感应篇》与《玉历至宝钞》是宋元以降劝善运动中影响最大的两部劝善经文。其中，《玉历至宝钞》是从成都双流县的淡痴和尚那里流传出来的。还有峨眉山普贤道场的形成，以及石窟造像数量甲于全国，均可看出巴蜀佛教在中国佛教史上的特殊地位，不可单以区域佛教论之。我之所以接这两个课题，目的就是想弥补和纠正佛教学界对巴蜀佛教的生疏与偏见，情形有些类似南诏大理历史之于大中国史。

杨合林：说了这么多，段老师，我想请您简单地对自己的学术生涯做一个总结。

段玉明：从事学术研究以来，我一直比较喜欢关注下层，喜欢从下层观照中国社会、观照中国历史文化，市井文化是，寺庙文化还是，乃至佛教民俗、巴蜀佛教等都是。我的看法，下层如流，上层如风；如风者易变，如流者潺湲。像张爱玲的小说，无论社会上层如何风来风去，底层老百姓的生活总是一股潺湲的溪流，虽有变动，幅度很小。这才是中国社会的真实，才是中国几千年文明史的托底。那些轰轰烈烈的王朝更替、政治变动、军事冲突，都不过是过眼烟云，不是中国历史文化的常情。遗憾的是，长期以来人们喜欢观风察势，喜欢在上层的波谲云诡中寻求学术的爽利，忽视了这种社会历史的真实。其次，我的学术研究不太囿于学科限定，有意思、有兴趣而又有能力做，就会去做。为此，我的很多文章难以定在某个学科，投稿常常遇到问题。但我不后悔，因为在做的过程中我已经享受了学术的快乐。而且，这种随性放任的研究，因为热爱和投入，或许还真能留下一些有意思的东西。

杨合林：在研究方法上有什么特别要说的吗？

段玉明：也没有，不过就是两点：一是文、史、哲并治，二是文献与田野并用。在《〈西南文化研究〉致语》中，我曾倡议西南学者：一是突破现行政区的划分，还历史文化以原生的状态；二是突破文、史、哲的划分，还历史文化以整体的风貌；三是突破研究材料的限制，充分利用一切学科的有用成果，文献的，考古的、田野的，民族的。借此三个突破，我们关于历史文化的认知或许能够站在一个更开阔的视点。

杨合林：谢谢您，今天跟我谈了这么多！如果请您为这次访谈确定一个题目，将是什么？

段玉明："犹欣旷烛青光好，最怕闻鸡是枉然。"这是我多年前写的一首诗中的两句。师旷让人秉烛夜游，为学不嫌其老；闻鸡起舞旨在建功立业，最怕一事无成。我虽已近退休之年，仍想以此勉励自己，在有生之年继续努力，写出一些新的、有学术价值的东西。

采访者：杨合林，巴蜀书社编辑，成都国学研究会会长助理。

博闻强学,启智创新
——何明教授访谈录

何明,男,1959年生,云南大学特聘教授、民族学博士生导师、教育部人文社会科学重点研究基地云南大学西南边疆少数民族研究中心主任。曾任云南大学社会学系主任、《思想战线》编辑部主编、社会科学处处长、云南大学附属中学校长、民族研究院院长、人类学博物馆馆长。受聘为国务院学位委员会民族学学科评议组成员、教育部民族学类教学指导委员会成员、中国民族学会副会长、中国人类学会常务理事、泰国清迈大学可持续发展研究中心理事。享受国务院政府特殊津贴、云南省人民政府特殊津贴,为全国自强模范、中共云南省委直管专家,云南省民族团结进步先进个人。先后为美国威斯康辛大学、比利时鲁汶大学高级访问学者。成果曾获第二届中国青年社会科学优秀成果奖,教育部第六届普通高校优秀成果奖等多种奖项。

洪颖:许多与您接触过的同学、同事、同行提到您,经常会说您是通才,通晓多个学科,视野开阔,思维敏捷,这与您的求学经历一定有关联,您能给我们讲讲吗?

何明：说我是"通才"，实在不敢当，只能说是个学术流浪汉，辗转多个学科领域，是人生际遇的一个结果吧。我1978年考入云南大学中文系，毕业后被分到滇西纺织印染厂教书。那时候感觉自己性格比较内向，才性和想象力欠缺，不擅长跟人交流，也不是当作家的料，所以想学古文献学，打算在图书馆之类的地方从事文献整理之类的工作。于是就准备报考北大中文系古典文献学的研究生，可是那一年没有招生。我正郁闷时，正好赵仲牧老师被当时的大理师专请去讲课，我就去听他的课，赵老师告诉我云南大学获批文艺学硕士点就要招生了。于是，我努力备考，又回到云南大学念文艺学的研究生。

这样，从原来想做和古代文献打交道的事儿，变到了哲学美学研究，算是第一次转向。赵老师是一位哲学造诣深厚、思维非常严谨的学者，当时中国社会科学院哲学所在全国学界影响很大的学者来云南，都会去拜访他，对他这样一位才华横溢的学者竟然蛰伏在西南一隅感到惊异和惋惜。赵老师博览群书，通晓哲学、美学、文学、历史，甚至地理学、天文学，最酷爱的是西方哲学史和西方美学史，特别推崇经验主义哲学、分析哲学和语言哲学。而我之前读得比较多的是黑格尔的著作，受理性主义哲学影响比较深，所以刚开始读硕士时，我一发表看法就被赵老师驳回。我花了一年多的时间拼命读书，终于，思考问题的方式有所改变，能够和赵老师对话了。这段求学经历对我来说，一方面是视野的开阔，另一方面是思维方式的锻炼。因为经验哲学和分析哲学是一种从事实出发进行分析的思维路径，而不是从概念出发，不能靠推导得出东西。赵老师对我的影响很深，不仅仅是传授知识，更主要是研究路径的指引和思维方式的训练，甚至对我做管理工作都有影响。

工作一段时间以后，感觉自己还是回学校做学问更合适。但要回云南大学有硬杠杠卡在那里：要么是副高，要么是博士。我只是个硕士，又没有职称，所以得考个博士。这期间我和李埏先生接触比较多，很喜欢李埏先生做学问的风格：不光是史料考据，同时还有理论分析。所以，就报考了李埏先生的博士生。考完后，说李埏先生退休，就把我转给了朱惠荣老师。朱老师的史料功夫很深，特别在徐霞客研究方面有精深造诣。我跟随朱老师学习，学习了地方史地研究的知识和方法。

洪颖：那您在调入云南大学之前的工作经历又是怎样的呢？

何明：1982年本科毕业后，我在滇西纺织印染厂工作了5年。刚开始是教职工文化双补课，后来，企业办起了电大班，我被派去当辅导教师。虽说是"广播电视大学"，但当时地州接收电视信号的条件很差，电视课经常无法收看，而学生们上广播课的学习效果又不好。因此，所谓的"辅导教师"变成了"主讲教师"。那时候工厂的文科本科生稀缺，我又算是个重点大学毕业的，那电大班的文科课程就几乎全部归我。开始办的是理工类的专业，我就教哲学、政治经济学。后来又开了一个文科班，把逻辑学、中国通史、古代汉语之类的课程也都给了我。结果我要花很多的时间和精力备课，教案写了好几大摞。到我搬家的时候，把书桌抬起来才发现，桌下还真的踩下去了两个脚印。在那段时间，正巧碰上金岳霖先生的关门弟子苏天辅先生受中央电大的委托，在当时的西南师院做逻辑学的电大辅导教师培训。我就去那里培训了3个月。那时刚好《光明日报》哲学副刊刊登了南京大学的一个叫郁慕镛的副教授对苏天辅先生那个教材的批判，年轻气盛的我就写文章反驳他。后来《光明日报》摘登了我的争鸣文章摘要，这就是我1985年在《光明日报》发的第一篇东西。回想在滇西纺织厂教书这一段经历，当时的目标很单纯，就是做一个合格的老师，为此下了很大的功夫，现在看起来还是很受益的。

第二段工作经历是硕士毕业后。先去了昆明市地方志办公室，修昆明地方志，负责农林口。当时看了相关的文献，关于松花坝、金汁河、银汁河、石闸啊，觉得还是得去实地走下。有时候也和水利局几个编水利志的老先生聊，然后他们会带着我去跑跑。刚开始觉得这个活很无聊，但后来慢慢就觉得蛮有意思。这时候，正好谢本书老师想申请项目做昆明城市史研究，就约我们一起申报了个中华基金项目，也获批了。当时我并不满足于史料的堆砌，刚好买到了一本美国城市社会学家的论文集《城市社会学》，就反复地研读这本书，琢磨怎么解释研究城市。这一段就算是跨了地方史这一块，同时也学了一点社会学的东西。我原来做地方志是以编为主，做城市史研究就强化了研究性，并与实地研究有所结合，当然还算不上田野，只是实地踏勘一下而已。

1995年5月我从地方志办公室调到了昆明市社科联，有了另外的一种转变。社科联算是市里面的社会科学机构，做一些现实问题的调查研究，比如当时的小城镇建设、昆明的城市化、滇中城市群之类问题。我们可能是最早做滇中城市群研究的，当时还得了省社科规划重大项目。项目由我们领导牵头，我是主要研究者和成果的主笔者。除了昆明外，我们到曲靖、楚雄、玉溪都做过调查，最后完成了专著《滇中城市群发展战略研究》。那一段时期，又研读了一些城市社会学的理论，写了一本《昆明城市研究》的书。

说到这，你们也看得出来，我没有能够始终坚持一个学科从头做到尾，变成了学术"万金油"，什么都知道一点，实际上什么都不深入，什么都不精。由于工作的原因，今天做这个，明天做那个，不得已地不断"转场"。对于我来说，当时能有一份稳定的工作，是非常重要的。

洪颖：那您是怎么转向民族学、人类学的呢？

何明：现在回顾起来，我和民族学、人类学似乎结缘已久。念硕士的时候我做的中国古代美学研究，就想把中国古代美学放在文化体系里面去看，现在看这种模式可以称为"审美文化研究"。为此，当时读了一大批人类学的书，也琢磨了胡塞尔的现象学、利科尔的解释学、德里达的解构主义，等等。当时发表的东西，都是放在大的文化背景中来讨论问题，当然可能带有泛文化研究的性质。比如，我的《诗性逻辑与诗化美学》就是研究中国古典美学的思维方式，并置之于中国传统文化体系之中进行解释。受本尼迪克特和布留尔的影响，我向赵老师提出探讨不同文化的思维方式，赵老师很感兴趣，我把我们的讨论记录整理成《论思维的类型》这篇文章，发表在《哲学研究》。我的硕士论文研究严羽的《沧浪诗话》，里面写了很多禅宗对中国诗学的影响，还写了关于中国古代的思维方式、汉语与中国文化的思维特征之类的东西。这本硕士论文后来被台湾佛光山收入其佛教研究典藏。

后来，云南大学成立了民族经济文化研究中心（西南边疆民族研究中心的前身），张文勋老师做主任，组织一批年轻人参与讨论、设计研究选题，我也在其中做一些事。他召集大家合写一本专著《滇文化与民族审美》，我负责云南青铜文化部分。我不懂考古学，赶紧想方设法收集云南青铜考古方面的研究论著和考古发掘报告，找来汪宁生、童恩正、李昆声、王大道、张增祺等先生的书和论文反复阅读。这个课题的研究和书稿撰写，让我增加了许多民族学、人类学的理论和知识。

研究生毕业后，经廖国强引荐，我到了昆明市地方志办公室工作。我们俩不仅是同事，还曾住同一宿舍。有一晚聊天，廖国强说到他在阅读唐宋经济史料时发现，竹子产业在唐代的南方经济开发中占有重要地位。我知道竹子在中古代是很重要的一个绘画的题材，墨竹画自成一类；而且，在中国古代诗词、笔记里面也有很多关于竹的象征的内容。再者，我小时候在浙江生活过，有印象当地人使用竹器也很多。我们俩一拍即合，决定做一个关于竹子的研究。之后，我本科同班同学，当时任云南教育出版社副社长的周鸣琦知道了我们在做中国竹文化研究，她非常感兴趣，说书稿完成后交给她，争取作为本版书出版。对于年轻人来说，这无疑是一个天大的机会，激励着我们加快研究进度。我们俩开始做田野调查，去了禄劝、武定的彝族村子，也到了西双版纳正儿八经地住在傣族寨子里。因为要解释清楚竹的象征意义，我下了很大功夫阅读象征主义、结构主义、符号学等方面的理论书籍。《中国竹文化研究》出版以后，反响还不错。之后，云南人民出版社约稿，我和廖国强又一起去做调查，弄了一本《竹与云南民族文化》。之后，无意中和出版社的编辑聊起少数民族喝酒的事，编辑很感兴趣。我就约了当时在禄劝县志办工作的好友吴明泽，合作写了一本《中国少数民族酒文化》。

在调查研究少数民族竹文化的过程中，我和廖国强就发现少数民族地区生态环境日益恶化。到20世纪90年代中期，国家开始关注生态问题，民族学界有宋蜀华先生等推动民族生态的研究。于是，我和廖国强、袁国友就约起来申请国家社科基金青年项目，选题是"中国少数民族生态文化"，居然也就获批了。这是我和同伴们的第一笔科研经费，以前购买图书、复印资料、做田野调查的费用，都得从自己微薄的工资里支出，时常会感到手头拮据，现在有了经费，积极性大增，民族学、人类学的意识更明晰了一些，做了好些实地调查，又读了一些生态人类学的书。当时做研究不为评职称，完全出于一种冲动。

1998年，我考上了云南大学的博士研究生，就有资格调入云南大学了，在与马列部合在一起的社会学系当老师。那一年，我破格晋升了副高职称。当时报送的材料有130多万字，原来想直接申报正高，材料送到人事厅，说没有从无职称一步就到正高的先例，最多报副高，所以只能改报了副高。一年以后，我又破格晋升到正高级职称。这一年，学校决定成立公共管理学院，下设四个系——政治学系、行政管理系、哲学系、社会学系，我被任命为社会学系的系主任。正当我积极琢磨筹划着如何将云南大学社会学的辉煌历史发扬光大时，马列部的同事有一天突然打电话来说他们向学校组织部推荐我去应聘《思想战线》主编，接着学校组织部通知我参加选拔面试。因为我在昆明社科联时任编辑调研室主任，主持编辑内部学术期刊《昆明社科》，对学术期刊编辑工作有切身体会和思考；同时也算是《思想战线》的一个老作者，对它的情况有所了解，所以在面试时的表现还比较突出，学校最后选择了我。1999年12月，我走马上任《思想战线》主编，直到2007年5月才离任，到民族研究院任院长。

洪颖：云南大学许多人都知道，当年高发元书记主持"211工程"一期、二期民族学学科建设时，您做了许多实实在在的工作。您能谈谈当时的建设情况吗？

何明：我到《思想战线》时正好是云南大学"211工程"第一期进入建设末期。《思想战线》当时由学校党委书记高发元教授直管，我不时要向高书记汇报工作，而他常常会提到民族学的建设问题，我就说了我的一些想法，还写了一份关于构建云南大学"大民族学"的书面报告，建议利用云南大学的多学科优势，发动全校教师和研究生参与民族调查：法学可以调查民族习惯法和民族区域自治制度执行情况，经济学可以调查少数民族生计方式、消费、分配等经济生活，政治学和行政管理可以调查少数民族农村基层组织和管理，甚至生态学可以调查少数民族的生态知识和生态环境，生物学可以调查少数民族的生物知识及其利用等。不管什么学科背景，只要运用民族学的田野调查方法调查研究少数民族，都可以列入"大民族学"的范围。

那时，云南大学的"211工程"一期建设已经进入后期，但民族学学科建设方案中的云南少数民族调查尚未开展，再不推进就无法通过验收。为此，学校党委决定成立"跨世纪云南少数民族调查领导小组"及其办公室，高书记亲自担任领导小组组长，我被任命为办公室副主任，我就这样卷入"211工程"一期的民族学学科建设。

其实，当时云南大学组织大规模的少数民族调查的条件并不充分。云南大学的民族研究及人文社会科学其他学科的研究模式大都采取"读文献"的路径，而吴文藻、费孝通等先辈在云南大学开创的实地研究传统出现了后继乏人的困境，"读社会"的研究模式早已衰落，坚持长期做田野调查的教师寥寥无几。在高书记的组织动员下，有150多名师生报名参加少数民族调查，至1999年年底组建起25个调查组，于2000年寒假期间分赴全省25个少数民族农村进行调查。其间，高书记、调查领导小组及其办公室成员分别到田野点了解调查情况并协调当地党委政府解决遇到的困难。至2月底，各调查组先后返回学校。当我们听完各调查组长的汇报后，都表达了对能否保质保量完成调查报告的担忧。高书记说，没关系，先把收集到的实地资料汇集起来再下结论。之后，高书记决定把调查领导小组办公室和各调查组的组长召集起来,住到安宁县区的红星农场一片闲置的房屋,集中封闭撰写各组的调查报告。高书记在会上指定要由我审定各组的调查报告撰写提纲后,各组才能动笔整理写作。组长们草拟出提纲后就来找我,我请他们详细说明各个部分计划写的内容,尽量挖掘他们所获得的调查资料,并用民族学、人类学的理论概念帮他们梳理材料,形成写作提纲。因此,每一份提纲都要花费两三个小时讨论。在那一周时间里,我每天晚上只能睡三四个小时。记得有一天晚上和最后一位组长讨论提纲弄到早上6点多才结束,从房间走出来,腿一软就跪下去了,穿的新裤子一下子磨破了一大块,好心疼啊!提纲确定后,各组组长开始撰写调查报告,有些组在撰写过程中会遇到新的问题,高书记就让我守在红星农场,为大家答疑解惑。初稿基本完成后,高书记让我把《思想战线》编辑部的编辑集结到红星农场,编辑修改25本调查报告,直到把书稿交给出版社。这个过程差不多花了半年的时间,我在红星农场也住了半年,其间偶尔回家取衣物或回学校处理事情。高书记也差不多每周都要抽空到红星农场检查、指导。

这些调查成果最后出版为《云南少数民族村寨调查》丛书,尽管质量参差不齐,大多数没有达到"深描"的层次,但这毕竟让云南大学的民族学走出了书斋,迈向了田野,开启了云南大学人文社会科学的实地研究之风,培养了一批重视田野调查的人才。参与调查的许多教师借助这次调查发表了一批成果,晋升了职称,而参与调查的许多研究生后来攻读了民族学及相关学科的博士学位,成为民族学、人类学等学科的学者。

接着就接到教育部关于对"211工程""九五"建设情况验收的通知,当时校长又安排我封闭在云南大学宾馆撰写云南大学的验收报告和"十五"建设规划。然后就是接受教育部的专家组进校检查验收。验收顺利通过,民族学学科建设获得了不错的评价。此后,我就和民族学捆绑在一起,基本上是脱不了干系了。

在"211工程"一期验收前,学校按照教育部一级学科博士点申报的通知要求,安排人文学院填写民族学一级学科博士点申报材料,并组织会议进行校内评审。我是作为《思想战线》主编去听汇报会的，轮到我发言时，就谈了一些看法。本以为说完就完事了，结果被校领导拦住，让我和王文光两个在云南大学宾馆开个房间，重新做材料。那是周五下午，我们在学校食堂吃完晚饭入住云南大学宾馆后，开始研究国务院学位委员会的文件。按照文件要求，申报一级学科博士点必须具备两个硬条件：一是拥有一级学科设置的三分之二数量的二级学科，民族学一级学科设有5个二级学科，三分之二就意味着至少也要有3个二级学科；二是二级学科博士点至少有一届以上的毕业生。云南大学1998年获得民族学二级学科博士授权，1999年才开始招生。也就是说，到2001年，5个二级学科，云南大学只有1个，招收的学生还没有毕业。这简直不达标嘛。正在和王文光老师琢磨着怎么弄的时候，王老师接到电话说家里一位老人去世，他得赶过去，剩下我一个人挠破头皮、绞尽脑汁地挖掘支撑云南大学申报民族学一级学科博士点的材料和理由。从星期五下午6点多拿到材料开始工作，我一天两夜没合眼，直到星期天早上7点多才把全部申报材料重新梳理论证完毕。我抓紧上午的时间睡了一会儿，下午学校领导就来听汇报。汇报结束后，校领导说让王文光、张晓辉、马京和我第二天去北京答辩。那时候王文光、张晓辉已经是博导了，就由他们两位进场答辩。因为文本是我写的，就让我陪同帮助他们俩熟悉材料；马京给我们去做服务。由于学校领导反复强调一级学科博士点的申报是全校头等大事，我们的压力自然很大。到北京后，我们在答辩地点京西宾馆附近找了一家小旅馆住下，就立马开始在房间里模拟练习答辩。答辩当天，我们四人步行到京西宾馆附近时，只见高级轿车一辆接一辆在大门口停下，从车上下来一批又一批人。走近一听，大概知道是北京和附近高校来参加博士点答辩的。被称为"校长""院长"的人与拿着答辩通知要进去答辩的人握手、拥抱，大声而热情地说着"预祝成功"之类的话。相比之下，我们四人就显得很寒酸了，但我们也要自我鼓励一下，我和马京把王文光、张晓辉送到门口，也学着那些人握手、拥抱，并大声叫着"预祝成功"！他俩进去后，我和马京心里面七上八下地在京西宾馆周围晃悠，大约一个小时后，他俩出来了，说答辩比较顺利，评委们对云南大学的民族学还是非常认可的。我们就赶往机场回昆明，在候机时得到消息说云南大学通过了。我们那个高兴啊！向高书记报告了喜讯之后，我们去买了两箱啤酒庆功，一气喝光。

大概是2002年年初，云南大学又申报国家级重点学科。当时我已是博导了，学校就安排我填写申报材料并当主答辩。除了民族学，生态学也同时申报国家级重点学科。学校很重视，洪副校长陪同我们进京，住在蝴蝶泉宾馆，还专门租了车送我们去京西宾馆答辩。因为云南大学民族学做了云南少数民族调查、有一级学科博士点等支撑，这次填写申报书和答辩感觉轻松多了，顺利过关。

"211工程"一期建设使云南大学的民族学实现了跨越式发展，获得了中国高水平学科应具备的所有平台和资源，即一级学科博士点、教育部人文社会科学重点基地、国家级重点学科、博士后科研工作站。

接下来，就进入"211工程"二期建设了。我参与了建设规划的制定，2003年正式启动。建设任务主要包括几块内容：第一块是把民族调查扩展到全国，组织开展了中国少数民族村寨调查，由张跃老师牵头，每个组都与当地高校曾经做过相关调查的学者合作完成，最后出版了《中国少数民族村寨调查》丛书；第二块就是云南少数民族调查基地的建设，由我负责，建成了10个调查基地，出版了《新民族志实验丛书》，发表了一批学术论文；第三块是人类学博物馆建设，由尹绍亭老师负责，完成了场馆建设、影视人类学实验室建设和展厅的布展；第四块是少数民族基因调查，由肖春杰老师负责，抽取了各个民族的血样，建成了少数民族基因库。此外，还有理论研究和应用研究。

当时我兼任社科处处长、《思想战线》主编和云南大学附中校长，具体事务实在繁杂，没有精力做更多的事，主要就负责组织实施调查基地的建设。调查基地的建设目的，一方面是为我们的教师长期跟踪调查搭建平台，推动调查研究不断深化，培养族别研究的专家；另一方面是为学生的田野调查实习提供条件，让学生接受系统的田野工作训练。当时确定的选点原则是：从人口在 5000 人以上的 25 个少数民族中选择 10 个村，要求是民族文化传承相对较好、交通相对便利，以方便师生经常往来进驻，最好有前期的调查基础或当地党委政府能够给予支持。基地的基础建设主要是：在村子里建或租一个 200 平方米左右的房屋，配备床、被褥、桌椅、电脑、网络及炊具，能够提供 10 个左右的师生食宿、调查、整理资料和讨论等。运行方式是聘请村民 1～2 人，记录村里每天发生的事情，形成《村民日志》，并负责维护基地。调查基地的选点由有意参加调查基地建设的老师首先提出建议，我尽可能请高书记一起去现场了解情况，与当地党委、政府领导沟通以获得支持。村民日志记录员选定后，又把他们请来昆明开会、沟通。第一批启动的 10 个点分布在云南的东南西北，走完一趟差不多要将近一个月的时间。我那几年的寒暑假都用在跑这些点上了。在调查基地的村民日志，远远不仅仅是一个简单的记录的问题，实际上是反思民族志的话语权、表述权转移的问题。后来将第一批村民日志编辑成《新民族志实验丛书》出版时，我在序言里就是这样来解读的。村民日志引起了国际反思人类学大家马库斯的关注，他觉得这是反思民族志的一种模式，他来过云南大学两次，还到过丽江的纳西族基地。之后，又给村民日志记录员增加了"村民影像"记录任务，增加了 4 个调查基地。在 2003 年开始实施调查基地建设时，我设想能够坚持 10 年，必定会有效果，没想到 10 多年很快过去了，至今基地仍然在正常运行，无论是在学术研究方面还是在人才培养方面，都发挥了重要作用。2009 年 7 月在云南大学召开的世界人类学与民族学联合会第十六次大会，其中的 3 个村被列为学术考察点，接待了来自世界各国的参会代表，获得了好评。自 2009 年获准教育部研究生教育教学创新项目"民族学与人类学田野调查暑期学校"项目以后，每年都有基地接待来自世界各地高校的研究生的田野调查实习。

可以说，"211 工程"建设对云南大学民族学的发展有非常巨大的推动，而能够抓住这个契机推动云南大学民族学跃上台阶的关键，我认为是高发元书记。在确定云南大学"211工程"重点建设学科时，他反对"遍地开花""撒胡椒面"面面俱到的做法，极力主张根据云南的特色和优势重点建设民族学和生态学两个学科。在历史悠久的综合大学做这样的决策，压力会非常大。当时没有被列入重点建设的学科意见很大，"三讲"工作组进驻云南大学后，一些人就去找工作组告状。高书记顶住压力，坚持全校文理科各重点建设一个学科。他在各种场合反复强调的是：大学的基础、活力和知名度，在于学科；学科的影响力在于特色和优势。云南大学不当全能冠军，也当不了全能冠军，只能当单项冠军，要把民族学和生态学建设成为"单项冠军"。民族学和生态学做大做强了，会带动其他学科发展。他20年前提出的这些思路和决策，与今年教育部实施的"双一流"建设理念完全一致。高书记不仅有胆识，能够准确把握事物的关键和核心，有担当敢决断，而且具有很强的执行力，凡是决定要做的事，他都会主动过问与督促，甚至亲力亲为地参与到执行过程中，遇到问题就及时想办法解决。我坚持认为，没有高书记，就没有云南大学民族学的今天。

洪颖：高发元书记离任后，国内民族学和人类学界有人称云南大学的民族学进入"后高发元时代"，学校对待民族学学科建设的态度发生了什么变化？云南大学的民族学在什么样的条件下继续发展的？

何明：高书记离任后，学校的办学思路出现了变化。2005年底，学校决定民族学本科专业暂停招生，原来的民族学与社会学学院被撤销，其中的社会学系归并回公共管理学院，人类学系与西南边疆少数民族研究中心、人类学博物馆合并成民族研究院，王文光由原来的研究生院院长转任民族研究院院长兼西边中心主任和博物馆馆长。那个时候，"211工程"二期建设已经结束，三期尚未开始，可以说没有任何项目和资源支撑，当初云南大学和省教育厅联合上报给教育部的文件中承诺的每年拨付西边中心的建设经费也中止了。研究院缺乏整合机构和人员的资源而无能为力，许多老师无所事事，研究院人心涣散，民族学处于没人过问、没有领导关心、几乎停摆的状态，一些其他学院原来做与民族学、人类学相关教学科研的老师甚至回避与民族学的联系。民族学在云南大学被边缘化了。

在这个阶段，我先后被免去云南大学附中校长、社科处处长两个职务，只任《思想战线》主编一职，感觉就像长途背负重担行进中突然卸下担子，顿感轻松，有时间和精力读书和写东西了。发表了几篇艺术人类学的论文，学界反响居然蛮强烈，我重新找到做学问的感觉。正在我信心满满地构架中国艺术人类学学科时，一个电话打乱了我的研究计划。这个电话是当时的校长打来的，他约我见面，说让我和王文光"交换场地"，他来《思想战线》做主编，我去民族研究院做院长。当时我坚决拒绝，表示就算把我这个处级干部免了我也不去。他无奈之下，只好让其他校领导做我的工作。尽管非常不情愿，最后还是不得不接受学校的安排。

到了民族研究院，我发现实际状况比我想象的还要差，既没钱又没人。除了学校拨付的办公经费（基本只够交电话费）和学校按生均核拨研究生培养费之外，没有任何做事的经费；人员总共就30多个，除了办公室的行政人员和博物馆工作人员，专职教学科研人员只有20个，其中差不多一半的人多年没有科研产出。教育部重点研究基地只留下一间办公室，已成"空壳"。恰好这时接到教育部通知，要对重点研究基地西南边疆少数民族研究中心进行评估，我就以教育部的基地评估要求和评估指标为依据列出西边中心存在的问题和整改措施，去找校长面谈。这是一个关键点，检查评估不合格的话这个基地就要被摘牌，学校不得不重视起来。经过一番讨价还价，最后学校答应先划拨120万元，但这算是预支"211工程"三期建设的经费，经费到位后要扣除；同意增加编制，招聘应届博士毕业生；增加4间办公室等。

有了做事的资源，事情就要做起来。

第一是推动。一方面，我反复在全院职工大会上强调研究院的职责就是做研究，专职教学科研人员的职业就是从事教学科研工作；另一方面，制定了管理制度，规定专职教学科研人员的科研工作量，三年之内科研必须达到与其职称相应的要求，否则就转岗为行政人员或博物馆工作人员。

据此开始审查专职教学科研人员的业绩，考核不达标者要求根据其专业背景和个人意愿，转为行政岗或教学科研辅助岗。被转岗的人员，开始有抵触情绪，后来觉得找到自己合适的位置，也感到很开心。

第二是团结。民族学和人类学学科的基本理念"尊重多样，包容差异"，不能只挂在嘴上、写进文章里，更要体现在行动上、融入日常生活里。我坚信只要本着公平、公正、信任、共享的原则，大部分人会支持我，能够在一起合作共事。我不仅在全院大会反复强调团结做事，而且在行动上不论亲疏，不管师出哪门，不顾对我的态度如何，只要做学术的事，只要对云南大学民族学发展有利，我都支持。在评先进、评职称等问题上，坚持推优推强。又利用教育部基地的"流动、开放、竞争"的机制聘请校内外的一批学者担任特聘研究员、兼职研究员等，把学者聚拢起来，把"西边中心"真正变成云南大学的民族学"中心"、云南的民族学"中心"，甚至西南的民族学"中心"。

第三是引导。当时教师特别是青年教师大都没有相对固定而明确的研究方向，"东一榔头西一棒子"地被别人的项目牵着走。这样就不可能开展深入系统的研究、产出高水平的成果，也就无望成为真正意义上的专家。为了改变这一状况，我提出了"三个稳定"的原则：每个教师都应按照一个相对稳定的研究对象、一个相对稳定的研究区域、一个相对稳定的研究领域（如宗教、经济、组织、生态、艺术、历史等）的原则确定自己的研究方向，长期持续地调查研究。又与青年教师逐一交流沟通，说明云南大学民族学的重点研究区域和各个研究领域的人员分布情况，建议他们把自己的学术背景、基础和兴趣与云南大学民族学的总体规划结合起来，确定自己的研究方向、规划自己的职业生涯。

第四是组织调查。获得学校的经费支持后，2007年下半年就开始筹划全院教师在2008年寒假带着研究生做田野调查。动员全院教职工和研究生参加，调查组组长由老师担任，由组长确定田野点和选择调查组成员，然后我来做总体平衡与调整。最后组建了17个调查组，覆盖了云南绝大多数特有民族和人口规模较大的少数民族。这次调查对于云南大学民族学来说具有重大意义，就像赛跑的出发号，标志着"停摆"了3年的云南大学民族学重新启动，在新的平台上再出发。通过这次调查，民族研究院的青年教师大都找到了自己的研究方向，以后沿着这个方向持续开展调查研究，出了一批水平不错的成果，逐渐成长为某一研究方向在全国有影响的学者。

第五是组织交流。制定了学术会议资助办法，支持与资助教师参与国际学术会议和全国性高端学术会议；学院也承办与举办了一系列的国际、国内学术会议，动员本院教师参会与发言。如果是国际会议，我带头用英文发表，引导教师提高英文表达能力和国际交流能力。此外，借鉴"魁阁"时期费孝通先生的"席米纳"（seminar）讨论方法，定期举办学术讲座和学术沙龙。学术讲座既邀请国内外的专家来讲，也邀请院内和校内的老师来讲；学术沙龙既有本院教师围绕特定时期的重大研究计划进行分享交流的模式，也有师生共同以某一本著作或观点为主题展开讨论互动的模式。频繁的国际国内学术交流和教师之间的分享与讨论，开阔了大家的学术视野，明确了问题意识，磨砺了研究能力。

就这样，云南大学民族学这辆车终于发动了起来。

洪颖：接着"211工程"三期启动了，您在三期民族学学科建设中既是设计者和领导者，也是实施者和执行者。请问当时云南大学民族学为什么要确立以"西南""边疆""东南亚"为核心的学科建设格局？这对于云南大学民族学的发展又有什么样的意义？

何明：当时教育部对"211工程"三期学科建设项目提出了新的要求，要凝练学科方向，提出一个有明确的研究方向和研究内容的大型课题。经过反复思考，我们的题目定为"中国西南民族及其与东南亚的族群互动"，云南大学"211工程"三期民族学学科建设就是围绕这个主题展开的。研究区域锁定在中国西南与东南亚，而边疆是中国西南与东南亚的连接带。从物理空间上看，这是一个连续体；而从人文空间上看，这个连续体可划分为"中国西南""边疆""东南亚"三大板块。

中国西南，是云南大学民族学、人类学的传统研究区域，无论是历史研究还是民族学研究都有很深的学术积累，面临的任务就是如何深化、如何创新。我把着力点放在提高民族志研究的水平上，强调田野调查要深入、细致、系统，增强规范性和学术性，实现从民族调查向民族学调查转变；以田野调查为基础完成的研究成果，要从调查报告向民族志转变、从"浅描"向"深描"转变，要有问题意识、理论对话意识和学术深度。

"边疆"这个概念在我的头脑里萦绕了很长时间。在教育部基地中，有5个民族学基地，即设在中央民族大学的中国少数民族研究中心、设在兰州大学和新疆大学的西北少数民族研究中心、设在内蒙古大学的蒙古学研究中心、设在四川大学和西藏大学的藏学研究中心和设在云南大学的西南边疆少数民族研究中心。其中，唯独云南大学的这个基地有"边疆"两个字，我一直在思考其中所蕴含的学术意义。教育部发布的2008年哲学社会科学重大课题攻关项目申报指南中有一个题目为"边疆民族心理、文化特征与社会稳定"，我决定牵头投这个标。课题立项后，我带着课题组到边疆地区做了一些调研，派出课题组成员到边境地区做田野调查，连续召开课题组讨论会，逐渐形成关于边疆的系统化理解，认识到边疆是非常特殊的区域，具有无限广阔的研究空间，有意识地在西边中心设立了"边疆与跨国民族研究室"，在民族研究院设立了"边疆学研究所"。

东南亚研究，是拓展出来的新领域。民族学、人类学自诞生之时就以调查研究国外的民族、社会、文化为己任。传到中国时，因为特殊的社会历史背景，早期民族学、人类学的研究要么转向"家乡人类学"做国内汉人研究，要么把少数民族当作"他者"来研究。20世纪50年代以后，国内的政治形势不可能允许去做国外调查，民族学完全变成了少数民族研究。改革开放以后，越来越多的国人走出国门，中国生产的产品也出现在世界各国的商店。中国的学术研究，特别是原本以国外研究为己任的民族学、人类学更应该走出去做研究。我应邀去日本国立民族学博物馆开会，对我刺激很大的是他们的一面信息墙，其在地图上标示出日本民族学做过研究的地方，除了中国、韩国、东南亚、南亚之外，远及南太平洋岛屿、南美、非洲等地。我觉得中国民族学也应该这样做。当时和北京大学高丙中教授有一些沟通交流，他提出了"海外民族志"的概念，并组织他的博士生在许多国家做田野，我就在"211工程"三期规划中做了大湄公河次区域国家调查研究计划。

但事实上，云南大学民族学缺乏做东南亚国家调查研究的人才条件和学术积累。那么该怎么实施呢？当时我提出了两个方案：一个是做跨国民族的研究。比如，你在中国境内做傣族研究，那就去东南亚国家去研究那边的傣—泰民族；你在中国做哈尼族研究，那就去老挝、泰国做阿卡人调查。这种模式的可行之处在于，跨国民族历史同源，文化相同或相近，研究跨国民族的老师对所研究的中国境内某一民族的历史、文化习俗甚至语言都有些基础，就方便开展对国外相对应民族的调查研究。另一个是寻找相关国家的合作。当然，东南亚国家的国情差别很大，合作伙伴并不容易找到。比如，泰国的高校具有较高自主权，经过多次沟通，获得清迈大学的信任与帮助，合作很顺利。缅甸当时是军政府国家，军政府统治下大学根本没有自主权力。高校的路走不通，转而联系缅甸的华人华侨，支持他们来人类学博物馆办缅甸文化展，建立起了信任关系，我们的老师过去做调查得到他们的帮助。越南则是另外一种情形。一开始，我极力寻求高校及科研机构开展合作，跟河内国家大学、越南社会科学院、胡志明文化大学都建立了合作关系，就想借这些平台把我们的老师送出去，但最后都不是很给力。一个偶然的机会，我认识了越南老街省文化厅的厅长陈友山，他是苗族，热爱民族学和人类学，就请他来云南大学给我们的师生讲越南的民族和文化，我们的老师和学生去越南做调查时也得到他很多帮助，顺利地推进研究。这样，我们把海外民族志推进到了越、老、缅、泰四国。

我认为，云南大学的民族学在"211工程"三期有很大的提升和许多创新，建设成效显著，体现在几个方面：一是云南及西南研究实现三个"转变"，即从民族调查向民族学调查的转变、从调查报告向民族志的转变、从社会文化的"浅描"向"深描"的转变。二是开拓出新的学术空间——东南亚民族志研究,使云南大学成为中国民族学和人类学界最早推动海外研究的机构之一,是最先推出系列化的国外民族志丛书的两个机构之一。三是突显出"边疆"在民族学和人类学学科中的位置。在全国民族学、人类学界,把"边疆"作为一个学术群体关注的焦点并集中如此之多的师生开展调查研究,迄今好像只有云南大学民族学这样做。云南大学民族学在边疆的调查研究获得了以前鲜为人知的许多社会文化状况,提出了一些未能引起学界关注的论题,使"边疆"从民族学的边缘移到了中心。

洪颖:云南大学在这一阶段推进的东南亚研究,也是"海外民族志"的具体实践。对此,学界有不同的看法,您是怎样评价的呢?

何明:我看到过也听到过对云南大学的东南亚民族志研究的批评,一种说我们做的不是"海外民族志"而是"山外民族志";另一种说我们做的是跨境民族研究而不是"海外民族志"。我觉得这些批评都不得要领。理性地说,学术评论应以深入的研究为前提,对评论对象没有必要的研究就没有资格做评判。

所谓"山外研究"说,听起来很幽默,其实缺乏基本常识。的确,云南是内陆省份,与越南、缅甸、老挝山水相连,没有海洋相隔,去东南亚大陆国家完全可以走陆路——"over land",不一定非要"over sea"。如果从字面意义上理解,东南亚大陆国家对中国来说都不是"海外"。但众所周知,"海外"的所指为"境外",或者说与"境外"是同义语,所谓"海外华人""海外华侨"的"海外",无疑都指代境外。因此,"海外"是一个政治空间概念,而不是物理空间概念,根本无须大海相隔,也不需要大山相隔,哪怕就是连成一体的一个村落,如果国境线在村子里,国境线外的那边就是"海外"。

所谓"跨境民族"说,乍看似乎有道理,《东南亚民族志丛书》中已出版的民族志,研究的都是跨国民族,如泰国和老挝的阿卡人、泰国的拉祜、越南的苗等,称为跨国民族研究也不错,但否认其为"海外民族志"则不能成立。从空间上看,研究的场域是在老挝、泰国、越南,是"海外"之地;从研究对象看,这些人群长期生活在中国之外的国家,大都获得了外籍,是"海外"之人。去国外调查研究与国内某一民族同源的群体,表达了我们东南亚民族志的问题意识,这就是讨论民族与国家之间的互动关系,比较同源民族在不同国家所形成的社会文化差异,探讨国家如何型塑民族。

事实上,云南大学的东南亚民族志研究没有完全限定在跨国民族上,一批调查研究缅族等非跨国民族的民族志将陆续推出,更重要的是一批年轻的东南亚国家研究人才已经成长起来,他们将是"海外民族志"研究的主力军。我们做东南亚研究更大的学术追求,是想突破传统上民族学、人类学在前民族—国家、甚至无国家状态下的区域展开研究而形成的研究范式,适应现实状况,建构民族—国家背景下的民族学和人类学研究的范式。

云南大学的东南亚民族志研究与北京大学高丙中教授组织的"海外民族志"具有明显的区别,在学术取向上,我们是民族学取向,关注民族、族群;高老师是人类学取向,关注的是公民社会;在国家的选择上,我们集中于大湄公河次区域国家,也就是说是一种区域研究或"面"的研究,所调查研究的国家及其民族之间在地理、社会、文化等方面存在关联性,并与云南具有直接的相关性;高老师做的是"点"的研究,范围遍及北美、南美、西欧、东欧、东南亚、南亚,但大都选择其中的一两个国家,追求的是论题的关联性。这两种类型的国外民族志研究各有优长和不足,客观上具有互补关系。应当承认,高丙中团队的专业训练、理论训练、民族志的规范性和深度、学者研究的专门化和持续性强于云南大学的团队,值得我们学习借鉴。

洪颖:以前的学科建设存在着重学术研究轻人才培养的倾向,近年来,国家对人才培养越来越重视,学科评估也把人才培养列为重要指标。云南大学能够雄踞全国前两名的位置,与学生培养质量也有密切关系。您能谈谈在民族学人才培养方面所开展的工作和取得的成效吗?

何明:我一直认为,培养人才是大学的基本职能,是学科建设的重要任务，是教师的核心工作。说实在话，论文多一篇少一篇、著作多一本少一本，一般情况下对国家、对社会、对学术并不会产生多大影响，但人才培养做不好，会影响一群人的一生，所以必须认真对待。

我刚到民族研究院时，本科已停招，只有硕士、博士研究生的培养，我就着重抓了四个方面的工作。一是课程建设。我理解研究生课程与本科生课程的最大区别在于"研究"二字，只有自己有研究的教师才能把研究生的课程讲好。因此，对于基本理论和方法类的全院必修课，我要求按照"一课多师"模式组建教学团队，根据学科的知识、理论及方法模块选择专于某一领域研究的教师讲授。二是强化田野训练。云南大学的研究生培养经费是全校统一标准，无论是否需要实训，因此原来院里都由导师自主决定是否自筹经费做田野，学生的田野训练得不到保障。我认为这样不符合民族学人类学学科的人才培养规范，于是就由院里统一安排研究生的田野调查，经费由院里想办法筹措。在研究生第一年的寒假安排田野调查实训，而且要求除中国少数民族史之外的其他民族学二级学科的研究生的学位论文必须以田野调查为基础。三是长期聘请外教授课。尽管云南大学没有支持聘请外教讲授研究生课程的经费，我们还是想方设法筹措资金，先后聘请了英国、美国、韩国、比利时等国家的民族学、人类学专家来校为研究生授课，保持每年至少有一名外教讲授一门课程。四是坚持质量标准，严格培养过程管理。我来院里后决定统一由院里安排研究生开题和答辩，根据研究选题聘请答辩组成员，而且要求答辩委员认真把关，严格要求，一视同仁，达不到基本标准的论文一概不得通过，要让学生对学术有敬畏感。为了保证博士研究生的培养质量，民族研究院在全校最早实行学位论文预答辩制度，是唯一一个坚持博士研究生中期考核制度的学院。严格的标准、严密的程序，保证了研究生的培养质量，有一大批学位论文获得云南省优秀硕士、博士论文奖，迄今为止没有一篇博士论文抽查不合格。

研究生培养模式创新的另外一项工程就是自2009年开始举办的"教育部民族学与人类学田野调查暑期学校"。2008年向教育部申办获准，2009

年暑假开班,到现在已经连续办了9年。每届确定一个主题,围绕主题进行5天的课堂培训,聘请国内外相关领域的专家授课,之后分成若干个调查组到云南农村做20天的田野调查训练。现在,这个暑期学校已成为面向海内外招生的研究生训练营品牌,学员除了国内各高校和科研机构的研究生及青年教师外,还有来自美国、英国、法国、日本、比利时、缅甸、泰国、越南等国家和中国台湾地区、香港地区的研究生和青年教师。

到2009年,民族学本科专业开始恢复招生。当时教育部第二次学科评估结果出来了,云南大学民族学得到第一名,我就和分管教学的副校长说,这样的一个学科没有本科是很大的缺憾。但是,按规定研究院不能招本科生。后来和人文学院商量,以人文学院的名义招生,但所有教学管理由民研院负责。对本科生的培养,主要有三项创新性的工作。一是实行本科导师制。每位青年教师每年带1~2个本科生,其职责是"导学业、导生活、导思想"。二是加强实践能力训练。在课程中增加了实习实训内容,如田野调查方法、摄像技术、影视人类学等;一年级就安排两三天的短期田野实习;之后,由指导老师带队到农村接受一个月的田野调查实训。为了规范田野调查实训,还组织编写了《田野调查指导手册》。2009年支持本科生创办了学术刊物《田野》,由学生组稿、编辑、设计,老师参与指导。三是推动课程建设,获准主持教育部"国家马克思主义理论建设与研究工程"重点教材项目两项:王文光作为第一首席专家的《中国民族史》,我作为第二首席专家的《人类学概论》;此外还申报立项了一批省级和校级精品课程项目和教材编写项目。

民族学本科专业恢复时间不长,但专业建设成效比较显著。表现之一是学生的创新能力非常突出。学校每年招标"大学生创新创业计划项目",全校文科设50项,大四学生不得申报,民族学专业三个年级学生有60多个人,与全校三个年级6000余文科学生竞争,基本每年都能够获准立项八九项,以百分之一的学生人数获得了五分之一的项目。2014年民族学本科专业获准为云南省教育创新人才培养基地,这是全省文科第一个基地。

民族学、人类学课程群教学团队还获得了云南省优秀教学团队称号，2016年获得云南省教学成果一等奖。

除了专业课建设，我们还做了一些公共课或通识课。作为从事民族学教学与研究的教师，我们有责任有义务让更多的青年大学生认识中国作为一个多民族国家的国情，养成尊重文化多样性的素质，培育维护民族团结的意识。从民族学学者的角度说，我们有责任有义务让非民族学、人类学专业的学生了解这学科，扩大学科影响力。因此，在我以前做的生态文化研究基础上开了一门视频公开课《中国少数民族生态智慧》，被评为省里的优质视频公开课，后来又是全国的优质视频公开课，最后再把它做成慕课。之后，又建设了《中国少数民族文化》这门课，被列为云南省精品课程，后来被评为全国优质素质课，两年前做成"中西部大学课程联盟"慕课。这两门课程都进入智慧树在线教育平台，每轮的选课人数均在6000人左右，现在正在洽谈进入更大的一个全球公共课平台——清华在线学堂MOOC。

洪颖：2015年底您卸任院长，但是作为民族学学科带头人，您还是一直主持、引领云南大学民族学的发展。不久前公布的教育部"双一流"建设高校名录，云南大学榜上有名，民族学被列为"一流学科"建设目录。请您谈谈对此的看法。

何明：云南大学进入"双一流"大学，民族学成为云南大学两个进入"一流学科"建设的学科之一，证明了高发元书记倡导的建设思路是正确的，也证明了我所主持的民族学学科建设的方向和成效获得专家们的肯定，我感到非常欣慰。

教育部对"双一流"建设的期望很高，给"一流学科"建设确定了相当高的目标，不仅要求国内领先，还要求进入世界一流学科的行列。按照教育部"一流学科"建设要求，民族学建设重点在取得标志性的科研成果、创新人才培养模式、强化社会服务能力、提高师资队伍水平、扩大国际影响力等方面。如果建设目标和建设任务能够实现，云南大学民族学的学科肯定会实现跨越式发展，能力和水平会跃上新台阶。当然，民族学一流学科建设的任务相当繁重，而且具有极大的挑战性，按照常规模式推进，肯定无法完成，需要学校下决心进行大力度的改革，突破现有管理体制和机制的束缚，为一流学科建设提供有力的制度支撑，否则建设方案就是一纸空文。

洪颖：您在云南大学民族学学科建设、团队建设、人才培养和行政事务管理方面投入了大量的精力，但仍然在您自己的学术研究上取得了瞩目的成绩，您能谈谈您自己的学术研究吗？

何明：我自己的学术研究有两个特点：一是"业余"，我一直以单位的事、集体的事、学科的事放在优先位置，之后有时间才做自己的研究；二是杂乱，涉及太多领域。当然，乱中若隐若显地有一条主线，就是社会文化整体观。开始做研究就有这样的认识：只有把所研究的问题放在它的社会文化系统里面来看，似乎才能看得明白一点。那时候也没有接受什么文化整体观、社会体系之类的理念，只是感觉到任何问题都与其社会、文化、历史背景有关，就按照这么一个思路去做学术。大致上说，我的学术研究有这么几个方面。

一是文化研究。我从20世纪80年代到90年代中期前后做的研究大致上可以归为文化研究。其中，最早研究的是中国古代审美文化，体现在我的《诗性逻辑与诗化美学》一书及系列论文；之后，超出审美的范围，开始做中国文化和少数民族文化研究，与廖国强合著的《中国竹文化研究》《竹与云南民族文化》，与吴明泽合著的《中国少数民族酒文化》，与廖国强、袁国友合著的《中国少数民族生态文化》等几本书，可以归入这一类。其间，做过文化与思维的理论研究，有与赵仲牧老师合作的发表在《哲学研究》的《论思维的类型》和我自己撰写的《汉语与中国人的思维方式》等论文。

二是昆明城市研究。在20世纪90年代中后期做了一些城市社会学的研究，比如参与了谢本书教授主持的中华基金项目《近代昆明城市史》，并完成了两章的撰写，我与卿前峰合著的《昆明城市研究》，我的博士论文《滇池流域的经济开发与生态环境变迁》，滇中城市群和小城镇建设等成果也属于这一类。

三是艺术人类学研究。这个领域从 2001 年就开始关注，但直到 2005 年以后才开始发表论文，对艺术人类学的理念、构架、方法等做了探讨，发表了一系列论文，指导一批博士生做研究，我和我的学生在 2005 年至 2007 年集中发表了一批论文，当时在国内艺术人类学界产生了不小的影响。遗憾的是未能持续做下去，未能把专著写出来，基本思路和主要思想体现在我和我的学生合作编著出版的《艺术人类学研究丛书》之中。

四是民族社会文化变迁研究。2000 年以后时常会到少数民族农村做一点调查，感受最深的就是变化太快，于是以"当代少数民族农村社会文化变迁研究"为题申报了国家社科基金项目，开始了这个领域的研究。少数民族社会文化变迁的动力来自何处？当然是国家的改革开放政策，而从学理上表述，"全球化"可能是最具有概括性、最简洁的概念。为此，撰写了一批论文，主编了几本书。这个领域包罗万象，一定程度上看，无论是我独立撰写的还是与学生合著的研究少数民族的论文，大都可以归入这个领域。

五是边疆与民族问题研究。2008 年以后开始关注边疆问题研究，恰巧申报教育部哲学社会科学重大课题攻关项目"边疆民族心理、文化特征与社会稳定"获得批准，开始做边疆问题的思考与调查，发表了一批论文，与课题组成员一起完成了课题书稿。同时，开始关注中国的民族政策和民族关系，写了几篇文章，2017 年获准主持国家社科基金重大项目"我国的民族团结和民族关系的理论和实践研究"，带领课题组赴新疆做了一些调查，最近会抽出一些时间做这方面的调查研究。

六是民族学和人类学学科建设和理论方法反思的研究。2006 年以后，断断续续地写了一些关于民族学的学科定位、反思民族志等方面的文章。

总之，我对我自己的学术研究非常不满意。将近 20 年的时间把主要精力都用在了行政事务和学科建设上，许多思考和研究计划总是无法集中时间和精力完成。2015 年年底卸掉了行政职务，原本想可以集中精力完成自己的学术研究计划，不料刚想找回研究状态又被学校拉去做一流学科建设。未来我自己能做出什么样的成果，只有走着看了。

洪颖：您说您是学术流浪汉，其实梳理下来，我们看到您的每一次研究转向、领域拓展，都是有关联的。通过您对自身学术历程的回顾和对云南大学民族学20年来发展情况的介绍，我们为您这个学科发展的艰辛而动容。向为此付出心血的前辈致敬，更折服于您为师治学的真诚和严谨、引领学科的睿智和担当。云南大学民族学发展史会铭记这浓墨重彩的一笔！

采访者：洪颖，博士，云南大学民族学与社会学学院副教授。

胆大包天,硕果累累
——瞿明安教授访谈录

瞿明安,云南大学民族学与社会学学院教授暨西南边疆少数民族研究中心研究员,博士生导师。著有《中国民族的生活方式》《超越传统——生活方式转型取向》《隐藏民族灵魂的符号——中国饮食象征文化论》《沟通人神——中国祭祀文化象征》《中国饮食娱乐史》《象征人类学理论》《中国婚礼通史》等书。单独或合作主编《当代中国文化人类学》(上下卷)、《现代民族学》(全4册)、《中国象征文化》、《中国西部民族文化通志》(33卷)、《中国婚礼通志》(7卷)以及《中外新视野婚礼丛书》《中国象征文化丛书》《云南大学民族学文库》《21世纪人类学文库》。多项科研成果获得省部级一、二等奖。

徐杰舜:瞿教授,很荣幸能在昆明采访您。我们还是按照采访程序,首先问问瞿教授,您是哪里人?

瞿明安:昆明人。

徐杰舜:哪一年出生?

瞿明安:1960年出生,现在52岁。

徐杰舜:您是昆明人,肯定从小到大都是在昆明读书了?

瞿明安：是不是要讲一下我的学术经历？

徐杰舜：对。

瞿明安：我是云南大学历史系 79 级的，当时刚好是高考恢复的第三年。1983 年毕业后分配到云南省社会科学院历史研究所民族学研究室。我这一生碰到了很多重要的机遇，我刚刚毕业就碰到了一次很重要的机遇：当时由云南省社会科学院副院长杜玉亭先生主持了中国民族学的第一个国家重点项目《云南少数民族前资本主义社会诸形态与社会主义现代化》。现在看来这个课题的名称前半段有点古典进化论的色彩，后面讲现代化，但这个选题在当时是处于全国领先的。为什么要把我调到社会科学院去呢？因为这个课题研究的是少数民族的现代化，有经济社会的发展、文化变迁，以前的老学者他们研究的是历史，研究传统的东西，叫那些老学者来承担这个课题，他们不愿意，也搞不了，没有精力，包括知识结构一下也转不过来。当时我们班有 7 个同学分配到云南省社会科学院，其中有 5 个人在历史研究所民族学研究室（后改为云南省社会科学院民族学研究所），这个国家重点项目由杜玉亭任课题组长，也有些中年人参加，但主要骨干都是我们这些刚刚毕业的年轻人，可以说这批年轻人现在都是云南民族学界的骨干，如王清华、郭家骥、郑晓云等。当时云南省社会科学院对这个课题非常重视，杜玉亭在会上就讲"这是国家重点项目！"。能参加这样的国家重点项目，我们也很自豪。一开始由杜玉亭来点将，安排我研究佤族，郑晓云研究基诺族，郭家骥研究拉祜族，王清华研究哈尼族。工作后的三个月内，我们的任务主要就是看资料，如少数民族社会历史调查、简史简志等"五套丛书"，还有《家庭、私有制和国家的起源》《古代社会》，等等。看了三个月以后就开始到民族地区调查了。

徐杰舜：是哪一年？

瞿明安：是 1983 年。当年 7 月分配到云南省社会科学院工作，11 月冬季，下面正好是旱季，不下雨了，我们就开始下去，第一次我就去了四个月。回来汇报时，杜玉亭问我调查了多长时间？我说在西盟佤族自治县的岳宋村调查了两个月。他说:"想不到你这个书生居然在村子里住了两个月。"因为我们一起毕业的个别同学在村寨中连一个星期都没有住过。一开始当杜玉亭要我研究佤族时,我马上就联想到了佤族过去的一些习俗,让我很担心、很紧张。他有点生气地说:"你真是个书生啊。"后来我居然在一个村寨住了两个月。他从此开始对我刮目相看了。当时杜玉亭让我写这次田野调查的文章,我就整理了一下调查的岳宋村的情况。可以说那个村寨在当时的整个中国都是一个非常典型的村子。为什么呢?当时是1983年、1984年,但看到的情形竟然跟民主改革前没什么两样。因为民主改革前,当地佤族老年人系着遮羞布,妇女半裸着身体,人们用手抓稀饭吃。到了80年代中期依然这样,有的中年妇女还是裸露着上身,小孩子光着屁股,个别老年人还系着遮羞布。后来中国社会科学院民族研究所佤族研究专家田继周先生说"岳宋没有变"。这是他亲自对我说的。20世纪五六十年代他曾经去岳宋调查过,但过了几十年后岳宋仍然没有什么变化。看上去就像一个原始部落,我形容的可能有点过分,但实际上就是那样,完整地保留了原来的那些东西。

徐杰舜:这种现象现在改变了吗?

瞿明安:现在消失了。当时杜玉亭听了我的汇报之后就让我写了一个材料,材料中把我看到的情况真实客观地描述出来,没有做任何分析,只有3000字。但是这篇简短的调查报告却产生了非常大的作用,后来作为"农村发展问题送阅卷"一直报到中央书记处农村政策研究室和国务院中国农村发展研究中心,还有云南省的"五套班子"。当时云南省的省委书记看了这个报告都感到震惊:"想不到80年代还会像这个样子。"杜玉亭曾经在一次会议上当着大家的面说我写的这个报告是"云南省社会科学院对省委的贡献。"因为这个东西不仅仅是一个个案,它是一个贫困的典型啊!当时中国正在搞改革开放,农村生产责任制才开始推行,刚刚见了效果,大家都认为不管是汉族还是少数民族都富裕起来了,但是我这个调查报告却是对这种认识的否定,当然不是针对所有的地区,只是针对边疆民族地区。这一个案在中央都挂了号，后来中央实行脱贫致富的战略，我的那一个材料就是针对边疆少数民族地区的一个重要依据。1984年第一篇3000字的调查报告是我的处女作，。后来在那里调查时，会碰到新华社的记者，他们都到那里去调查，很多人都是根据我写的材料中提供的情况去的。这个地方自然环境很好，属于亚热带，曾经种植过茶叶，现在是种植橡胶，比云南最贫困的怒江等地区要好得多，但那个时候当地的老百姓就是要保持那种原始状态，保持那个传统。

这种状况对我产生了强烈的冲击，这就是后来为什么我要研究生活方式的主要原因。当时我将这种现象称为"生活习惯"，而杜玉亭则说是"生活方式"。1984年，生活方式研究刚刚在国内起步，连书都还没有出过，我就开始关注这个问题了。我对佤族地区的研究，从1983年到1990年的7年中，先后去了20多次西盟佤族自治县，单是在岳宋这个地方累计调查的时间就有一年多。西盟县过去被认为是阿佤山的中心地区，从古典进化论的角度来看就是"处于原始社会的末期"，所以当时把那个地方作为重点调查的基地。

徐杰舜：后来您对西盟佤族研究都写了些什么？

瞿明安：关于西盟佤族我写了些东西，主要是对策性的建议或应用性的研究报告，而没有写民族志，虽然我的田野调查笔记有十多本，但我始终没有写书。为什么没有写呢？因为当时要求的不一样，不像现在培养博士要做一个民族志。当时要求的是研究佤族地区的现代化，研究他们脱贫致富的途径，提出好的对策，但是对策也不是那么容易写的，要把全县都跑过来，整个西盟县6个乡，我都跑过来了。后来在开展这个国家重点项目的同时，我又接着承担了另外一个国家重大项目。为什么呢？因为1986年，由国务院下达给中国科学院的重点项目"西南地区国土资源综合考察与发展战略"正式启动。这是西部大开发的前期准备。这个课题太大了，在1986年的时候经费就有400万元。

徐杰舜：那不得了。

瞿明安：考察队每到一个省，每个省再出 50 万元，所有经费加起来一共是 650 万元。大西南当时称为"四省五方"，即云南、广西、四川、贵州、重庆。这个课题启动后，中央的文件直接发到地州，要求各地对考察队给予全力支持。我们每到一个地方都是拿着政府的文件，几乎被奉为上宾，调查很顺利。当时在云南考察的这一站，整个课题组就有几百人，开会是在一个大礼堂里面，就像电影院一样坐满了。这个课题由中国科学院自然资源综合考察委员会来牵头，四省五方的地方科学院和社会科学院参加，自然科学与社会科学两大学科群的人员汇集在一起。其中社会科学方面的子课题主要是由四省五方的社会科学院来承担。当时由四川省社会科学院牵头成立了"开发大西南战略研究中心"，并由四省五方的社会科学院共同承担了这个总课题里的第 10 号课题："西南社会经济情势综合研究"，包括社会经济情势，即现在的状况，面临的问题，以及将来怎么发展，涵盖了经济学、民族学等多学科的研究内容。而云南省社会科学院又承担了其中的第 7 号课题："西南少数民族社会经济情势综合研究"，课题组长就是杜玉亭，副组长是民族学研究所的副所长郭大烈，加上我和郭家骥一共 4 个人。按规定要在两年之内跑完四省五方，实际上这个课题就是我和郭家骥两个人在做，他们领导进行指导，我们具体干活，我当时是这个课题组的秘书，又是所里的科研秘书，这样我们花了两年时间把西南四省五方跑过来了。在这个课题开展的过程中，我们曾写了"云南少数民族社会经济情势与发展对策研究""西南少数民族社会经济情势与发展对策研究"等阶段性的研究成果。当时，除了这个课题以外，由四川省社会科学院牵头组织的国家社会科学重点项目"西南经济区发展战略研究"跟这个课题同步进行，这两个课题我都参加了。其中云南省社会科学院承担的子课题叫"西南少数民族发展战略研究"，这个报告最后就是由我执笔写作的。可以说西部大开发我是直接参与者，自己亲自去调查。这个时候离 21 世纪初中央正式宣布西部大开发还有十多年，但我们已经开始了自然科学和社会科学的前期研究工作。我感到幸运的是，中国民族学的第一个国家重点项目，西部大开发的两个国家重点项目，包括自然科学的和社会科学的，我都参加了。为什么我后来视野开阔，这跟我的学术经历有关系。后来，自然科学那个重点项目的最终成果"西南地区资源开发与发展战略研究"获得1995年度国家科技进步二等奖，我本人还领取了课题主持单位中国科学院自然资源综合考察委员会颁发的与此有关的表彰证书。

我们写的云南和西南少数民族社会经济情势的报告中有一些实例和建议被总课题组采纳了。西南地区主要是少数民族，虽然汉族也很多，但却集中了中国一半以上的少数民族。

由于我对生活方式感兴趣，后来就查阅了一些学术杂志，发现中国社会科学院哲学研究所的王玉波是生活方式研究领域公认的权威。他在一篇文章里说，对生活方式感兴趣的学者准备成立全国生活方式研究会，现在已成立了筹备组。后来我就写信给他，说我对少数民族生活方式感兴趣，并且正在写这方面的东西。他很快就回了信，说对生活方式感兴趣的人很多，给他写信的人也很多，但是在边疆地区研究少数民族生活方式的你是第一个给我写信的人，同时邀请我参加1987年在天津召开的全国生活方式研讨会。当时我大学毕业才几年，只有初级职称，但在那次会上，天津人民出版社准备策划由王玉波主编的"现代生活方式丛书"。他说让我来写其中的《少数民族生活方式》一书，我就答应了。当时我的与会论文叫《现代化过程中边疆民族生活方式的适应性》，写的是有关边疆少数民族生活方式变迁的特点和适应性方面的问题。后来，我的这篇论文发表在《民族研究》上。1988年，我才28岁，文章一发出就引起了许多专家学者的注意。

后来在承担国家重点项目的二期研究任务时，单位上实行了课题承包制，即课题组给你多少钱，你负责完成规定的那一部分任务。当时我得了2500元的课题经费。80年代中期的时候，我拿着这2500元就跑了8个省。我的调查从新疆开始，即参加1988年在新疆召开的全国民族理论研讨会。会后，去伊犁阿勒泰，重点调查北方的游牧民族——哈萨克族。但到了阿勒泰后，了解到，需要骑马才能上山去调查。由于我害怕骑马，去不了，就放弃在阿勒泰的调查，转到内蒙古去调查蒙古族和鄂伦春族，然后又到东北重点调查朝鲜族。调查完了，又到北京、上海，最后从浙江回来。跑了这一趟只花了2500元。

这一次考察打开了我的视野，以前我曾把西南跑完了，这一次又把西北和东北跑下来了，所以在我的第一本书《中国民族的生活方式》中，前面的内容所使用的是第二手材料，但最后一章所使用的则是我自己在西南、西北和东北地区进行田野调查中得来的第一手资料。书在1993年由中国社会科学出版社出版，前两年又重新第二次印刷。

后来，我参加由王玉波主持的国家社科基金项目"我国经济体制改革与生活方式变化"。课题组长是王玉波，王伟光（当时是中央党校的教授）是副组长，成员还有三四位中央党校的学者。后因种种原因，课题只能由王玉波和我负责完成，成果：《超越传统——生活方式转型取向》，2007年由京华出版社出版，其中他写汉族，我写少数民族。

我在研究傣族、白族、基诺族等民族生活方式变迁模式的过程中发现一个很重要的现象，即同样都是面对现代化的冲击，但是文化背景不一样、经济发展不一样、文化积累不一样的民族会有不同的反应。例如，傣族就居住在城边，城市化和科学技术对人们的影响很大，但他们的建筑还是保留着干栏式的传统，其生活方式、婚丧嫁娶等方式都完整地保留。而佤族就不一样了。我曾经去过西盟佤族自治县一个叫阿莫的村寨，1985年以前主要是搞农业。1985年发现锡矿后，其变化的速度比深圳速度还要快，一年前老百姓还是住在干栏式竹楼里，而一年之后就有十多家住现代钢筋水泥式的别墅了。变化非常之快。

徐杰舜：为什么变化那么快？

瞿明安：主要是采矿，因为属于高品位的锡矿，经济效益明显，要是挖到一个锡矿集中的鸡窝矿，有些人一天就可以赚2000元。我为此还专门写了一篇文章叫《采矿业的发展对佤族传统生活方式的影响》，来论述当地佤族传统生活方式因发展工业化而发生的巨大变化。但同样是经济发展快的地方，西双版纳傣族和大理白族生活方式的变迁就形成了与此不同的鲜明特点。同样都是跳舞，傣族是跳民族舞，而佤族和基诺族则是跳迪斯科和交谊舞，房子也开始住汉式的建筑甚至别墅，原先的干栏式建筑不要了。穿的服装全部都是从商店买来的现代商品服装。我跟学生上课时说，他们穿的服装比你们的还好，如西装、夹克、风衣、高领毛衣等等，各种各样的都有，传统的民族服装不愿意穿了。大理白族也受到现代化的冲击，但却显现出两面性，一方面是比较主动地吸收外来文化，以前是汉族文化，如今是现代文化，但在吸收现代文化精华的同时也保留着自己的传统，即面对现代文化和本民族的传统文化又吸收又保留。与白族不同的是，傣族则是极力保持自己的文化传统，原先的生活样式变化不大，小乘佛教"文革"时被禁止，后来又恢复了，表明傣族对自己的文化有一种固守的心理机制，不轻易丢掉自己的传统。而佤族、基诺族则几乎完全丢掉自己的文化传统。

徐杰舜：这段时间有多少年？

瞿明安：7年。

徐杰舜：这7年奠定了您以后学术发展的模式，即宏观加微观。

瞿明安：是的，现在我跟学生讲课时都要谈到田野调查的经历，我通过参加以上这些重要课题，既有对一个民族长期深入的微观研究，也有对全国少数民族的宏观考察，所以以后我所有的书都是写全国范围的，我没有哪本书写云南，也没有写佤族。

徐杰舜：这段经历很有价值，奠定了您今后研究的基础。您学术的第二阶段是从什么时候开始的？

瞿明安：从1994年的时候开始发生了重要的转折。当时我在写《中国民族的生活方式》时，就在婚礼中发现了夫妻的象征性饮食行为，各民族都有，我把它总结为共饮共食，即吃一种共同的食物，吃粑粑，吃某种食品，喝某种饮料，或者是酒，或者是水。这种现象就是一种象征符号，通过这个行为化的象征符号来反映新婚夫妻将来能够白头到老。我觉得很重要，于是就开始深入研究饮食的象征符号，所以就有了《隐藏民族灵魂的符号——中国象征饮食文化》这本书。我在1994年就为写作这本书开始收集资料了，当时象征人类学在中国还没有几个人研究，也没什么现成的参考资料，当时西方象征人类学的书籍还没有翻译过来，中国学者只零散地写了几篇文章。考虑到当时中国饮食文化研究的层次比较浅，有关饮食文化的论文很难在高层次的刊物上发表，所以我就用象征人类学的理论方法来研究中国饮食文化，花了三年的时间于1997年完成。书在2001年由云南大学出版社正式出版。

徐杰舜：您到云南大学是哪一年？

瞿明安：1998年调到云南大学的。那个时候在《史学理论研究》杂志上发表的《中国饮食象征饮食文化的深层结构》一文引起了华东理工大学的学者居阅时的注意，他曾写信给我说，是不是我们共同主编一本中国文化象征方面的书？我觉得当时中国缺乏象征方面的综合性书籍，所以就答应了。后来我在云南组织了邓启耀、杨福泉、王亚南、段玉明、金黎燕等几人，和居阅时组织的学者，集体写作了《中国象征文化》一书。可以说这本书是我出版过的所有著作中影响最大的一本书。书是2001年7月出版的，到了12月全国第十二届书市在昆明召开时就产生了影响。书市期间，上海世纪出版集团专门召开了"《中国象征文化》学术讨论会"。很多学者参加了，会上还宣读了刘锡诚先生的书面发言，影响很大。会后，刘锡诚撰文认为，这本书是中国学者在象征文化研究领域走出的第一步，也是坚实的一步。杨知勇也对本书给予高度的评价。这本书还被美国斯坦福大学图书馆等世界著名大学图书馆收录。现在成了中国象征研究领域被引用率最高的一本书，可以说至今仍没有其他同类书籍超过它。

后来，由白庚胜、居阅时和我三个人主编了"中国象征文化丛书"，包括《中国祭祀文化象征》《中国民族服饰文化象征》《中国梦文化象征》《中国性文化象征》《周易文化象征》《中国道教文化象征》《中国建筑与园林文化象征》，分别由乐黛云、刘锡诚、乌丙安、刘魁立等四位著名学者当这套丛书的顾问，并由刘锡诚等人作序。书一面世，就广受欢迎。

在研究象征的同时，王玉波又跟我约稿，让我和他共同写《中国家庭史》。他让我负责"远古时期的家庭"和"少数民族家庭史"这两部分内容。有关原始社会史的书籍大多是民族学家来写的，像林耀华主编的《原始社会史》、杨堃的《原始社会发展史》等。我知道这是块很难啃的骨头，我也没有专门研究过，但还是答应了。仅是写"远古时期的家庭"这一部分我就整整花了一年的功夫。前期成果《中国原始社会乱婚说质疑》刊于《民族研究》，对原始社会存在杂乱性交的观点提出了质疑，同时也是对用古典进化论来解释"知母不知父"现象的纠正。在民族学界和史学界都产生了很大的影响。

当然我还有另外一篇影响更大的文章，就是发表在《中国史研究》上的《中国古代宗教祭祀饮食文化略论》。这篇文章影响之大，讲出来也许你都不会相信：共获得了国际国内的30个奖项，有金奖、特等奖、一等奖，最低的是二等奖。当时我把这篇文章送给杜玉亭，他看了之后说："我向你祝贺！"他的学生尹绍亭说："他能讲这样的话，那真是了不得了。"因为他很少说哪个人的文章写得好。

我接下来继续讲性学研究。我负责写的还有少数民族家庭史，而家庭史也涉及两性关系，于是我就开始对少数民族性文化感兴趣。可以说，我研究性学就是从这个时候开始的，先从生活方式转到婚姻家庭，再从婚姻家庭转到性文化研究。我完成的一个前期成果已发表在我主编的《华人性人类学研究》创刊号上，叫作《家庭起源多元论——对人类社会早期存在多种家庭形式的假设》。这篇文章和上面那篇文章中提到的一些重要观点曾被刘达临主编的《现代性学词典》一书采用。

徐杰舜：《华人性人类学研究》很精彩，最近有新版吗？

瞿明安：今年已出了一期，但是我不发给人类学家，因为我准备刊登《人类性文化大典》的初稿，内容不完全是性人类学的，所以我只发给性学家，连续几期都会登书中的初稿，其中涉及的内容已经不是性人类学了，应该说扩大到了整个性学。

徐杰舜：这也是一种发展的科学。

瞿明安：2008年，在昆明举行的首届性文化博览会上，我认识了刘达临。当时我和另一位学者写了一本有关少数民族性文化的书，这本书也是王玉波向我约的稿子。因书中需要照片，我曾向原来在社会科学院的一位老同志要了些照片，在性博会举办前夕，那位老同志向他熟悉的大会组委会秘书长推荐我，于是组委会就找到我，让我设计并展览有关少数民族性文化方面的照片。那次性博会上的主要内容，一个是刘达临主持的中国古代性文化，一个就是我负责的少数民族性文化。

我和刘达临的合作关系始于2008年。在参加第一次研讨时，我和尹绍亭一起去。我们就在开会期间专门讨论了怎么写"中国性文化丛书"的事宜，当时还联系了上海人民出版社负责《中国象征文化》一书的责任编辑，他对此也比较感兴趣，最后将选题从100本压缩到了30本，具体的选题都设计好了，后来可能因课题有点敏感、投资大等原因就不了了之。在会上我还认识了阮芳赋，正宗的性学家，全球华人第一个取得美国性学博士学位的学者，是美国高级性学研究院的教授，担任过亚洲性学系主任，是美国几个性学院的院士。他主编的《性知识手册》，共印了200多万册，被评为中国最有影响的300本书之一。

在那次会议上，阮芳赋向我约稿，后来我把《中国少数民族婚外性行为与社会文化的相关性》这篇论文发给他，他在给即将创刊的《华人性研究》杂志主编彭晓辉教授的电子邮件中说："晓辉，请把瞿教授这篇文章放在创刊号上，放在所有论文的第一篇。"他对这篇文章给予了高度的评价，认为"这是中华性文化和世界性文化研究的新进展。"阮芳赋很器重我。他让我主编《华人性人类学研究》杂志。目前，我主编的《华人性人类学研究》在创刊的9个华人性学杂志中，质量算是比较高的，中国台湾性学界有的学者曾把我主编的这个刊物中的部分文章作为教学参考资料，因为在华人性学界没有人专门研究性人类学，我是世界华人性学家协会执委会中唯一一位人类学家。我虽然不是著名的性学家，但是我的想法却往往超出了性学家们的想象力。

2009年，第一届世界华人性学家协会第一次学术研讨会在中国台湾召开时，我被吸收进了协会执委会。1993年阮芳赋曾说：在人类性学研究中分别有过两次高峰：第一次世界性学的高峰是由讲德语的性学家为首掀起的；第二次世界性学的高峰是由讲英语的性学家为首掀起的；而在21世纪，将由讲汉语的性学家为首掀起第三次世界性学高峰。当时我在执委会上说："阮教授提出要由华人为首掀起第三次世界性学高峰，现在华人的性学杂志已经有好几个了，世界华人性学家协会也成立了，但目前还没有标志性的成果。所谓标志性的成果，就是能够轰动世界的成果，是不是我们来组织撰写这样的书籍？"因为前两次世界性学高峰都有标志性的成果，而第三次还没有。对我的这一建议，有的学者当场就表示反对。但阮芳赋却提出了不同的看法，他说有可能在未来世界性学界产生重要成果的华人性学家，中国台湾有何春蕤，大陆有方刚，接着他说："还有你，也包括你在内。"后来会上没有继续讨论这一问题。我这个人的特点是，别人越说做不成的事，我越是要做。会后，我花了三个月的时间设计了《人类性文化大典》的选题计划和二级提纲，并通过电子邮件将其发给许多华人性学家看，结果这个设想得到了包括阮芳赋、吴敏伦等在内的许多国际著名华人性学家的高度评价和充分肯定。

徐杰舜：这部《人类性文化大典》就是你主编的？

瞿明安：是由刘达临和我共同主编。因为我本人不是著名的性学家，如果我单独来主编，别人不会认可，所以请刘达临来当第一主编，他是著名的性学家，是全球华人中第一个获得国际性学界的最高奖"赫希菲尔德性学奖"的学者，目前全球华人中只有三个人获得这一奖项。刘达临曾在20世纪90年代被美国《时代周刊》评为"引导中国进入幸福的21世纪的六个代表人物"之一。我将选题计划拿给他看了之后，他说这个研究是前无古人的。

徐杰舜：课题有多少人参加？做了几年？

瞿明安：四五十个，已经做了三年。这是我正在做的比较大的一个工程。我做过的另外两个大的课题是我主编的《当代中国文化人类学》，还有与周光大共同主编的《现代民族学》。

徐杰舜：可以给我们详细介绍一下吗？

瞿明安：好的。2006年，第16届世界人类学民族学大会已经开始招标了。非常有眼光的云南人民出版社责任编辑尹杰，当时他约尹绍亭策划出版一套民族学人类学的丛书，以迎接第16届世界人类学民族学大会在昆明召开，最后定为《当代中国人类学民族学文库》，就是把云南籍的老中青三代学者中最精华的东西拿出来。我曾经和尹绍亭一起主编过《21世纪人类学文库》。由于有主编文化人类学分支学科丛书的经历，于是我就提出了《当代中国文化人类学》一书的选题。这本书由我单独主编，一共组织了全国12所大学和科研机构的40位作者参加撰写，分上下两卷，共100万字，2008年由云南人民出版社出版。当年12月，由云南人民出版社与云南大学民族研究院联合举行了《当代中国文化人类学》首发式暨《当代中国人类学民族学文库》出版座谈会，与会的专家学者对本书给予了很高的评价，很多媒体都来报道，还获得了云南省第十三次哲学社会科学优秀成果一等奖。另一本是四册的《现代民族学》，其中上卷一、二分册由周光大主编，下卷一、二分册由我主编，最后由我对全书进行统稿，并对上卷的部分章节作了修改、补充和调整。全书共180万字，分别由全国20多所大学和科研机构的80多位学者撰写了有关的章节，于2009年由云南人民出版社出版，分别获得了教育部、国家民委和广西的多项奖励。我目前正在主持的一个更大的项目就是你知道的《中国西部民族文化通志》，这一选题最早是由云南人民出版社的责任编辑尹杰提出来的，他当时起名为《中国西部民族文化丛书》，让我来主编，后来我将选题名称改为《中国西部民族文化通志》，将原先的丛书改为多卷本的专著，并被列为2010年的教育部人文社会科学重点研究基地重大项目，由我和何明担任主编，具体由我来牵头组织并实施。这套通志共有 33 卷本，预计总字数达 1600 万字，已列入了云南出版集团公司的重点图书出版规划项目，一共约请了全国 15 所大学和科研机构的 30 余位学者来担任各个分卷的负责人，参加人员近百人，可以说是目前国内规模最大、体系最完整的一套少数民族专题文化志。我在总序中说，这套通志是中国民族学西部学派形成的标志，所谓西部学派，也就是从总体上来研究中国西部民族文化的学术群体和学术取向。下一步，我本人准备开展的大项目还很多，我可以斗胆地讲，我将是一个跨学科研究的人物，而绝不仅仅在人类学、民族学方面做出成就。

在性学研究领域，下一步我准备主编 10 卷本的《中国性文化通史》或者大部头的《中国性文化大典》，作为《人类性文化大典》的姐妹篇。另外，由中国性学会主持的课题《中国性学系列研究丛书》中就列有《性人类学》一书，四五十万字，由我负责，并与其他几位同人完成，目前已列入了人民卫生出版社的出版计划。明年完成和出版这几部书：《性人类学》《象征人类学》和《中国西部民族文化通志·婚姻家庭卷》及《中国西部民族文化通志·游牧卷》。

徐杰舜：这是大兵团作战，很厉害！

瞿明安：是的。这一研究就是要打破地区和民族的限制，可以说，我现在的研究又回到过去曾经开展过的西部大开发研究的原点了，不过现在的这个研究上了一个更高的层次，这个项目结束之后，民族学我就不搞了。

徐杰舜：都已经做到极致、顶峰了。

瞿明安：不是顶峰，主要是自己没有精力了，再做也不可能有超越了。那么我接下来要做什么呢？我是学历史学的，前段时间我和我的学生秦莹曾写了一本《中国饮食娱乐史》，已由上海古籍出版社出版，下一步我们准备写上下卷的《中国婚礼通史》，80 万字，把婚礼这一民俗事项作为一种历史文化现象来写。

这部书完成后，我还有更大的计划，要写 12 卷本的《中国象征通史》，由我和秦莹一起写。每人写 6 卷，目前已经开始收集资料了。

徐杰舜：您培养了比较得力的助手。

瞿明安：是的，我培养的学生中有4个在《民族研究》上发表过文章，而且在我们学院我的学生毕业率是最高的。

徐杰舜：之前有人搞过6卷本的《中国饮食史》。

瞿明安：对，是徐海荣主编的《中国饮食史》。我和秦莹写的《中国饮食娱乐史》是由赵荣光主编的"中国饮食文化专题史丛书"20本中的一本。

徐杰舜：赵荣光是哪里的？

瞿明安：他是浙江工商大学的，是学术界公认的中国饮食文化研究的权威之一，还有一个是中国社会科学院考古所的王仁湘。总的来说，对我的学术研究而言，民族学、人类学可算作一个学科，性学是一个学科，历史学是一个学科，还有就是行为学，研究人的行为，这是我在跟学生讲课的过程中发现的。行为学现在叫作行为科学，与自然科学和人文社会科学并列。但是一般的行为科学与我研究的行为学还不太一样，如在工作、劳动中的批评、激励、鼓励等等。行为学是跨学科的，横跨自然科学和人文社会科学，它研究人的手脚、动作、身体与社会文化的关系，但是目前对于行为学的研究，我认为最缺乏的是对于每个人都有的、熟视无睹的行为的研究。比如睡觉，睡觉是不是一种单纯的生理现象呢？关于睡眠，专门有睡眠学，还有中国睡眠学研究会，但研究的只是生理现象，就像弗洛伊德研究梦，他说睡眠是一种生理现象，梦是一种心理现象，而我个人则认为睡觉是一种行为，应从文化的角度来研究人的行为。类似的还有走路、站立、坐着、说话、看视等，这里说的"看视"不是指感觉人类学的视觉感受，而是指看的行为动作，如人们在什么情况下来看，是从低处看还是从高处看，是往前看还是往后看，是近看还是远看，看的时候人的行为举动，等等。我要研究的就是这些问题，目前在行为科学里还是一个空白。

徐杰舜：那么行为是不是等于文化？

瞿明安：是文化的一个部分，但却是最薄弱的一个环节。

徐杰舜：因为人和人的一切行为的表达方式就是文化。

瞿明安：是文化，比如说宗教仪式、节日活动这些都是文化，政治生活中的行为也是文化，但是最薄弱的环节就是日常生活中每个人都有的行为。现在有关行为学研究的提纲我已经写出来了，如睡觉文化论、行走文化论、坐文化论、站立文化论、看视文化论、说话文化论等，不是把说话作为一种语言，而是作为一种行为来研究。这个系列研究我可能会在自己60岁以后来做，先前说的《中国象征通史》，我要在60岁之前完成。除了把日常行为作为一种文化来研究之外，我还准备把它作为历史现象来研究，我要单独写10卷本的《中国行为通史》，70岁之前要完成，这种行为史可以说目前在国内完全是空白。

徐杰舜：您未来的学术研究都安排到70岁了。您的著作这么多，思想这么开阔，我想了解您每一天是怎么过的？

瞿明安：我的行为方式与其他人不一样，有些学生说他们的老师不会劳逸结合，而我这个人却是"在工作中玩，在玩中工作"。我一个星期可能有一半的时间在玩，这可能是与众不同的地方，别人也许会认为我一天到晚都在工作，但实际上我在家工作间隙也经常上网、看电影、看新闻、看其他娱乐节目、下载照片，这就是在工作中玩。同时我也在玩中工作，我一个星期有两三天要去玩，可以说在全昆明到处玩，只要是一天可以往返的地方我都会去玩。在玩的过程中，我的脑子就在思考，我有好多设想就是在玩的时候想起来的。因为在外面玩的时候，跟坐在工作室是完全不一样的，坐在电脑面前，你的视野只看到电脑，局限了思维，而在外面看到的东西却很多，往往是触景生情，很快就可以产生联想，这样我的灵感、思路就来了。比如看视文化论，就是我在上海世博会排队期间一下子想起的。在机场等飞机时，我也会看到什么东西马上就联想起来。所以是在玩中思考问题，在工作的时候玩。

徐杰舜：请再举个例子。

瞿明安：好的。讲一个小故事，我有一个不好的习惯，会讲"自来话"，就是随时随地都在思考问题，不知不觉就会讲出话来。我现在不买汽车，就因为我的脑子随时在动，随时在思考问题，如果买了车，我就会出问题，不是别人撞我，就是我撞别人。我坐在公交车上，无论自己怎么思考，也不会影响自身的安全，但是开车就不行了。以前我经常爬西山，现在我们家在昆明的卫星城安宁市买了房子，所以我每个星期都要去玩，我曾经带学生去过。我这人好冒险，讲个例子，我在阿佤山做调查的时候，曾经在原始森林里行走了三天三夜。当时我还在社会科学院工作，为了写云南省志中的佤族志，我曾经从西盟县一直走到沧源县。我去过西盟，但没有去过沧源，当时只有三天就到春节了，为了赶春节，如果坐车从西盟出发，绕一大圈，要花四天的时间才到，肯定赶不上，我不想这样坐车去，而是决定走路去，也就是沿着国境线的小路走。当时我手里只有一张两个县的地图，没有向导，就我一个人走，三天的时间就在原始森林里走。春节前一天下午6点钟我走到一个村子旁，那里有一块开阔地，我问当地的老百姓"县城是不是在那边？"人家说"不是，是在大山这边。"当时太阳快落山了，怎么办呢？如果住下来，第二天就肯定赶不到了，于是我下定决心——走！连着黑夜走，手里拿着手电筒，一直走到半夜。

徐杰舜：您的胆子够大啊！

瞿明安：是的，我那个时候胆子特别大。那里是原始森林自然保护区，当时云南省社会科学院历史研究所的王军曾写过《沧源野人考察记》，就讲到这个原始森林，森林里面有野牛、老虎、豹子，据说还有野人。走在野兽出没的地方，我曾几次把路走错了，那里有两条路，到底走哪条路我也分辨不出来，结果走了半天，才发现前面是悬崖峭壁，走不通了，又转回来，这样两个小时就浪费掉了。走到半夜12点的时候，听到有狗叫声。当时感觉太亲切了，因为有人家了！走到村寨边的时候我就想，如果当天住在村里，我还是赶不到沧源，后来还是下定决心——继续走！走着走着远远看见沧源县的灯光，我太高兴了，结果走了一个小时，灯光还是一样没有变化，又走了一个小时，还是不动，原来那是一个垭口，沧源县城在山的那边，灯光是从大山的垭口中露出来的。后来爬到山顶的时候，才看见灯光中的县城，当时已经没有任何路可走了，我几乎是连滚带爬地到达县城，全身都是灰土，那时已经是夜里3点钟了，县委招待所的所长看见我这种样子太感动了，马上煮鸡蛋面给我吃。第二天我到一些政府部门去调查的时候，人家就问我："听说有一个人从西盟走路走到沧源来，是不是你？"我说："就是我。"他们说，只有1958年的时候解放军为了追剿国民党残余部队走过这条路，你是1958年以后外面来的单独走过这条路的第一个人！所以说我这个人敢于冒险。

徐杰舜：您这个人做学问和做事，都是四个字：胆大包天。

瞿明安：是啊，所以我才敢组织海内外的许多知名性学家来写《人类性文化大典》，也敢组织中国众多的民族学家开展《中国西部民族文化通志》这样大的课题。

徐杰舜：这就培养了您的学术视野。我还感兴趣的是，您一天的时间怎么分配？

瞿明安：我现在睡懒觉，晚上八九点就睡觉，以前早上四五点就起床，现在是7点起床。

徐杰舜：您写作的时间主要放在什么时候？

瞿明安：早上。8点吃完早点我还要玩一个小时，9点到12点写东西，然后吃饭。写东西，有时很快，有时很慢，快的，像《当代中国文化人类学》最后一章，我三天就写出来了。

徐杰舜：有个谜在这里，您的成果这么丰富，按您说的写作时间是不够的，您怎么完成的呢？

瞿明安：这个就要看了，当别人来逼我的时候，我就写得很快，拼命地赶，尤其是在一本书到了最后完稿日期，出版社的编辑来催的时候，可能连续两天两夜不睡觉地写东西，要是出版社不来催就会延迟一段时间交稿。但是现在我不拼了，50岁之前我是拼的，现在以养生为主，所以周末我都在外面玩。

徐杰舜：还有一个我们感兴趣的，没有硕士、博士学位的您，是如何评为博导的呢?

瞿明安:我是1998年调到云南大学的,1999年破格评为研究员,2001年评上博导。1998年,领衔申报云南大学民族学专业博士点的是王筑生教授,当时为了组合强大的队伍,申报博士点的时候他把我也拉进来参加,当时我还在社会科学院工作。我参与并获得的那个国家科技进步二等奖成了申报博士点时云南大学能够提供的最重要的一个材料,虽然这个奖不是我个人的,而是集体的,但当时中科院的获奖证书上写着"由我会主持完成的《西南地区资源开发与发展战略研究》成果荣获1995年度国家科技二等奖,瞿明安同志为此做出了重要贡献。"王筑生在云南大学获得民族学博士学位授权点之后,曾在人类学系开会时当着老师们的面说我对申博"功不可没"。2000年当云南大学申报民族学博士学位一级学科授予权时,是我负责填表的工作,当时如果叫第二个人来填,时间上根本来不及,而且不专业,因为当时我是人类学系副系主任,有些材料填写完全是靠我的现有知识,仅凭记忆就填写了许多需要花时间到图书馆查阅资料之后才能填的内容。当时云南大学申报一级学科的有三个学科:民族学、历史学和生物学。最后民族学成为云南大学第一个申报成功的博士学位一级学科,当时云南大学和中央民族大学一起并列获得一级学科,其他一些知名院校如中山大学、厦门大学都没有一级学科。

云南大学的民族学因此大大提升了。

徐杰舜:所以当时外界传闻你们是"大跃进"拿到一级学科。

瞿明安:是的。评博导时,因为没有在民族学专业增加新的博导,我就报了中国少数民族经济专业,研究方向是"中国少数民族消费经济研究",我参与并获得的国家科技进步二等奖涉及西南地区资源开发,是和少数民族经济发展联系在一起,还有我的《隐藏民族灵魂的符号———中国象征饮食文化论》这本书,涉及饮食消费的内容。评审的时候虽然还有人反对,但最后还是评上了,所以我也很幸运,第二年才将专业改为民族学。2001年评上博导之后,到今年为止我总共指导了13个博士生,现在已经毕业了

9个学生。

徐杰舜：我总结一下采访您的题目，八个字："胆大包天，硕果累累。"

瞿明安：好的，我同意，尊重你的意见。

徐杰舜：目前我正在做人类学访谈，准备做108个，前面做了50多个，已经出了两本书：《人类学世纪坦言》和《人类学世纪真言》，做完之后，我要做《人类学世纪欢言》，取自"三军过后尽欢言"。今天的采访就到这里，谢谢瞿教授！

瞿明安：我们是一见如故，谢谢！

采访者：徐杰舜，广西民族大学教授。

水文明探索中的苦旅者
——郑晓云研究员访谈录

郑晓云，男，1961年出生。现任云南省社会科学院院长助理、民族学研究所所长、研究员。国家高层次人才特殊支持计划领军人才、国家"文化名家暨四个一批"理论家、享受国务院特殊津贴专家、云岭文化名家、法国水科学院院士。郑晓云是我国在国际上享有盛誉的社会科学家，曾任国际水历史学会主席，现任美国水文化研究所官方顾问、联合国教科文组织威尼斯水博物馆理事、越南国家文化艺术研究院荣誉教授等。2017年被希腊亚里士多德大学授予荣誉哲学博士学位。主要研究领域为中国西南少数民族历史文化、跨境民族问题、水历史与文化、文化认同问题等。在《中国社会科学》及《水科学与技术》（英国）等中外杂志发表论文150余篇。出版有《水历史与水文化探索》《文化认同论》《全球化下的中国及东南亚傣泰民族文化多样性》等学术著作。

一、水文化研究缘起

徐何珊：郑老师，我们知道您在民族学人类学研究、水的历史文化研究中都有建树，但是今天我们将访谈的话题集中在水的相关研究中。首先请您谈谈您为什么会关注水，选择水文化研究？

郑晓云：首先，关于水的研究是我们这个时代非常迫切的主题。目前人类面临着前所未有的水可持续问题与水危机，因此水问题是全人类可持续生存发展的问题，必须加以关注，是社会科学研究不可再忽略的问题。其次，水其实也是充满魅力的，在不同民族中，水展现出的文化现象也是丰富多彩的。我主要以水的文化和历史视野来研究，水在人类社会中如何塑造人类的文明形态；塑造我们的社会模式、生活方式、思维和行为等，以及水文化的多样性等都有探究的巨大魅力，这也是对我的一种强烈吸引。在这一点上，民族学、人类学有不可替代的学科优势，去深入观察分析水与人类社会的密切联系。今天，人类面临着共同的水困境，对水与人类文明的深入理解，是构建一种人水和谐关系的重要基础，也是化解水危机的重要途径，这一点今天在国际上已经是有明确的共识的。因此水文化的研究十分重要，不仅具有时代性，也有关注人类共同命运的意义。

作为一个学者，如果你能够在某个学术研究领域中找到你的兴趣，乃至幸福感，那你的致力就会变成很快乐的事，变成你的生活方式之一。比如说过去的30年来，我研究的重点领域也包括对傣泰民族的研究，我感觉到这一生能够游历于这样一个伟大、充满魅力的文明中，是十分幸福的，学术上就会有快乐感。那么水也是一样的，当你畅游在博大精深、多姿多彩的水文化中，当你穿越时空回到历史中，去感受水在人类社会发展中所扮演的角色、人类治水的巨大成就，以及我们今天仍然能看到的世界各地大量古代的水利工程遗存，从这些遗存中去探究背后的人类文明历程，比如说现存的数万条古代希腊罗马的引水渠桥，你就会在这其中回味无穷，乐于求索。所以我觉得如果要谈到激发个人的学术兴趣，在其中有一种学术快乐感，这些是非常重要的。

徐何珊：您的学术基础是人类学、民族学，请您结合一些具体案例讲讲您基于人类学民族学所做的水文化的研究。

郑晓云：好的。我对少数民族的水文化研究的缘起是对傣族的水文化研究。

对环境问题的关注我开始得比较早。1983年我大学毕业分配到云南省社会科学院工作并被派到西双版纳基诺山区调研，首先遇到的就是森林权属划分带来的冲突。因此我对基诺山区的森林问题、基诺族的森林文化进行了深入的调研，写了多篇调研报告。也在此时，我就已经发现当地社会中存在着水的矛盾。1983年我在基诺山与橄榄坝相邻的大曼散、小曼散等几个村子做调研，同时也就到了相邻的几个地处山坝相交处的傣族村子。当我到了傣族村子后就听老百姓反映了一个相当严重的问题：他们大量的水田变成"雷响田"，就是打雷下雨才能种的田，而没有了来自山区的河流的灌溉。在我印象中，西双版纳不可能缺水，而眼前越来越多的水田变成了"雷响田"，种了之后也少有收获，甚至绝收无粮。我说你们不是有来自基诺山的几条河沟吗？他们说你去看嘛，那些河里只有一小点水，特别是冬季，那些河都干了。那些河都是有赖于基诺山森林涵养水的，因为它是山坝结合部，照理来说不应该缺水。但是他们当地人说，过去几十年大量的砍树行为造成了森林的破坏，从20世纪50年代开始的"大跃进"、大炼钢铁、"向森林要粮"等失误，造成了基诺山的森林毁坏相当严重，以致很多河流干涸，造成区坝的老百姓没有水，生计难保。这次调研对我的触动是很大的。一些时节不但是河里没有水，连井里面的水都干了，因为没有水给老百姓生活造成了很大的困难，傣族妇女习惯天天要洗澡，现在澡都洗不成。老百姓能做的就是祈雨的祭祀，求河神，据说为了水，在祭祀中金子都要往河里面丢，那个时候我也参加了一次祭祀活动。因此那时我就感觉到水跟社会的冲突，研究森林的问题就必须和水的问题研究结合起来。我将这些问题的调研写成了多篇调研报告，这是我最早的关于水、森林的研究报告。到20世纪80年代中后期，我在研究基诺族的同时也将调研拓展到了对傣族研究，更感觉到水和傣族的整个社会的关系很密切，也就提升了我对水文化研究的更多兴趣。

我从那个时候就开始注意研究傣族的水文化问题。在1995年我就写了一篇文章——《傣族的水文化与可持续发展》，但是这篇文章投了很多家杂志社都没有被接受，原因是当时基本没有人对水有兴趣，水问题还没有成为一个受人关注的问题。1998年，我将这篇文章写成了英文，投到了正在征文并将在英国召开的国际水历史大会，结果这篇文章被选上了，但这时离开会时间已经很近了，当时只有一个多月的时间，也办不了出国手续，我没能出席这次会议。2001年在挪威召开国际水历史学会成立及第一次全球大会，我的文章作为来自中国的两篇文章之一入选，而且获得了全额资助，使我能够参加这次会议。这是很重要的一个契机，这篇文章引起了一些国际学者的兴趣，使外界有机会了解到中国少数民族地区的水文化与现状，这也成为我的学术走向国际的一个起点。

对傣族水文化的研究到现在仍然是我很重要的一个研究领域，现在我对傣族的水文化的研究扩展到了水对整个傣泰民族历史发展过程中的影响，包括整个东南亚地区，我也正在着手写一本水与傣泰民族文明的书。我研究傣泰文化多年，先后已经60余次到东南亚国家，掌握了大量资料，希望能出一些有分量的成果。

再举一个典型的例子，即对元江（红河）流域水文化的研究。过去20余年来，对红河流域傣族、哈尼族、彝族等少数民族水文化的研究，我也做了大量的调研工作。首先的研究基点是当地的少数民族如何利用水资源来构建以梯田农业为基础的一种文明，我已经发表了一些相关文章。立足于红河中国段少数民族水文化，拓展到了对整个红河流域的研究。从源头到水尾我进行了二次考察，应当说就我目前所知，从源头到水尾进行过红河全面考察的专家在国内还极少。我立足于将研究自然资源与少数民族人文相互动的文化现象与当代的环境保护相结合。同时，我也领导过一个与日本东京大学合作的研究项目，研究当地少数民族包括水在内的自然资源的可持续利用问题。

民族学人类学对水的研究更为深入直观，它能深入一个民族的文化中去，观察水与一个民族从基础的生计到精神的不同层面的联系及其形成的文化现象，是民族学人类学不能忽略的领域，只是今天很多民族学家还没有敏感地认识到这一点。

二、学术思路：力求学贯中西

徐何珊：您这些年广泛开展了国际学术交流和合作，这其中的体会是什么？

郑晓云：首先就我个人来说，从1983年参加工作到现在，已经有34年的工作经历了，前期立足本土，做了大量细致扎实的调研工作。大学毕业以后很多年扎根在边疆少数民族村寨做调查研究，并积累了大量的资料，成为我重要的学术经历，奠定了个人的研究基础。应该说这个路子是非常对的，我们应该鼓励一个学者长期扎根在一个地方，有自己的学术根基。但是我认为也不能长期只将自己的研究局限于一个地方，这样的路可能会越走越窄。在长期扎实地对一个地方研究的基础上，应当多做些比较，尤其是我们处于这样一个全球化的时代，我们与外界的接触越来越广泛，获得的信息量越来越大，获得的知识就越来越多，这样对你的研究思维的触动也会越来越大，这样肯定会激发你对科研的一种新的热情，激发你探索越来越多未知的兴趣。在这种背景之下，我觉得一个学者的思想会发生很大的变化，同时，科研的思路也会发生很大的变化。包括我本人也是这样，自己的研究领域随着自己的努力在不断拓宽，毕竟在30余年的耕耘中，是有时间做很多事的。大家都知道，在过去的这20年里，我将一半以上的时间和精力都花在了与水有关的研究上，但与此同时，在民族学人类学领域我也有很多建树，多有论著，只是我个人的研究领域与过去相比，已有了较大的拓展。

那么这种拓展有什么益处呢？是不是没有固守起始的一亩田地就会丧失根基甚至迷失方向了呢？我认为不是。我从上大学时就很敬佩一些大师能够学贯中西，他们能为人类知识的共通、理解与和平做出更多的贡献。

我常常说，我很幸运处在一个好的时代，我的学术成长经历与中国的改革开放同步，自20世纪80年代以来，我有机会七八十次到国外去进行各种访学、研究、讲学，目前每年收到的来自国外的学术活动邀请应接不暇，和国际学术界的接触越来越多。在和国际学术界有了大量的接触之后，我觉得有几个方面的收获：一是获得了更多的知识，不论到哪个国家跟哪些学者交流，都能相互学习，学到新的东西。事实上国际学术界也比较单纯，大家的交往主要是知识的交流和沟通。你向别人表示学习的愿望，人家都会帮助你，甚至无私提供给你资料，近年来有很多国外学者为我提供了大量的资料，对我的研究很有帮助。再比如说国际会议，每年我都要参加一些国际会议，不论在国内或国外召开，大家都可以交流成果与知识，相互学习。二是在交流的基础上，有了一种合作的可能，大家合作起来可以做很多研究。这几年我在国际上做了很多合作。我们联合写一些书、论文，有了很多的成果。比如说我和一些国际学者联合撰写关于全球水历史的系列长篇论文，到现在已经有8篇定稿或者已经发表了。这些都是内涵比较大的论文，比如说《全球下水道史》《全球引水渠历史阐释》《雨水收集利用的历史》《跨越数千年的全球厕所的演化》《城市供水史》等。这些论文的作者很多都是国际上知名的学者，10多位学者共同来完成一篇论文，我觉得这是过去很难做到的。因此学术交流的平台的建立，就带来了学术合作的可能性。这些国际合作的成果，其影响相对来说都比较大，个案来自很多国家，拓展了科学探索的空间，只有国际合作才能产生这样的成果。三是收获了友谊，这几十年的国际交流中，遇到过的亚非拉美学者数以千计，和很多国际上的学者交了朋友，今天可以说做到了朋友遍天下，这也是我很珍惜的。

徐何珊：您在2012年当选为国际水历史学会主席，这些年做了一些什么样的工作呢？在对外宣传中国的水文明中做了些什么？

郑晓云：首先，国际上对水历史科学的认同度在不断增高，这是学者参与很广泛的一个学科，相关的背景可以参阅我写的一些介绍文章，如发表在《光明日报》理论版的《关于水历史》一文。

国际水历史学会（International Water History Association, IWHA）是1999年由联合国教科文组织国际水文计划及联合国政府间水理事会（UNESCO-International Hydrology Program）协调组建的一个全球国际学术组织。学会成立目的在于进一步推进联合国千年发展目标，为全球水可持续提供智力支撑，尤其是吸取历史上的智慧与经验教训、全人类优秀的水历史传统遗产。同时，整合很多国家已存在的水历史学会资源，推动全球水历史科学的发展，更好地服务全球水持续。国际水历史学会成立近20年来，在全球做了大量积极而有成效的学术研究、学术活动和教育推广工作，已经成为一个有全球性影响的水问题相关研究的学术组织，在国际学术领域享有较高的声誉。

在此之前，我已先后担任过学会的执委、副主席，也在此学会工作中积累了一定的经验与履历，因此当选并不是突然出现的事。这样一个事实由多种因素促成：自己的工作能力、学术的认同度，当然也有学会章程中规定的学术负责人分布的地域性公平原则，欧洲人担任了多届，也应当有一个亚洲人。尽管如此，在上任之初困难也是很大的。作为一个在中国的学术环境中成长起来的学者，管理一个西方主导的国际学术组织，管理的经验肯定是不足的，能力也是有限的，有的学会领导也并不配合工作，甚至我感觉到管理团队中的个别成员可能是不服气的。如何才能尽快地适应管理工作，使学会的工作有新的进步，对我来说是一个巨大的挑战。但是我还是珍惜这次机会，积极应对挑战。首先是勤奋地工作，积极处理各种学会事务，有的时候我每天需要处理10余封电子邮件，有的时候还必须是即时讨论回复，由于时差的关系，很多时候工作甚至是在深夜进行的。同时我还有单位上的本职工作需要做，因此那几年我是非常疲惫的。但是，勤奋的工作提高了学会的管理效率，这一点大家也是看得到的，大家都是兼职工作，因此这也是能够打动大家的。其次，积极推动学会工作的开展。我积极协调了很多次重要的国际学术会议和活动的开展，也推动了国际水历史学会和国际水协会等国际组织的合作，尤其是与联合国教科文组织的继续合作，这些都反映出学会工作的明显成效。最后，自己在科研上也要有进步，这几年我在中外水历史文化的比较研究中发表了一些论文，进行了很多学术活动，大家都是认可的。国际学术圈子总体上比较单纯，你真正地付出了，你的能力显示出来了，大家会认可你、尊重你。当然我也有很多局限性，如国际旅行的困难使我不能参加很多重要的活动，甚至是外方经费的活动。我们国家也没有看重这块阵地的重要性，给予必要的支持。经过两年的工作后，各方面也就得心应手了。事实上，国际水历史协会主席的任期每届是两年，但是由于一些原因推迟了换届，理事会做出了让我继续担任两年主席的决定，因此我前后任职4年，这在过去是没有的，我想这也是大家对我的肯定。作为一个来自中国的国际学术组织负责人，不丢中国人的面子，为中国的利益尽量做些力所能及的事，这是我多年来一直遵循的原则，我也尽量这样做了。我相信很多人也会是从我身上来看中国人的，这是我的压力。我尽力工作，真诚待人，勤奋钻研，赢得了大家的认同，这一点是我今天感到欣慰的。一个外国朋友对我说，和一个中国学者成为朋友，改变了我对中国的看法。因此，我们今天常常说掌握话语权之类的话，我理解，真正有话语权的人，是用个人魅力去感染别人的人，而不是强词夺理的人。

关于宣传中国水文明问题。对中国这样一个古老的文明国家，它的治水历史，因为翻译工作等原因，西方人了解很少，对中国整个水历史是不了解、不清楚的。甚至我发现尽管中国有博大精深的治水历史与水文明，但是在国际学术界，对中国水历史的研究介绍大多数都是西方人做的，包括中国水利史、黄河研究、江南水利研究、都江堰研究等，早期传教士对中国水利社会的记述文献研究等，而由中国人写的英文论著极少。也就是说，到了21世纪的今天，国际学术界及社会对中国博大精深的水文明仍然知之甚少，或者说中国人对自己的水文明在国际学术界没有多少话语权，这一点让我很难过。因此我通过参与国际合作撰写论文，把中国的个案写进去，每一篇论文都有一部分是讲中国的。这样，至少使中国的元素，中国的文化在这些重要的成果中没有缺。把中国的水历史介绍到国外，如中国的引水渠发展的历史、水井的历史、厕所文明史、城市供水史等，我觉得这是非常有意义的。担任国际水历史学会主席后，我有了更多的便利条件来做这些工作。

此外在过去数十年，我不断在国际上进行演讲，也产生了很多影响。在过去5年中，我有11次应邀担任重要国际学术会议的主旨发言人，包括到国外很多大学进行演讲等，讲的都是中国的个案，很多是云南少数民族的个案，这也就把中国的水文明宣传到了其他国家。很多时候，在国外的演讲会，听众都很多，有的有二三百人，当然也有少的，数十人的，作为学术会议已很不错，通过演讲让很多外国的学者了解了中国的古老的水文明，理解了中国。

徐何珊：请您再谈谈您是如何在国际学术空间中赢得地位的，这也许对青年学者会有启发。

郑晓云：这些年做了很多，但我尽量保持低调，很少与别人讲。我觉得有几点是重要的。

首先是你要有自己的思想和成绩，你在国际上要获得认同和认可，你要有自己的思想，有你的成果。包括对少数民族水文化，中国的水历史，通过自己深入扎实的研究，给学术界提出一些新知识与观点，你才能获得认同。所以你就要扎扎实实地努力做出成果。我这些年在国外各种刊物上发表的文章有几十篇。因此我觉得首先是你的科研能力、科研成果和你的学术思想。

其次是通过自己的一些科研活动，积极参加一些国际科研事务。当然成为国际水历史学会主席同时也是很大的机会和平台。有些时候，人家开会一定要请我，给我很多待遇，把我看得很重，这是一般学者所不占有的先机。现在我在很多国际组织中都有职务。这些使自己有更多的机会，在国外很多国际会议虽然不是我组织的，但是他们也把我列为组织委员会成员，甚至名誉主席。

最后是要有执着钻研的精神来赢得认可。很多外国人与我打交道后会有这样一种感觉：我是一个钻研精神非常强的人。当然这不是我装模作样，而是我的作风。只要有机会出访，走哪里，都会执着地让他们带我去做田野，收集资料，探讨问题。我珍惜每一次与外接触的机会，尽量将收获最大化。我太太今年跟我一起去美国，回来常常抱怨不是开会就是整天在野外跑，购物的机会只有最后一天的两个超市。如上提到的，其实国际学术圈子有时候相对更单纯，它并不认可你是某某院的院长、大学的校长，而是靠你的能力、人格的魅力、学术影响力来认可你。

徐何珊：很赞赏郑老师的眼界和学术研究的广度。我感到这些年国内民族学人类学好像是有一种越做越窄的现象，您如何看？

郑晓云：当然这种现象我感到是存在的，可能问题是关注社会现实发展不足，跟人类共同利益的联系不足。我去年去美国亚利桑那大学，我就感到人家关注的点和我们有很大的差别，如网络化时代人类的生存状况、水问题、国际移民问题、当代的族群融合问题、气候变化问题等，都是当地人类学家关注的问题，我在的时候就有一个由人类学家主导的关于水伦理的国际会议召开。但是我们的很多研究仍然聚焦于婚姻、习俗、仪式等，真正对于社会的热点关注不够。我认识的一位越南民族学专家四五年前就出版了一本有关网络对越南青年人行为影响的专著，同样越南在三年前就召开了气候变化与人类遗产保护的会议，这在国内当时还很少。因此我们的学术必须要拓展，如果你的眼界能够打开，学问可拓展的新领域在我们这个时代，一生根本做不完。

刚才你说的学贯中西，我觉得从上大学以来我就比较欣赏学贯中西的学者，比较欣赏学贯中西的理念。我觉得这是一种更为广阔的思维方式，也是一种更为广阔的学术方式。所以，当我20世纪80年代以后，有机会走向国际，我就一直秉承这个观念，努力探索中国的学术，也努力探索西方的学术，这几年为了研究的需要，我一直在恶补西方相关历史知识，这是大家不知道的。至于最终能不能达到"贯",能否"贯"得起来,另当别论,但是我总觉得中西有很多东西是相通的。学贯中西至少作为我的一个志向和追求,努力去做。

三、国际访水之路

徐何珊:您是如何走上国际访水之路的?请结合一些实例做一些介绍。

郑晓云:前面讲过,我的学术成长与中国的对外开放是同步的,这是我的幸运。因此我有机会走出国门,进行海外实地研究。从个人的兴趣志向开始一直走到今天。

作为我个人来说,因为是民族学人类学起家的,田野工作是我最根本的工作方式之一,也有丰富的经验。在过去的几十年国际交流和国际研究经历中,我也努力地这样去做。只要有机会到国外,都会想尽一切办法去了解当地,研究当地,去进行一些有可能的田野调查,收集当地水的资料,并进行实地调查研究。

比如说,人家请我去讲学、开会,我都会附加一些条件,那就是会后一定要安排我去做一些调查研究,一天也好,三天也好,你们一定要安排。往往你提科研上的要求,一般他们都尽量创造条件满足你。有的时候他们有相关项目,他们可以从公款中给我提供一些车辆、住宿的安排;没有项目,有些专家学者把我请到他们家中住,开他们的私人车,私人陪我去做调查。

这样,过去的这么多年来,我在世界各地做了很多调查。我这个人一般到哪里都没有很多兴趣去玩风景点,最大的愿望是去博物馆看,去图书馆去收集资料,到田野现场点考察。2014年我两次到希腊,除了开会都做了几天扎实的田野研究。2016年我到美国做了一个月的访学,一方面是到图书馆大量下载、复印资料;另一方面是实实在在地在学校的安排下,对科罗拉多河和大格兰德河这两条大河沿河流域进行考察,奔走几千公里。今年,也就是2017年,我到了科罗拉多州,在科罗拉多大学的帮助下,对科罗拉多河上游进行了 5 天考察，这样完成了对科罗拉多河美国境内全流域的考察，观察到了这条河流从涓涓细流到一条奔腾不息的大河的过程，对我个人来说也是人生的一个壮举。很难得的是此次到美国还参加了三天当地傣族人的赕佛活动（当地约有 1200 名老挝、中国迁去的傣族人），对当地傣族人的状况也有了一个了解，这也是难得的。美国的朋友说他们没有见过任何一个中国学者这样深入地对美国西部做过访水研究，他们为我做了很精心的安排，每一个考察点都事先做了联系安排。又如对日本的田野研究，这些年我已经 16 次到过日本进行学术活动。上一次是 2016 年 8 月到日本，在会议后也是选择了一条有代表性的河流长良川进行考察。日本是个小岛国，河流不长，长良川是日本的一条一级河流，只有 130 多公里。我在日本有关单位的安排下，考察了这条河流的大多数河段，内容从历史上对河流的洪涝治理、利用河水，直到今天如何建立起一种人水和谐的水文化等，进行了一个全方位的考察。这些考察工作，应该说作为中国学者来说，都是极少的。再举一个例子：红河流域的全方位考察研究。我主持过一个中越合作的红河流域研究项目，也是全流域考察，这也是有史以来第一次中越学者合作从源头一直走到水尾的考察，获得了大量珍贵的第一手资料。

因此哪怕我到一个国家一个城市只有几天，参加一个国际会议，我也要对这座城市的水环境或粗或浅做些调查，做一个了解，掌握一点资料。因此，一切研究，贵在长期的坚持与积累。现在我已经积累了几十个国外水环境的个案资料，从历史到文化，或深或浅，写下了几十万字的调研资料。我觉得正是因为有了这么一些经历，积累起了大量难得的资料，而这些研究及资料的掌握又会让你去不断拓宽自己的研究，这就是我刚刚说的，一个学者到了一定时候，你想限制自己的领域都很难。而且，只要你有热情，在不同的相关主题上做一些更广泛的研究是可能的，而且是很重要的。

徐何珊：正好想问，今后郑老师您是否已经准备把这些国外积累的研究资料整理出版？

郑晓云：对。现在已经有几十万字，陆陆续续地发表了一些。比如初步是发表在《江河》杂志上，上面有我的一个专栏，每期都有一篇我的海外访水的文章。但最终我决定要写成一本书，依据田野考察点的全球水文明史。如果要写一本全球水文明史，也写不了，这个题目太大了，所以我定位在田野上，就是仅仅以我在田野点上的调查了解来写，这是有可能的。比如古代希腊，五六千年前就有人类最发达的城市水利，古代罗马在公元前后将水的治理发挥到了极致。水历史比较短的，如日本三五百年，更短的是美国一两百年的治水史，我的田野点上的调查可以复原这一个历史跨度，可以复原一部水的文明史。将来我要写这本书。但是现在我想再积累几年，使自己的资料更丰富，四五年以后，这本书自然也就成了。我走到哪里，除了田野调查，我还大量地收集当地的文字资料，文字资料我也积累了很多。应该说，现在国内国外，我个人来说所积累起来的有关水文化和水历史的资料量还是非常多的。

徐何珊：那您对中国的水历史是否也做了考察？

郑晓云：是的，这些年我对国内的水历史也做了大量研究，也实地考察了很多现场，不断地延伸拓展自己的视野。这里特别要提到这几年我得到了水利部中国水情教育中心、中华水文化专家委员会、《江河》杂志社等部门的大力支持，感谢他们为我提供了很多的条件，每年都邀请安排我参加一些考察活动。这几年我对黄河、海河、泾河等都做了一些考察研究，对浙江、江苏、陕西、河南、四川、贵州、新疆、江西等省区都做了一些调研，包括江苏、浙江古村落水系统、城市水利、大运河，新疆的坎儿井、山东的引黄灌溉、陕西的泾河流域文明等，积累了很多中国水历史文化的知识与资料。这样，同时掌握了大量的世界的和国内的资料，就可以做一个比较。我觉得海内外访水实际上做得越多，就会得到越多的感悟，越能领会其中的一些共通性，看到一些问题的实质，最终学问也就不分中国和外国了，而是人类共同的关注。

四、社会服务与学术奉献

徐何珊：就我所知，您在做好自己科研工作的同时，也努力将学术服务于现实，实实在在做了很多事，请做一些介绍。

郑晓云：一个学者的研究不能只考虑自己的发展，而是应当把运用自己的智慧与研究成果来服务社会作为最终定位，不论能做多少、做多大。

这方面的例子很多，就以2009年我关注干旱为例。大家知道2009年后云南省经历了百年不遇的大干旱。在2009年云南全省抗旱的过程中，我在云南率先组建了干旱研究的项目组开展研究。项目启动后，通过《云南社科要报》等向省委提供报告，多个报告受到了省委书记、省长、副省长的批示，直接进入决策，多条建议被采纳落实。当时我第一个提出来，云南要解决干旱问题，不是完全靠水库，而是要靠小水窖，提出了建100万个小水窖的建议。建议写进了省委书记的讲话稿，作为省委的要求在全省落实。全省推开了水窖建设的热潮，政府给一些补贴，社会各方面积极支持。果然因为有了水窖的建设，蓄了一定的雨水，面对第二、三年的干旱时，很多农民都受益了。在后面的调研中听到农民这样说：如果不是政府给补贴推行水窖建设，蓄了一些雨水，遇到今年的干旱就更糟糕了。当然目前水窖的规模已不是当初我提的100万个，现在是五六百万个了，说明它是云南解决农村用水的一条有效措施，成为重要的民生建设。

与此同时，针对干旱的治理，我提出了"干旱的长期治理"的思路，得到国内学术界认可。我认为干旱治理应该作为一种长期的过程，而不是仅仅是临时的。再如对旱灾的提早预防，2014年全省面临严重春干旱，我及时提出了工作建议报告并得到省委书记的批示，云南省委发出了明传电报，全省紧急动起来做好抗旱准备。因为事先有了很多准备，抵抗旱情能力有所提高，减少了损失。还有，比如现在国家大力提倡海绵城市建设，收集利用雨水对于云南来说很重要，实际上我在2005年就提出了这个问题，通过《云南日报》的内刊提出了云南应大规模地收集利用雨水的建议，尽管这个建议没有被采纳，但是毕竟作为一个学者提出来了，而且提得比较早。而现在国家已经把海绵城市建设作为一种指向，在试点城市进行建设。

作为一个学者，我也组织了很多有成效的学术活动。例如我先后组织了很多国际学术活动，促进了云南的学术交流，也使外界更多地了解了云南。2001年在新平县组织举办了"花腰傣文化国际会议"，2003年主持了在日本东京国学院大学召开的"云南少数民族文化与森林保护国际会议"，2005年作为组织委员会主席之一主持了"水文化与水环境保护国际会议"，2008年组织了"红河流域的民族文化与生态文明国际会议"，2013年联合组织了"水在古代文明中的角色国际会议"，2015年联合组织了"中国—希腊古代文明中的水智慧与成就"。这些国际会议都是当年云南省主题创新、规模较大的国际学术活动，大批中外学者通过这些活动的参与，加深了对云南的了解，推动了云南对外的学术沟通和交流。当然，云南省党和政府也看到了这些工作的成效，2013年我被授予"首届云南文化国际传授贡献奖"，这是对我工作的肯定，但更是对我的一种鞭策。

此外，我先后在国外做过数十场学术报告，今天用一句时髦的话来说，就是对外讲好中国故事。这些报告的内容基本上都是以中国，尤其是云南为例的，听众也可谓数以千计。通过这些学术报告，让外国的学者了解了中国、了解了云南，包括少数民族文化、生态文化、社会历史等方面的内容。很多学者在听完报告之后主动和我联系，甚至主动要求进行学术合作研究，这已经不是一两个。一些学者随后来到云南访问、旅游，都是受到我的报告内容影响的。我把一些国际著名的专家学者请到了中国，带到了云南，让他们爱上了云南，我想他们也会去影响他们周边的人的。我想这也是作为一个学者服务社会的特殊方式。

五、水历史的学科构建

徐何珊：这些年您在中国大力推广"水历史"学科，是一种什么样的考虑？

郑晓云：我在中国第一个使用了"水历史"这个概念。同时我也是第一个将水历史这个学科系统引进中国的学者，尽管目前对这一概念仍然存在争议，但它也受到了越来越多的认同。我撰写的文章也发表在一些有影响的刊物上，如《光明日报》《中国社会科学报》《清华大学学报》等。这也表明这门学科受到了越来越多的关注。在中国，对水相关的历史研究表述为水利史，在研究的过程中对水利工程的历史较为侧重。在国际上，更通行使用 Water History，我也就直接把它翻译为水历史。总体上来说，中国使用"水利史"这一概念来概括关于水的历史研究，与国际上通行的"水历史"研究没有根本的矛盾，因为大多数的关注都是相同的。但是水历史这门学科更加关注包括水利工程在内的水事活动的社会影响，更专注水和人类文明的关系，因此在这点上来说，水历史显然比水利史有更为广泛的内涵，是一个更大视野来观察水和人类社会之间的关系。我想有一点是更加重要的，那就是更容易被非水利行业的学术界所接受。这就是中国的水利史研究大多数集中在水利行业中，而非水利行业中对水利史的研究缺乏应有的关注的重要原因，甚至极少有终身从事水相关历史研究的学者。一些学者尽管也会写几篇论著，但总体上来说还是属于客串性质，只有长期致力于这一个领域的研究才能算得上专家。因此水相关历史的研究这个圈子不论是在水利行业内外都不大。这一切使这门学科在中国的发展显得十分滞后。因此我主张大力推广水历史研究，使这门学科更具有社会性和社会影响。水历史这门学科在中国的发展不仅是历史科学一个重要拓展，更是保护传承中国的传统水文化、服务于水的可持续利用的重要途径。使全社会拥有更丰富的关于水的历史知识，加深人们对于水和人类文明之间的关系理解，是水历史这门学科的使命和当代价值所在。这也是水历史近几十年受到包括联合国教科文组织在内的国际社会高度关注的重要原因。有了水历史这门学科旗帜，就可以整合资源，尤其是提高综合大学、社会科学研究机构的学者的关注。因此，未来这一门学科既是学术发展的新的增长点,也要更进一步研究学科的构建问题。这就需要更多的学者共同努力。

曾江:您在《中国社会科学报》2016 年 12 月 20 日刊文谈水历史学科的建构,请问您当前和今后一段时间计划做哪些研究项目和课题?

郑晓云:目前我正在做,当然也是未来要做的主要有三个方面的工作。一是理论的构建,二是中国的水历史研究,三是东西方的水历史文化比较研究。在理论的构建方面,我将尽最大的努力积极推进水历史科学在中国的普及和发展。但是由于水历史是近年来在海外被积极推动的一门学科,因此理论建设仍然是这门学科建设的一项重要基础工作。客观而言,在海外,水历史的理论建设目前已颇成熟,而我把水历史这一概念引进中国还不到 20 年的时间。因此它的理论建设仍是薄弱的,尤其是如何结合中国的实际进行建设发展,有效地服务于中国的水可持续以及对人类文明历史进程的理解,还需要进一步加强这门学科的理论建设和科研体系构建。由于我参与的国际学术活动较多,对国际层面上的理论和动态掌握也相对较多,因此我一方面积极向国内学术界介绍国际上的理论和动态,一方面也积极地探索水历史在中国发展的路径。

关于中国水历史的研究,是我近年来极力在用功的,如上所述,我从中国的西部和西南部边疆民族地区水历史到中国的内地一些城市、农村和河流的历史都进行了考察研究,并且撰写发表了一系列论文。总之,在未来的科研工作中我仍然将从自己的角度去探索中国的水历史,但是在定位上将以对外传播中国的水历史文化为重点,让世界更多地了解中国博大精深的水历史和水文化。

东西方水文明的比较研究是我个人最重要的科研志向。我希望通过比较研究,揭示水在人类文明发展过程中的动力关系,拓展对水的认知和共识,为今天全球合作应对水危机提供一种知识背景和文化资源。这项工作确实宏大,但也并非遥不可及,因我在这个领域内已经下了 20 余年的苦功,考察了 30 余个国家数以百计的水历史遗址,收集了大量的文献,更重要的是和大批的海外专家建立了联系和友谊。目前我正在做的一个项目是中宣部人才计划支持下的"全球水管理的文化动力",同时和一些国际上专家合作正在做中国和希腊古代文明中水思想和水治理比较研究、中国汉代和罗马帝国时期的水历史比较研究、美国西部的水历史、湄公河流域水历史等。这些方面的研究在不远的将来就可以看到成果。

曾江:您不久前在希腊荣誉博士授予仪式上做了"中国古代贤哲的水思想及与古代希腊思想家水思想的初步比较"报告,有哪些主要观点?题目与我们这个访谈很关联。

郑晓云:我的这个报告主要聚焦在中国春秋战国时期包括孔子、孟子、荀子、庄子等贤哲的水思想上。在这一个时期,中国产生了一大批思想家,他们的思想不仅包括对自然世界、人生、社会、政治、经济等的思考,一个非常有意义的现象是他们中很多人的哲学中包括对水的思索,他们都从对水的观察和思考中获得灵感和启发,去思考自然、人生、社会,思考社会伦理构建、国家治理、发展经济,城市建设,水灾治理,乃至如何赢得战争。可以说,水思想是中国古代先哲思想体系中一个重要的构成部分。中国古代先哲对水的思考和从水中获得的启发对中国2000多年来的社会产生了广泛的影响。例如孔子"知者乐水,仁者乐山"而展开对人生的思考,孟子"人性之善也,犹水之就下也","人无不善,水无不下"的性善、仁政思想,荀子的"水则载舟,水载覆舟"的君民思想,老子"上善若水"、水"利万物而不争"的处下思想等。在古代希腊的同一时期,也产生了一批伟大的思想家,包括柏拉图、亚里士多德等。他们同样也充满了对水的思索热情。比如,柏拉图提出了水为一种自然元素构成了基本物质,思考了江河湖泊、泉水的来源,思索了社会中社会水分配管理的法则的问题。亚里士多德也同样思索了水在自然构成中的角色、降水的机理、河流的起源和相关的理论。他们的思想虽然偏重于水的自然机理的探索,但同样对社会产生了极大的影响。总之,不论是中国还是希腊,有意义的是在同一时期东西方两个伟大文明中的先哲的水思想中的很多要素是相通的,他们对水的一些基本法则的思考经住了2000多年的时间考验,今天对于这些宝贵的思想的继承，对我们构建一种人水和谐的社会仍然是十分重要的。

曾江：前不久希腊亚里士多德大学授予您荣誉博士学位，引起学界关注，请您介绍一下此次授予仪式及相关情况。

郑晓云：亚里士多德大学是希腊最大的大学，拥有学生近8万人，教授1500余名，学科包括大多数科学领域，拥有一系列在国际上领先的学科。

2017年5月31日，授予我荣誉博士学位的仪式在希腊亚里士多德大学的哲学学院亚历山德罗斯纪念大厅举行。亚里士多德大学校长、全体教授委员会成员、相关学院院长及部分教授教师、学生100余人出席了仪式。授予决议指出，荣誉博士学位是依据希腊国家相关法律及学位授予程序提名严格考评决定的对科学研究及社会活动做出突出贡献人士的嘉奖。仪式按照学校最传统隆重的方式举行。亚里士多德大学校长及相关教授在授予决议和致辞中高度肯定了我在科学研究及推动国际科学研究中做出的突出贡献，尤其是与希腊相关科学界的学术合作。在宣读授予决议后，相关教授介绍了我的科学研究及国际学术活动业绩，教授委员会主席为我穿上博士服并授予证书。

我随后做了"中国古代贤哲的水思想及与古代希腊思想家水思想的初步比较"的报告，受到了与会人员的好评。仪式后举行了小型音乐会以示祝贺。

曾江：最后问一个宏观点的问题，在科学探索的道路上，您的信念是什么？

郑晓云：在我的论文集《水历史与水文化探索》序言中，我写下了这样一段话，可以表达我对科学探索的信念：科学探索的道路本身就是一条孤独前行的道路，但这一条道路的前头一定拥有光明，难以确定的只是你最终能不能走到光明升起的地方。但是选择了就必须走下去，这是一个科学家的基本精神。

采访者：徐何珊，云南省社会科学院民族学研究所副研究员、博士；曾江，《中国社会科学报》记者。